第三版前言

党的二十大报告提出，"推动战略性新兴产业融合集群发展，构建新一代信息技术、人工智能、生物技术、新能源、新材料、高端装备、绿色环保等一批新的增长引擎"，为我国新一代信息技术产业发展指明了方向。

新一代信息技术的高速发展推动了生产方式、生活方式和治理方式的深刻变革，引发了管理对象、管理思想和管理方法的重大变化。首先是管理对象融入新一代信息技术后，其运动规律发生了变化，必须要重新认识；其次是管理的思想、理论、方法和技术，在新一代信息技术环境下也发生了变革。为了及时反映这些新变化和新成果，我们组织开展了对《管理信息学》第二版的修订工作。这次修订对第二版的原有内容进行了修改完善，并补充了云计算、大数据、物联网、区块链等新一代信息技术的内容。

全书共分 10 章。第 1~6 章阐述管理信息学的基础理论。第 1 章信息与管理，介绍信息科学的发展历史，阐述信息与管理的关系；第 2 章信息度量，介绍自信息量、信息熵的基本原理和计算方法；第 3 章信息采集与组织，介绍信息的采集和组织过程中的原理和方法；第 4 章信息传输与信息编码，介绍信息传输的概念和一般模型，信源编码、信道编码的原理和方法；第 5 章信息安全与信息加密，介绍信息安全的基本概念、信息加密算法、数字签名方案以及身份识别协议；第 6 章信息处理，介绍信息处理的流程，信息处理中常用的统计学方法与人工智能方法。

第 7~10 章介绍新一代信息技术及其应用场景。第 7 章云计算技术及其应用，介绍云计算的基本概念、关键技术、云服务主要模式及其典型应用；第 8 章大数据技术及其应用，介绍大数据分析的思维和特征，大数据的存储模式、计算模式及其典型应用；第 9 章物联网技术及其应用，介绍物联网的源起、概念、特征、系统架构、关键技术及其典型应用；第 10 章区块链技术及其应用，介绍区块链的基本概念、技术架构、核心技术及其典型应用。

本书各章的编写分工如下：第 1 章杨善林，第 2 章胡笑旋，第 3 章冯南平，第 4 章胡笑旋，第 5 章何耀耀，第 6 章何耀耀，第 7 章唐奕城，第 8 章何耀耀，第 9 章冯南平，第 10 章胡笑旋、朱旭彤。

本书编写工作得到了"过程优化与智能决策"教育部重点实验室和"数据科学与智慧社会治理"教育部哲学社会科学实验室的支持。在修订过程中参考了大量的国内外文献。在此一并表示衷心感谢！

由于编者水平有限，书中难免有不当之处，请广大读者不吝指正。

编 者
2024 年 12 月

"十二五"普通高等教育本科国家级规划教材　　普通高等教育精品教材

高等学校信息管理与信息系统专业系列教材

管理信息学

（第三版）

杨善林　胡笑旋　何耀耀　编著

中国教育出版传媒集团

高等教育出版社·北京

内容提要

　　本书是"十二五" 普通高等教育本科国家级规划教材、普通高等教育精品教材，主要内容包括信息与管理、信息度量、信息采集与组织、信息传输与信息编码、信息安全与信息加密、信息处理、云计算技术及其应用、大数据技术及其应用、物联网技术及其应用、区块链技术及其应用等。本书 1～6 章以信息生命周期为主线，阐述信息的基本概念、基础理论和处理方法；7～10 章介绍云计算、大数据、物联网、区块链等新一代信息技术的基本原理及其应用，让读者在掌握基本理论的基础上，了解信息技术的发展前沿，从而增强信息素养，提高在管理决策过程中利用信息的能力。

　　本书既可作为高等学校信息管理与信息系统、电子商务、信息与计算科学等管理类、信息类专业的本科生或研究生教材，也可作为相关领域研究人员的参考用书。

图书在版编目（CIP）数据

　　管理信息学／杨善林，胡笑旋，何耀耀编著 .
3 版 . --北京：高等教育出版社，2025. 9. -- ISBN
978-7-04-063973-5

　　Ⅰ. G203

中国国家版本馆 CIP 数据核字第 2025J12G89 号

Guanli Xinxixue

策划编辑 杨世杰	责任编辑 杨世杰	封面设计 李树龙	责任绘图 裴一丹
版式设计 董思含 于 婕	责任校对 窦丽娜	责任印制 赵 佳	

出版发行	高等教育出版社	网　址	http://www.hep.edu.cn
社　址	北京市西城区德外大街 4 号		http://www.hep.com.cn
邮政编码	100120	网上订购	http://www.hepmall.com.cn
印　刷	涿州市星河印刷有限公司		http://www.hepmall.com
开　本	787mm ×1092mm　1/16		http://www.hepmall.cn
印　张	19.5	版　次	2004 年 7 月第 1 版
字　数	450 千字		2025 年 9 月第 3 版
购书热线	010 - 58581118	印　次	2025 年 9 月第 1 次印刷
咨询电话	400 - 810 - 0598	定　价	51.00 元

本书如有缺页、倒页、脱页等质量问题，请到所购图书销售部门联系调换
版权所有　侵权必究
物 料 号　63973-00

第二版前言

本书问世以来，受到了读者的广泛好评。在教学实践过程中，我们发现除了信息管理与信息系统专业以外，电子商务、工商管理、物流管理、会计学等专业的学生也都来选修"管理信息学"这门课程，从而扩大了本书的受益面。

本书将管理科学与信息科学有机地融为一体，较系统地阐述了管理中的信息学问题。力图帮助读者，从信息学的角度理解管理过程，从管理学的角度认识信息价值，在管理实践中能够创造性地运用信息科学与技术的相关成果。

经济与社会的高速发展对管理科学与工程不断提出新的要求，信息科学与技术的新成果为管理科学与工程的发展不断增添新的活力。为了及时反映这些新要求和新成果，结合我们团队的相关科研工作，组织了对 2004 年出版的《管理信息学》第一版的修订工作。这次修订保留了第一版的总体框架体系，调整了部分局部结构，删减了应用频率不高的内容，补充了部分最新研究成果。

修订后的主要内容包括：第 1 章绪论，介绍信息科学的发展历史，并简要介绍本书的内容结构；第 2 章信息与管理，阐述信息与管理的关系，介绍信息的度量方法；第 3 章信息采集与存储，介绍信息的采集、组织和存储过程中的理论与方法；第 4 章信息传输与信息编码，介绍信息传输的概念和一般模型，信息编码的原理和方法；第 5 章信息安全与信息加密，介绍信息安全的基本概念、信息加密算法、数字签名方案以及身份识别协议；第 6 章信息处理，介绍信息处理的流程，以及信息处理中常用的统计学方法与人工智能方法；第 7 章信息决策理论与方法，介绍利用信息处理的结果进行科学决策的理论与方法。

为了帮助读者更好地学习掌握"管理信息学"的理论，在第二版中增加了一些案例，这些案例都来自管理实践。希望能够帮助读者加深理解理论要点，同时又能提高内容的生动性。

本次修订由杨善林统一规划设计，第 1 章由杨善林编写，第 2、4 章由胡笑旋编写，第 3 章由冯南平编写，第 5、6、7 章由凌海峰编写。胡笑旋负责统稿。

本书内容体现了自然科学和人文科学的交叉。修订工作同时得到了教育部"过程优化与智能决策"重点实验室和安徽省人文社科基地"知识经济与企业管理创新"研究中心的资助和支持。在修订过程中参考了大量的国内外文献。在此一并表示衷心感谢！

由于编者水平有限，书中难免有不当之处，请各位专家、读者不吝指正。

编 者
2010 年 7 月 6 日

第一版前言

信息是人类社会最重要的战略资源之一。人类认识世界、改造世界的一切有意义的活动越来越离不开信息资源的开发、加工和利用。信息资源开发越充分、加工越合理,信息利用的效率就越高、效果就越好,人们对世界的认识就越深刻、改造就越彻底。

当今社会,信息科学技术的应用已经渗透到各个领域,管理也不例外。从信息学的角度看,管理过程就是信息的获取、加工和利用信息进行决策的过程。信息科学与管理科学的融合形成了多个交叉学科,如信息管理与信息系统、电子商务、电子政务等。对于上述专业的学生来说,在今后的实际工作中要能够创造性地应用信息技术,充分利用信息进行管理决策,就不仅要学习操作系统、数据库原理及应用、计算机网络等技术类课程,还要学习信息学基础理论类课程。鉴于此,我们将信息学的相关理论和方法与作者多年来的研究成果有机结合起来,编著了《管理信息学》这本教材,希望通过这门课程的学习,使学生能够掌握必要的信息学的基本原理和方法,为以后的学习和工作奠定坚实的信息学基础。本书在编写过程中,从以下三个方面体现了信息科学与管理科学的结合:(1)按照管理学科的需要选择信息学的内容;(2)按照信息管理过程的内在规律组织内容体系;(3)研究问题的背景材料尽可能选自管理领域。

由管理科学与信息技术融合而产生的管理信息系统得到了广泛应用,但在许多应用领域往往难以长期、稳定、可靠地运行。解决这个难题的途径之一是,深入研究管理的信息学本质和特征,对信息科学和技术提出新的发展要求,使管理信息系统获得新的理论与技术支持,从而在经济建设和社会发展中发挥更大的作用。由此而产生的管理信息学学科正在逐步形成和发展,我们也初步总结了这方面的研究成果,并融到相关章节中。

全书以信息学理论和方法为基础,以信息生命周期为主线,研究管理信息的采集、传输、编码、加密、存储、加工、利用等。全书共有8章,第1章和第2章阐述信息的基本概念、特征、性质,分析信息的生命周期;从系统的观点讲述信息在管理过程中的作用以及信息的度量方法;第3章着重介绍管理信息的收集方法和信息的存储;第4章和第5章围绕信息的传输过程阐述信息编码、传输的有效性和抗干扰性;第6章讨论信息安全问题和信息加密算法;第7章着重讲述信息处理的概念、过程和信息处理的统计学方法及几种机器学习方法;第8章论述信息在管理决策中的应用。每章后附有思考题,旨在帮助读者进一步加深对知识点的理解。书后附有相关的参考文献,便于感兴趣的读者进一步扩大阅读范围。

本书由合肥工业大学杨善林教授主编,书中各章分工如下:第1章由杨善林编写,第 2 章由任明仑编写,第 3 章由梁昌勇编写,第 4、6 章由朱士信编写,第 5 章由李兴国编写,第 7 章由刘业政编写,第 8 章由刘心报编写。杨善林教授负责全书的策划和大纲的制定,刘业政博士负责全书的统纂。

在本书编写过程中,参考了大量的国内外有关研究成果,在此对所涉及的专家、学者表示衷心感谢。倪志伟教授仔细审阅了全部书稿,并提出了许多有价值的建议;合肥工业大学计算机网络系统研究所的马溪骏、朱卫东等老师和陈军、陈蕊、夏楠等研究生对本书的编写给予极大的关心和支持,在此,谨向他们表示最诚挚的感谢。另外,高等教育出版社为本书的出版付出了大量的心血,特此致谢。

本书可作为高等学校信息管理与信息系统、电子商务、信息与计算科学等管理类、信息类专业的本科生或研究生教材,也可供信息科学领域、管理科学领域的有关研究人员参考。

本书是一本探索性教材,涉及信息科学和管理科学中的多个领域,加上编者水平有限,错误和疏漏之处在所难免,恳请广大读者批评指正。

编　者

2003 年 3 月 18 日

目录

I

第 1 章 | 信息与管理

从 20 世纪 40 年代后期逐渐发展起来的信息科学，已经对人类社会的发展产生了广泛而深远的影响。信息已成为当代社会最重要的战略资源之一。人类认识世界、改造世界的一切有意义的活动都越来越离不开信息资源的开发、加工和利用。信息资源开发越充分、加工越合理，信息利用的效率就越高、效果就越好，人们对世界的认识就越深刻、改造就越彻底。

信息科学与信息技术已经广泛地渗透到各个领域，管理也不例外。从信息科学的角度看，管理过程在本质上就是信息的采集、处理和利用信息进行决策的过程。掌握信息科学的基本理论和方法，对认清信息的本质，掌握信息的运动规律，并充分利用信息进行管理决策具有重要意义。

1.1 | 信息科学的发展

自古以来，人们就不断对信息的表达、采集、存储、传输和处理等问题进行研究。在文字发明之前，人们采用"结绳记事"的方法记录日常生活中的各类事件。古书中记载："事大，大结其绳；事小，小结其绳，结之多少，随物众寡"，意思是说记录一件大事就系一个大结，记录一件小事就系一个小结，系结的多少代表了事件的多少。结绳记事是人类早期表达和记录信息的一种方法。

语言的发明，使人类拥有了表达信息、传递信息的最根本的工具。语言是人类最重要的交际工具和思维工具。人类创造了语言之后又创造了文字。文字是语言的视觉形式，是记录语言的书写符号系统，是在语言的基础上产生的。文字突破了语言所受时间和距离的限制，使信息可以在时间和空间上转移，即可以被长时间存储和远距离传输。

有了文字之后，人们可以把信息记录下来，但是记录信息还需要有载体。纸的发明让人类有了记载信息的绝佳载体，对传播知识文化、促进文明的发展起到了重要的作用。活字印刷术是中国古代的另一项伟大的发明，它大大提高了印刷效率，使得信息可以被快速地复制和传播。

在我国古代，边境士兵为了及时传递敌人来犯的信息，在烽火台上点燃烽火，产生狼烟，一个烽火台接一个烽火台地传递下去，信息就传得非常快。在法国大革命时期，人们发明了一种信号塔，塔顶装有巨大的悬臂，由缆索操纵，通过悬臂的位置变化表达不同的信息，并可以通过多个信号塔之间的接力快速传递信息。这些都是人们早期发明的快速、远距离传输信息的方法。

近百年来，随着生产力和科学技术的发展，信息的存储、传输和处理方式达到了更高的水平。特别是电报、电话、电视的发明，电磁波的发现等，使信息的传送更快、更远、更便利，再次出现了信息传输和处理方式的变革。

从 20 世纪 50 年代开始，随着计算机技术、微电子技术、传感技术、移动通信技术、广播电视技术、多媒体技术、新能源技术和新材料技术等新技术的发展和应用，尤其是互联网技术的兴起和发展，它们相互结合、相互促进，使信息的传输速度、处理速度得到了惊人的提高，这些现代新科学、新技术汇成了一股强大的时代潮流，将人类社会推入信息化时代。

当前，全球范围内的信息技术创新呈现出新的发展趋势和特征，以云计算、大数据、物联网、人工智能、区块链等为代表的新一代信息技术飞速发展和广泛渗透，带动了几乎所有领域发生以智能、泛在为特征的群体性技术革命。信息技术已经成为社会经济发展和科技创新的主要驱动力之一，在不同的领域不断集聚创新资源与创新要素，与新产业模式、新业务形态、新商业模式、新生活方式等互动融合，推动着人类社会的繁荣进步。

可以看出，信息对人类社会的发展始终起着关键的作用，人类从祖先开始就在不断探索信息的运动规律和应用方法，并在长期的生产生活实践中不断概括与提高对信息的认识。在 1948 年，美国著名科学家克劳德·艾尔伍德·香农（Claude Elwood Shannon）在《贝尔系统技术杂志》（*The Bell System Technical Journal*）上发表了著名的学术论文《通信的数学理论》（*A Mathematical Theory of Communication*）。1949 年，香农又在该杂志上发表了另一篇著名的学术论文《噪声下的通信》（*Communication in the Presence of Noise*）。在这两篇论文中，香农继承和发展了前人的研究工作，运用概率论和数理统计的方法，系统讨论了通信的基本问题，给出了通信系统的模型，提出了信息熵（information entropy）的概念，并解决了信道容量、信源编码、信道编码等一系列基本科学技术问题。这两篇论文成为信息论的基础性理论著作，香农也因此被称为"信息论之父"。

信息论很快在学术界和产业界产生了巨大的影响，科学家和工程师们投入其中做了大量的研究工作，将香农的理论进一步推广。早期的信息论（狭义信息论）专注于研究如何提高通信系统的有效性和可靠性。自 20 世纪 70 年代以后，随着计算机的广泛应用和社会信息化的迅速发展，信息论逐渐向各门学科渗透，研究规模不断扩大，不仅在通信工程、计算机、自动控制等方面大显身手，而且遍及物理学、生物学、管理学、经济学等学科。它已大大突破了狭义信息论的研究范畴，发展到了广义信息论的阶段，或者叫信息科学阶段。信息科学是由信息论、控制论、系统论和计算机科学等相互交叉、相互融合而形成的一门综合性科学。它以信息为主要研究对象，以信息的运动规律和应用方法为主要研究内容，以扩展人类的信息功能为主要研究目标。信息科学登上现代科技舞台后，为人类社会的繁荣进步作出了巨大贡献。

1.2 新一代信息技术

信息科学的发展从来都不是孤立的，而是通过与农业、工业、服务业等国民经济各个领域的深度融合，在人们的智力活动、生产活动、消费活动等方面循环促进而逐渐发展起来的。进入21世纪以后，以云计算、大数据、物联网、人工智能和区块链等为代表的新一代信息技术快速发展，焕发出蓬勃的活力。

云计算（cloud computing）的名称起源于亚马逊公司所提供的 EC2（elastic compute cloud）产品。该产品能够将亚马逊公司的计算资源虚拟化，并根据用户的需求以租用的方式提供给用户。随后，谷歌、百度、阿里巴巴、腾讯等公司纷纷建立了云计算平台，在对网络信息服务资源虚拟化的基础上，在云中心对各类信息服务进行调度、管理与维护，使得用户能够像使用水、电、气等公共服务设施一样按需使用各类信息服务。云计算的核心是服务，其创新之处就在于它能够将软件、硬件、存储空间、网络带宽等各类信息资源转换为服务，通过服务的组合与优化，实现质优价廉的信息服务。从云计算的部署模式来看，可以分为公有云、私有云、社区云和混合云四类，企业通常根据服务成本、数据安全性、业务关联性等方面的因素选择适合自身的部署模式。从云计算所提供的类型来看，通常可以分为软件即服务（software as a service，SaaS）、平台即服务（platform as a service，PaaS）、基础架构即服务（infrastructure as a service，IaaS）。

大数据技术（big data）是与云计算一同发展起来的新一代信息技术。IBM 公司从技术视角描述了大数据的规模性（volume）、高速性（velocity）、多样性（variety）和真实性（veracity）特征。杨善林则从管理的视角将大数据视为一类能够反映物质世界和精神世界运动状态和状态变化的信息资源，它具有复杂性、决策有用性、高速增长性、价值稀疏性和可重复开采性，一般具有多种潜在价值。大数据不仅数量规模大、来源广泛、形态结构多样，而且其状态变化和开发方式存在着不确定性，通过分析、挖掘和发现其中蕴藏的知识，可以为各种实际应用提供其他资源难以提供的决策支持。例如，公众媒体大数据可以用于医疗卫生管理、舆情监控和公共安全管理等社会管理，可以用于社交网络分析、商业模式创新和市场营销等商务管理，还可以用于生产销售管理、客户关系管理和人力资源管理等企业管理。

物联网技术（internet of things）提供了一种将不同物理实体相互连接的网络技术，多个物体之间能够按照约定的协议实时地进行信息通信和数据交互，实现对多个物体的智能化管理。目前已经在制造领域、能源领域、交通领域等方面有着越来越广泛的应用。以智能电网为例，采用物联网技术能够对电网中多类电力设备的运行情况进行实时监测，并结合云计算平台和大数据分析技术为电力设备的潜在故障、运行风险、资源调度等提供重要的管理手段。

人工智能（artificial intelligence）与云计算和大数据相遇，展现出了强大的生命力。在近70年的发展历程中，人工智能经历了模拟人的逻辑思维、模拟人的经验思维以及模拟人的自主学习三个阶段，而当前人工智能的实现方法则主要侧重于数据驱动的对人类智能的模拟、延伸和扩展，创新了感知、认知等各阶段的视觉、听觉、语言、预测、决策等能力，在科技、经济和社会的各领域有着广泛应用。

区块链技术（blockchain）是一种新的分布式基础架构与计算范式。其核心在于通过分布式网络和加密算法，确保数据的安全、透明和不可篡改，从而突破传统中心化系统信任机制的瓶颈。随着比特币和其他加密货币的发展，区块链技术获得了越来越多的行业应用，包括金融、能源、医疗、教育等领域。区块链技术正逐步成为推动数字经济和创新生态建设的支撑技术之一。

新一代信息技术深刻影响着各行各业的管理。首先是管理对象融入新一代信息技术后，很多管理对象本身就发生质的变革，运动规律发生了根本性变化，必须重新认识；其次是管理的理念、思路、理论、方法和技术，在新一代信息技术环境下也发生了重大变革；最后，新一代信息技术为管理实践提供了全新的工具，在管理活动中发挥着越来越重要的作用。

1.3 │ 信息的概念

1.3.1　哈特莱的定义

"信息"一词在社会生活的各个领域应用非常广泛，但人们对于什么是信息有着各种不同的看法，人们从信息的本质、用途、表示等方面给出了信息的不同定义。"信息"作为科学术语是哈特莱（Ralph Hartley）于 1928 年在《信息传输》（*Transmission of Information*）这篇论文中开始使用的。

哈特莱把信息理解为选择通信符号的方式，并用选择的自由度来计量信息量的多少。他认为，发信者所发出的信息就是他在通信符号表中选择符号的具体方式。例如，假定符号表是 26 个英文字母及标点符号，那么用符号"I am well."传达了一种信息，而用符号"I am sick."传达了另一种信息。发信者选择的自由度越大，所能发出的信息量也就越大。例如，若发信者只能从由 0 和 1 两个符号组成的符号表中选择符号且长度限定为 1，则发信者只有两种选择，这时他能传达的信息量就很小；若放宽限制，例如长度不超过 $n(n>1)$，则发信者可选择的符号串有 $\sum_{i=1}^{n} 2^i$ 个，这时他能传达的信息量就可以很大（取决于 n 的大小）。哈特莱在研究中还发现选择的具体物理内容是无关紧要的，重要的是选择方式，也就是说不管符号代表什么含义，只要符号表的符号数目一定，选择的长度一定，则发信者所能发出的信息量就被限定了。

哈特莱对信息的理解在一定程度上解释了通信工程中的一些信息问题，但他所定义的信息没有体现信息的内容和价值，没有考虑信源的统计性质，同时把信息理解为选择的方式就必须有一个选择的主体作为限制条件，这些不足使"信息"一词的适用范围受到很大限制。

1.3.2　香农的定义

香农在论文《通信的数学理论》中，从研究通信系统的实质出发，对信息进行了深入的剖析。他把信息量定义为随机不确定性程度的减少，这表明他对信息的理解是"用以消除随机不确定性的东西"，这里的不确定性可以用信息熵来度量，因而信息量可以用信息熵的改变量来度量。

1.3.3　信息概念的不同描述

20 世纪 40 年代后期，随着信息论、控制论的发展，信息成为一个科学概念，广泛应用于自然科学和社会科学的许多领域。例如，信息在系统论中被认为是系统内部联系的特殊形式；在控制论中被理解为对外界进行调节并使调节为外界所接受时与外界相互作用所获取的东西；在信息论中被看作是可以获得、变换、传递、存储、处理、识别和利用的一般对象，它能为实现目标排除意外性、增加有效性；在经济学和管理学中被泛指为一般的数据、资料、消息、情报和知识等。

控制论的创始人诺伯特·维纳（Norbert Wiener）将信息提高到与物质和能量并列的重要地位，他在著作《控制论或关于在动物和机器中控制和通信的科学》（*Cybernetics or Control and Communication in the Animal and the Machine*）中认为，"信息就是信息，不是物质也不是能量"。在著作《人有人的用处——控制论与社会》（*The Human use of Human beings：Cybernetics and Society*）中，他将信息定义为"人们适应外部世界并使这种适应反作用于外部世界的过程中，同外部世界进行交换的内容的名称"。维纳认为"信息量是一个可以看作概率的量的对数的负数，它实质上就是负熵"。

在哈特莱、香农、维纳等人之后，信息的概念又被描述成多种形式，并不同程度地考虑了信息的含义或效用。例如，1966 年科林·彻里（Colin Cherry）在其著作《论人类通信》（*On Human Communication：A Review，a Survey，and a Criticism*）中指出，"大多数信息（如果不是全部），其内涵似乎是依据选择力（choice ability）的概念"。例如，电话号码簿包括大量信息，是因为能从大量的号码中选出一个人或一个组织的号码。分配给用户的通信地址是信息选择力的又一例子，确定地址是逐步细分的过程：省、市、区、镇、户等。1971 年，国际信息处理联合会的《数据处理概念与术语指南》（*IFIP Guide to Concepts and Terms in Data Processing*）中给出的信息定义是，"信息是人们借助于公认的惯用表达形式，用事实和概念表示的或由事实和概念提取出来的含义"。这个定义值得注意的是"公认的惯用表达形式"。当表达形式像自然语言时，语句和语义构成一个设想的基础结构，用于表达任何信息。例如，当听到"室内只有 17 度"这句话时，可认为是在谈论温度，且计量单位是摄氏度数。因此使用某种公认的语言习惯，能比直接用原来的句子通信得到更多的信息。1975 年，意大利学者朗格（G. Longo）在其著作《信息论：新的趋势与未决问题》（*Information Theory New Trends and Open Problems*）中认为，"信息是反映事物的形式、关系和差别的东西，它包含在事物的差异之中，而不在事物本身"。

在计算机得到普遍应用之后，信息作为技术术语被广泛使用。在计算机发展的早期，计算机处理的对象仍沿用过去的名词，如数据、记录、报表、文字等。但随着计算机不断发展，计算机能够处理的对象越来越多。这样在学术界和工业界都有一种强烈的愿望，即用一个通用的名称把所有这些处理对象统统包含在内，信息这一名称恰好符合这一要求。

1.3.4　信息的广义概念

我国学者钟义信从理论角度对信息进行了抽象定义。他认为由于信息概念的复杂性，在定义信息时必须注意定义的条件。为了得到清晰的认识，应当根据不同的条件区分不同的层次，从而得到不同层次上的信息的概念。最基本的层次是无条件约束层次，称为"本体论层次"，在该层次上定义的信息最基础，适用范围最广，随着约束条件的增加，所定义的信息概念适用范围减小，这样根据引入的约束不同，就可以给出不同层次和不同适用范围的信息定义。

事物的本体论层次信息是指该事物运动的状态和状态变化的方式。这里所说的"事物"既包括客观世界的物质，也包括主观世界的思维，物质的运动和思维的运动都会产生信息。这里所说的"运动"泛指一切意义上的变化，运动方式是指事物运动在时间上所呈现出的过程和规律，运动状态是指事物在空间上变化所展示的性质与态势。本体论层次的信息也可以叫作语法信息。比如说，掷一枚硬币，等它落地后，硬币正面朝上，这个信息就是本体论层次的信息，它是对事物运动状态和方式的客观描述。

若在本体论层次上引入"主体"，必须存在人类主体，而且必须站在人类主体的立场上定义信息，这时受存在主体约束的层次称为"认识论层次"。某主体关于某事物的认识论层次的信息是指该主体所感知的或该主体所表述的相应事物的运动状态及其变化方式，包括状态及其变化方式的形式、含义和效用。由于引入了主体这一条件，认识论层次的信息概念的内涵就比本体论层次的信息概念丰富得多。作为主体的人，具有感觉的能力，能够感觉到事物运动状态及其变化方式的外在形式；具有理解能力，能够理解事物运动状态及其变化方式的内在含义；具有目的性，能够判断信息的效用价值。认识论层次的信息含有语义信息和语用信息。上面所说"硬币正面朝上"的信息是一个本体论层次的信息，但是如果我们正在用掷硬币的方法来决定是去看电影还是看球赛，那么"硬币正面朝上"这个信息里面还具有特定的内在含义和效用价值，这就是认识论层次的信息。显然，认识论层次的信息是和主体紧密相关的，同一个本体论层次的信息，不同的主体所感知到的认识论层次的信息是不一样的。

1.3.5　数据、信息与知识

信息一般通过数据形式来表示，这里的数据是指对事物进行记录并可以鉴别的符号，它不仅指狭义上的数字，还可以是文字、图形和声音等。它是事物属性的描述。信息是加载在数据之上，对数据作具有含义的解释。如"21"是一个数据，而"今天的气温是 21 ℃"则是一条信息。

从管理的视角出发可以看出，信息与数据联系在一起，且和决策有着密切的关系。由此可以将信息定义为：信息是从记录事物的运动状态和状态改变方式的数据中提取出来的、对人们的决策提供有益帮助的一种特定形式的数据。

信息给出了数据中一些有一定意义的东西，但它的价值往往会在时间效用失效后开始衰减，例如"今天的气温是 21 ℃"这条信息只在今天有意义，到了明天就失效了。只有通过归纳、演绎等手段对大量信息进行分析，才能找出信息中隐含的、有价值的规律，这样信息才转变成知识。知识是信息的积累或沉淀，它不只在某一个时刻或某一个场景中有价值，而是在一个较长的时间段或较多的场景中都具有价值。所以，知识是指信息中所呈现出的一般性规律，能用来指导决策和行动。例如，"张三此刻的体温是36.9 ℃，无不适感"是一条信息，"李四此刻的体温是39.0 ℃，感觉很不舒服"也是一条信息。当人们对这些信息（当然不止这两条）进行归纳和对比就会发现：人类的基础体温应该是36.0 ℃~37.0 ℃，在这个范围内都是正常体温，如果超过这个范围就可能是生病了。通过这种方式，有价值的信息沉淀并结构化后就形成了知识。

关于数据、信息和知识的层次性，可用图1.1来表示。

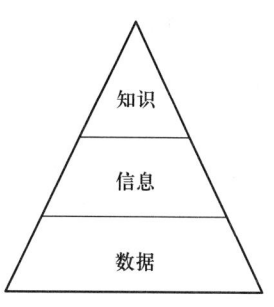

图1.1 数据、信息和知识的层次性

1.4 │ 信息的性质与类型

1.4.1 信息的性质

1. 普遍性

信息是普遍存在的。信息是对事物运动状态和状态变化方式的描述。因此，只要有事物的存在，只要事物在不断地运动（绝对静止的事物是没有的），就会有它们运动的状态和状态变化的方式，也就存在着信息。因此，信息普遍存在。

2. 共享性

人们在进行物质交换时，一人所得必为另一人所失，而信息则不同。由于信息可以脱离源事物相对独立地存在，因此可以被复制、传播或分配给众多用户，为大家所共享。当一个人把所知道的信息传递给另一人时，他所拥有的信息并没有因此而消失。例如，教师在授课时，不会因为将知识传授给学生而使自己变得什么都不知道，反而是教师通过教学过程使自己的知识得到了进一步巩固。通过共享，提高了信息资源的利用率，使信息能够发挥更大的价值。当然，信息的共享性不代表所有信息都是可以共享的，隐私信息、涉及组织安全的信息等要做好严格的保护。

3. 存储性

信息可以通过一定的方法在时间上实现转移，如昨天的信息可转移至今天，今天的信息可转移至明天等。信息在时间上的转移称为存储，存储可借助于多种多样的存储介质如纸张、磁盘、优盘和光盘等来实现。

4. 传递性

信息也可以通过各种手段在空间上实现转移，即信息是可传递的。信息传递手段也是多种多样的，如古代的烽火狼烟、信号塔、信鸽传书，现代的网络通信等。信息的可存储性和可传递性，使信息能够在更长时间和更广空间发挥价值，也使得人类的知识和文化得到积累和传播。

5. 时效性

信息的时效性反映了信息是有寿命的。由于产生信息的物质世界和思维世界是在不断变化着的，而现有的信息只能反映它们在过去某个时刻的运动状态和方式，因此这些信息的作用会逐渐降低，以至于完全失去效用，这就是信息的时效性。衡量信息的时效性不能仅从该信息产生的时间来看，还必须考虑产生该信息的源事物的变化速度。一旦信息已经不能反映源事物的实际运动状态和方式，该信息只能作为一种历史记录。信息从其产生到其完全失去效用构成信息的生命周期。

6. 可加工性

信息的可加工性表现在两个方面：一是信息可以通过编码进行转换。例如，可以将信息转换为别人看不懂的字符，起到加密的作用；可以将视频信息、图像信息、文字信息转换成二进制代码存储在计算机里；等等。二是信息可以被加工处理，使杂乱无章、无法使用的信息变为有价值、可以使用的知识。例如，购物网站上积累了大量的用户购买信息，采用特定的方法和技术，可以从这些信息中挖掘用户的购买偏好和消费行为，从而为商品的销售起到决策支持作用。

7. 真实性

信息的真实性是指信息对事物运动状态及方式描述的真实性、准确度。一个信息可能符合实际情况，也可能与实际情况不符。如果接收者接收了一个不符合事实的信息，那么这个信息就会给接收者的决策活动带来不利的影响。因此在收集信息时要确保信息的真实性。

8. 有用性

从信息的定义可知，信息是对决策提供有益帮助的一种特定形式的数据，具有决策有用性。但信息的有用性是相对的，如某信息对 A 决策目标是有用的，但对 B 决策目标是无用的；同一信息在不同时间、不同地点对同一决策的效用也是不同的。

1.4.2 信息的类型

由于信息的含义非常丰富，在对信息这个对象进行研究时，需要采用一定的分类准则和方法，把信息分为不同的类型。例如，以对某个决策目标的有用性为准则，信息可被划分为有用信息、无用信息和有害信息；以信息产生的领域分类，则有工业信息、农业信息、军事信息、政治信息、管理信息等；以信息源的性质来分类，则有语言信息、图像信息、文字信息等；从对信息的掌握程度来看，有确定信息和不确定信息；从信息的性质来看，有语法信息、语义信息和语用信息。

在所有分类的原则和方法中，按信息的性质分类所形成的三个层次信息被研究得最为广泛。语法信息只涉及"事物运动的状态和方式"本身，不涉及这些状态的含义和效用，是最基本、最抽象的层次；把涉及其中含义因素的信息部分称为语义信息；把涉及其中效用因素的信息部分称为语用信息。针对不同性质的信息，需要研究不同的描述方法，建立相应的度量方法和处理方法，从而最有效地把握信息。从信息科学的发展现状来看，语法信息是研究得最多、相应的理论方法最成熟的一类信息。本书后面的内容主要讨论语法信息。

语法信息是事物运动的状态和方式。根据事物的运动状态不同，语法信息可划分为：① 有限状态和无限状态，与之对应的是有限状态语法信息和无限状态语法信息；② 连续状态和离散状态，与之对应的是连续状态语法信息和离散状态语法信息；③ 明晰状态和模糊状态，与之对应的是明晰状态语法信息和模糊状态语法信息。

事物的运动方式（各状态出现的方式）可以有 3 种：随机型运动方式、半随机型运动方式以及确定型运动方式，它们分别对应于概率型信息、偶然型信息和确定型信息。所谓随机型运动方式是指各状态按照概率规则或统计规律出现；半随机型运动方式是指各状态的出现是随机的而不是确定的，但这些状态的出现是偶然的，不能大量重复出现，因此不能用概率规则来描述；确定型运动方式是指各状态的出现能用经典数学公式来描述，其未知因素常表现在初始条件和环境影响（约束条件）方面。

因此根据事物运动的状态和方式不同，可以得到 $C_2^1 \times C_2^1 \times C_2^1 \times C_3^1 = 24$ 种不同的语法信息形式，它们在理论上都是存在的，但在实际研究工作中，连续信息通常被离散化；无限状态总是通过先求解有限状态，然后通过求极限的方法将其延伸至无限状态。这样最基本的语法信息形式就只有 6 种，即概率型信息、偶然型信息、确定型信息、模糊型概率信息、模糊型偶然信息以及模糊型确定信息。通常所说的模糊信息是指模糊型确定信息，因而真正最基本的语法信息只有 4 种：离散有限明晰状态的概率型信息、离散有限明晰状态的偶然型信息、离散有限明晰状态的确定型信息和离散有限模糊状态的确定型信息，分别将它们简称为概率信息、偶然信息、确定信息和模糊信息。这样整个信息分类就可以清楚地表示出来，如图 1.2 所示。

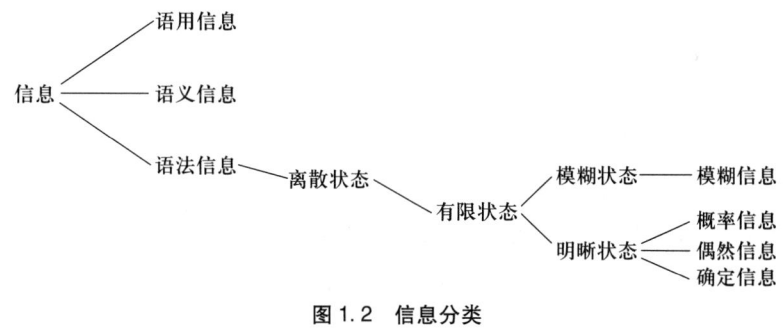

图 1.2　信息分类

1.5 │ 信息的生命周期

信息和其他资源一样也有生命周期。一般商品的生命周期是设计、制造、使用和报废；信息的生命周期是信息的采集、存储、传输、处理、使用和销毁。

1.5.1　信息采集

信息采集是指根据特定的目标和要求，将分散蕴含在不同时空域的有关信息，通过特定的手段和措施采掘和汇聚的过程。信息采集的工作流程一般包括确定信息需求、确定信息采集目标、制定信息采集方案、选择合理的信息采集策略、明确信息采集分工、采集与整理信息等。采集过程中需遵循可靠性、完整性、实时性、准确性、预见性和经济性原则。

信息采集的需求决定了信息采集的范围，即必须在合适的内容、时间和地域范围内进行相关信息的采集。另外，需要考虑信息源的选择问题，即确定所需信息的来源，包括话语信息源、视觉信息源、实物信息源、文献信息源、网络信息源和服务机构信息源等。

采集信息一般分为两个子阶段：信息的感知和信息的识别。传感器有效地扩展了人类自身的信息感知能力，已成为人类感知并采集信息的重要手段。而对于企业系统、经济系统、社会系统等高层或抽象系统，最常用的信息收集方法则包括观察法、社会调查法、文献检索方法、网络方法和信息采购与交换法。信息识别目的是对所感知的信息进行有用性、类别等判断，常用的识别方法有模式匹配法和统计识别方法。

最后，还需要对采集的信息进行组织，使之有序化。信息组织包括语法信息组织、语义信息组织和语用信息组织三个层次。

1.5.2　信息存储

信息存储是将信息保存起来，以备将来使用。信息存储要解决的问题是确定存储哪些信息、存储信息的时间、存储信息的方式以及存储信息所需要的介质等。

存储什么信息、存储多久都与信息的应用目标有关，保留过多的冗余信息或将失去价值的信息存储过久，都会增加信息检索的难度，给信息充分、高效率的应用带来负面影响。信息的存储方式有分布式和集中式。一般来讲，公用信息应集中存放，这样可减少冗余、节约资源，而且有利于信息的维护和安全；对于非公用信息或专用信息，应采用分布式存储，方便信息的直接使用者。现在随着存储介质的变化以及信息传输能力的增强，集中存储与分布存储界限越来越模糊。信息存储介质主要有纸、胶卷、磁存储器及光存储器等。

1.5.3　信息传输

信息传输理论最早是在通信中研究的，指的是通信信号的传输。随着信息这一概念的外延逐渐扩大，香农又提出了信息传输的一般模型，如图 1.3 所示。

从图 1.3 中可以看出，发送者的意图要通过语言表达的语义过程和语言编码（语义编码）的技术过程的交互作用才能产生信息，这个信息经过发送机构的再次编码（语法编码）和变换，产生适于传输的信号，到接收端接收机构把信号进行变换得到信息，再经过接收者的技术过程和语义过程的解码，使接收者能理解发送者的意图。当然在信息传输过程中，还有传输和接收的干扰问题、信息传输的安全问题等。

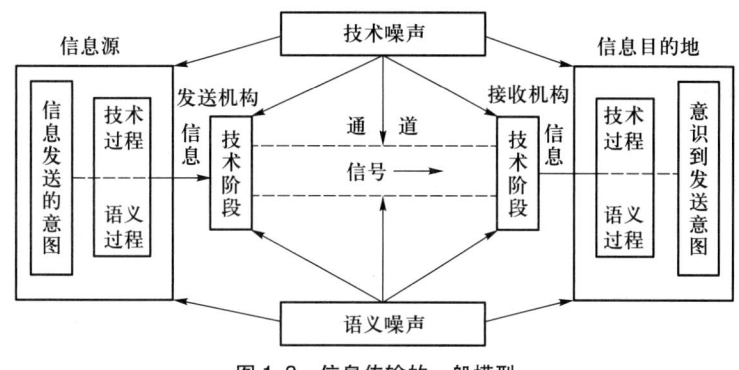

图 1.3　信息传输的一般模型

1.5.4　信息处理

信息在直接面对用户之前，一般都经过适当的处理。信息处理可从两个层面考虑：一是用户层面。不同的用户即使对同一类信息，要求也不一样。例如，医院信息系统中的药品信息，病人感兴趣的是药品的价格和性能，医护人员感兴趣的是有什么药、药效如何，而药品管理部门感兴趣的是药品用量如何、收益如何等，因此针对不同层次的使用者应提供相应层次的信息。二是技术层面。在信息收集过程中，由于各种因素从形式和内容上均存在一些不适合用户使用的信息，如噪声信息、不完整信息、连续型信息等均需要经过适当技术处理，如剔除噪声、补救不完整信息和连续信息离散化等，使其能够满足使用者的需要。

1.5.5　信息应用

从信息的采集、存储、传输到处理，其最终目的是使信息能满足用户的需要。信息应用包括两个方面：一是技术方面；二是如何实现价值转换。

技术方面主要解决的问题是如何高速度、高质量地把信息提供到使用者的手里。这就要求：① 有高速、安全的信息传输网络；② 及时转移失去价值的信息、合理分布信息的存储；③ 建立优化的信息索引。

如何实现信息价值转换是信息应用的关键。所谓信息价值转换就是要使信息给人们的生活、工作、学习带来益处，为企业带来利润。

信息价值体现在 3 个不同的层次上，即提高效率、及时转化价值和寻找机会。信息最基本的目的是帮助人类提高效率。及时转化价值是指人们认识到驾驭信息是管理艺术，认识到信息的价值要通过转化才能实现。如某车间的作业流程不合理，导致效率低下，若能较早得到这一信息，则可及时调整流程，提高工作效率，信息就转化为价值。信息蕴含大量的有应用价值的知识，因此谁能把握机会，抢先获得其中的知识进行预测、决策，谁就能获取意想不到的价值，这才是信息应用的最高层次。

1.5.6　信息维护

信息维护的目的主要在于保证信息的准确性、及时性、安全性和保密。保证信息的准确性，首先保证信息是最新状态，其次保证信息处在合理的误差范围内；保证信息的及时性应考虑高速的信息传输、及时转移失去价值的信息、合理分布信息的存储以及建立优化的信息索引；保证信息的安全性是防止信息由于各种原因（如意外灾害、恶意攻击等）而受到破坏，同时进行必要的备份以在万一遭到破坏时能迅速得到恢复；信息保密是一直备受关注的问题，从古至今，政治、军事、经济等信息无一不是对手想方设法获取的情报，随着信息时代的到来，人们越来越认识到信息的重要性，信息已被当作资源和财富，因而信息被窃取的情况也越来越多。保证信息的安全存储和传输而不被窃取，信息加密技术将是十分必要的。

信息维护的另一项重要的任务就是对无价值信息的"销毁"。信息到了一定的阶段就失去其存在的价值，"销毁"这些信息对信息的高效利用、节约资源都有重要意义。一般信息的"销毁"也是分阶段进行，而不是一次就将其彻底销毁。如先将其作为历史数据存放，越没有价值的信息离用户越"远"，直至用户"看"不到，这也意味着信息生命的终结。

1.6 | 信息的系统观

1.6.1　系统的基本概念

1. 系统

系统的思想源远流长。在古代，人们在长期的社会实践中就逐渐形成了把事物诸因素联系起来作为一个整体进行分析和综合的思想。中国的古籍《孙子兵法》《易经》《老子》等当中，都含有很多系统思想。在农业生产、行军打仗、工程修建、养生治病等活动中，也有不少应用系统思想或系统观点来认识事物和解决问题的生动事例。自 20 世纪 30 年代开始，在贝塔朗菲（Ludwig von Bertalanffy）等科学家的努力下，人们将系统论作为科学理论加以深入研究，研究系统的概念、结构、特征、行为、规律以及系统间的相互关系等各方面内容。1968 年，贝塔朗菲出版了《一般系统论——基础、发展和应用》一书，成为系统论的代表性著作。系统论的影响逐渐扩大，和信息论、控制论一起，被后人并称为"老三论"。

系统是普遍存在的。大至浩瀚的宇宙，小至微观的原子，一个细胞、一个生物体、一台机器、一幢大楼、一个班组、一个企业都是系统。贝塔朗菲把系统定义为相互作用着的若干要素的复合体。我国著名科学家钱学森认为：系统是由相互作用和相互依赖的若干组成结合成的具有特定功能的有机整体。

从系统的定义中可以看出以下几点：① 系统是由两个或两个以上的要素构成的。② 这些共存于一个系统中的要素具有一定的差异性。③ 这些共存于一个系统中的要素是通过相互联系，即通过相互影响、相互制约、相互作用构成统一的整体。如果各部分之间互不相干，则不能构成系统。④ 这些相互联系的要素所构成的统一整体是具有特定功能的统一整体。这里的功能主要指的是整体功能，不能简单地还原为其构成要素的功能叠加。

任何一个系统都具有一定的结构，该结构描述了系统内各元素之间物理上或逻辑上的关系。如各元素在数量上的比例关系、时间上的先后关系、空间上的连接关系等。系统内各元素间的关系有些是静态稳定的，有些是动态变化的。

通常称系统中有意义的元素为实体（entity），描述实体特征的变量称为属性（attribute），实体状态随时间的变化过程称为活动（activity），描述在任何时间的形态的变量称为状态（state）变量。

任何一个系统为了达到某种目的都具有一定的功能，这是系统的基本属性。不同的系统一般具有不同的系统功能，但本质上，系统的功能就是接受物质、能量和信息并进行变换，产生并输出另一种形式的物质、能量和信息。

2. 系统的一般模型

系统可以是具体的，也可以是抽象的。抽象系统一般是概念、思想或观念的有序集合。物理系统不仅局限在概念范畴，还表现为活动或行为。一个实际的物理系统模型从宏观上看有输入、处理和输出。如图 1.4 所示。

系统输入是指系统接受的物质、能量和信息；输出是指经处理和变换后产生的另一种形式的物质、能量和信息。

任何系统都与一定的外部环境发生联系。环境是为系统提供输入或接受系统的输出的场所，是与系统发生作用而不包括在系统内的其他事物的总和。

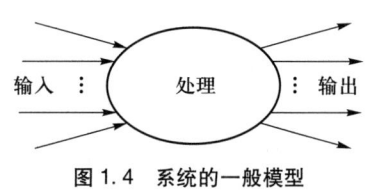

图 1.4 系统的一般模型

系统区别于环境或另一系统的界限称为系统的边界。系统的边界把系统从所处的环境中分离出来。它是由定义和描述一个系统的一些特征形成的，边界之内是系统，边界之外是环境。一般说来，系统边界的划分既要包含系统的元素、结构及目标所共同涉及的范围，又要在满足系统目标的前提下，使边界包含的内容尽可能少，甚至仅包含那些保证系统目标的最少必要部分。

作为一个系统，一般应具备三个特征：① 有元素及其结构；② 有一定的目标；③ 有确定的边界。

系统可能是简单的，也可能是复杂的。工厂、医院、商店和银行等都被看成系统。这些系统的目标是获得最大利益或顾客满意度。这些系统的元素包括机器、工人和管理人员等，输入是劳动、资本、土地和设备等，输出是产品和服务。表 1.1 显示了一些系统的目标、输入和输出。

表 1.1 系统和它的目标及元素

系统	目标	元素		
		输入	处理	输出
高等学校	立德树人	学生、教师、教室、实验室、教材等	讲授、设计、实验等	毕业生、科研成果、社会服务等
电子处方生成系统	提高患者满意度和医院运行效率	医生、病人、药品、药品用法等信息	信息录入、删除、修改、打印等	电子处方
日化企业	获取最大效益	原材料、设备、生产计划、工人、管理者等	采购、生产、监督、销售等	日化产品

系统的一般模型还可以扩展为若干系统（或子系统）相连接的情况。图 1.5 是两个系统串联连接模型。图 1.6 是多个系统并联扩展连接模型。图 1.7 是多系统连接的一般连接模型。

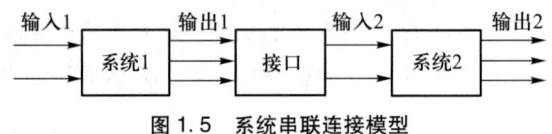

图 1.5 系统串联连接模型

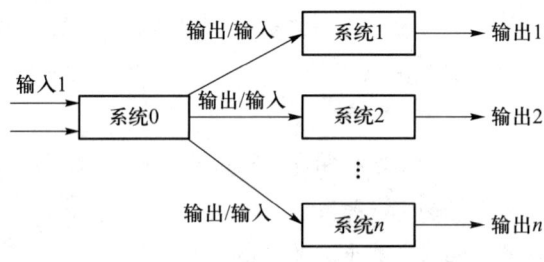

图 1.6 系统并联扩展连接模型

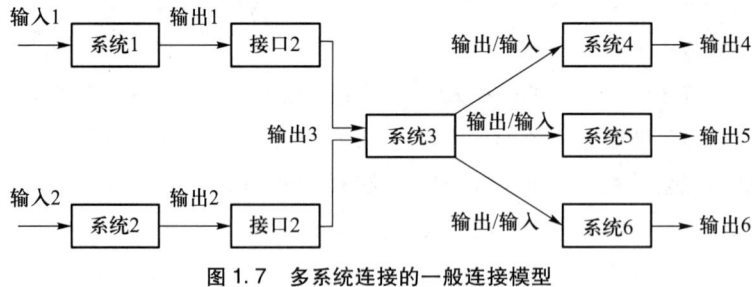

图 1.7 多系统连接的一般连接模型

3. 系统论的基本原理

（1）整体性原理

设系统由 n 个元素组成，用 A_i 表示第 i 个元素独立作用时具有的所有分属性的集合（$i=1$，2，3，$\cdots$，n），用 A 表示系统的全部属性集合，则对于任何系统有：

$$A \supset \bigcup_{i=1}^{n} A_i \tag{1.1}$$

式（1.1）成立的原因是当元素按一定的结构组成系统时，便产生了它们在分别独立作用时所没有的新属性。例如，载人航天系统是一个复杂的大系统，能成功地把人送上太空并安全返回，而任何一个单独部件都不具有将人送上太空并返回的属性。

一个要素在系统内部的行为不同于它在孤立状态中的行为，不能从各个孤立部分概括出整体的行为。

系统存在的全部意义是希望达到系统的整体目标，各元素、分属性对整体目标的贡献效应反映了整体与个体之间的关系。

设系统的目标函数值大小为 f_A，系统中第 i 个元素独立作用时，所有属性对 f_A 贡献和为 a_i。客观事实表明：系统目标函数值 f_A 与该系统中所有 n 个元素分别独立作用时的贡献总和有如下三种关系：

$$f_A > \sum_{i=1}^{n} a_i \tag{1.2}$$

$$f_A = \sum_{i=1}^{n} a_i \tag{1.3}$$

$$f_A < \sum_{i=1}^{n} a_i \tag{1.4}$$

式（1.2）表明"整体大于部分之和"，此效应缘于系统内各个子系统（元素）的分工和协同效应；式（1.3）表明"整体等于部分之和"，是人们最熟悉的情形，如一个国家的人口总数等于各个地方人口数之和；式（1.4）表明"整体小于部分之和"，是一种容易被人们忽略的关系，而在现实世界中这种情况常常发生，如"一个和尚挑水吃，两个和尚抬水吃，三个和尚没水吃"是此种情况的最通俗表述。系统整体与部分之间存在的上述三种关系，主要原因是系统结构带来了组合效应，这些组合效应对系统目标函数来说可能是正面的协同效应，可能是负面的消耗效应，也可能是无任何效应。系统的整体性原理揭示了系统作为一个客观实体存在的重要意义，对人类能动地改造世界有着极大的指导作用。

（2）层次性原理

系统的层次性原理指的是，由于组成系统的诸要素的差异性，从而使系统要素在地位与作用、结构与功能上表现出等级秩序性，形成了具有差异的系统等级。

所有系统都具有一定的层次，都是由不同层次的子系统按一定结构所组成的结合体。对于一个系统来说，一方面，这一系统是上一级系统的子系统——要素，另一方面，这一系统的要素又是由低一层次的系统组成的。系统的层次性反映了系统从简单到复杂、从低级到高级的建构过程。

（3）自组织原理

系统进化的形式可以分为两类：自组织和他组织。系统的自组织指的是，开放系统在系统内外两方面因素的复杂非线性相互作用下，内部要素自发组织起来，使系统从无序到有序、从低级有序到高级有序不断进化。只有开放系统才能实现自组织。与自组织相对应的是他组织，系统的他组织指的是系统的演化过程是在外来特定的干预下进行的，受外部指令的控制。

（4）相似性原理

系统的相似性原理指的是，系统具有同构和同态的性质，体现在系统的结构和功能、存在方式和演化过程等方面具有共性，这是一种有差异的共性，是系统统一性的一种表现。例如，不同的人体系统具有相似的组成方式和生理特征，不同的高校系统具有相似的管理和运行模式。

由于系统之间的相似性，从某个系统上总结出的规律，可以推广到与它相似的系统上去。系统具有相似性是一般系统论得以建立的前提和基础，如果没有系统的相似性，就不会有具有普适性的系统理论。

1.6.2　信息系统概念与结构

现实世界中存在各式各样的系统，其内部必然有物质、能量和信息流动，其中信息控制着物质和能量流动，使系统更加有序。从系统观点看，信息流在整体上构成一个系统，因此在任何复杂系统中都有一个沟通各系统、各部分的信息系统。信息系统的作用和其他子系统不同，它不从事某一个具体功能，完成某一项具体工作，而是协调全局，是整个系统的神经系统。

1. 信息系统的概念

广义上说，任何系统中信息流的总和都可视为信息系统，它需要对信息进行采集、存储、传输、处理等工作。随着科学技术的进步，信息的处理越来越依赖于计算机等现代手段，使得以计算机为基础的信息系统得到快速发展，极大地提高了人类开发利用信息资源的能力。因此目前普遍认同的信息系统是指基于计算机、通信网络等现代化工具和手段，服务于管理领域的信息处理系统。它是 20 世纪中叶信息科学、计算机科学、管理科学、决策科学、系统科学、认知科学以及人工智能等学科相互渗透而发展起来的一门学科。

研究信息系统的主要任务是研究信息处理过程中的内在规律以及基于计算机等现代化手段的形式表达和处理规律。从系统的观点看，信息系统是对信息进行采集、存储、检索、传输和处理等，必要时能向人们提供有用信息的系统，如图 1.8 所示。

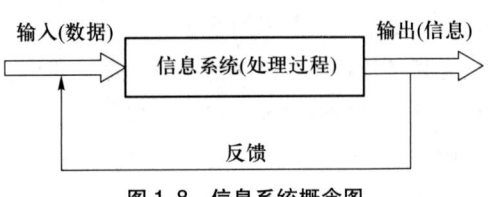

图 1.8　信息系统概念图

信息系统的输入输出是明确的，即输入数据、输出信息，且输出的信息是有用的，它服务于信息系统目标。信息系统中的处理包括计算、比较、交换、检索等，是对输入数据的加工并使其能够被利用。反馈是对输入数据或处理过程的调整，以提高信息系统的有效性。反馈是管理者进行有效控制的重要手段。

信息系统的基本功能是完成信息生命周期中各个阶段的信息处理任务。

2. 信息系统的结构

按照系统的观点，可以把一个组织简单地看成由 3 个子系统组成，即由管理子系统、执行子系统和信息子系统组成。信息子系统除包含自身管理外，将一般组织的管理功能融合在其中。信息子系统提供给执行子系统有效的信息，同时接受执行的结果，并将处理后的信息传输给管理子系统，管理子系统根据组织的目标和方针，决定对执行子系统进行控制；执行子系统负责业务处理和业务交流等；信息子系统可以看成上述两个子系统之间采集、存储、处理和分发信息的功能部分。3 个子系统之间关系如图 1.9 所示。

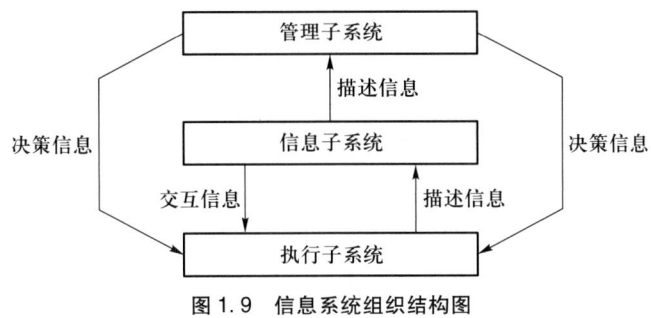

图 1.9　信息系统组织结构图

（1）概念结构

从概念上看，信息系统由四大部件组成：信息源、信息处理器、信息用户和信息管理者。信息源是信息的产生地；信息处理器负责信息的存储、传输、处理等；信息用户是信息的使用者，并利用信息进行决策和控制；信息管理者负责信息系统的设计、实施、维护和协调等。信息用户和信息管理者构成信息系统的边界。

（2）功能结构

从使用的角度看，信息系统具有一定的目标和多种功能，各功能之间存在各种信息联系，构成一个有机结合的整体，形成一个功能结构。

（3）软件结构

支持信息系统各种功能的软件系统或软件模块所组成的系统结构是信息系统的软件结构。

（4）硬件结构

信息系统的硬件结构包括硬件的组成及其连接方式和硬件所能达到的功能。系统的硬件结构和软件结构构成信息系统的运行环境。

1.7 信息与管理

1.7.1　管理的信息学模型

管理是一个复杂的概念，有着各种各样的定义。法国管理学家法约尔认为：管理是所有的人类组织都有的一种活动，这种活动由五项要素组成：计划、组织、指挥、协调和控制；管理就是实行计划、组织、指挥、协调和控制。我国学者周三多等认为：管理是指组织为了达到个人无法实现的目标，通过各项职能活动，合理分配、协调相关资源的过程。徐国华等认为：管理是通过计划、组织、控制、激励和领导等环节来协调人力、物力和财力资源，以期更好地达成组织目标的过程。

这些定义虽然表述上有所不同，但从中可以看出，管理是一种有目的的活动或过程，通过管理，使组织能够有效地实现自己的目标，它包含调查研究、运筹决策、协调控制、检查改进等环节。从信息学角度看，管理过程实际上就是信息的采集、组织、处理和利用的过程。为了揭示信息与管理的关系，先讨论一下管理的信息模型。

作为一个管理系统，最基本的要素之一是管理者（又称为管理主体），管理者具有施行管理的职能。另一个要素是管理对象（又称为管理客体），管理者的一切管理职能都要由管理对象来接受和执行，没有管理者或管理对象的系统不是管理系统，但仅有管理者和管理对象仍然不能构成真正的管理系统，只有当这两个基本要素之间发生了相互作用和相互联系，并在这个基础上产生了整体的功能，才能形成系统。管理者和管理对象之间的这种相互联系、相互作用正是通过信息完成的，信息成为管理的纽带。这种信息作用和信息联系一旦正确地建立起来，管理系统就能发挥自己的功能，即实现管理的目标。

1. 调查研究阶段（信息采集）

管理者为了能够正确地施行管理的职能，就必须了解管理对象的运动状态和运动方式，也就是要获取关于管理对象的信息。由于管理对象的运动状态和运动方式也不是孤立的，总是存在于一定的环境之中，和外部环境之间有各种各样的联系，因此外部环境的运动状态和运动方式也会影响管理对象的运动状态和运动方式，必须同时收集外部环境的信息。

2. 运筹决策阶段（信息处理）

有了管理对象和环境的信息，就可以初步确定管理目标，该目标就是管理者希望管理对象应当达到的运动状态和运动方式，管理目标就是一种信息。

对照目标信息，管理者就能够通过对所获得的管理对象信息和环境信息进行加工，产生相应的管理策略，指明应当通过什么样的途径和步骤把管理对象的初始运动状态和运动方式转变为所期望的运动状态和运动方式。这种管理策略通常称为管理信息或指令信息，它是由管理对象信息和环境信息经加工处理得来的新信息。

3. 协调控制阶段（信息利用）

指令信息产生之后，接下来的任务就是把指令信息作用于管理对象，甚至环境，使管理对象和环境的运动状态和运动方式按照指令信息的规定来改变，实施具体的管理职能。

4. 检查改进阶段（信息再加工）

由于管理对象本身的复杂性，管理者所得到的管理对象信息不一定充分完备；由于环境的干扰，管理对象和环境信息在收集和传递过程中还可能存在噪声；由于管理者信息处理能力的限制，管理对象和环境信息可能没有得到有效利用。上述原因的存在使得管理者获得的信息可能不完善，因此，管理者必须注意观察管理的效果，收集管理的效果信息，该信息描述了在指令信息的作用下管理对象和环境的运动状态和运动方式，以及这种运动状态和运动方式与管理目标规定的运动状态和运动方式之间的关系，根据效果信息和目标信息调整、修正原有的指令信息。

上述四个阶段构成了一个完整的管理过程，这就是从信息学的角度来考虑的管理过程，如图1.10所示。当然，由于管理对象和环境都会随时间而动态改变，管理目标也可能不断变动，因此，管理过程是一个复杂的动态过程，要不断修改管理策略，以适应不断变化的管理对象和环境等因素。

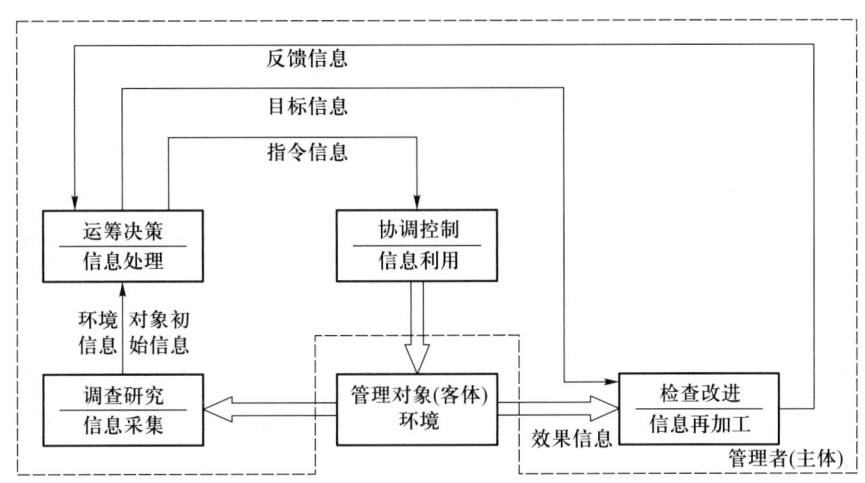

图1.10　管理的信息模型

管理的信息模型表明把管理者和管理对象沟通联系起来的就是各种必要的信息。没有信息，便不能构成真正的管理系统；没有信息，便不可能有真正有效的管理。不仅如此，即使有信息，该模型也告诉我们，如果信息不完整、不准确，或者对信息处理不合理，必然会对管理的效率和效果产生很大的影响，因此，可以说信息是管理的基础和关键要素。

1.7.2　管理中的信息学问题

从信息学的角度来看，管理过程本质上是一种信息过程。调查研究，实质上是信息采集；运筹决策，实质上是信息处理；协调控制，实质上是信息利用；检查改进，实质上是信息再加工。同时，在这些过程中，还要涉及信息组织、信息存储、信息传输等问题，因此，管理过程中的这些环节都是管理信息过程的一些基本组成部分，管理过程实质上就是信息的采集、处理和利用信息进行决策的过程，这就决定了在管理过程中存在大量需要研究的信息学问题。例如：

1. 有效地采集与组织信息

信息采集是组织或个人掌握信息的源头。在管理中常见的问卷调查、客户访谈、行为观察、文献检索等都属于信息采集的过程。当面临一个信息采集任务时，如何准确定位信息需求，如何寻找信息源，采用什么样的信息采集思路，包括采集的途径、方法等都是需要考虑的问题。

采集得到的信息是原始信息，必须进行合理的组织，以便使用。这就涉及信息组织的问题。信息组织位于信息采集环节之后，它是对采集的信息资源进行有序化处理的过程，将处于无序状态的信息，根据一定的原则和方法，处理成为有序状态的信息，以方便人们使用。

2．保障信息的安全

在企业的日常经营过程中，每天都会产生大量的信息。有些信息是至关重要的，具有很高的价值，如企业的发展战略、新产品的设计细节等，如何保证这些信息的安全，使其免受各种威胁、干扰和破坏，成为一个不容忽视的问题。

信息安全问题自古有之，许多古代人，包括中国人、埃及人、希伯来人、亚述人都在实践中逐步发明了加密技术，以保护重要的军事情报。近年来，计算机技术和网络通信技术获得了前所未有的快速发展，这些技术推动了管理信息系统被广泛应用于各行各业，于是大量的信息通过组织的内部网或互联网进行传递，如企业用计算机安排生产计划，学生通过计算机查询自己的成绩，执法部门从计算机中了解罪犯的前科，医生们用计算机管理病历等。在这种环境下，信息安全更是任何国家、组织和个人都必须十分重视的问题，只是对于不同的对象来说，其对信息安全的要求和重点有一定的区别。

3．提高信息的使用效率和可用度，为管理决策服务

决策是指根据个人或组织的目标，从若干个可供选择的行动方案中挑选出最优方案并付诸实施的过程。决策贯穿于管理活动的始终，是管理活动的核心任务。掌握充足、准确的信息是实现科学决策的基本前提。

随着信息技术广泛应用，尤其是互联网的兴起和发展，人们采集和存储信息的方式变得更加快捷和廉价，致使信息的数量以空前的速度急剧增长。但信息数量的增加并不代表信息质量的提高，在大量的信息中存在很多的垃圾信息，甚至有害信息。如果不能对其进行有效处理，就难以做到真正有效地利用信息。

提高信息的使用效率和可用度要通过对信息的处理来完成。信息处理是一个广泛的概念，技术方法极其丰富，对于不同的管理目标存在不同的信息处理方法。只有在对信息进行科学处理的基础上，才能产生可用的、有价值的管理决策支持信息。

从以上内容可以看出，掌握信息科学的基本理论和前沿知识，对研究和解决上述问题，充分利用信息改善管理具有重要意义。本书就是以信息科学的理论和方法为基础，以信息的生命周期为主线，对管理信息的采集、组织、传输、编码、加密、处理、利用等内容进行科学组织而形成的教材。本书按照管理学科的需要选择信息科学的内容，按照信息管理过程的内在规律构建内容体系，充分体现信息科学与管理科学的融合，有利于读者理解信息的本质，掌握信息的运动规律，并充分利用信息进行管理决策。

思考题

1．试举一例说明管理中的信息学问题。

2．简述语法信息、语义信息和语用信息的概念。

3. 简述香农对信息的定义。

4. 简述信息的生命周期。

5. 什么是系统？试简述系统论的整体性原理。

6. 简述管理的信息学模型。

即测即评

参考文献

［1］钟义信．信息科学原理［M］．5 版．北京：北京邮电大学出版社，2013.

［2］傅祖芸．信息论：基础理论与应用［M］．4 版．北京：电子工业出版社，2015.

［3］杨善林，周开乐．大数据中的管理问题：基于大数据的资源观［J］．管理科学学报，2015，18（5）：1-8.

第 2 章 | 信息度量

信息度量就是从数量关系上把握信息。从日常生活的经验可知，信息是可以度量的。比如人们在得到不同的信息时，往往会作出不同的反应和评价："这个信息对我很重要，有很大帮助"，或"这个信息没什么用"。这就说明不同的信息带有不同的信息量。

对信息的定量把握，是进一步探讨信息的运动规律的基础，也是信息处理和利用的基础。信息的定量描述来自对信息本质的认识，对信息的本质认识到什么程度，就会出现与之相适应的信息度量方法。

人类在几千年前就拥有了关于图画、文字、数字、声音的知识，但对如何统一表述这些知识、如何统一地计量它们的数量等问题直至 19 世纪末还没有被正确地提出来，更谈不上如何去解决了。20 世纪中期，随着电报、照片、无线电、电话、雷达和电视等的出现和发展，如何计量信号中信息多少的问题才开始被提上日程。

为了进行通信系统的设计，发挥通信系统的作用，就必须对信息进行定量分析。通信系统仅仅考虑语法信息的传输，并不考虑语义信息和语用信息。直到 20 世纪 60 年代后期，由于计算机信息处理的需要，才开始研究语义信息。后来，随着计算机在管理决策领域的应用，语用信息才引起研究者注意。然而，到目前为止，信息度量比较成熟的方法仍然局限于语法信息的度量。

2.1 | 概率信息的描述

要科学地度量语法信息，首先要有合适的信息描述方法。这里主要介绍离散有限明晰状态的概率信息的描述。

设 X 表示一个离散随机事件（如掷骰子、选择通信符号等），$X=\{x_i \mid i=1, 2, \cdots, n\}$ 为事件中所有可能状态的集合，$P=\{p_i \mid i=1, \cdots, n\}$ 表示每个状态出现的概率的集合，则 $(X, P)=\{x_i, p_i \mid i=1, \cdots, n\}$ 为这一随机事件的概率空间。

概率空间 (X, P) 的各元 $(x_i, p_i)(i=1, 2, \cdots, n)$ 正好描述了事物的运动状态和方式。其中 $x_i(i=1, 2, \cdots, n)$ 表示事物可能的运动状态，$p_i(i=1, 2, \cdots, n)$ 表示这些可能的运动状态

是以概率方式出现的：状态 x_i 出现的概率为 p_i。于是，用概率空间可以刻画整个事物运动的状态和方式。这是描述概率信息的基本方法。如下所示：

$$(X, P) = \{(x_1, p_1), (x_2, p_2), \cdots, (x_n, p_n)\}$$

或者写成矩阵形式：

$$\begin{bmatrix} X \\ P \end{bmatrix} = \begin{bmatrix} x_1 & x_2 & \cdots & x_n \\ p_1 & p_2 & \cdots & p_n \end{bmatrix}$$

显然，$p_i(i = 1, 2, \cdots, n)$ 应满足：

$$\sum_{i=1}^{n} p_i = 1$$

假定随机事件 X 有 n 种可能的状态 $x_1, x_2, \cdots, x_n$。如果在获得信息之前已知这些状态发生的概率为 $p_1, p_2, \cdots, p_n$，称为先验概率。在获得信息之后，这些状态发生的概率更新为 $p_1^*, p_2^*, \cdots, p_n^*$，称为后验概率。

先验概率空间和后验概率空间可以按下式变换：

$$\{x_i, p_i \mid i = 1, 2, \cdots, n\} \rightarrow \{x_i, p_i^* \mid i = 1, 2, \cdots, n\} \tag{2.1}$$

式（2.1）中，箭头左边为先验概率空间，右边为后验概率空间。先验概率空间描述了随机事件的先验不确定性，后验概率空间描述了随机事件的后验不确定性。这样，通过式（2.1）就可以描述观察者的实得信息。

在随机事件结束以后，其状态一般是确定的，因此后验概率 $\{p_i^* \mid i = 1, 2, \cdots, n\}$ 成为一个 0-1 型分布，即：

$$p_i^* = \begin{cases} 1 & i = i_0 \\ 0 & i \neq i_0 \end{cases}$$

用 P_s^* 表示 0-1 型后验概率分布，式（2.1）可以表示为：

$$(X, P) \rightarrow (X, P_s^*) \tag{2.2}$$

当观察者对随机事件没有任何先验信息时，只能假定这 n 个状态出现的概率是均匀分布的。即 $p_i = 1/n$，$i = 1, 2, \cdots, n$，用 P_0 表示这种均匀分布的先验概率，这样式（2.2）可以表示为：

$$(X, P_0) \rightarrow (X, P_s^*) \tag{2.3}$$

式（2.3）表示，在随机事件发生之前，观察者对结果一无所知（不确定性最大），事件发生之后，结果唯一确定（不确定性为 0）。这时，观察者从这个过程中获得了最大的信息。反之，若 $P^* = P_0$，则观察者的实得信息为 0。

利用先验概率空间和后验概率空间的变换，可以很好地描述随机事件的信息过程。以投掷硬币的例子来分析：在投掷硬币的事件中，$X = \{x_i \mid i = 1, 2\}$，其中 x_1 表示"正面朝上"这一状态，x_2 表示"反面朝上"这一状态。在投掷之前，观察者无法知道结果究竟是哪面朝上，即不知道 x_1 和 x_2 状态哪个会出现，根据常识，一般认为两者出现的概率相等，即 $p_i = 1/2$，$i = 1, 2$。因此，X 的先验概率空间为：

$$\begin{bmatrix} X \\ P_0 \end{bmatrix} = \begin{bmatrix} x_1 & x_2 \\ \dfrac{1}{2} & \dfrac{1}{2} \end{bmatrix}$$

假定观察结果为正面朝上，即状态 x_1 出现，后验概率空间为 $\begin{bmatrix} X \\ P^* \end{bmatrix} = \begin{bmatrix} x_1 & x_2 \\ 1 & 0 \end{bmatrix}$，则观察者的实得信息为：

$$\begin{bmatrix} x_1 & x_2 \\ \dfrac{1}{2} & \dfrac{1}{2} \end{bmatrix} \rightarrow \begin{bmatrix} x_1 & x_2 \\ 1 & 0 \end{bmatrix}$$

如果是在存在干扰的观测环境中，后验概率则不一定是 0-1 型分布，这时还需考虑干扰信息存在时的条件概率分布。

2.2 | 不确定性与自信息量

不确定性指的是，在没有得到信息之前，我们不能确定某一随机事件的最终状态。这种不确定性是客观存在的，只有当得到信息之后，才能够减少或消除不确定性。如果随机事件的某一状态出现的不确定性越大，一旦它真的出现并为人们所知后，消除的不确定性就越大，反之则越小。因此，获得信息量的大小，与不确定性消除的多少有关。要消除对某事件发生的不确定性，就必须获得足够多的信息量。用数学的语言来讲，不确定性就是随机性，可以用概率来描述。

设随机事件的概率空间为：

$$\begin{bmatrix} X \\ P \end{bmatrix} = \begin{bmatrix} x_1 & x_2 & \cdots & x_n \\ p_1 & p_2 & \cdots & p_n \end{bmatrix}$$

如果在某次观察中发现，随机事件 X 的状态是 x_i，则该观察所得到的自信息量定义为：

$$I(x_i) = \log \frac{1}{p_i} \tag{2.4}$$

其中 $I(x_i)$ 有两种含义：状态 x_i 出现以前，表示 x_i 发生的不确定性；在状态 x_i 出现以后，表示状态 x_i 所含有的信息量。

自信息量采用的单位取决于对数的底。如果取 2 为底，则所得的信息量单位为比特（bit）。如果取 e 为底，则所得的信息量单位为奈特（nat）。如果取 10 为底，则所得的信息量单位为哈特（hart）。一般情况下都是以 2 为底，而且为了简洁起见，常把底数略去不写。

例 2.1 假设某种彩票中奖的概率是百万分之一。当得知某人买彩票没中奖/中奖时，试问分别获得多少自信息量？

解：彩票是否中奖是个随机事件，令 x_1 代表彩票没中奖，x_2 代表彩票中奖。根据题意，有：

$$p_1 = 0.999\,999, \quad p_2 = 0.000\,001$$

当得知某人买彩票没中奖时，获得的自信息量为：

$$I(x_1) = -\log p_1 = -\log 0.999\,999 = 1.44 \times 10^{-6}(\text{bit})$$

当得知某人买彩票中奖时，获得的自信息量为：

$$I(x_2) = -\log p_2 = -\log 0.000\,001 = 19.9(\text{bit})$$

例 2.2 同时扔两个骰子，当得知"两骰子面朝上点数之和为 8"时，获得多少自信息量？

解：同时扔两个骰子，可能出现的点数之和包括：2，3，…，12，因此，该随机事件可描述如下：

$$\begin{bmatrix} X \\ P \end{bmatrix} = \begin{bmatrix} 2 & 3 & \cdots & 8 & \cdots & 12 \\ \dfrac{1}{36} & \dfrac{2}{36} & \cdots & \dfrac{5}{36} & \cdots & \dfrac{1}{36} \end{bmatrix}$$

该信息的自信息量为：

$$I(\text{两骰子面朝上点数之和为 }8) = -\log(5/36) = 2.85(\text{bit})$$

自信息量 $I(x_i)$ 具有下列性质：

① 自信息量是非负的。这说明随机事件发生后总能提供一些信息量，最坏的情况是零，即什么信息都没有提供。

② 当 $p_i = 1$ 时，$I(x_i) = 0$。$p_i = 1$ 说明这是一个必然事件，必然事件没有任何的不确定性，所以不含有任何信息量。

③ $I(x_i)$ 是 p_i 的单调递减函数。这说明概率越大的状态，不确定性越小，发生后提供的信息量就越小，而概率越小的状态，发生后提供的信息量就越大。

2.3 | 信息熵的概念

自信息量指的是随机事件中某种状态的不确定性，或者说是在这种状态出现的情况下，我们所得到的信息量。随机事件的状态不同，所含有的自信息量也是不同的。那么，如何衡量一个随机事件的平均不确定性呢？下面要介绍信息科学中的一个重要概念——信息熵（information entropy）。信息熵表达了随机事件的统计特征。它是香农把热力学中熵的概念与熵增原理引入信息论的结果。

德国物理学家克劳修斯（Rudolf Julius Enmanvel Clausius）在 1854 年的论文中定义了一个态函数（态函数的取值只和状态有关，而和怎么达到这个状态的过程无关），用以定量描述系统的平衡状态，并在 1865 年的论文中将其命名为熵（entropy）。熵变的量等于输入的热量除以温度所得的商，即 $S_2 - S_1 = \int_1^2 \dfrac{\mathrm{d}Q}{T}$，其中 S_1 和 S_2 表示两个状态的熵值，Q 表示输入的热量，T 表示温度。

热力学中的熵增原理是这样表述的：孤立系统的熵永不减少，若过程不可逆，则熵增加；若过程可逆，则熵不变。从熵增原理中可以看出：① 熵及熵增是系统行为；② 系统是孤立系统；③ 熵是状态量，熵增是过程量。

奥地利物理学家玻尔兹曼（Ludwig Edward Boltzmann）认为，熵是系统的宏观物理特性，是分子热运动的无序性的一种度量，并给出了著名的玻尔兹曼公式 $S = k \ln \Omega$，其中 S 是系统熵值，k 是玻尔兹曼常数，Ω 是系统可能的微观态数。根据该定义，可以把熵理解为系统混乱程度的一种度量，系统越混乱无序，熵值越大，反之越小，这使得熵的概念很快扩展到信息论、控制论、生命科学、管理学、经济学、社会学、语言学等多个应用领域。

香农把熵的概念与熵增原理引入信息论，提出了信息熵的概念。信息熵用来描述随机事件的不确定性，是状态量。不确定性越大，则信息熵越大，反之越小。香农认为"信息是用来消除随机不确定性的东西"，信息的获取能够导致随机事件的不确定性发生变化，因此信息量可以用信息熵的改变量来度量。所以，信息量是过程量，是与信息传播行为有关的量。

香农给出了著名的信息熵计算公式：

$$H(p_1, p_2, \cdots, p_n) = - \sum_{i=1}^{n} p_i \log p_i \qquad (2.5)$$

公式的含义下一节会做详细阐释。如果公式中的对数是以 2 为底的，那么计算出来的信息熵就以比特（bit）为单位。"比特"的出现标志着人类知道如何计量信息量了。香农的理论对信息度量做出了决定性的贡献。

这样，到 20 世纪中叶，人类对三个非常重要的概念即质量、能量和信息都有了定量的计量办法。为阐明质量概念做出突出贡献的是发现物质的力学定律的牛顿等人；为阐明能量概念做出突出贡献的是迈耳（J. R. Mayer）、焦耳（T. P. Joule）、赫尔姆霍兹（H. Helmholtz）、开尔文（Lord Kelvin）、克劳修斯、玻尔兹曼等人；为阐明信息概念做出突出贡献的则是香农、维纳、哈特莱、奈奎斯特（Harry Nyquist）等人。

2.4 信息熵的计算

1928 年，哈特莱提出了一种度量信息的方法。哈特莱考察了通信过程中涉及的一些基本因素，发现任何通信系统的发信端都有一个符号表。发送者发送信息的过程实际上就是选择符号序列的过程。假设符号表包含 S 个不同的符号，发送者选择的符号序列包含 n 个符号（称 n 为此符号序列的长度），则符号序列的选择方式有 S^n 种。发送者产生信息的过程可以看作从 S^n 个不同序列中选择一个特定序列的过程（或者排除其他序列的过程）。这种选择不是一步完成的，而是通过一个符号一个符号地选择，在 n 次选择中确定的。每选择一个符号，就排除了一批序列，直到选择了最后一个符号，就排除了其他所有序列而唯一地保留了一个选定的序列。这样，发送者要发送的信息就体现为对符号的选择。要发送的信息越多，符号序列的选择就越复杂，可供选择的符号序列 S^n 就越大。从这个观点来看，用可供选择的符号序列数 S^n 表示信息量的大小是合理的。

但对选择符号序列的进一步分析发现，一个具体的通信系统中，符号表中的符号数目 S 是一定的，用 S^n 表示信息量意味着信息量随选择次数 n 的增长呈指数函数增长。也就是说，在信息的形成过程中，每次选择所形成的信息量是不同的，一开始每次选择的信息量较少，越到后来，每次选择包含的信息量就越大。

在通信工程实践中，上述度量还存在另一个矛盾。一方面，按照上述度量公式，信息量随 n 的增加呈指数增长，那么在通信中，为了传送这个呈指数增长的信息量，就要求设备的通信能力也呈指数增长。但根据当时的技术，已经知道设备的实际传输能力表现为设备的通过频带 B、发送信号功率 P 和占用设备时间 T 的乘积。设备的传输能力只是随时间 T 线性地增长，而时间 T 则表现为传输符号的长度 n。可见，用可供选择的符号序列数 S^n 来度量信息并不合适，信息量应该与选择的次数 n 呈比例关系。

经过分析和推导，哈特莱给出了信息量 H 的度量公式：

$$H = n\log S = \log S^n \tag{2.6}$$

可见，当符号表 S 给定时，信息量 H 与选择次数 n 成正比，n 越大，则信息量越大，反之越小。

哈特莱方法成为最早的信息度量方法。其度量方法过于简单，但在信息度量方面仍然是开创性的。哈特莱方法的贡献在于：

① 哈特莱排除心理等主观因素，建立纯粹形式化信息度量的方法。这个方法把信息度量问题简化为语法信息的度量。

② 哈特莱把语法信息抽象为符号选择的过程，认为语法信息包含在符号选择的方式中，语法信息是选择自由度的一个度量。这个思想最终使得概率论可以被引入信息度量问题，使信息度量问题向着对信息本质的认识前进了一大步。

③ 哈特莱建立的用对数函数表示的信息度量公式为香农所肯定。香农指出采用对数函数形式有以下优点：A. 实用。工程中的时间、带宽、继电器数目等重要参量都与可能状态的数目的对数呈线性关系。B. 直观。采用对数形式表示的信息量可以直观地和公共标准进行线性比较。C. 处理方便。很多极限运算采用对数时比较简便，而用可能的状态数来运算则会比较烦琐。

香农继承和发展了哈特莱、奈奎斯特等人的工作，提出了信息熵的概念并给出了计算方式。香农提出，通信的任务是复制从发送方发来的消息波形，与消息的内容无关。这样就可以把注意力集中在建立形式化的信息度量上，即语法信息的度量。实际上，在通信中，内容与形式也是统一的，复制了消息的形式，实际上也就复制了消息的内容。对于通信系统来说，通信工程师的责任就是把发送方发出的信号波形在另一点精确或近似地复现出来，至于传送的内容，对通信系统来说没有什么区别。

香农进一步研究了通信问题的随机性和统计性质，发现一个实际的消息是从可能消息的集合中选择出来的，而选择消息的发送者又是不确定的，因此这种选择有很大的随机性，具有统计规律。

对于通信系统来说，通信者的出现、通信者对消息的选择都是随机的，因为系统传递的信息也是随机的。不仅如此，通信系统工作时遇到的噪声干扰也是随机的。这一切迫使通信理论的研究者不得不抛弃传统的拉普拉斯决定论的观点，转而寻求统计的非决定论的方法。

香农注意到，通信活动中通信者具有不确定性，而通信的作用和结果则是消除不确定性。香农把信息定义为 "用来消除不确定性的东西"。例如，A 要和 B 通信，要么是要告诉 B 一件事情而且断定 B 不知道此事，这时候，B 具有不确定性；要么 A 是有问题想问 B，这时候 A 具有不确定性。通信之所以可以消除这种不确定性，正是因为通信所传递的信息。

香农方法的基本思想就是，既然信息是用来消除不确定性的，那么信息的数量就可以用被消除掉的不确定性的大小来度量，而这种不确定性是由随机性引起的，可以用概率来描述。

假设有随机事件 X 的各状态 x_1，x_2，$\cdots$，x_n，出现的概率分别为 p_1，p_2，$\cdots$，p_n，满足：

$$0 \leqslant p_i \leqslant 1 \quad 且 \quad \sum_{i=1}^{n} p_i = 1 \tag{2.7}$$

首先找出一种测度来度量事件的选择中有多少可能的选择，这也是度量选择结果的不确定性的大小。当收到的信息量不足以消除全部的不确定性时，消除掉的不确定性数量就是所收到的信息量。

用 $H(p_1, p_2, \cdots, p_n)$ 来表示这个不确定性的测度。即不确定性应该是概率 $(p_1, p_2, \cdots, p_n)$ 的函数。为了确定 $H(p_1, p_2, \cdots, p_n)$ 的具体形式，香农提出了一些合理的限制条件：

① H 应该是 $p_i(i=1, 2, \cdots, n)$ 的连续函数。

② 如果所有的 p_i 相等，即 $p_i = \dfrac{1}{n}$，$i=1$，2，$\cdots$，n，那么 H 应该是 n 的单调增函数。

③ 如果选择分为相继的两步，原先的 H 应等于分步选择的各个 H 值的加权和。

条件③的含义可做如下解释：设有 3 个事件 x_1、x_2 和 x_3，出现的概率分别为 $p_1 = 1/2$、$p_2 = 1/3$ 和 $p_3 = 1/6$。如图 2.1 所示，在不分步选择和分步选择的情况下，最后结果是一样的，它们的概率空间完全相同，并不影响事件的不确定性。于是，人们自然希望 H 能满足这样的关系：

$$H\left(\frac{1}{2}, \frac{1}{3}, \frac{1}{6}\right) = H\left(\frac{1}{2}, \frac{1}{2}\right) + \frac{1}{2}H\left(\frac{2}{3}, \frac{1}{3}\right)$$

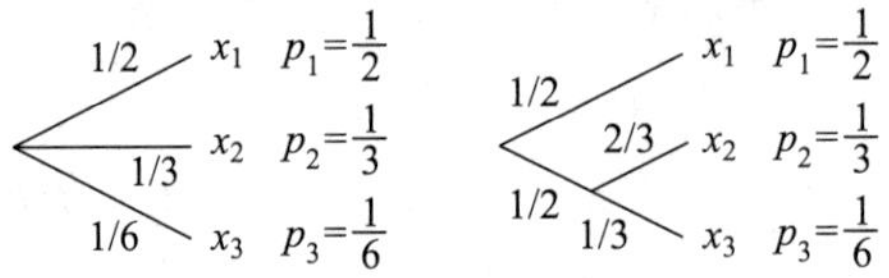

图 2.1　不同选择方式下结果的比较

这就是条件③的含义，可以在许多现实问题中找到其实际意义。显然这是符合思维习惯的。

例如，现在有一个奖励要授予甲单位的一名职工和乙单位的两名职工之一。假设甲单位职工 A 获得奖励的可能性是 1/2，乙单位职工 B 获得奖励的可能性是 1/3，而乙单位职工 C 获得奖励的可能性是 1/6。而在领导讨论时，认为甲、乙两单位获得奖励的机会应该均等。若甲单位获奖，则只能给职工 A，没有其他候选人；若乙单位获奖，则职工 B 获奖的可能性为 2/3，职工 C 获奖的可能性为 1/3（图 2.2）。两种情形下，职工 A、B、C 获得奖励的不确定性 $H(1/2, 1/3, 1/6)$ 等于先把名额分配到两个单位的不确定性 $H(1/2, 1/2)$ 加上若分配给乙单位后职工 B 和职工 C 获得奖励的不确定性 $H(2/3, 1/3)$，但这个可能性是在奖励分配给乙单位的前提下才具有的，这个可能

性是 $1/2$，因此有：

$$H\left(\frac{1}{2}, \frac{1}{3}, \frac{1}{6}\right) = H\left(\frac{1}{2}, \frac{1}{2}\right) + \frac{1}{2}H\left(\frac{2}{3}, \frac{1}{3}\right)$$

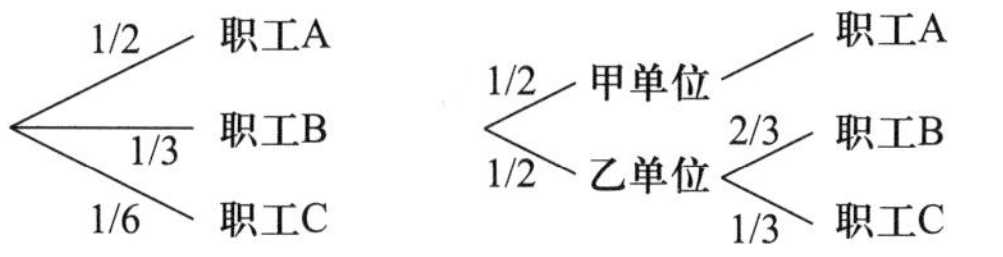

图 2.2 不同选择方式下的结果

从上述条件出发，香农推导出了 $H(p_1, p_2, \cdots, p_n)$ 的计算公式。

定理 2.1 满足条件①②和③的不确定性度量可且仅可用下式表示：

$$H(p_1, p_2, \cdots, p_n) = -K\sum_{i=1}^{n} p_i \log p_i \qquad (2.8)$$

式中：K 为正常数。

证明 先考虑等概率选择的情况，令

$$H\left(\frac{1}{n}, \cdots, \frac{1}{n}\right) = A(n)$$

由条件③有：

$$A(mn) = H\left(\frac{1}{mn}, \cdots, \frac{1}{mn}\right) = H\left(\frac{1}{m}, \cdots, \frac{1}{m}\right) + \sum_{i=1}^{m}\frac{1}{m}H\left(\frac{1}{n}, \cdots, \frac{1}{n}\right) = A(m) + A(n) \qquad (2.9)$$

因而有：

$$A(n^2) = 2A(n) \qquad (2.10)$$

一般地

$$A(S^{\alpha}) = \alpha A(S) \qquad (2.11)$$

或

$$A(t^{\beta}) = \beta A(t) \qquad (2.12)$$

对于给定的 β，总能找到适当的 α，使得：

$$S^{\alpha} \leqslant t^{\beta} < S^{\alpha+1} \qquad (2.13)$$

两边取对数，并除以 $\beta\log S$，得：

$$\frac{\alpha}{\beta} \leqslant \frac{\log t}{\log S} < \frac{\alpha}{\beta} + \frac{1}{\beta} \qquad (2.14)$$

另一方面，由条件 2 及式（2.9）、式（2.13）得：

$$A(S^{\alpha}) \leqslant A(t^{\beta}) < A(S^{\alpha+1}) \qquad (2.15)$$

由式（2.11）、式（2.12）、式（2.15）得：

$$\alpha A(S) \leqslant \beta A(t) < (\alpha+1)A(S) \qquad (2.16)$$

两边除以 $\beta A(S)$，得：

$$\frac{\alpha}{\beta} \leqslant \frac{A(t)}{A(S)} < \frac{\alpha}{\beta} + \frac{1}{\beta} \qquad (2.17)$$

由式（2.14）和式（2.17）得：

$$\left| \frac{A(t)}{A(S)} - \frac{\log t}{\log S} \right| < \frac{1}{\beta} \tag{2.18}$$

若 β 足够大，则式（2.18）可写为：

$$\left| \frac{A(t)}{A(S)} - \frac{\log t}{\log S} \right| < \varepsilon \tag{2.19}$$

式中：ε 是任意小的正数。

在极限情况下有：

$$\frac{A(t)}{A(S)} = \frac{\log t}{\log S}$$

令

$$\frac{A(t)}{\log t} = \frac{A(S)}{\log S} = K$$

$$A(t) = K\log t \tag{2.20}$$

由条件②知，K 必为整数。因此，在等概率情况下式（2.8）成立。

再考虑概率不等的情况下，设事件发生的概率分别为 p_1，$\cdots$，p_n，又设 ε' 是 p_1，$\cdots$，p_n 的公因子，使得：

$$p_i = \frac{c_i}{\displaystyle\sum_{i=1}^{n} c_i} = c_i\varepsilon' \quad i = 1, 2, \cdots, n$$

式中：c_i 是正整数。

这样，可以把 n 个非等概率事件等效地看成 $\displaystyle\sum_{i=1}^{n} c_i$ 个等概率事件，其中每个事件出现的概率为 ε'。由式（2.20）和条件 3，可以写出：

$$H\left(\frac{1}{\displaystyle\sum_{i=1}^{n} c_i}, \cdots, \frac{1}{\displaystyle\sum_{i=1}^{n} c_i} \right) = H(p_1, p_2, \cdots, p_n) + \sum_{i=1}^{n} p_i H\left(\frac{1}{c_i}, \cdots, \frac{1}{c_i} \right)$$

$$= H(p_1, p_2, \cdots, p_n) + \sum_{i=1}^{n} p_i A(c_i) = H(p_1, p_2, \cdots, p_n) + K\sum_{i=1}^{n} p_i \log c_i$$

于是，得：

$$H(p_1, p_2, \cdots, p_n) = K\left(\log \sum_{i=1}^{n} c_i - \sum_{i=1}^{n} p_i \log c_i \right) = -K\sum_{i=1}^{n} p_i \log \frac{c_i}{\displaystyle\sum_{i=1}^{n} c_i} = -K\sum_{i=1}^{n} p_i \log p_i \tag{2.21}$$

由条件①H 是 p_i 的连续函数，当 p_i 为无理数时可近似地用有理数来代替，式（2.21）仍然成立。常数 K 是任意的，可以在选定度量单位时确定。

上述定理给出的式（2.8）称为香农信息熵公式，可用于度量离散随机事件的不确定性。从该式可以看出，信息熵实质上就是自信息量的数学期望。

信息是消除不确定性的东西。假设用 $I(p_1, p_2, \cdots, p_n)$ 表示消除不确定性 $H(p_1, p_2, \cdots, p_n)$ 所需要的信息量，有：

$$I(p_1, p_2, \cdots, p_n) = H(p_1, p_2, \cdots, p_n) - 0 = H(p_1, p_2, \cdots, p_n)$$

所以 $H(p_1, p_2, \cdots, p_n)$ 既可以看作随机实验中的不确定性，也可以看作为消除这个不确定性所需要的信息量。

下面再来确定信息量的单位。考察一个标准的二选一的实验，即有两种可能结果且两种结果出现的概率相等。根据信息熵公式，有：

$$H\left(\frac{1}{2}, \frac{1}{2}\right) = -K\left(\frac{1}{2}\log\frac{1}{2} + \frac{1}{2}\log\frac{1}{2}\right)$$

取 2 为对数的底，并令 $H\left(\frac{1}{2}, \frac{1}{2}\right) = 1$，得常数 $K = 1$，信息熵公式变为：

$$H(p_1, p_2, \cdots, p_n) = -\sum_{i=1}^{n} p_i \log p_i \qquad (2.22)$$

当式（2.22）中某个 $p_i = 0$ 时，规定：

$$0\log 0 = 0$$

这样规定以后，信息熵公式就可以在各种概率分布下应用了。

当 $p_1 = p_2 = \cdots = p_n = 1/n$ 时，有 $H\left(\frac{1}{n}, \cdots, \frac{1}{n}\right) = \log n$，这一结果恰好是哈特莱方法得到的结果。在式（2.6）中，序列总数 S^n 就是这里的 n，可见，哈特莱方法是香农方法在等概率事件下的特例。事实上，哈特莱方法没有考虑概率的因素，意味着他假定各个序列出现的概率是相等的。

式（2.22）也可表示为：

$$H(p_1, p_2, \cdots, p_n) = \sum_{i=1}^{n} p_i(-\log p_i) = \sum_{i=1}^{n} p_i h(p_i) = \sum_{i=1}^{n} p_i I(p_i) \qquad (2.23)$$

其中

$$I(p_i) = -\log p_i = H(p_i)$$

可以看作具有概率 p_i 的单个事件的不确定性或者为消除这个不确定性所需要的信息量。$H(p_1, \cdots, p_n)$ 则是在概率分布 $(p_1, \cdots, p_n)$ 下事件的平均不确定性或者为消除这个不确定性所需要的信息量，可由前者对概率分布求均值得到。

例 2.3 世界杯足球赛有 32 支球队参赛，假设最终谁能夺冠是一个随机事件，并且假设每一支球队夺冠的概率都相等，请计算该随机事件的信息熵。

解： 该随机事件的熵为：

$$H(X) = -\sum_{i=1}^{32} p_i \log p_i = -\sum^{32} \frac{1}{32}\log\frac{1}{32} = 5(\text{bit})$$

例 2.4 有一布袋内有 100 个球，其中 90 个球是红色的，10 个球是蓝色的，随机摸取一个球，告知其颜色。求平均摸取一次所能获得的信息量。

解： 该随机事件的概率空间为：

$$\begin{bmatrix} X \\ P \end{bmatrix} = \begin{bmatrix} x_1 & x_2 \\ 0.9 & 0.1 \end{bmatrix}$$

平均摸取一次所能获得的信息量为：

$$I(X) = H(X) = -\sum p_i \log p_i = -0.9 \times \log 0.9 - 0.1 \times \log 0.1 = 0.649 (\text{bit})$$

例 2.5　现有一个硬币，从外表看上去是正常的。若提供一条信息，告知这个硬币不均匀，掷出后正面向上的概率是 1/4，反面向上的概率是 3/4，问这条信息提供的信息量是多少？

解：用 X 代表掷硬币事件。在未提供信息之前，认为硬币是正常的，掷出后正面和反面向上的概率都是 1/2，因此 X 的信息熵为：

$$H(X) = -\left(\frac{1}{2}\log\frac{1}{2} + \frac{1}{2}\log\frac{1}{2}\right) = 1 (\text{bit})$$

提供信息之后，两个状态的概率分布发生了变化，信息熵变为：

$$H(X') = -\left(\frac{1}{4}\log\frac{1}{4} + \frac{3}{4}\log\frac{3}{4}\right) = 0.81 (\text{bit})$$

因此这条信息提供的信息量为：

$$I(X) = H(X) - H(X') = 0.19 (\text{bit})$$

2.5 信息熵的性质

信息熵具有以下性质：

1. 对称性

$$H(p_1, p_2, \cdots, p_n) = H(p_{k(1)}, p_{k(2)}, \cdots, p_{k(n)})$$

式中：$\{k(1), k(2), \cdots, k(n)\}$ 是 $\{1, 2, \cdots, n\}$ 的任意置换。

该性质表明熵只与随机事件的总体结构有关，即与其总体统计特性有关。如果某些随机事件的统计特性相同（含有相同的状态数目，并且概率分布相同），那么这些随机事件的熵就相同。

2. 非负性

$$H(p_1, p_2, \cdots, p_n) \geqslant 0$$

该性质是显然的。因为随机事件 X 各状态的概率分布满足 $0 \leqslant p_i \leqslant 1$，当取对数的底大于 1 时，$\log p_i \leqslant 0$，而 $-p_i \log p_i \geqslant 0$，所以得到的熵值是正的。当 X 中某一状态的概率等于 1 时，熵等于零。

3. 扩展性

$$\lim_{\varepsilon \to 0} H(p_1, p_2, \cdots, p_n - \varepsilon, \varepsilon) = H(p_1, p_2, \cdots, p_n)$$

该性质表明随机事件的状态数增多时，若这些状态出现的概率很小（接近于 0），则该随机事件的熵不变。

4. 确定性

$$H(1, 0) = H(1, 0, 0) = H(1, 0, \cdots, 0) = 0$$

该性质表明，从总体上看，随机事件虽然有不同的输出状态，但如果其中某一个特定状态出现的概率为 1，其他状态出现的概率都为 0，那么这是一个确定的事件，其信息熵等于 0。

5. 可加性

设有两个独立的随机事件 X 和 Y，且 X 各状态的概率分布为 $(p_1, p_2, \cdots, p_m)$，Y 各状态的概

率分布为 $(q_1,\ q_2,\ \cdots,\ q_n)$，则：

$$H(X,\ Y)=H(p_1q_1,\ p_2q_2,\ \cdots,\ p_1q_n,\ \cdots,\ p_mq_1,\ p_mq_2,\ \cdots,\ p_mq_n)$$
$$=H(p_1,\ p_2,\ \cdots,\ p_m)+H(q_1,\ q_2,\ \cdots,\ q_n)=H(X)+H(Y)$$

6. 强可加性

设有两个随机事件 X 和 Y，它们彼此有关联，设 X 各状态的概率分布为 $(p_1,\ p_2,\ \cdots,\ p_m)$，$Y$ 各状态的概率分布为 $(q_1,\ q_2,\ \cdots,\ q_n)$，则有：

$$H(X,\ Y)=H(X)+H(Y\mid X) \quad 或 \quad H(X,\ Y)=H(Y)+H(X\mid Y)$$

该性质表明，两个相互关联的随机事件 X 和 Y 的联合熵等于随机事件 X 的熵加上已知 X 的条件下随机事件 Y 的条件熵，或者等于随机事件 Y 的熵加上已知 Y 的条件下随机事件 X 的条件熵。

7. 极值性

$$H(p_1,\ p_2,\ \cdots,\ p_n)\leqslant H\left(\frac{1}{n},\ \cdots,\ \frac{1}{n}\right)=\log n$$

该性质表明，当随机事件中各状态出现的概率呈均匀分布时，其熵值达到最大。

8. 上凸性

熵函数是概率分布 P 的上凸函数。即对于任意的概率分布 $P=(p_1,\ p_2,\ \cdots,\ p_n)$ 和 $P'=(p'_1,\ p'_2,\ \cdots,\ p'_n)$，及任意的 $0<\theta<1$，有：

$$H(\theta P+(1-\theta)P')>\theta H(P)+(1-\theta)H(P')$$

9. 香农不等式

设有两个状态数相同的随机事件 X 和 Y，概率分布分别为 $(p_1,\ p_2,\ \cdots,\ p_n)$ 和 $(q_1,\ q_2,\ \cdots,\ q_n)$，则：

$$-\sum_{i=1}^{n}p_i\log p_i\leqslant -\sum_{i=1}^{n}p_i\log q_i$$

2.6 | 信息熵的扩展

2.6.1 联合熵

两个随机事件 X，Y 的联合熵（joint entropy）$H(X,\ Y)$ 定义为：

$$H(X,\ Y)=-\sum_{x\in X}\sum_{y\in Y}p(x,\ y)\log p(x,\ y) \tag{2.24}$$

式中：x，y 分别代表 X，Y 的各状态，$p(x,\ y)$ 代表特定取值组合下的联合概率。

联合熵是非负的，且大于单个随机事件的信息熵，即：

$$H(X,Y)\geqslant \max[H(X),H(Y)]$$

联合熵小于等于 X，Y 的信息熵之和，当且仅当 X，Y 为独立事件时，等号成立，即：

$$H(X, Y) \leqslant H(X) + H(Y)$$

对于两个以上的随机变量 X_1, $\cdots$, X_n, 式（2.24）扩展为：

$$H(X_1, X_2, \cdots, X_n) = -\sum_{x_1 \in X_1} \cdots \sum_{x_n \in X_n} p(x_1, x_2, \cdots, x_n) \log p(x_1, x_2, \cdots, x_n)$$

2.6.2　条件熵

条件熵（conditional entropy）$H(X \mid Y)$ 表示在已知随机变量 Y 的条件下随机变量 X 的不确定性，定义为给定条件 Y 下 X 的条件概率分布的熵对 Y 的数学期望。在通信中，称 $H(X \mid Y)$ 为信道疑义度（channel equivocation），也称损失熵，表示当信道输出端接收到 Y 的输出符号后，对输入端 X 尚存的不确定性。

$$\begin{aligned}
H(X \mid Y) &= \sum_{y \in Y} p(y) H(X \mid Y = y) \\
&= -\sum_{y \in Y} p(y) \sum_{x \in X} p(x \mid y) \log p(x \mid y) \\
&= -\sum_{x \in X} \sum_{y \in Y} p(x, y) \log p(x \mid y)
\end{aligned}$$

条件熵 $H(X \mid Y)$ 等于联合熵 $H(X, Y)$ 减去单独的熵 $H(Y)$，即：

$$H(X \mid Y) = H(X, Y) - H(Y)$$

2.6.3　互信息

互信息（mutual information）$I(X; Y)$ 表示在已知随机变量 Y 的条件下，关于随机变量 X 的不确定性的减少量；或者说是观察到 Y 之后，从中得到的关于 X 的信息量。

$$I(X; Y) = H(X) - H(X \mid Y)$$

联合熵、条件熵、互信息这几个概念之间的关系可以用图 2.3 表示。

平均互信息是对称的，即 $I(X; Y) = I(Y; X)$。当 X 和 Y 统计独立时，$I(X; Y) = I(Y; X) = 0$，表明不可能从一个随机变量中获得关于另一个随机变量的信息。

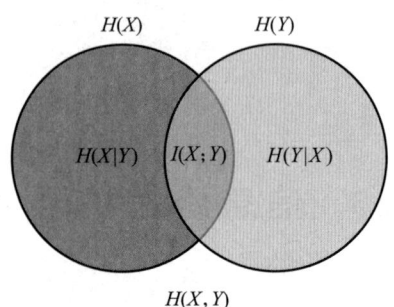

图 2.3　熵的概念之间的关系

例 2.6　离散信源 X 随机发出 0 和 1 两个符号，发出两个符号的概率分别为 $p(x_0) = 2/3$，$p(x_1) = 1/3$。经过信道传输后，输出用随机事件 Y 表示，如图 2.4 所示。

由于存在噪声干扰，输出端除收到 0 和 1 外，还会出现 2，其条件概率如下：

图 2.4　信道的输入和输出

$$p(y_0 \mid x_0) = 3/4 \quad p(y_1 \mid x_0) = 0 \quad p(y_2 \mid x_0) = 1/4$$

$$p(y_0 \mid x_1) = 0 \quad p(y_1 \mid x_1) = 1/2 \quad p(y_2 \mid x_1) = 1/2$$

求：$H(X)$，$H(X, Y)$，$H(X \mid Y)$，$I(X; Y)$。

解： 信源 X 的信息熵为：

$$H(X) = H\left(\frac{2}{3}, \frac{1}{3}\right) = -\frac{2}{3}\log\frac{2}{3} - \frac{1}{3}\log\frac{1}{3} = 0.92(\text{bit})$$

X 和 Y 的联合概率计算如下：

$$p(x_0 y_0) = p(x_0)p(y_0 \mid x_0) = 2/3 \times 3/4 = 1/2$$

$$p(x_0 y_1) = p(x_0)p(y_1 \mid x_0) = 0$$

$$p(x_0 y_2) = p(x_0)p(y_2 \mid x_0) = 2/3 \times 1/4 = 1/6$$

$$p(x_1 y_0) = p(x_1)p(y_0 \mid x_1) = 0$$

$$p(x_1 y_1) = p(x_1)p(y_1 \mid x_1) = 1/3 \times 1/2 = 1/6$$

$$p(x_1 y_2) = p(x_1)p(y_2 \mid x_1) = 1/3 \times 1/2 = 1/6$$

得到 X 和 Y 的联合熵：

$$H(X, Y) = -\sum_{i=0}^{1}\sum_{j=0}^{2} p(x_i, y_j)\log p(x_i, y_j) = 1.79(\text{bit})$$

由 X 和 Y 的联合概率得到：

$$p(y_0) = 1/2 \quad p(y_1) = 1/6 \quad p(y_2) = 1/3$$

再计算条件概率 $P(X \mid Y)$：

$$p(x_0 \mid y_0) = 1 \quad p(x_1 \mid y_0) = 0$$

$$p(x_0 \mid y_1) = 0 \quad p(x_1 \mid y_1) = 1$$

$$p(x_0 \mid y_2) = 1/2 \quad p(x_1 \mid y_2) = 1/2$$

得到条件熵 $H(X \mid Y)$：

$$H(X \mid Y) = -\sum_{i=0}^{1}\sum_{j=0}^{2} p(x_i, y_j)\log p(x_i \mid y_j) = 0.33(\text{bit})$$

于是，得到互信息：

$$I(X; Y) = H(X) - H(X \mid Y) = 0.59(\text{bit})$$

该例题中，信源 X 的信息熵为 0.92 比特，也就是说，如果没有噪声干扰，每观察一次信道输出 Y（此时 $Y = X$）平均能够获得 0.92 比特的信息量。但是由于噪声干扰的存在，每观察到一次 Y 平均只能够获得 0.59 比特的信息量，有 0.33 比特的信息量在信道中损失掉了。

2.6.4　相对熵和交叉熵

相对熵（relative entropy）又称为 KL 散度（Kullback-Leibler divergence），用来度量两个概率分布之间的差异。设随机事件 X 的两个概率分布为 $p(x)$ 和 $q(x)$，它们的相对熵定义为：

$$D(p \parallel q) = \sum_{x \in X} p(x)\log\frac{p(x)}{q(x)}$$

相对熵是非负的，且当且仅当 $p(x) = q(x)$ 时，相对熵为 0。注意相对熵有时也称为 KL 距离（Kullback-Leibler distance），但它并不是一个真正的距离度量，因为它不满足对称性，且不满足三角不等式。

在机器学习领域，可以用 $p(x)$ 表示样本的真实分布，用 $q(x)$ 表示模型所预测的分布，那么相对熵就可以衡量两个分布的差异，也就是损失值。将相对熵的公式展开后得到：

$$D(p \parallel q) = \sum_{x \in X} p(x) \log \frac{p(x)}{q(x)}$$

$$= - \sum_{x \in X} p(x) \log q(x) - \left(- \sum_{x \in X} p(x) \log p(x) \right)$$

由于真实的分布 $p(x)$ 是固定不变的，因此上式的右半部分就是 X 真实的熵值。令 $H(p, q) = - \sum_{x \in X} p(x) \log q(x)$，即上式中的左半部分，称其为交叉熵（cross entropy），往往用交叉熵代替相对熵以简化计算。

思考题

1. 同时掷三个正常的骰子，请计算：

（1）当得知"三个骰子面朝上点数之和为 10"时，获得多少信息量？

（2）当得知"其中两个骰子面朝上点数之和为 8"时，获得多少信息量？

（3）如果掷很多次，每次都告诉你三个骰子面朝上点数之和，则平均每次获得多少信息量？

2. 如果你在不知道今天是星期几的情况下问你的朋友"明天是星期几"，则答案中含有多少信息量？如果你在已知今天是星期四的情况下提出同样的问题，则答案中你能获得多少信息量？

3. 设有 15 枚同样的硬币，但其中有 1 枚为假币。某人随手取出 3 枚硬币，经检测恰好取到了假币，请问该信息的信息量是多少？

4. 设有一通信系统随机发出的符号及相应的概率如表 2.1 所示，请计算该随机事件的信息熵。

表 2.1　各符号出现的概率

字母	概率	字母	概率	字母	概率
空格	0.195 6	S	0.052	Y, W	0.012
E	0.105	H	0.047	G	0.011
T	0.072	D	0.035	B	0.010 5
O	0.065 4	L	0.029	V	0.008
A	0.063	C	0.023	K	0.003
N	0.059	F, U	0.022 5	X	0.002
I	0.055	M	0.021	J, Q, Z	0.001
R	0.054	P	0.017 5		

5. 令 X 为投掷硬币直至第一次正面向上所需的次数，求 $H(X)$。

6. 现有一个骰子，从外表看上去是正常的。若提供一条信息，告诉你这个骰子是做过手脚的，掷出后得到 6 点的概率是 0.9，请问这条信息提供的信息量是多少？

即测即评

参考文献

［1］HARTLEY R V L. Transmission of information ［J］. The Bell System Technical Journal，1928，7（3）：535-563.

［2］SHANNON C E. A mathematical theory of communication ［J］. The Bell System Technical Journal，1948，27（3）：379-423.

［3］钟义信. 信息科学原理 ［M］. 5 版. 北京：北京邮电大学出版社，2013.

［4］傅祖芸. 信息论：基础理论与应用 ［M］. 4 版. 北京：电子工业出版社，2015.

第3章 | 信息采集与组织

信息采集与组织是信息科学的一个重要组成部分，信息采集是信息分析和处理的源头、基础和前提，信息组织是信息利用过程中的必要环节。只有通过科学、正确的技术手段获取所需的信息，在此基础上对信息进行有序组织和正确分析，才能得到有用的结果。本章重点介绍信息采集与组织的有关技术和方法，从管理角度分析信息采集与组织的原则，从技术角度分析信息采集的本质和实现方法。

3.1 | 信息采集概述

信息采集工作广泛存在于人类活动的一切领域。从嫦娥三号探月采集月球数据到通过搜索引擎查询所需信息，从医生通过观察与倾听了解病人病情到职场秘书帮助决策者收集资料，从孩子在动物园观察动物行为到老人们读报听广播……这些行为都是在采集信息。随着互联网、大数据时代的到来，为了能从海量数据中准确采集到所需信息，诸如网络爬虫等智能化的采集技术不断被开发出来。

3.1.1 信息采集的概念

信息采集，是指根据特定的目标和要求，将分散蕴含在不同时空域的有关信息通过特定的手段和措施采掘和汇聚的过程。因此，人类的信息采集活动是有意识地进行的，是为了满足其生活、学习、工作、自身发展等需要而产生的。

这里所说的信息采集，是指一切信息工作中的信息采集。它不仅包括信息服务部门根据用户的需求所进行的信息采集，还包括企业和组织的管理者们为了实现控制、管理和决策等目标所进行的信息采集。一般来说，信息采集的工作流程包括以下几部分。

（1）确定信息需求

需求分析是整个信息采集的出发点，也是整个信息采集工作效率高低和成败的关键。如果信息采集行为来自信息用户需求，则应该透彻地了解信息用户的信息需求，既包括用户明白无误表达出来的信息需求，又包括尚未明确表达的潜在信息需求，如信息的主要内容、形式特点、涉及的范围、信息所在的地域、信息是否有时间段的限制等。如果是信息采集者自觉的信息采集行为，没有明确的信息用户，则在确定信息需求的过程中，信息采集者也应该通过信息服务目标对象的需求分析，进一步认识、明确信息采集任务。

（2）确定信息采集目标

进行信息需求分析，确定用户信息需求，其目的就是要明确信息采集目标。如果信息采集任务比较简单，可以只有一个总体目标。但若信息采集活动比较复杂，短时间内无法完成，需要分阶段、分时期开展，信息采集就不仅要有总目标，也要设置分目标。将每个阶段、每个时期的信息采集活动需要完成的内容作为分目标，以保障整个信息采集工作的顺利完成。

（3）制定信息采集计划

科学合理的信息采集计划是完成信息采集任务的保证。信息采集计划可以根据信息采集任务的工作量大小情况来制定。大型信息采集计划可以分为中长期计划、年度计划。中长期计划具有前瞻性、战略性，是信息采集总体目标的体现；年度计划是根据中长期计划的年度信息采集目标而设置的计划。年度计划的制定，要突出信息采集的目的，以信息采集整体活动为对象、以信息采集目标为任务、以信息采集进度为主线，将信息采集活动的内容完整地以计划的形式表达出来。小型信息采集计划可以按照信息采集主题来制定，计划要详细地揭示和明确信息采集主题相关的内容，可以采用分类的方法，将信息采集对象全面而深入地揭示出来。其余内容与年度计划略同。

（4）选择合理的信息采集策略

尽管有周密的计划作为信息采集行动的指南、有用户信息需求作为信息采集的依据，但面临复杂的信息环节实施具体的信息采集计划时，信息采集者仍然需要有正确的信息采集策略。例如，面对众多的信息资源，是采取全方位的信息采集策略，还是采取有选择的信息采集策略？是联合其他单位实施委托式的信息采集策略，还是依靠自身力量独立地完成信息采集？信息采集策略的选用，需要在考虑信息采集任务的大小、难度，本单位或个人具备的条件、资源等情况的基础上进行决策。

（5）明确信息采集分工

科学合理的分工是确保信息采集活动完成的条件。信息采集活动，尤其是大型的信息采集活动需要分工，一是因为信息采集活动涉及面广、参与人员多、关系复杂，需要通过分工来明确各自的工作任务；二是信息资源种类繁多、载体多样、内容芜杂，需要通过分工实现资源的合理采集；三是分工能够提高工作效率、缩短工作时间、保证工作进度。信息采集的分工要遵循三个原则：有利于工作开展的原则、有利于效益提高的原则、有利于管理指导的原则。分工可以根据信息采集者的特长安排相应的信息采集任务，也可按信息采集对象所属的学科门类、按所采集信息隶属的自然地域、按所采集信息隶属的行业、按所采集信息的文字种类、按所采集信息的载体等进行分工。

（6）采集与整理信息

面对众多的信息如何进行采集？这里介绍两种具体的信息采集模式。其一，"抓主要矛盾"模式。主旨信息和关键性信息无疑是信息采集最重要的对象，在信息采集过程中丝毫不能忽略和遗漏。信息采集者可以先摸清主旨信息和关键性信息之所在，集中全部力量、利用各种方法，将其"采集入库"，然后根据重要程度选择性地采集与之相关的信息，以便从不同的角度来辅助论证、说明、阐释所采集的主旨信息。这种模式适合小规模的信息采集项目，如小范围、小主题的社会调查、社会问题研究等。其二，"划块"模式。这种模式适合大规模的信息采集项目。可以将信息采集对象按不同的标准划块，以便对信息采集进行分工，使信息采集工作有条不紊地进行。如可以根据不同的信息主题划块、根据不同的采访对象（人物）划块、根据不同的信息载体划块、根据不同的信息采集地域划块、根据不同信息的形式特征划块等。

信息采集工作不是将所采集的信息杂乱无章地传递给信息用户，因此，将采集到的杂乱无章的信息进行整理仍然是信息采集工作的职责范畴。最常见的信息整理方式有三种。一是"分类加主题"方式。这种方式适宜于整理大型信息资源。在整理信息时，先将所采集的信息分类区别开来，在每类信息中，再按主题将有关信息聚集在一起。根据信息量的多少，还可以采用大类下再设置小类、大主题下再设置小主题的方式。二是"主题"方式。即将采集到的信息按不同的主题区分，相同主题的信息归纳到一起。可以在大主题下设置小主题，使信息的归属更加科学合理，更便于利用。这种方式适宜于中小型信息资源的整理。三是"调查研究报告"方式。这种方式通常是应信息用户的要求而采用的。信息用户在委托信息采集者从事信息采集的同时，要求信息采集者根据信息采集结果撰写出相关的信息调查研究报告。有时还要求就信息用户所关心的问题，利用所采集信息，有针对性地进行论证分析，并提出相应的对策或建议。这种信息整理方式实质上已经上升到情报研究的高度，是最高级别的信息整理方式。它要求信息采集者不仅具备信息采集方面的知识和专长，还具有从事信息研究的能力、驾驭信息资料的能力以及语言文字的组织表达能力等。

3.1.2　信息采集的原则

信息采集要遵循一定的原则，这些原则是保证信息采集质量最基本的要求。

（1）可靠性原则

信息采集的可靠性原则是指采集的信息必须是真实对象或环境所产生的，必须保证信息来源是可靠的，必须保证采集的信息能反映真实的状况。可靠性原则是信息采集的基础。

（2）完整性原则

信息采集的完整性原则是指采集的信息在内容上必须完整无缺，信息采集必须按照一定的标准要求、采集反映事物全貌的信息。完整性原则是信息利用的基础。

（3）实时性原则

信息采集的实时性原则是指能及时获取所需的信息，一般有三层含义：一是指信息自发生到被采集的时间间隔，间隔越短就越及时，最快的是信息采集与信息发生同步；二是指在企业或组织执行某一任务急需某一信息时能够很快采集到该信息，谓之及时；三是指采集某一任务所需的全部信息所花去的时间，花的时间越少谓之越及时。实时性原则保证信息采集的时效。

（4）准确性原则

信息采集的准确性原则是指采集到的信息与应用目标及工作需求的关联程度比较高，属于采集目的范畴之内，对于企业或组织具有适用性，是有价值的。关联程度越高，适应性越强，就越准确。准确性原则保证信息采集的价值。

（5）预见性原则

信息采集的预见性原则是指在采集信息时，既要着眼于信息用户的现实需求，又要有一定的超前性，收集那些对将来发展有指导意义、使用价值的信息，提高信息服务的主动性。

（6）经济性原则

信息采集的经济性原则是指在当今信息爆炸的背景下，采集信息时应该从使用方便的角度考虑，选择合适的信息源、信息采集途径与方法，确定最佳的信息采集数量与载体形式，选择最实用的、最需要的信息，提高信息采集工作的经济效益。

3.1.3　信息采集的范围

信息无处不在，人们采集信息的目的是利用信息，那些肯定无用的信息则无须采集。确定信息采集的范围就是依据信息采集的目标准确定位信息采集需求，确保采集到的信息能为我所用。

信息采集的范围由信息采集的需求决定，包括三部分：内容范围、时间范围和地域范围。

（1）内容范围

这是指在信息的内容上，根据与信息采集目标及需求具有一定相关性的特征所确定的范围。一般分为本体内容范围和环境内容范围。本体内容范围是由与事件本身具有相关性的内容组成的范围；环境内容范围是由处于事件周边又与事件相关的内容组成的范围。

（2）时间范围

这是指在信息发生的时间上，根据与信息采集目标及需求具有一定相关性的特征所确定的范围，由信息的历史性和时效性决定。

（3）地域范围

这是指在信息发生的地点上，根据与信息采集目标及需求具有一定相关性的特征所确定的范围。这是由信息的地域分布特征和信息采集的相关性要求所决定的。例如，采集明天上午 10 点之前合肥到北京的交通信息，则内容范围是指所需采集的信息是与交通相关的，可能包括飞机、汽车、火车等交通工具；时间范围是指所需采集的交通信息是明天上午 10 点之前的；地域范围是指所需采集的交通信息是从合肥到北京的。

3.1.4　信息采集的来源

信息来源即信息源。联合国教科文组织（UNESCO）出版的《文献术语》中将其定义为："组织或个人为满足其信息需要而获得信息的来源，称为信息源。"这是从信息使用者的角度来说的。

例如，对报纸读者来说，报上的文章是其信息源；对于文章撰写者而言，写作的素材（如采访录、广播材料、传闻、其他文章等）才是其信息源。从绝对意义上看，只有信息产生的"源头"，才能称为信息源。但从人类观察研究对象来看，观察研究对象是有层次的，既有具体的物质对象，也有高级的抽象的研究对象，所以一般来说，从使用者的角度来看，信息源就是与观察研究对象有关的信息。

信息源一般分为话语信息源、视觉信息源、实物信息源、文献信息源、网络信息源和服务机构信息源等。

（1）话语信息源

话语信息，有时也称作口头信息，指通过交谈、讨论、报告等有声方式交流传播的信息，多属于经验性、未被组织和未被符号化的知识，具有广泛性、针对性、适时性、任意性、层次性等特点。其优点是，信息的传递直接、生动、针对性强，并且可以与信息接收者进行双向沟通，对信息接收者来说信息的使用价值大。缺点是直接获取这种信息的计划是有限的、不系统的，不便于以后的研究和积累。话语信息源多来自各种讨论会、观摩会、展销会、座谈会、参观访问乃至个人之间的接触或电话交谈等。

（2）视觉信息源

视觉信息源就是指通过视觉获取的信息。通过视觉，人感知并获得外界物体的大小、颜色、动机等各种信息，至少有 80% 的外界信息是经过视觉获取的。视觉信息的收集和利用分布于文化、艺术、教育、军事、商业等几乎所有领域，成为诸多工作的重要素材基础。

（3）实物信息源

实物包括自然实物和人工实物，蕴含着大量文化、科技和商业信息。诸如农具、祭祀用具等民族文物就承载着反映某一民族物质文明和精神文明的信息，是研究该民族政治、经济、文化的实物资料；各种地质标本、生物标本、化石标本等是进行相关科学研究和教学活动不可缺少的实物信息；商品的样品能提供诸多的商业信息，包括外观表现出来的造型信息，以及通过拆卸表现的工作原理、功能、工艺等信息。

（4）文献信息源

文献信息源主要包括图书、报纸、期刊、专利文献、科技报告、会议文献、档案文献、政府出版物、学位论文等，它们承载着系统的知识信息。现代信息技术的广泛应用使得文献资源的数字化成为必然趋势。在非网络状态下，数字化的文献信息通常是以单机检索实现利用的，又称为"离线检索"。许多图书馆、档案馆、标准文献馆、专利信息收藏部门等文献服务机构都对其馆藏进行了大规模数字化处理，或购进电子出版物，如万方数据资源系统。数字化文献资源在文献信息的利用和共享方面发挥了纸质文献资源难以达到的作用。

（5）网络信息源

随着信息技术的飞速发展，网络已经成为人们获取信息的一种非常重要的途径。网络信息源是指蕴藏在计算机网络，特别是互联网中的有关信息。网络信息源包括文档、网页、音频、视频、图片等类型，这些资源包含的内容，大至国内外新闻政要，小至生活琐事等。网络信息源具有数量巨大、内容丰富、形式多样、动态发展、结构复杂、分布广泛、交互性、分散性、无序性和异构性等特征，这决定了要实现信息高效采集必须掌握相应的检索工具。

（6）服务机构信息源

随着信息化的推进，信息服务业蓬勃发展，各种类型的信息服务机构也不断涌现与成长起来。这些机构以信息资源为基础，利用现代科学技术，对信息进行生产、收集、处理、存储、输送、传播、使用，并提供信息产品和服务。如国家及各省市的信息中心、情报所、出版社、档案馆、图书馆等机构。这些服务组织或机构就成为信息的一类来源，称为服务机构信息源。

3.1.5 信息采集的流程

当定位好信息需求，并选择了信息来源之后，下一个阶段就是按照特定的方法采集信息。按照认识论的观点，这个阶段采集的信息是研究对象运动状态和发展方向的本体论信息。信息采集一般分为两个子阶段：信息感知和信息识别。信息感知是对事物运动状态及其变化方式的感觉和知觉，这是信息采集的必要前提。但仅感知到信息还不足，还需要有能力识别或鉴别所感受到的信息是否对自己有用或有害，同时能根据管理需求或设定的目标正确地提取其中的信息为目标服务，如图 3.1 所示。

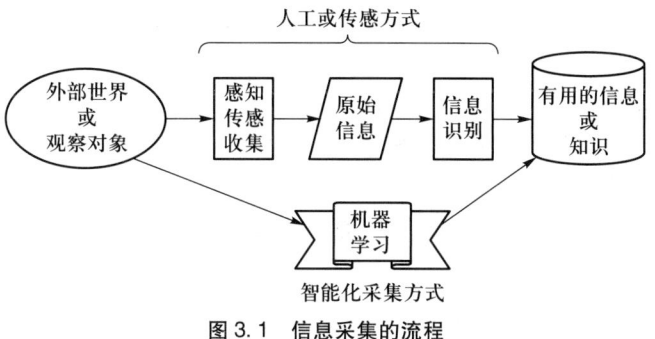

图 3.1 信息采集的流程

这里所说的感知、传感和收集，是人们根据自己的信息需求，对外部世界或观察对象进行的有意识的活动，或通过人类自己的感官来感知外部世界或观察对象，或通过一定的传感技术来获取相关信息，或通过调查、实验和文献检索等手段来获取有关信息。

通过感知、传感和收集获取的本体论信息可能包括噪声和杂乱无章的无用信息，如何对感知、传感和收集的信息进行初步的识别是信息应用的前提。

信息识别就是在信息感知的基础上，通过一定的技术手段对信息进行初步的过滤、统计和鉴别，识别出有用的信息。信息识别是信息的初步加工，是信息应用的前提。当然，信息采集过程本身就是为管理和控制服务，根据管理和控制的需求，对信息进行有目的的采集。

作为一个客观存在的实体或系统，外部世界或观察对象按照自己的运动规律在不断演化，无时无刻不在产生着大量的信息。不管人们是否注意或利用它们，这些信息总是以各种形式（包括大量被加工的信息）存在于人们的周围。很多时候，这些信息被人们感知，但被忽视。

3.2 │ 信息的感知、传感和收集

3.2.1　信息感知

信息感知，就其本身而言，只是感受到了事物运动状态及状态变化方式的形式化方面，并不理解事物运动状态及其变化方式的逻辑含义和效用价值。因此，信息感知的输出结果只是语法信息，而不是语义信息或语用信息。确切地说，信息感知过程对于它所感受的信息而言，实在是有"感"而无"知"。

虽然信息感知系统输出的只是事物的语法信息而不是语义或语用信息，但这是人类认识世界、改造世界的第一步，人类根据长期积累的知识和经验以及当前的需求，对感知到的语法信息赋予相应的语义和语用因素，即对感知到的信息进行加工、处理，为人类需求服务。这一过程在后面的章节中详细讨论。

总体来说，信息感知是由人的感觉器官完成的。但根据感知的对象不同，信息感知的方式是有一些差别的。

对于具体存在的物质世界或一个实物对象的感知，更多的是依靠人类自身的视觉、听觉、嗅觉、味觉和触觉器官感受其运动状态及其变化方式。例如人眼是人的视觉器官，人眼视网膜的感光细胞能够对外部事物所投射的光强（亮度）和波长（颜色）及其变化——反映事物运动的状态及其变化的光参量——产生反应，并转变为相应的神经生理电信号，它携带了视觉器官输出的语法信息。

研究结果表明，人类通过感官感知信息的基本机制在于要有某种组织或器官能够灵敏地感受到某种事物运动的状态及其变化的方式，而且这种感知方式具有一定的敏感域（范围）、一定的敏感度（灵敏度）和一定的保真度。

如果用符号 u 表示感知系统的输入刺激，用符号 v 表示感知系统的输出响应，用符号 U 表示感知系统的敏感域，用符号 V 表示感知系统输出响应的动态范围，那么，所希望的感知系统输入输出关系可以表示为：

$$R=\{f \mid v=f(u)，u=f^{-1}(v)，u \in U，v \in V\} \tag{3.1}$$

显然，式（3.1）所规定的是一类完全——对应的互逆函数 f 的集合。若输入和输出具有这种函数关系，则感知过程具有理想特性，所感知信息完全不丢失。

在大多数情况下，允许丢失一些非本质的信息。这时，"完全——对应的互逆函数关系"的条件要求可以予以一定程度的放宽，式（3.1）可以退化为：

$$R=\{f\mid v=f(u),\ u'=g(v),\ d(u,\ u')<\varepsilon,\ u\in U,\ v\in V\} \tag{3.2}$$

这里，g 不一定正好是 f^{-1}，$d(u',\ u)$ 是 u 与 u' 之间的差异测度，ε 是这种差异测度的允许值，u' 是根据感知系统 f 的响应 v 通过反变换 g 所复制的差异。只有当满足条件

$$g=f^{-1}$$

且

$$f\cdot f^{-1}=1$$

才会有 $u'=u$ 以及 $d(u',\ u)=0$。

分析和实验表明，人类的感官具有十分精巧的工作机制，但同时也存在一些天然的不足，主要表现为：敏感域有限、敏感度不高和分辨率较低。例如，人类视觉器官的敏感域只在可见光范围内，无法直接感知红外光或紫外光范围的各种信息；听觉器官只对声频范围的信息有响应能力，无法直接感知次声频或超声频范围的信息；在灵敏度方面，人眼很难在微弱光照条件下产生正常的感知响应，人耳也很难在微弱声场中保持良好的感知特性。

但是，众所周知，这些人类感知不到的信息，对于人类的生存与发展具有重要的意义。因此，研究信息的感知原理，研制具有更优异性能的人工感知系统，扩展和完善人类感知信息的能力，是一项非常有意义的任务，这就是下面所介绍的信息传感。

3.2.2 信息传感

信息传感一般是指通过物理手段采集信息，就是一般意义上的数据采集。数据采集就是将被测对象（外部世界、现场）的各种参量（可以是物理量，也可以是化学量、生物量等）通过传感元件做适当转换后，再经信号调理、采样、量化、编码、传输等步骤，最后送到控制器进行数据处理或存储的过程。实现上面数据采集全过程的系统称为数据采集系统。

数据采集的基本原理和过程就是在分析人类感官感知信息过程基础上归纳形成的。其基本过程和原理归纳如下。

（1）信息感知系统由敏感单元和表示单元构成。敏感单元对事物运动状态及其变化方式应高度敏感，能够产生与"事物运动状态及其变化方式"相对应的实际响应。表示单元则应把敏感单元的实际输出响应通过适当的方式表示出来，以便于观察、处理和利用。

（2）客观世界具有无限多样性，不应该也不可能设想制造一种万能的敏感单元对任何事物的运动状态及其变化方式都高度敏感。相反，应当针对不同事物的运动特点研制不同的敏感单元，这样才能获得尽可能高的灵敏度、分辨率和保真度。

（3）目前的电信号和光信号的处理和传输技术比较成熟，表示单元一般都把敏感单元的输出响应转换为电信号或光信号的表现形式。一般来说，表示单元可以被理解为一种转换器，将非电（光）变化转换为电（光）变化。

（4）在实际的研究开发中，人们常常把敏感单元和表示单元两方面的功能合二为一，寻求一种既能对特定事物运动状态及其变化方式产生高度灵敏的响应，又能把其响应表示为适当的物理

表现形式的系统，这就是人们所熟知的"传感器系统"。

（5）除了上述最基本的要点之外，在复杂的情况下，信息感知系统还应当满足其他一些十分重要的要求。例如，感知所观察的事物在所观察的空间中快速运动，那么，为了感知它的信息就要求传感器系统能够跟踪这种事物的运动过程；若所感知的事物的运动以某种复合的方式表现其信息，那么，为了感知这些复合的信息就需要多种传感器，并对其中各种传感器的输出表示进行适当的综合或融合等。

需要注意的是，这种通过敏感单元和表示单元而传感信息的原理基于以下认识原则，即在不具有主体条件下的事物的本体论信息与相应的认识论层次语法信息之间有可能建立一定意义上的一一对应关系，这是因为，两者都可以分别表示为各自的肯定度空间，这些肯定度空间大多数以离散的形式出现，如：

$$\begin{bmatrix} X \\ C \end{bmatrix} = \begin{bmatrix} x_1 \cdots x_n \cdots x_N \\ c_1 \cdots c_n \cdots c_N \end{bmatrix} \tag{3.3}$$

和

$$\begin{bmatrix} X' \\ C' \end{bmatrix} = \begin{bmatrix} x'_1 \cdots x'_n \cdots x'_N \\ c'_1 \cdots c'_n \cdots c'_N \end{bmatrix} \tag{3.4}$$

只要两个肯定度空间之间保持同构关系或等效关系，那么，本体论信息向认识论语法信息的转换就被认为是完全的、一一对应的或者互为可逆的。在实际中的许多场合，由于观察主体的观察能力有限，同时，对观察对象的管理、控制只需达到满意即可，所以，完全的一一对应并无必要，只要在式（3.3）和式（3.4）之间保持某种同态关系或相似关系，那么，相应本体论信息向认识论语法信息的转换也被认为是满意的或可以接受的。

按照上述原理，在实际使用的数据采集系统中，关键的技术问题就是数据采样理论。下面将简单介绍数据采样过程和采样定理。

自然界中的物理量，即一般所说的本体状态信息，大多数在时间上和幅值上均为连续变化的模拟量，或称为连续时间函数，而信息的处理和存储多由数字计算机来实现，处理的结果又常常需要以模拟量的形式"反馈"给外界的物理系统，这就需要解决模拟量与数字量之间的相互转换问题，这就是数据采样的实际背景。实际数据采集系统可以简化为如图 3.2 所示的样子。

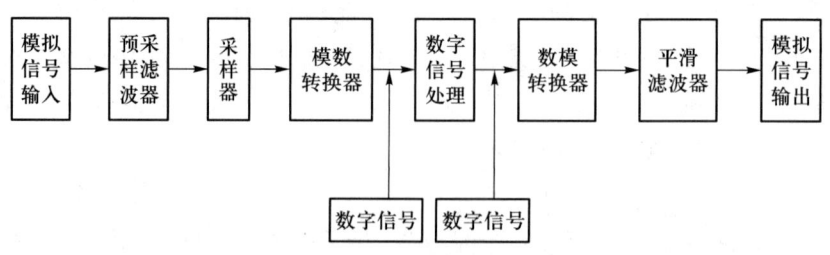

图 3.2　数据采集系统简化框图

从图 3.2 可知，模拟信号首先经过一个预采样滤波器进行初步处理，主要是为满足采样定理要求而滤除高频干扰，然后由采样器按预定的时间间隔对模拟信号进行离散化，从而把连续的模拟信号转换为离散的脉冲子样，再由模数转换器（ADC）对离散的脉冲子样进行量化编码，使之变成数字信号送到处理器进行数字处理，处理器一般由数字计算机来承担，处理结果再由数模转换器（DAC）转换成模拟量，经过平滑滤波器做平滑处理后送到外界系统中去。

在数据采集系统中最为关键的问题是对连续的模拟信号进行离散化处理，离散化是对连续的模拟信号在时间域等函数域中离散取点，将连续域转换为离散域。在转换过程中，如何保证离散域能真实反映连续域的状态，通过离散域中的离散信号能恢复其连续信号，即保证连续域空间与离散域空间保持同构关系或等效关系，这就是采样定理必须解决的问题。

下面以一般连续信号为例简单介绍采样定理。

一般连续时间信号 $x(t)$，可以表示为无限多个谐波的叠加。信号 $x(t)$ 和频谱 $X(f)$ 的关系为：

$$x(t) = \int_{-\infty}^{+\infty} X(f) e^{i2\pi ft} \mathrm{d}f \tag{3.5}$$

$$X(f) = \int_{-\infty}^{+\infty} x(t) e^{-i2\pi ft} \mathrm{d}t \tag{3.6}$$

从式（3.5）可知，对频率 f，当 $X(f) \neq 0$ 时，就表示连续信号 $x(t)$ 包含频率 f 的谐波成分；当 $X(f) = 0$ 时，表示连续信号 $x(t)$ 不包含频率 f 的谐波成分。

假定对 $x(t)$ 进行离散采集，采集的周期为 T_s，得到的 $x(t)$ 离散信号为：

$$x(nT_s) = \int_{-\infty}^{+\infty} X(f) e^{i2\pi fnT_s} \mathrm{d}f \tag{3.7}$$

若由离散信号 $x(nT_s)$ 恢复出连续信号 $x(t)$，意味着 $x(t)$ 包含的所有谐波都能由离散谐波（采样间隔为 T_s）唯一恢复出来，也就是说，对频率 f，只要 $X(f) \neq 0$，f 和 T_s 都必须满足关系：

$$f < \frac{1}{2T_s} \text{ 或 } T_s < \frac{1}{2f}$$

如果使 $X(f) \neq 0$ 的频率 f 可以任意大，那么 $\frac{1}{2f}$ 也就任意接近于 0，这时只能取 $T_s = 0$，表示连续信号 $x(t)$ 不可能由离散信号恢复出来。因此，要由 $x(nT_s)$ 恢复出连续信号 $x(t)$，频谱 $X(f)$ 和采样间隔 T_s 必须满足以下条件：

$X(f)$ 有截止频率（最高频率）f_c，即当 $|f| \geq f_c$ 时

$$X(f) = 0 \tag{3.8}$$

$$T_s \leq \frac{1}{2f_c} \text{ 或 } f_c \geq \frac{1}{2T_s} \tag{3.9}$$

总结以上分析，可得到采样定理如下：

设连续信号 $x(t)$ 的频谱为 $X(f)$，以采样间隔 T_s 采样得到的离散信号为 $x(nT_s)$。如果 $X(f)$ 和 T_s 满足条件式（3.8）和式（3.9），则由离散信号 $x(nT_s)$ 完全确定频谱 $X(f)$。通俗一点讲，采样定理就是：为了从采样信号 $x(nT_s)$ 中完全恢复原始信息 $x(t)$，所需的采样频率 T_s 至少必须为 $x(t)$ 中最高有效频率 $f_{\max}$（包括噪声在内）的两倍。

根据采样定理，人们已经研制成功了一大批性能良好的传感器系统和数据采集系统，保证了通过传感采集的语法信息能准确地反映事物运动发展的本体论信息。例如温度传感器能够灵敏地感知温度参量的状态及其变化，并把这种状态及其变化转换为电参量的状态及其变化；压力传感器能够灵敏地把它所承受的状态及其变化转换为电参量的状态及其变化。这些人工的信息感知系统，有效地扩展了人类自身的信息感知能力，极大地提高了人类认识世界、改造世界的能力。

3.2.3　信息收集

从系统的观点出发，观察的对象系统是有层次的，根据对象系统的层次性，信息也是有层次的。高层系统的语法信息包含低层系统的语义或语用信息。对于高层次、复杂的系统，如企业系统、经济系统、社会系统等，或比较抽象的认知对象，如当前的科学技术发展水平、股市行情等，一方面存在着大量的、从不同角度和层次反映系统运动状态及其变化的综合信息，另一方面存在着人们对其观察、认知和评价的相关信息。这些信息对于本次研究对象来说，是一种语法信息，但这些信息又是它的生产者研究某一方面问题的语义或语用信息。例如，在企业控制系统中的用水、用电量，对于其控制系统来说，可能是一个经过加工处理才能得出的信息，是一个语义或语用信息，但在企业管理信息系统中，用水、用电等消耗就是一个需要采集的基本信息，经加工处理可能得到某个企业生产消耗指标，而这个生产消耗指标又可能是企业一个决策支持系统所需要采集的基本信息单元。这些较低层系统的语义甚至是语用信息广泛存在于有关资料、文献和计算机系统中，特别是在互联网中，如何正确、有效地收集这类系统的信息，对于下一步的信息识别、处理和利用具有重大的影响。

对于这类高层或抽象系统，最常用的信息收集方法有五类：一是观察法。二是社会调查法。三是文献检索方法。四是网络方法。五是信息采购与交换法。

（1）观察法

观察法是信息采集者亲临现场，用自己的感觉器官或借助辅助工具对信息源有目的、有计划地进行考察、记录和分析，力求了解事物本质的一种信息采集方法。观察法是科学研究的主要方法之一，在实验室、社会调查走访和野外考察等方面均大量使用。它一直是人们了解自然、社会和人的重要手段。

由于人类感觉器官的敏感域有限、敏感度不高和分辨率较低，因此很多信息仅仅凭借人类感觉器官是无法采集的，而现代科技工具的使用就使得运用观察法采集信息实现了质的飞跃。例如医院的医生借助显微镜对病人的血液样本进行观察，血液细胞所呈现的信息是人类肉眼无法观察到的。我国的嫦娥探月工程运用了许多高级摄像器材，借助其观察和捕捉月球表面的信息和宇宙空间的有关信息，为深入认识和了解月球、宇宙提供了第一手资料。

观察法的运用容易受到信息环境、信息采集者自身主观意识等因素的影响。因此，运用观察法观察事物和获取信息需要注意以下四点。

① 确定具有代表性的信息源作为主要观察目标。我们在观察事物的过程中，往往有众多对象

可供选择。在众多对象中迅速确定主要的或具有代表性的观察对象，是我们在开始观察之前的首要工作。观察对象的确定要能够反映众多同类事物的普遍情况。否则，采集到的信息可能就是片面的，不能反映事物的本质。

② 注意观察过程的连续性。有时，在确定主要观察对象和观察目标后，为获取准确的信息，实施观察要有一个过程。在这个观察过程中，要保证整个观察的连续性。也就是说，在这段观察时间内，观察不能有中断，整个观察过程要保持完整，以免漏掉重要的信息现象。

③ 整体性要求。即要全面、系统地观察对象，尽可能从多方面、多角度地观察对象，采集全面的、完整的信息。不能"管中窥豹"式地观察对象，采集一些零碎的、不完整的信息，因为它们是无法体现事物的本质属性或特征的。

④ 客观性要求。信息采集人员在观察过程中要实事求是、客观地观察和反映实际情况，做出准确的观察记录。切忌先入为主式观察，带着主观成见观察。要注意观察的条件性、相对性和可变性，不同的观察环境、时间和位置可能产生不同的观察结果。要尽量客观地观察对象，采集和反映真实可信的信息。

（2）社会调查法

社会调查法是人们认识社会及其发展规律的一种重要研究方法。社会调查法一般又可以分为普查和抽样调查两大类。所谓普查是调查有限总体中每个个体的有关指标值；抽样调查是在总体中抽取部分个体进行调查，基于所了解的局部信息来了解总体情况。

通常所说的社会调查法主要是以人际沟通为基础的，通过对人的访问或咨询来获取信息的方法，主要包括访问调查法、问卷调查法和网络调查法等方法。

访问调查法，又叫采访法，是通过访问信息采集对象，与采集对象直接交谈而获取有关信息的方法，包括座谈采访、会议采访、观察访问、电话采访和信函采访等。访问调查法首先需要做好充分的准备，认真选择并了解调查对象，收集有关业务资料和相关的背景资料。其次，在访问过程中，采访者既要能按照既定的调查思路控制访问过程，又要机智灵活地根据访问情景适当调整，善于诱导、善于交流互动、善于提出问题并得到理想的答案。这种方法的主要优点是可以就问题进行深入的讨论，获得高质量的信息；缺点是费用高，采访对象不可能很多，因此受访者要有代表性。此外，该方法对采访者的素质要求较高。

问卷调查法是一种包含统计调查和定量分析的信息收集方法。此法主要考虑的问题是：所收集的信息的内容范围及数量，所选定的调查对象的代表性及数量，问卷的设计及数量，问卷的回收率控制等。问卷调查法具有调查面广、费用低的优点，但无法控制调查对象。由于信息收集人员和接受访问的人互不见面，因此无法对被调查者施加直接影响，受访者回答不回答问卷和是否按规定回答问卷无法控制，对于可能涉及受访者本人和单位的敏感领域问题（比如经济安全、道德法规等），受访者会本能地回避回答。从实际情况来看，问卷回收率一般都不高，问卷回答的质量也难以保证。因此，高质量的问卷设计对于问卷调查结果至关重要。

随着互联网技术的普及与广泛应用，很多社会调查工作都在互联网环境下开展，如通过互联网视频会议进行网上座谈，通过电子邮件、网页、二维码等进行问卷发放与回收等。与传统手段相比，利用网络进行调查具有便捷性和低成本、及时性和共享性、客观性和可靠性、超越时空性等优点。

（3）文献检索方法

人类发展过程中积累了巨大的知识财富，这些知识财富大多以文献资料的形式存在。文献资源，是指传统的介质（纸张）和现代介质（如磁盘、光盘等）记录和存储的知识信息。文献资源分布广泛、信息量巨大，以各类图书馆集中存放为标志，具有较强的系统性、连续性和稳定性等特点。

文献根据所含内容的性质、特点和出版方式，通常分为 10 大类：图书、期刊、会议文献、科技报告、专利文献、标准文献、学位论文、产品资料、技术档案和政府出版物。

文献根据加工深度不同可分为四个级别：零次文献、一次文献、二次文献和三次文献。零次文献是指未经出版社发行的或未进入社会交流的最原始的文献，如私人笔记、考察记录等，内容新颖，但不成熟，不公开交流，难以获得。一次文献是指以作者本人取得的成果为依据而创作的论文、报告等经公开发表或出版的各种文献，如期刊论文、科技报告等，其特点是内容新颖丰富、叙述详尽、参考价值大，但数量庞大而分散。二次文献是指报道和查找一次文献的检索工具书和书刊，如各种目录、题录、文摘和索引等。二次文献是按照特定目的对一定范围和学科领域内的一次文献进行鉴别、筛选、分析、归纳和加工整理等，使之有序化后出版的，其主要功能是检索一次文献，帮助较快地获取所需的信息，具有汇集性、工具性、综合性、交流性等特点。三次文献是指根据二次文献提供的线索，选用大量的一次文献的内容，经过筛选、分析、综合和浓缩而再度出版的文献，包括专题评述、年鉴、百科全书、词典、索引与文献服务目录、工具书目录等。

这些文献资料通过科学地组织、序化存储在有关文献存储部门，如图书馆、情报中心等。文献检索就是从浩繁的文献中检索出所需信息的过程。

联合国教科文组织 1976 年出版的《文献与情报工作辞典》中定义，"文献检索就是从一个文献集合中查找出专门文献的活动、方法与程序"。一般认为，文献检索是以文献为检索对象的信息检索，即利用相应的方式与手段，在存储文献的检索工具或文献数据库中，查询用户在特定的时间和条件下所需文献的过程。

文献检索方法有很多，常用的方法有直检法、引文法、工具法和循环法等。直检法即直接检索法，它是从浏览查阅原始文献中直接获取所需文献的方法；引文法是以最新发表的文章后面所附的引文（参考文献）为线索，由近及远，进行逐一追踪的查找方法；工具法是通过检索工具和检索系统查找文献的方法，它是文献检索的主要方法；循环法又称分段法或交替法，是一种间接查找方法与引文追溯方法综合的检索方法。在查找文献时，先利用检索工具查出一批有关文献，然后通过精选，选择出与课题相关性较强的文章，再按其后所附的参考文献进行追溯查找，分期分段地交替进行，从而查得大量相关文献。

计算机检索是目前现代化文献检索的主流和趋势。计算机检索是对存储有大量文献信息的数据库系统，通过计算机的检索软件系统进行信息检索，不仅可以单机批处理和检索，而且实现了远程国际联机的情报检索。计算机检索有两个重要的组成部分：文献数据库和信息检索系统。文献数据库存储着大量对文献的著录、标引以及编排正文和所附索引等文献资源，即原始文献按照主题词表或分类表及使用原则进行处理，形成特征标识后，按一定的规则存放到文献数据库中。信息检索系统是一种信息检索工具，其基本原理就是将检索提问标识与存储文献数据库中的检索标引标识进行比较，两者一致或检索标引标识包含着检索提问标识，则具有该标识的信息就从文献数据库中被检索工具输出，输出的信息就是检索命中的信息。

文献检索过程一般包括分析研究课题和制定检索策略、利用检索工具查找文献线索、根据文献出处索取原始文献。

① 分析研究课题和制定检索策略。首先要了解课题的目的、意义，明确课题的主题和研究要点以及主要特征，然后根据课题研究的特点和检索要求制定检索策略。检索策略的制定包括检索提问式、检索方法选择、检索系统和工具的选择，以及检索的时间范围、地域范围、语种和文献类型的限定等。其中最关键的是确定检索标识，如关键词、主题词、分类号以及作者和作者单位等，由检索标识按布尔逻辑关系组成检索提问表达式。

② 利用检索工具查找文献线索。根据课题检索需要，选择相关的检索系统和工具，然后用已经选定的检索标识和提问式，按照相应的检索途径查找有关索引（如主题索引、分类索引、作者索引等），再根据索引指示的地址（如文摘号）在文摘部分查得相应的文献线索，如题目、内容摘要、作者及单位和文献出处等。如果是利用联机或光盘检索系统，则可按菜单提示进行选择，其检索功能远比手工检索工具强大得多，文献线索的输出形式也可根据需要灵活选择。

③ 根据文献出处索取原始文献。首先对文献出处进行文献类型辨识、缩写名称还原，非拉丁语系的出版物要按照字译对照表还原成原文，然后再按文献出处的全称查找相应的馆藏目录找到收藏单位，再索借或复制原文。

（4）网络方法

网络方法是通过互联网收集有关网络信息资源的方法。在互联网中有巨量的网络信息资源，随着信息技术的发展与网络的普及，如何收集这些网络信息资源蕴藏着的相关信息已日益成为信息采集的一个非常重要的渠道。

网络信息资源一般可理解为通过互联网可以利用的各种信息资源的总和。网络信息资源具有内容的广泛性、访问的快捷性和资源的动态性等特点。

网络收集方法主要通过网络搜索引擎实现对有关信息的收集。这里简单介绍网络搜索引擎的信息收集机制和方法。在互联网中，存在着大量 WWW 站点、FTP 站点和其他网络信息资源站点，对这些网络资源的收集一般采用一类信息搜索系统机制，如百度、谷歌等，它们既可以被看做网络信息检索工具，也可以被视为一种网络信息收集和组织的方法或工具。从组织机制来看，搜索引擎一般包括信息收集机制、信息组织机制和用户检索机制。这里主要介绍它的信息收集机制。

搜索引擎的信息收集机制是按照一定的规律和方式对网络上 WWW 等站点进行搜索，并将搜索到的页面信息存入搜索引擎的临时数据库。在此过程中，搜索引擎的信息收集包括人工收集和自动收集方式。人工收集是由专门信息人员跟踪选择一定范围或领域的 WWW 站点或页面，按规范方式进行分类标引并组建索引数据库。自动收集通过被称为自动采集器的软件来完成，自动采集器搜寻页面并建立、维护、更新所有数据库。自动采集器能够自动搜索、采集和标引网络上众多的站点和页面，从而保证对数量庞大和变化迅速的网上信息资源的跟踪和检索的有效性与及时性。而人工收集基于专业性的资源选择和分析标引，保证所收集的信息资源质量和标引质量。

近年来，随着互联网技术的发展及移动互联网、物联网等技术的广泛应用，人们进入了大数据时代。信息传感设备的出现，以及快速发展的物联网技术及应用，使得大量物理世界的状态被获取并存储下来；互联网及移动互联网上的数十亿网民产生了大量的用户行为和内容数据。如何采集这些多来源的数据，是大数据的核心技术之一，也是挖掘这些数据中蕴含的价值的前提。

① 网络爬虫。网络爬虫是一种自动化程序，能够按照一定的规则，自动地抓取网页信息。网络爬虫按照系统结构和实现技术，大致可以分为以下几种类型：通用网络爬虫、聚焦网络爬虫、增量式网络爬虫、深层网络爬虫。A. 通用网络爬虫。通用网络爬虫又称全网爬虫，爬行对象从一些种子 URL 扩充到整个 Web，主要为门户站点搜索引擎和大型 Web 服务提供商采集数据。这类网络爬虫的爬行范围和数量巨大，对于爬行速度和存储空间要求较高，对于爬行页面的顺序要求相对较低，同时由于待刷新的页面太多，通常采用并行工作方式，但需要较长时间才能刷新一次页面。虽然存在一定的缺陷，但通用网络爬虫适用于为搜索引擎搜索广泛的主题，有较强的应用价值。为提高工作效率，通用网络爬虫会采取一定的爬行策略。常用的爬行策略有深度优先策略和广度优先策略。B. 聚焦网络爬虫。聚焦网络爬虫又称主题网络爬虫，是指选择性地爬行那些与预先定义好的主题相关的页面的网络爬虫。和通用网络爬虫相比，聚焦网络爬虫只需要爬行与主题相关的页面，极大地节省了硬件和网络资源，保存的页面也由于数量少而更新快，还可以很好地满足对特定领域信息的需求。聚焦网络爬虫和通用网络爬虫相比，增加了链接评价模块以及内容评价模块。聚焦网络爬虫爬行策略实现的关键是评价页面内容和链接的重要性，不同的方法计算出的重要性不同，由此导致链接的访问顺序也不同。C. 增量式网络爬虫。增量式网络爬虫是指对已下载网页采取增量式更新和只爬行新产生的或者已经发生变化的网页的爬虫，它能够在一定程度上保证所爬行的页面是尽可能新的页面。和周期性爬行和刷新页面的网络爬虫相比，增量式网络爬虫只会在需要的时候爬行新产生或发生更新的页面，并不重新下载没有发生变化的页面，可有效减少数据下载量，及时更新已爬行的网页，减少时间和空间上的耗费，但是增加了爬行算法的复杂度和实现难度。增量式网络爬虫的体系结构包含爬行模块、排序模块、更新模块、本地页面集、待爬行 URL 集以及本地页面 URL 集。D. 深层网络爬虫。Web 页面按存在方式可以分为表层网页和深层网页。表层网页是指传统搜索引擎可以索引的页面，以超链接可以到达的静态网页为主构成的 Web 页面。深层网页是指那些大部分内容不能通过静态链接获取的、隐藏在搜索表单后的、只有用户提交一些关键词才能获得的 Web 页面。例如那些用户注册后内容才可见的网页就属于深层网页。深层网页中可访问信息容量是表层网页的几百倍，是互联网上最大、发展最快的新型信息资源。

② 系统日志。对系统日志进行记录是广泛使用的数据获取方法之一。系统日志由系统运行产生，以特殊的文件格式记录系统的活动。系统日志包含了系统的行为、状态以及用户和系统的交互。和物理传感器相比，系统日志可以看作 "软件传感器"。系统日志在诊断系统错误、优化系统

运行效率、发现用户行为偏好等方面有着广泛的应用。例如，Web 服务器通常要在访问日志文件中记录网站用户的点击、键盘输入、访问行为以及其他属性，根据这些行为可以有效发现用户的偏好，一方面基于用户行为可以优化网站布局，另一方面可以形成有效的用户画像从而实现精准的信息推荐。

③ 众包。众包指的是一个公司或机构把过去由员工执行的工作任务，以自由自愿的形式外包给非特定的（而且通常是大型的）大众志愿者的做法。数据采集可以采用众包模式。将收集数据的任务进行外包，通过大量参与的用户来获取恰当数据。特别地，如果以普通用户的移动设备作为基本感知单元，通过网络通信形成感知网络，从而实现感知任务分发与感知数据收集，完成大规模、复杂的社会感知任务，则称为群智感知。比如，要发现上海所有的大药房，可以通过众包平台，让大量的用户使用手机拍摄大药房并发送定位。

除了上述方法，还有许多和领域相关的数据采集方法和系统。例如，政府部门收集并存储指纹和签名等人体生物信息，用于身份认证或追踪罪犯；在政府或企业的信息系统中通常提供数据录入界面用于向系统中录入所需的数据等。

（5）信息采购与交换法

信息采购与交换法是指信息采集者针对自身的信息需求，通过向信息拥有者购买或交换的方式获取所需信息的方法。信息采购与交换使信息采集者能够获取自身不具有且难以获取的信息，也是信息采集的重要途径。信息具有商品的特性，能够交换。在信息采购与交换法中，可以以货币交换，也可以以等价商品交换。我们把以货币购买方式采集信息的方法称为信息采购法，而以等价商品交换获取信息的方法称为信息交换法。

一般来说，当信息采集者面临自身采集信息有困难，购买比自身采集更便捷、更经济，需要采集受版权保护的信息等情况时，会选择通过信息采购获取信息。购买信息的重点是信息的估值问题。目前，信息缺乏价值标准，往往采取自由定价的方式，决定权由信息产生者和信息拥有者所决定。信息采集者面临的问题是如何购买到符合其价值的信息。对于这一点，信息采集者首先可以估算该信息能创造的经济效益，以决定其价值；其次可以采取类比的方法，通过与同类信息比较来确定其价值；对于自身实在难以确定的，还可以聘请外部专家进行价值评估，或者先使用，然后依据收益的大小再行决定。

信息交换法是信息采集者用自身拥有的信息资源和其他信息拥有者进行交换以获取信息的方法。比如通过同国外一些图书馆、信息研究机构和团体等进行信息交换，可以促进文化交流，推动合作。信息交换法一般建立在双方有一定的相互了解的基础上，并且有一套规范的约束性交换机制。

3.3 │ 信息识别

信息识别是在信息感知基础上进行的一项任务，它的目的是对所感知的信息作出判断，判断这个信息是所需的信息还是不需要的信息，是这类信息还是那类信息。因此，信息感知是要解决"是否有信息存在"的问题，而信息识别则是要解决"存在着的信息是哪一类信息，是否有用"的问题。显然，对于人类利用信息认识事物这一目的，"有没有信息"和"有什么样的信息"是首先必须解决的前提条件。

前面已经阐明，信息感知是通过事物的相互作用（感知系统与产生信息的源事物之间的相互作用）把事物的本体论信息转换为语法信息，对于高级或高层观察对象，通过调查以及网络方法收集研究对象的大量没有处理的原始信息（也是语法信息）。那么，如何从中识别信息？信息识别的原理是什么？

3.3.1　信息识别模型

识别是在感知、传感和收集的基础上展开的，感知、传感和收集系统获得的信息是语法层次的信息，因此，信息识别是基于语法信息的识别。其基本的工作原理只能是类比，即将所感知和收集的事物运动状态及其变化方式或这种形式的某些特征参量与特定属性的"模板"的形式或它的特征参量进行比较，根据它们之间匹配情况的差别来判断该信息所应归属的类别，如图 3.3 所示。

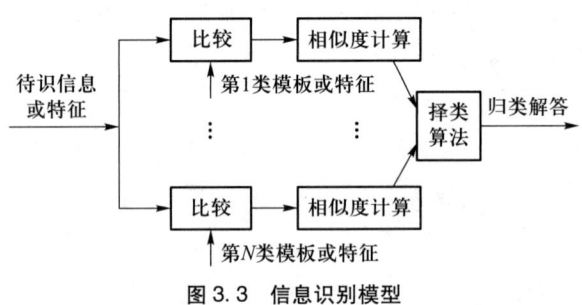

图 3.3　信息识别模型

从图 3.3 信息识别模型可以看出，基于语法信息的信息识别模型正是人工智能中模式识别理论所研究的基本问题。所谓模式，就是某种事物运动状态及其变化方式的形式，即语法信息。因此，模式识别就是语法信息的识别。

模式识别的一个最基本的概念是相似度。一般认为两个对象相似是因为它们之间具有相似的特征。相似度经常被描述成更加抽象的概念，它并不完全是在几个对象之间进行衡量，而是在一个对象和一个目标概念之间进行衡量。相似度是一种度量，可以表示为距离，也可以表示成结构等其他形式。

模式识别方法具有多样性，对于如何将它们进行分类，到目前为止还没有共识。一般说来，规则的模式识别问题可以用数学方法进行严格的描述。例如，在不存在任何关于样本的先验知识的情况下，通过特征向量等有效的方法"发现"样本的内在相似性，这种方法一般称为模式匹配法；又如，白噪声背景中的数字信号的识别（检测）问题，白噪声具有明确的统计描述，数字信号（信息）具有规则的形式（0 或 1）且其状态转换的方式服从某种统计规则，因此，它的识别过程可以用概率论方法进行定量的分析。这就是模式识别理论中的统计方法或统计决策方法。但是，大多数模式识别问题却不可能完全用解析的方法求解，而必须在求解过程中借助于启发式的算法或推断。模式识别理论中的句法方法或语言学方法就是这种情景。此外，通过大量示例训练的方法，在模式的形式或模式的特征与模式的类属之间建立非线性的映射关系，然后利用这种映射关系对未知模式进行分类，也是一种有用的模式识别方法，这就是基于神经网络的方法。

下面简单介绍模式匹配法和统计分类方法。

3.3.2　模式匹配法

模式匹配法就是将两个模式直接进行比较的方法，是最基础、最原始的模式识别方法，也是实际应用最广泛的方法，在数据分析中这种方式演化为数据聚类法。

比较两个模式是否近似可以采用距离和类似度进行测度。

（1）距离测度

采用距离测度时，对于一个输入模式 $x = (x_1, x_2, \cdots, x_n)^T$，它与第 k 个标准模式 $r^k = (r_1^k, r_2^k, \cdots, r_k^k)^T$ 之间的距离被定义为：

$$d^k(x) = \left[\sum_{i=1}^n (x_i - r_i^k)^2 \right]^{1/2}$$

上述距离测度被称为几何距离。在有些场合下，人们采用绝对值距离（通常被称为街区距离）来简化计算，提高系统运行速度。即：

$$d^k(x) = \sum_{i=1}^n |x_i - r_i^k|$$

各个标准模式与输入模式的距离计算出来以后，找出距离最小的标准模式，也就完成了对该模式的识别任务。

（2）类似度测度

采用类似度测度时，输入模式 x 与标准模式 r^k 的类似度被定义为：

$$s^k(x) = (x, r^k)/(\|x\| \|r^k\|)$$

假定模式 x 与标准模式 r^k 为 p 维空间向量，则：

$$(x, r^k) = \sum_{\alpha=1}^p x_\alpha r_\alpha^k$$

按照上面的定义，类似度等于两个向量之间的夹角的余弦。

距离测度具有直观、易于理解以及便于实现等优点，但与向量的平均幅度值有关，而有些识别对象被表示成模式向量后，其平均幅度值是随不同的采样条件变化的。例如，一物体被采样为数字图像时，图像的平均像素值与采样时的光线强度有关，因此，识别时应将平均幅度的影响排除。由于类似度是两个向量之间夹角的余弦，与向量的平均幅度无关，因此，在这类模式识别问题中，类似度测度会获得较高的识别精度。

（3）复合类似度

为了进一步提高类似度测度的识别精度，又提出了复合类似度。它的思想是，为每个模式类准备 $K(K>1)$ 个标准模式，在原类似度定义的基础上，定义输入模式 x 与标准模式类 k 之间的复合类似度为：

$$s_c^k(x) = \left\{ \sum_{j=1}^{K} \left[s^k(x; \ y_j^k) \right]^2 \right\}^{1/2}$$

式中：$s^k(x; \ r_j^k)$ 为输入模式 x 与标准模式类 k 的第 j 个标准模式 r_j^k 之间的类似度。

（4）标准模式的选定

选定各个模式类的标准模式是需要认真考虑的。原则是同一模式类的标准模式要能代表该模式类在向量空间中的分布特征，同时还要相互正交。理论上，有效的方法是对各模式类在向量空间中的分布特征进行主成分分析，求出其特征向量和向量值。然后按特征值从大到小的顺序选择恰当数量的特征向量。

模式匹配法是数据分析中的数据聚类方法之一，其目标是用某种相似性的度量方法将数据组织成有意义的和有用的各种数据。数据聚类不需要利用已知类的信息，因此，它是一种非监督学习的方法，解决方案是数据驱动的，也就是说，不依赖于任何监督学习或指导。

为了评定内部数据的相似性，或在模式识别研究的探索阶段想要从一堆没有分组的信息中提取有意义的数据，则需要用数据聚类，详细内容见第 6 章信息处理有关内容。

3.3.3　统计分类方法

统计分类是模式识别长期发展过程中建立起来的经典方法，它主要基于用概率统计模型得到各类别的特征向量分布，以取得分类的功能。获得特征向量的分布基于一个类别已知的训练样本集（例如由人类专家评定）。因此，这是一种监督学习的模式识别方法，在这个意义上，分类器是概念驱动的，用已知类别标签的样本集来训练从而得知如何分类。如果分类器设计有效，它将可以处理新的样本集。

统计分类方法有很多具体方法，它们取决于是否采用一个已知的、参数型的分布模型。统计分类中还有所谓的"by-products"方法，如决策树和决策表等。

如果几个类别的样本在特征空间的分布符合一个简单的拓扑结构，并且我们确切地知道各个类的概率分布函数，此时应用统计分类方法来进行模式识别是完全可行的。

下面以一个采用贝叶斯分类方法的二元识别为例说明统计分类方法的基本工作原理。

假定任一模式只有两种可能的类属 ω_1 和 ω_2，用符号 Ω 表示模式空间，Ω_1 表示第一类模式的子空间，Ω_2 表示第二类模式的子空间，满足：

$$\Omega = \Omega_1 \cup \Omega_2$$

$$\Omega_1 \cap \Omega_2 = \phi$$

$$\Omega_i = \{\omega_i\} \quad i = 1, 2$$

在自然状态下，先验概率 $P(\omega_1)$ 和 $P(\omega_2)$ 通过统计是可以知道的。假定收到一个未知模式 x，如何识别这个模式究竟是属于 Ω_1 还是属于 Ω_2？

如果我们能够计算出两个条件概率 $P(\omega_1|x)$ 和 $P(\omega_2|x)$，那么合理的决策就是：

如果 $P(\omega_1|x) > P(\omega_2|x)$，那么决策 $x \in \Omega_1$；

如果 $P(\omega_1|x) < P(\omega_2|x)$，那么决策 $x \in \Omega_2$；

如果 $P(\omega_1|x) = P(\omega_2|x)$，那么可以任意决策。

可以将上面的规则缩写成如下形式：

如果 $P(\omega_1|x) > P(\omega_2|x)$，那么 $x \in \Omega_1$，否则 $x \in \Omega_2$。

如果分别知道了两类特征向量分布的概率密度函数，就可以计算出它们各自的后验概率 $P(\omega_i|x)$。首先，可以计算出各自的类别总体概率密度 $P(x|\omega_i)$，由贝叶斯公式得：

$$P(\omega_i|x) = \frac{p(x|\omega_i)P(\omega_i)}{p(x)}$$

式中：$p(x) = \sum\limits_{i=1}^{c} p(x|\omega_i)P(\omega_i)$，称为 x 的总概率。

在上式中，$P(\omega_i)$ 和 $P(\omega_i|x)$ 都是离散的概率值（用大写字母来表示），而 $p(x|\omega_i)$ 和 $p(x)$ 都是概率密度函数值。其中 $p(x)$ 是一个常数，所以可将两类问题的识别公式改写为如下形式：

如果 $p(x|\omega_1)p(\omega_1) > p(x|\omega_2)p(\omega_2)$，那么 $x \in \Omega_1$，否则 $x \in \Omega_2$；

或者，如果 $\dfrac{p(x|\omega_1)}{p(x|\omega_2)} > \dfrac{p(\omega_2)}{p(\omega_1)}$，那么 $x \in \Omega_1$，否则 $x \in \Omega_2$。

在上式中，$p(x|\omega_1)/p(x|\omega_2)$ 被称为似然函数比，$p(\omega_2)/p(\omega_1)$ 被称为先验概率阈值，也称为先验概率的反比值，识别和决策就取决于这个似然函数比与先验概率阈值。

在本例场合，似然函数比就是模式空间 Ω 中划分 Ω_1 和 Ω_2 的边界方程的特征式，即所谓的鉴别函数，记为 $D(x)$；先验概率阈值被称为判决阈，记为 Th。于是，一般化的二元统计模式识别准则又可进一步表示为如下形式：

若有 $D(x) > Th$，则判 $x \in \Omega_1$，否则判 $x \in \Omega_2$。

可见，用统计分类进行模式识别的关键在于求出适当的鉴别函数 $D(x)$ 及其相应的判决阈 Th。一旦求得了 $D(x)$ 和 Th 的表达式，就可以按上式的准则进行识别判决。

更一般地，若有 K 类模式，即 $\Omega = \{\Omega_1, \Omega_2, \cdots, \Omega_K\}$，则应求出鉴别函数 $D_{k_i}(x)$ 和相应的判决阈 Th_{k_i}，识别的决策规则应为如下形式。

若有 $D_{k_i}(x) > Th_{k_i}$，则判 $x \in \Omega_k$，否则判 $x \in \Omega_l$，$(k, l = 1, 2, \cdots, K, k \neq l)$。

总之，统计分类方法的基本原理是要求出待识别模式的某种统计特征（即鉴别函数和判决阈值），然后通过上述准则做出分类判决。

3.4 信息组织

信息组织环节位于信息采集环节之后，它是对所采集的信息资源进行序化处理的过程。即信息组织就是将处于无序状态的特定信息根据一定的原则和方法组织成为有序状态信息的过程，其目的是将无序信息变为有序信息，方便人们利用信息和有效地传递信息。

3.4.1 信息组织的原理

信息组织是基于事物属性的一种有序化方法，可根据事物的属性种类形成可能的有序方法，如日常生活中可根据衣服的原料性质、适穿季节、长短厚薄和内外顺序等不同属性对其进行整理。古希腊哲学家亚里士多德认为，事物一般都具有 10 种属性，即本质、数量、质量、关系、作用、过程、状态、空间、时间和位置。这些属性都可作为信息组织的依据。具体地说，信息组织的过程就是依照事物属性之间的同一性、包容性、交叉性和排斥性等关系对信息实施有序化的过程。

事物的属性是信息组织最本质的依据，又可归纳为形式、内容和效用 3 种类型。花色、样式、大小、生产厂家、生产时间和地点等属于衣服的形式特征，原料的物理和化学结构属于内容特征，而御寒、防雨、防晒等则属于效用特征。总之，一切事物都具有形式、内容和效用三方面的特征或属性。相应地，所有的信息组织方法都可归纳为语法信息组织（形式）、语义信息组织（内容）和语用信息组织（效用）三大类型以及它们的不同组合形式。

信息组织的基本原理包括语言学原理、系统论原理和概念逻辑原理。在信息资源组织的层面上，语言学是最基本的信息组织工具。人们一般将事物属性抽象为字、词或概念，然后再用字、词或概念的有序化来表征事物的本质特征。从这个意义上说，语言学原理是信息组织最重要的理论基础。信息组织也是一个系统化的过程，其最终目的是将无序的、零散的信息结构化，形成一种有序的体系或系统。因此，系统论的相关原理也是信息组织的重要理论基础。信息组织的另一理论基础是概念逻辑原理。信息组织本身是思维的一种表现形式，概念是思维的元素，逻辑则是思维的规则。

信息组织是一个有序化过程，通常可以分为两个阶段，即有序化阶段和优化阶段。信息的有序化是按照一定的方法将无序信息组织成为有序信息的过程。它又包含两层意义：一是为了利用和管理上的方便，把没有必然内在联系的信息依据某种原则组织起来；二是把本质上具有必然内在联系的信息，按照其自身的客观逻辑结构加以组织。前者融入了更多的主观因素，后者则依据更多的客观因素。信息的优化则是在有序化的基础上，针对某种目的，按照结构功能优化原理对信息进行再有序化的过程，它是信息有序化的继续和升华。在实际的操作过程中，信息的有序化和优化没有十分明确的界限，它们是辩证统一的整体。

3.4.2　信息组织的层次

从认知的角度，语法信息组织、语义信息组织和语用信息组织形成了信息组织的三个层次。

（1）语法信息组织

语法信息组织是以信息的形式特征为依据来有序化信息的方法。语法信息组织需要遵循方便性、多样性和标准化等原则。常见的语法信息组织方法有以下几种。

① 字顺组织法。它是历史最悠久、使用最广泛的一种信息组织方法，其实质是从字、词的角度集约有关信息。包括音序法、形序法、音序和形序并用三种形式。如书名的排序、译著者姓名的排序和主题词的排序等均属于字顺组织法。

② 代码组织法。它是以代码表征信息和集约信息的方法。其突出的优点是简便易用，尤其适合计算机等现代化手段的管理。诸如专利代码组织法、身份证代码组织法和电话号码组织法等均属于代码组织法。

③ 地序组织法。它是以信息的空间特征为依据有序化信息的方法，其最大特点是能反映地域特色。它又有行政区划组织法和地名字顺组织法之分。行政区划组织法能反映地区之间的隶属关系和横向关系。诸如各种地图、地理文献和风景名胜介绍等所采用的就是地序组织法。

④ 时序组织法。它是以信息的时间特征为依据组织信息的方法。它的优点是能反映事物的发展规律，它的结构多为线性结构。诸如史书、传记、档案和连续出版物等多采用时序组织法。

⑤ 其他特征组织法。包括颜色组织法、形状组织法和重量组织法等。

语法信息组织最重要的特征是标准化，因为语法信息一般不涉及信息的含义和用途，必须用标准加以约束。而标准形成和应用的过程，也就是语法信息的优化过程。

（2）语义信息组织

语义信息组织是以信息的内容或本质特征为依据来有序化信息的方法。语义信息组织需要遵循客观性原则、逻辑性原则和发展性原则。常见的语义信息组织方法有以下几种。

① 元素结构组织法。元素是构成系统的基本单元，依据系统的功能来分解或构造元素是自然科学和应用科学领域常用的信息组织方法。诸如建筑设计就是一种元素结构组织法。

② 逻辑组织法。根据信息之间的逻辑关联组织信息是科学研究、论文写作的常用方法。诸如政策的制定、研究报告的撰写等都属于逻辑组织法的应用范围。

③ 分类组织法。分类组织法是根据某一特定的分类体系有序化信息的方法，也属于一种逻辑组织法。常见的分类组织法包括科学分类、文献分类、专利分类、商品分类和职能分类等。它能反映事物之间内在的、本质的联系和区别，便于人们系统地认识和了解信息。

④ 主题组织法。主题组织法是从事物内含的主题属性出发，通过揭示信息主题特征并有序组织信息的方法。它根据所使用的主题检索语言又分为标题法、单元词法、叙词法和关键词法等几种类型。

语义信息组织最重要的特征是能反映事物的本质属性和事物之间的联系与区别。它不仅具有对信息的有序化功能，还兼具引导和认识的功能。可以说，语义信息组织是信息组织的核心，语法信息组织是其补充，语用信息组织是其延伸和发展。

（3）语用信息组织

语用信息组织是以信息的效用特征为依据有序化信息的方法。语用信息组织需要遵循目的性原则、实用性原则和个性化原则。常见的语用信息组织方法有以下几种。

① 权值组织法。它是赋予不同信息以不同的权重值，然后通过计算，以权重大小组织信息的方法。诸如决策方案的选择和教学质量的评估等都涉及权值组织法。

② 概率组织法。它是根据事件发生的概率的大小来有序化信息的方法。如预测体育比赛结果和股市走势等就涉及概率组织法。

③ 特色组织法。它是根据用户某一方面的特殊需求组织信息的方法。例如，根据用户的兴趣组织摄影信息和旅游信息等就属于特色组织法。

④ 重要性递减组织法。它是根据信息的重要程度来有序化信息的方法。通常的做法是突出重要信息，使其处于醒目位置，而将其他信息置于相对次要的位置。如一般报纸的栏目设置就属于这种信息组织法。

语用信息组织的主要特征是能反映和满足用户的信息需求，它属于一种应用性信息组织方法，在实际工作中运用极为广泛和多样化。

思考题

1. 信息采集包含哪两个阶段？
2. 简述采样定理。
3. 简述抽样调查的方式方法。
4. 为了了解学生网上购物的行为特征，请设计学生网上购物问卷调查表。
5. 简述网络爬虫、系统日志与众包的数据采集方法。

即测即评

参考文献

［1］夏南强，殷克涛．信息采集学教程［M］．北京：科学出版社，2020．

［2］沈固朝，施国良．信息源和信息采集［M］．北京：清华大学出版社，2012．

［3］张尧学，胡春明．大数据导论［M］．北京：机械工业出版社，2018．

第4章 | 信息传输与信息编码

　　本章讲述信息在空间中传输的原理。学习信息传输原理的目的在于理解信息在传输过程中所必须遵循的共同规律，掌握保证可靠、有效传递信息所必须采取的方法和原则，了解信息传输的某些重要性能界限。本章的主要理论基础是香农三大编码定理，分别是变长无失真信源编码定理、有噪信道编码定理和保真度准则下的信源编码定理。

　　信息编码是信息传输中的一个重要环节。信息编码有两层含义：一是为了信息在通信传输、存储等过程中的高效、可靠和安全而进行的编码，这种编码称为语法信息编码；二是为了信息在收集、处理和表示上的方便、规范而进行的编码，一般表示一定的实际含义，称为语义信息编码。本章只讨论语法信息编码问题。语法信息编码主要包括信源编码和信道编码，前者是为了提高信息传输的效率而进行的编码，后者是为了提高信息传输的可靠性而进行的编码。

4.1 | 信息传输的概念

4.1.1　信息传输与语法信息

　　信息传输就是把人们需要的信息从空间中的一点传送到另一点。按信息的性质分类，可以将信息分为语法信息、语义信息和语用信息。在语法、语义和语用信息三者之间，语法信息是最基本的层次，语义和语用信息可以由信息的用户从语法信息中加工出来。因为语法信息是"事物运动状态和方式"本身，语义信息是这种"状态和方式"的含义，语用信息则是这种"状态和方式"在特定含义解释下相对于用户的效用。也就是说，语法信息是"事物运动状态和方式"的形式化内容，而语义和语用信息分别是这种形式化内容所包含的内容和价值。由此可知，语义和语用信息是建立在语法信息的基础之上，有了语法信息，用户就可以从中获得相应的语义和语用信息。

　　因此，信息传输所关心的是传输信息的形式化内容，而与信息的内容和价值无关。这也是通信系统所遵循的基本原则。

再者，任何一个通信系统，比如计算机网络通信系统，都是为大量用户服务的，而用户的访问情况是随机的，各个用户所要传递的信息是系统设计者事先无法预料的，同时通信过程中所出现的干扰情况也是随机的。因此，信息传输需要考虑的不是一般的语法信息问题，而主要是概率语法信息问题。

因此从传输内容上说，信息传输其实只是语法信息的传输，且主要是概率语法信息的传输，只要传递了语法信息，语义和语用信息也就必然蕴含其中了。

4.1.2 信息传输与信号

信息是事物的运动状态和方式，而不是事物本身。因而，信息可以脱离其源事物独立存在，这种脱离可表现为两种状态。一是时间上的脱离，某事物在某一时空中的运动状态和方式一旦和它的源事物相分离，它就成为该源事物在新的时空中运动的状态和方式的历史，不再是它的现状，即历史信息，时间上的脱离需要对信息进行存储以使信息继续存在；二是空间上的脱离，事物运动的状态和方式在脱离源事物的同时，就必然附着于另一事物，完全同一切事物相脱离、相独立的信息是不可能存在的，信息所附着的事物即为信息载体，通过信息载体的运动就能够将附着在其上的信息在空间中从一点传输到另一点。

例如企业管理者在实施某项决策时，决策指令（传达的信息）要借助于纸张、电话或网络（物质）等载体，还要借助于人力或电力（能量）才能传递给决策指令的执行者，这些执行者就是信息的接收者。因此，为了传输信息，没有物质不行，没有能量也不行，而且对物质和能量还有一定的要求。

由此可知，信息传输的实质就是某事物的运动状态和方式在脱离源事物后，附着于另一事物并通过后者的运动将这种状态和方式在空间中从一点传到另一点。

当然，在少数场合，由于传输距离较短，事物的运动状态和方式可以直接随源事物在空间中的移动而实现传输。不过，大多数情况下，信息传输距离都比较长，不能通过直接随源事物在空间中的移动而实现传输，一般情况下信息都会脱离源事物而附着于另一种事物实现传输。

通常把一种事物的运动状态和方式脱离源事物而附着于另一种事物的过程，称为信息变换过程。信息在空间中传送的过程，可能要经过多次变换，要变更多种不同的载体。这些不同级的变换和载体，在具体的形式和性能上是有区别的，适合于不同的要求。但是，所有这些不同级的变换和载体在原理上又有许多共性，否则，它们就不可能协同运动完成共同的任务。这里只注重研究它们共同遵循的原则，而不研究它们在细节和性能上的差别。

载体是为了传输信息而选择的，因此载体既要能够在空间中转移，从一点运动到另一点，又要有能力表示所传输的信息。

载体有能力对所传输的信息进行表示，就是指能够把源事物的运动状态和方式用载体自身的某种物理量表示出来，而载体的某种物理量的各种取值及这些取值之间的关系，必须与所传递的源事物的运动状态和方式一一对应。称这种能将自己的某种物理量与所附着的信息建立一一对应关系的物理载体为信号。

因此，从传输形式上来看，信息的传输就是通过信号在空间的移动来完成，信号的某个或某些物理量与所传递的语法信息之间应当建立适当的映射关系。

一般说来，以实物或声音来表示信息是可以实现、易于理解的，但不易于传输、处理和控制，是比较原始古老的信号方式，比如结绳记事、烽火狼烟和击鼓传音等，它们有很多缺点，如传播速度慢、传输距离短、易受干扰等。随着现代通信技术的发展，电信号、无线电信号、微波和激光信号等被广泛应用于信息传输，使信息传输距离更远、速度更快、抗干扰性更好。信号借助于物理传输媒体在空间中从一点移到另一点，物理传输媒体分为有线和无线两种，如双绞线、同轴电缆、光纤等属于有线物理传输媒体，而卫星、无线电通信、红外通信、激光通信和微波通信等传送信号的媒体和设备都属于无线物理传输媒体。

4.2 信息传输模型

不同的信息传输系统有不同的形式和用途。为了便于研究，我们将其中共性的部分抽取出来，概括成一个一般模型，如图 4.1 所示。

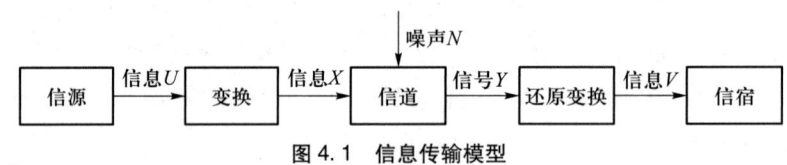

图 4.1　信息传输模型

在该模型中，信源产生的信息记为 U，信息经过变换后成为信号，记为 X，信号在信道中传输，并在信道中受到噪声 N 的干扰，在信道输出端得到 Y，它与 X 既有联系又有区别，联系的程度和区别的大小，取决于噪声 N 对信号 X 的影响程度。因为噪声 N 的影响，使通过信道的信号 X 变成信号 Y，再通过还原变换使信号 Y 变成信息 V。模型中的主要部分解释如下：

1. 信源

信源是产生信息的源事物，可以是人、生物、机器或其他事物。因为信息传输着眼于语法信息传输，不探究所传信息的内容和价值，所以信息传输模型中的信源不必考虑它的内容和含义，只把它看作某种运动状态和方式的形式化关系的发生源。

2. 变换

把信息映射为信号的过程称为变换。变换把要传输的信息从信源映射到某种物理载体上，在源事物的运动状态和方式与载体的某种物理量之间建立恰当的映射关系。这种映射关系必须能够还原，比如一一对应关系。

这个变换主要就是编码的过程，包括信源编码和信道编码。信源编码是对信源输出的信息进行适当的变换和处理，目的是提高信息传输的效率；信道编码是为了提高信息传输的可靠性而对信息进行的变换和处理。在实际应用中，变换环节中还包括换能、调制、发射等各种处理。

3. 信道

信道是信号传输的通道，是信号从发射端传输到接收端所经过的传输媒质，如同轴电缆、双绞线和光纤等。广义信道的定义除了包括传输媒质，还包括信号传输的相关设备。在信息传输的整个过程中，每个环节都可能存在噪声，但是为了分析的方便，我们把噪声全部等效地集中在信道这一环节上。

4. 还原变换

把信道输出的编码信号（叠加了噪声干扰）进行反变换，变成信宿可以理解的信息。为了使还原出来的信息尽可能和信源输出的信息保持一致，还原变换就不是简单的变换之逆，还要根据噪声的特性和信号的特点，采取适当的措施来消除噪声的影响。因此，还原变换比变换更为复杂。

5. 信宿

信息的接收者或使用者称为信息宿，简称信宿。它是信息传输的目的地。

图 4.1 给出的模型只有一个信源和一个信宿，信息传输方向也是单向的。更为一般的情况是，在信息传输中信源和信宿各有若干个，信息传输方向也可以双向进行，如手机通话、网络通信等。但图 4.1 的模型是最基础的，更为复杂的模型可以通过对它的补充完善得到。

要想实现有效的信息传输，关键在于要使信源和信道两者在性质上达到良好的匹配，而一般而言，并非信源本来就能与信道的性质相匹配，而是要采取一定的措施使得信源和信道相匹配。例如，电信系统是一个大家熟知的信息传输系统。要把事物的"运动状态和方式"通过电信系统传输给对方，首先就要用电参量变化来表示这种"运动状态和方式"，把源事物产生的信息映射成电信号。这就是上述模型中"变换"的第一个功能，通常叫做"换能"，即把非电的"运动状态和方式"变换为电的参量变化。例如，打电话属于语音传输，就是声-电转换，把空气的振动转换为电信号的强弱。文字或图像信息传输属于光-电转换，把光的明暗转换为电信号的大小。

仅有"换能"的措施一般还是不够的，其他形式的能量状态转换成电信号后并不一定就能完全与信道的性质相匹配。这是因为，一般的信道都有它固有的通过频带，有它的噪声特性。为了克服这种固有噪声的影响，还必须把信号进行放大。为了使信号的频谱结构与信道的通过频带相匹配，应进行调制，也就是使得信号的频谱发生迁移。因此，除了能量形式的转换之外，还要采取放大、调制等技术措施。这是图 4.1 所示模型中"变换"单元的第二个功能。例如，为了在双绞线信道上传递语音信息，需要将空气振动引起的电信号进行放大，然后对其频谱进行一系列迁移，使之与双绞线的频带相适应；为了在无线电信道上传输信息，则需要把信号的频谱迁移到射频频段上；为了在光导纤维信道上传递信息，需要把待传输的信号频谱变换到光波频段上；等等。

此外，从信息传输系统的效率出发，还要对传输的信号作进一步的变换处理。例如，把频谱宽度比较窄的信号适当地组合起来去分用一个通过频带较宽的信道，就属于这一类情况，这样可以提高信道的利用率。一颗卫星可以容纳几万路电话信号，而一根光导纤维信道可容纳几十万路电话信号。要把那么多信号复合起来，又要在信道另一端把它们分开，需要专门的技术和方法。再者，把信号的原始频谱压缩，以便信道能够传送更多的信号，这也是一类提高信道传输信息有效性的常用措施。另一方面，为了使信息传递尽量少发生差错，也要对信号进行必要的处理，如通过检错编码来发现信息传递过程中可能出现的差错，通过纠错编码来纠正由于干扰所造成的传输差错，等等。

由此可见，信息传输模型中的"变换"在功能上至少要包括信息到信号的映射（换能）、放大、编码、调制等基本内容，才能实现信源与信道在性质上的匹配，达到满意地传输信息的目的。

从原则上说，当信源和信道确定之后，信息传输的质量主要取决于"变换"技术的水平，更具体地说，主要取决于编码技术和调制技术的优劣。编码与调制成了信息传输技术的关键。当然，很容易就能联想到"还原变换"和"变换"相对应，至少应包括解调、译码和信号到信息的映射（也称为换能）。无疑，解调和译码也是信息传输的关键技术。

至此，可将图 4.1 所示的信息传输基本模型进一步具体化，得到扩展的信息传输模型，如图 4.2 所示。

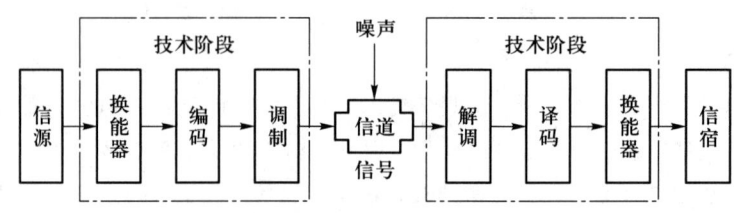

图 4.2　扩展的信息传输模型

对于图 4.2 所示的信息传输模型，本章讨论的主要问题是：

① 信源的性质及其产生信息的能力；

② 信道的性质及其通过信息的能力；

③ 信源与信道的关系以及实现这两者在性质上相互匹配的原理和方法。

至于信宿和换能器，本章不作重点讨论。另外，在信息传输中，加密编码和解密译码也是重要的内容，我们将在第 5 章讨论。

4.3 信息传输的有效性

4.3.1　信源及信源编码

信源输出的信息常常以一个个符号的形式出现，例如英文字母、汉字等。如果这些符号的取值是有限的或可数的，这样的信源称为离散信源。如果信源只输出一个符号，称为单符号信源。如果输出的是一个符号序列，则称为多符号信源。例如，"Hefei University of Technology"就是由多个英文字母以及标点符号组成的一个序列。

根据前面的分析，信源的输出撇开语义和语用信息，就其语法信息而言，从数学的观点来看，其实就是概率语法信息，也就是说可以把信源的每次输出看作一个随机事件。对于多符号离散信源而言，可以用一个随机变量序列描述信源发出的信息。

$$X = X_1 X_2 X_3 \cdots$$

其中每个随机变量 X_i 都有 q 个输出状态 x_1，x_2，$\cdots$，x_q，每个状态出现的可能性大小用概率 $P(x_i)$ 来描述，其概率空间表示如下：

$$\begin{bmatrix} X_i \\ P(x_i) \end{bmatrix} = \begin{bmatrix} x_1 & x_2 & \cdots & x_q \\ p_1 & p_2 & \cdots & p_q \end{bmatrix}$$

该信源中，如果每一个随机变量 X_i 的概率分布都相同，那么这种信源称为多符号离散平稳信源（简称离散平稳信源）。

为了方便起见，假定信源输出的符号长度是有限的，并且如果任意两个符号之间都没有相互依赖关系，即每一次符号输出都是一个独立的随机事件，那么该信源称为离散无记忆平稳信源。在本章我们主要讨论这种信源。

从信息传输的基本模型中可以看出，由于信源发出的信息不适合直接在信道中传输，所以要经过一系列的变换。其中的一个变换环节就是对信源编码，使其能够满足信道特性，也就是将信源符号映射为适合于信道传输的码符号，这种映射是一一对应的、可逆的。

信源编码可以看作这样一个系统，它的输入端为原始信源 X，其符号集为 $\{x_1, x_2, \cdots, x_q\}$；信道所能传输的符号集为 $Y = \{y_1, y_2, \cdots, y_r\}$，编码器的功能是用符号集 Y 中的元素，将原始信源的符号 x_i 变换为相应的码字符号 W_i；编码器输出端的符号集为 C，W_i 称为码字，W_i 的符号个数称为码字长度，简称码长，记为 l_i。如图 4.3 所示。

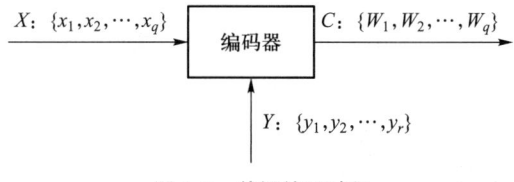

$X: \{x_1, x_2, \cdots, x_q\}$　编码器　$C: \{W_1, W_2, \cdots, W_q\}$

$Y: \{y_1, y_2, \cdots, y_r\}$

图 4.3　信源编码过程

下面给出一些信源编码的定义：

① 二元码。若码符号集 $Y = \{0, 1\}$，编码后的码字都是二元序列，称为二元码。

② 等长码。若一组码中所有码字的码长都相同，称为等长码。

③ 变长码。若一组码中所有码字的码长不完全相同，称为变长码。

④ 非奇异码。若一组码中所有码字都不相同，称为非奇异码。

⑤ 奇异码。若一组码中有相同的码字，称为奇异码。

⑥ 唯一可译码。若码的任意一串有限长的码符号序列只能被唯一地译成所对应的信源符号序列，则称此码为唯一可译码。无失真信源编码必须是唯一可译码。

对于等长码来说，其平均码长就等于每个码字的长度，因为码字都是等长的。而对于变长码来说，其平均码长为：

$$\bar{l} = \sum_{i=1}^{q} p(x_i) l_i \tag{4.1}$$

式中：l_i 是信源符号 x_i 编码后的码字长度。

对离散无记忆平稳信源，设其信源熵为 $H(X)$，对其进行信源编码，编码后的平均码长为 l，则平均每个码元携带的信息量即编码后的编码效率 R 为：

$$R = H(X) / \bar{l} \quad （比特/码元） \tag{4.2}$$

表 4.1 给出了一个具体的例子。信源有四种输出状态，即 x_1，x_2，x_3 和 x_4，各自出现的概率如表中所示。表中给出了两种信源编码方法。这两种编码的共同之处是它们都是二元码。它们的不同之处在于编码一是等长码，而编码二是变长码。

表 4.1　信源编码的例子

信源符号	出现概率	信源编码一	信源编码二
x_1	1/2	00	1
x_2	1/4	01	01
x_3	1/8	10	001
x_4	1/8	11	000

可以计算出编码一的平均码长是 2，编码二的平均码长是 1.75。同时可以算出该信源的信息熵为 1.75 比特。因此，编码一的编码效率为 1.75/2 = 0.875 比特/码元，编码二的编码效率为 1.75/1.75 = 1 比特/码元。编码二优于编码一。

信源编码实际上是一个对信源进行改造的过程。在通信过程中，我们总是希望信息传输的效率尽可能高，总是希望用最小的代价（如最短的时间、最少的信道信号等）传输尽可能多的信息量。但是信源 X 的自然性质往往不能直接满足高效率传输信息的要求。因此，我们要通过信源编码过程，使信源 X 信息含量效率不高的情形变为编码后的 Y 信息含量效率较高或尽可能高的情形，从而可以做到单位时间或单位符号所传输的信息量尽可能大。那么，要怎样对信源进行改造才能达到这一目的呢？下面做具体分析。

上面说过，离散无记忆平稳信源 X 的每一次输出都可以用一个随机变量描述，设其各状态相应的先验概率和后验概率分别为 P 和 P^*。由第 2 章的知识可知，接收者 R 从一次通信过程中实际获得的信息量应为：

$$I(P, P^*; R) = I(P^*; R) - I(P; R) = \sum_{i=1}^{q} p^*(x_i) \log p^*(x_i) - \sum_{i=1}^{q} p(x_i) \log p(x_i) \tag{4.3}$$

一般来说，后验概率 P^* 是一个 0-1 型的分布，用 P_s^* 表示。也就是说，当 R 接收到信源发出的符号之前，它不知道将要接收到什么，而一旦接收到符号之后，这个随机事件就变成了一个确定型的事件（信息熵为 0），于是 R 所获得信息量为：

$$I(P, P^*; R) = -\sum_{i=1}^{q} p(x_i) \log p(x_i) = H(X) \tag{4.4}$$

其结果正好等于信源的信息熵。它表明，在特定条件即 $P^* = P_s^*$ 的场合，接收者 R 在接收信息的过程中所实际获得的信息量在数值上等于 $H(X)$。

若再有信源各状态的先验概率分布是均匀分布，即

$$P = P_0 = \{p(x_i) = \frac{1}{q} \mid i \in (1, \cdots, q)\} \tag{4.5}$$

那么，由式（4.4）可得

$$I(P_0, P_s^*; R) = \log q \tag{4.6}$$

且总有

$$I(P, P_s^*; R) \leqslant I(P_0, P_s^*; R) \tag{4.7}$$

在式（4.7）中，只有当 $P = P_0$ 时，等号才成立。

对于任何一个给定的实际信源和接收者系统 (X, P, P_s^*)，定义

$$\eta = \frac{I(P, P_s^*; R)}{I(P_0, P_s^*; R)} \tag{4.8}$$

式中：η 为信息含量效率。显然有 $0 \leqslant \eta \leqslant 1$，并且当且仅当 $P = P_0$ 时，$\eta = 1$。

另一方面，定义

$$\gamma = 1 - \eta = \frac{I(P_0, P_s^*; R) - I(P, P_s^*; R)}{I(P_0, P_s^*; R)} \tag{4.9}$$

为 X 的冗余，表示信源含有无效成分的程度。显然，$0 \leqslant \gamma \leqslant 1$，当且仅当 $P = P_0$ 时，$\gamma = 0$。

由上述结果很容易想到：各种实际信源的信息含量效率是不同的，有的高一些，有的低一些，因为事物是多样性的、有差异的。改造信源的目的就是尽可能实现 $P = P_0$，使信源的各种状态出现的概率满足均匀的先验概率分布，从而压缩信源的冗余，提高信息传输的效率。这也就是在不考虑噪声影响情况下的离散无记忆平稳信源的有效编码问题。

4.3.2　变长无失真信源编码定理

信源编码的主要任务是压缩信源冗余，但是对信源冗余的压缩有一定的限度，超过了这个限度，就会出现失真。那么，问题在于这个限度到底是多少。变长无失真信源编码定理给出了答案。

设对离散信源 X 进行信源编码，令 $X = \{x_i \mid x_i \in X \quad i \in (1, \cdots, q)\}$，$P = \{p(x_i) \mid x_i \in X \quad i \in (1, \cdots, q)\}$，编码后的码字为 $W_1, W_2, \cdots, W_q$，其码长分别为 $l_1, l_2, \cdots, l_q$，编码后码字的平均长度为 $\bar{l}$。

无失真信源编码的目的就是要找到平均码长最小的码，或称为最佳码。

定理 4.1　离散无记忆平稳信源 X 的信息熵为 $H(X)$，并有 r 个码元的信道符号集合 $Y = (y_1, y_2, \cdots, y_r)$，则总可以找到一种无失真编码方法，构成唯一可译码，使其平均码长满足

$$\frac{H(X)}{\log r} \leqslant \bar{l} < 1 + \frac{H(X)}{\log r} \tag{4.10}$$

定理 4.1 给出了平均码长的下界。

如果使用二元符号表 $Y = \{0, 1\}$ 对信源 X 进行编码，则式（4.10）简化为：

$$H(X) \leq \bar{l} < 1 + H(X) \tag{4.11}$$

可以看出，平均码长的下界就是信源的信息熵。当平均码长达到下界时，各信源符号 x_i 对应的码长应为：

$$l_i = \log \frac{1}{p(x_i)} \tag{4.12}$$

定理 4.2（变长无失真信源编码定理）　离散无记忆平稳信源 X 的 N 次扩展信源的信息熵为 $H(X^N)$，并有 r 个码元的信道符号集合 $Y = (y_1, y_2, \cdots, y_r)$，对信源 S^N 进行编码，则总可以找到一种无失真编码方法，构成唯一可译码，使其平均码长满足

$$\frac{H(X)}{\log r} \leq \frac{\bar{l}_N}{N} < \frac{1}{N} + \frac{H(X)}{\log r} \tag{4.13}$$

或者

$$H_r(X) \leq \frac{\bar{l}_N}{N} < H_r(X) + \frac{1}{N} \tag{4.14}$$

当 N 趋向于无穷大时，则有

$$\lim_{N \to \infty} \frac{\bar{l}_N}{N} = H_r(X) \tag{4.15}$$

式中：符号 $\bar{l}_N$ 是 N 重扩展信源 X^N 的各个符号所对应的平均码长。而 $\bar{l}_N / N$ 则是分配到单重信源 X 的各符号所对应的平均码长。

显然，定理 4.1 是定理 4.2 中 $N = 1$ 时的特殊情况。

变长无失真信源编码定理也称为香农第一编码定理。它表明，如果用 r 元码符号表对离散无记忆平稳信源 X 编码，那么，每个信源符号对应的平均码长 $\bar{l}_N / N$ 将以 $H_r(X)$ 为下界，N 越大，$\bar{l}_N / N$ 越接近于 $H_r(X)$，但是编码的过程越复杂。另一方面，只要平均码长满足式（4.14），就总可以找到一种无失真的编码；反之，若 $\bar{l}_N / N$ 小于 $H_r(X)$，则编码必定失真。

式（4.13）就是信源有效编码理论的基本界限。这说明，离散无记忆平稳信源存在有效的无失真编码方法，人们可以通过这种编码来提高信息传输效率，而不会引起失真。

例 4.1　设有离散无记忆平稳信源 X，其概率空间满足：

$$X: \quad x_1 \quad x_2 \quad x_3 \quad x_4 \quad x_5 \quad x_6 \quad x_7 \quad x_8$$
$$P: \quad \frac{1}{2} \quad \frac{1}{2^2} \quad \frac{1}{2^3} \quad \frac{1}{2^4} \quad \frac{1}{2^5} \quad \frac{1}{2^6} \quad \frac{1}{2^7} \quad \frac{1}{2^7}$$

假设

$$Y: \quad y_1 = 0 \quad y_2 = 1$$

试计算 X 中各元的最有效编码长度。

解： 用 Y 的两个码元来对 X 的八元状态进行编码，显然必须采用 Y 的元的重复来实现，即多重码 Y^k，k 为码字的长度。如果用 Y 对 X 进行编码的码字长度都相等，则对 8 个元进行编码，k 至少必须取值为 3。例如：

x_1	x_2	x_3	x_4	x_5	x_6	x_7	x_8
000	001	010	011	100	101	110	111

于是码字长度皆为 3，$\bar{l}=3$ 码元/符号。信源的信息熵为：

$$H(X)=-\sum_{i=1}^{8}p(x_i)\log p(x_i)=-\frac{1}{2}\times\log\frac{1}{2}-\cdots-\frac{1}{2^7}\times\log\frac{1}{2^7}=\frac{127}{64}（比特）$$

信息传输率为：

$$R=\frac{H(X)}{3}=\frac{127}{192}\approx 0.66（比特/码元）$$

这也就是按等长原则编码之后平均每个码元的信息含量。而 Y 的概率分布为：

$$p(y_1=0)=\frac{3\times\frac{1}{2}+2\times\frac{1}{2^2}+2\times\frac{1}{2^3}+1\times\frac{1}{2^4}+2\times\frac{1}{2^5}+1\times\frac{1}{2^6}+1\times\frac{1}{2^7}+0\times\frac{1}{2^7}}{3\times\frac{1}{2}+3\times\frac{1}{2^2}+3\times\frac{1}{2^3}+3\times\frac{1}{2^4}+3\times\frac{1}{2^5}+3\times\frac{1}{2^6}+3\times\frac{1}{2^7}+3\times\frac{1}{2^7}}\approx 0.8$$

$$p(y_2=1)=\frac{0\times\frac{1}{2}+1\times\frac{1}{2^2}+1\times\frac{1}{2^3}+2\times\frac{1}{2^4}+1\times\frac{1}{2^5}+2\times\frac{1}{2^6}+2\times\frac{1}{2^7}+3\times\frac{1}{2^7}}{3\times\frac{1}{2}+3\times\frac{1}{2^2}+3\times\frac{1}{2^3}+3\times\frac{1}{2^4}+3\times\frac{1}{2^5}+3\times\frac{1}{2^6}+3\times\frac{1}{2^7}+3\times\frac{1}{2^7}}\approx 0.2$$

计算结果说明，等长编码 Y 的概率分布极其不均匀。

现在，再考虑对 X 进行不等长编码，各元 x_i 所对应的码字长度 l_i 可根据式（4.12）计算如下：

$$
\begin{array}{ccccccccc}
X: & x_1 & x_2 & x_3 & x_4 & x_5 & x_6 & x_7 & x_8 \\
P: & \dfrac{1}{2} & \dfrac{1}{2^2} & \dfrac{1}{2^3} & \dfrac{1}{2^4} & \dfrac{1}{2^5} & \dfrac{1}{2^6} & \dfrac{1}{2^7} & \dfrac{1}{2^7} \\
L: & 1 & 2 & 3 & 4 & 5 & 6 & 7 & 7
\end{array}
$$

计算平均码长：

$$\bar{l}=\sum_{i=1}^{8}p(x_i)l_i=\frac{1}{2}\times 1+\frac{1}{2^2}\times 2+\cdots+\frac{1}{2^7}\times 7=\frac{127}{64}\approx 1.98（码元/符号）$$

信息传输率为：

$$R=\frac{H(X)}{\bar{l}}=\frac{127}{64}\bigg/\frac{127}{64}=1（比特/码元）$$

由此可见，与普通等长编码方法相比，这种不等长有效编码方法将平均码字长度从 3 降到 1.98，信息传输率从 0.66 比特提高到了 1 比特，达到了理想值。

4.3.3 香农编码

香农编码是一种变长码，其基本思想是信源符号的码字长度完全由该符号出现的概率决定。其步骤如下：

① 将信源符号按其出现的概率大小依次排列：

$$p(x_1)\geqslant p(x_2)\geqslant\cdots\geqslant p(x_n) \tag{4.16}$$

② 确定满足下列不等式的整数码长 l_i:

$$-\log p(x_i) \le l_i < -\log p(x_i) + 1 \tag{4.17}$$

③ 计算第 i 个符号的累加概率:

$$P_i = \sum_{k=1}^{i-1} p(x_k) \tag{4.18}$$

④ 将累加概率 P_i 变换成二进制数。

⑤ 取 P_i 二进制数的小数点后 l_i 位,即为该符号的码字。

例如,设离散无记忆平稳信源共有 7 个信源符号,其香农编码过程如表 4.2 所示。

表 4.2　香农编码过程

信源符号 x_i	概率 $p(x_i)$	累加概率 P_i	$-\log p(x_i)$	码字长度	码字
x_1	0.20	0	2.32	3	000
x_2	0.19	0.2	2.39	3	001
x_3	0.18	0.39	2.47	3	011
x_4	0.17	0.57	2.56	3	100
x_5	0.15	0.74	2.74	3	101
x_6	0.10	0.89	3.32	4	1110
x_7	0.01	0.99	6.64	7	1111110

该编码的平均码长 $\bar{l} = \sum_{i=1}^{7} p(x_i) l_i = 3.14$ 码元/符号,信息传输率为:

$$R = \frac{H(X)}{\bar{l}} = \frac{2.61}{3.14} = 0.831 \, (比特/码元)$$

香农编码不是最佳的编码方法,实用性不强,但对其他编码方法有很好的理论指导意义。

4.3.4　费诺编码

费诺(Fano)编码是 1949 年由费诺提出的编码方法。它是一种概率匹配编码。其步骤如下:

① 将信源符号按其出现的概率大小降序排列;

② 将依次排列的信源符号按概率值分为两大组,使两大组的概率之和近于相同,并对各组分别赋予一个二进制码元 0 和 1;

③ 将每一大组的信源符号进一步再分成两组,使划分后的两组的概率之和近于相同,并又赋予两组一个二进制码元 0 和 1;

④ 如此重复,直至每个组只剩下一个信源符号为止;

⑤ 信源符号所对应的码字即为费诺码。

例如,对表 4.2 中的信源符号进行费诺编码,其结果如表 4.3 所示。

表 4.3 费诺编码过程

信源符号 x_i	概率 $p(x_i)$	第一次分组	第二次分组	第三次分组	第四次分组	码字
x_1	0.20		0			00
x_2	0.19	0	1	0		010
x_3	0.18			1		011
x_4	0.17		0			10
x_5	0.15			0		110
x_6	0.10	1	1	1	0	1110
x_7	0.01				1	1111

该编码的平均码长 $\bar{l} = \sum_{i=1}^{7} p(x_i) l_i = 2.74$ 码元/符号，信息传输率为：

$$R = \frac{H(X)}{\bar{l}} = \frac{2.61}{2.74} = 0.953 \text{（比特/码元）}$$

费诺编码不是最佳的编码方法，它比较适合于每次分组后概率都很接近的信源，如果对每次分组后概率都相等的信源进行编码，可以达到最佳的编码效率。

4.3.5 哈夫曼编码

哈夫曼（Huffman）于 1952 年提出了哈夫曼编码（Huffman coding）。哈夫曼编码是一种变长码，依据信源符号出现概率来构造平均长度最短的码字，是一种最佳编码，在实际中有广泛的应用。具体步骤如下：

① 将信源符号按其出现的概率大小降序排列；

② 取两个概率最小的符号分别赋以 0 和 1 两个码元，并将这两个概率相加作为一个新符号的概率，与其他符号重新排序；

③ 对重排后的两个概率最小的符号重复步骤②；

④ 持续步骤②和③，直到最后两个符号配以 0 和 1 为止；

⑤ 依次记下由根节点到每个信源符号的路径中的 0 或 1，得到哈夫曼编码的码字。

以例 4.1 中的信源为例，整个编码过程如图 4.4 所示。

该编码的平均码长 $\bar{l} = \sum_{i=1}^{8} p(x_i) l_i = 1.98$ 码元/符号，信息传输率为：

$$R = \frac{H(X)}{\bar{l}} = \frac{1.98}{1.98} = 1 \text{（比特/码元）}$$

可求出编码后 0 和 1 的概率分布：

$$p(y_1 = 0) = \frac{0 \times \frac{1}{2} + 1 \times \frac{1}{2^2} + 2 \times \frac{1}{2^3} + 3 \times \frac{1}{2^4} + 4 \times \frac{1}{2^5} + 5 \times \frac{1}{2^6} + 6 \times \frac{1}{2^7} + 7 \times \frac{1}{2^7}}{1 \times \frac{1}{2} + 2 \times \frac{1}{2^2} + 3 \times \frac{1}{2^3} + 4 \times \frac{1}{2^4} + 5 \times \frac{1}{2^5} + 6 \times \frac{1}{2^6} + 7 \times \frac{1}{2^7} + 7 \times \frac{1}{2^7}} = \frac{1}{2}$$

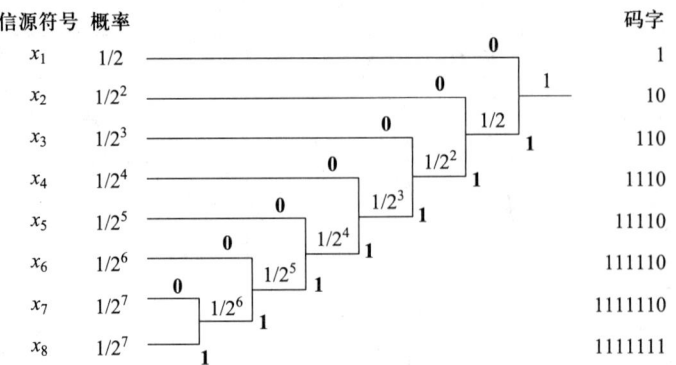

图 4.4　哈夫曼编码过程 1

$$p(y_2=1) = \frac{1\times\frac{1}{2}+1\times\frac{1}{2^2}+1\times\frac{1}{2^3}+1\times\frac{1}{2^4}+1\times\frac{1}{2^5}+1\times\frac{1}{2^6}+1\times\frac{1}{2^7}+0\times\frac{1}{2^7}}{1\times\frac{1}{2}+2\times\frac{1}{2^2}+3\times\frac{1}{2^3}+4\times\frac{1}{2^4}+5\times\frac{1}{2^5}+6\times\frac{1}{2^6}+7\times\frac{1}{2^7}+7\times\frac{1}{2^7}} = \frac{1}{2}$$

这个结果说明，经过有效编码之后，码元的概率分布呈现均匀化。原因是在哈夫曼编码过程中，在分配 "0" 和 "1" 时力图做到等概率分布。在这个例子中，编码后的平均码长正好等于信源的信息熵，达到了无失真情况下信源压缩的极限。

再例如，对表 4.2 中的信源符号进行哈夫曼编码，其结果如图 4.5 所示。

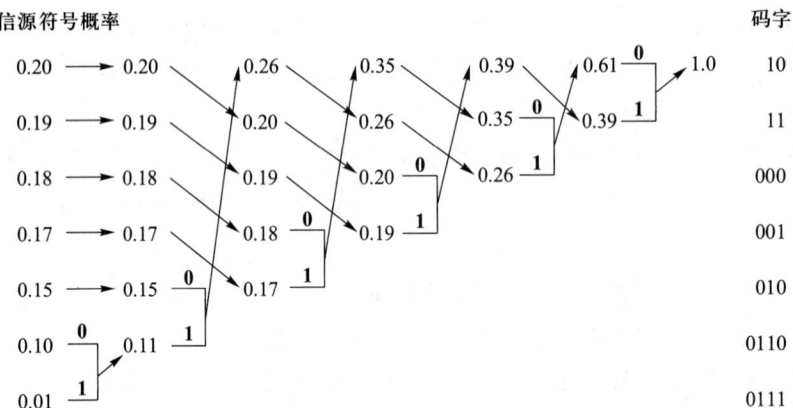

图 4.5　哈夫曼编码过程 2

该编码的平均码长 $\bar{l} = \sum_{i=1}^{7} p(x_i) l_i = 2.72$ 码元/符号，信息传输率为：

$$R = \frac{H(X)}{\bar{l}} = \frac{2.61}{2.72} = 0.96 (比特/码元)$$

注意哈夫曼编码方法得到的码并不是唯一的。哈夫曼编码过程中，两个概率最小的符号合并后的概率与其他信源符号的概率相同时，这两者放置次序是可以任意的，故会得到不同的哈夫曼编码。但一般将新合并的概率放在上面，这样可获得较小的码方差。

4.4 | 信息传输的可靠性

4.4.1　信道及信道容量

信号在信道中传输，不可避免地会遇到噪声干扰，从而使信号通过信道后产生错误。所以，信道的输入和输出不是确定的一一对应关系，而是一种统计依赖关系。只要知道信道的输入、输出以及它们之间的依赖关系，信道的全部特性就确定了。信道的一般数学模型如图 4.6 所示，其中 X 表示输入，Y 表示输出，条件概率 $P(Y \mid X)$ 表示它们之间的统计依赖关系（称为转移概率分布）。这个数学模型也可以写作 $\{X \quad P(Y \mid X) \quad Y\}$。

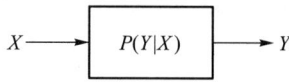

图 4.6　信道的一般数学模型

设输入 X 的符号表是 $\{a_1, a_2, \cdots, a_n\}$，输出 Y 的符号表是 $\{b_1, b_2, \cdots, b_m\}$。将 $P(Y \mid X)$ 用矩阵的方式表示，如式（4.19）所示，其中行表示输入 X，列表示输出 Y，$p(b_j \mid a_i)$（$i=1, \cdots, n$ $j=1, \cdots, m$）表示输入是 a_i，输出是 b_j 的条件概率。这个矩阵称为该信道的信道矩阵。

$$
\begin{bmatrix}
p(b_1 \mid a_1) & p(b_2 \mid a_1) & \cdots & p(b_m \mid a_1) \\
p(b_1 \mid a_2) & p(b_2 \mid a_2) & \cdots & p(b_m \mid a_2) \\
\vdots & \vdots & & \vdots \\
p(b_1 \mid a_n) & p(b_2 \mid a_n) & \cdots & p(b_m \mid a_n)
\end{bmatrix}
\tag{4.19}
$$

人们关注的是该信道中信息流通的测度问题。如果在输出端接收到符号 b_j，那么能获得多少信息量？为此，定义式（4.20）为 a_i，b_j 的互信息量，简称互信息。

$$
I(a_i; b_j) = \log \frac{p(b_j \mid a_i)}{p(b_j)}
\tag{4.20}
$$

互信息表示当收到 b_j 后，可以提取到的关于 a_i 的信息量。在现实生活中，当我们不能直接得到某事件的信息时，往往通过其他事件获得该事件的信息，这实际上就是互信息概念的应用。

由于 $I(a_i; b_j)$ 会随着 a_i 和 b_j 的变化而变化，因此，它还不能从整体上作为信道中信息流通的测度。这种测度应该从整体角度出发，在平均意义上度量每一个符号流经信道的平均信息量。同时，作为一个测度，它不能是随机量，而应是一个确定量。因此，为了客观测量信道中流通的信息，定义互信息 $I(a_i; b_j)$ 的统计平均值为：

$$
I(X; Y) = \sum_{i=1}^{n} \sum_{j=1}^{m} p(a_i b_j) \log \frac{p(b_j \mid a_i)}{p(b_j)}
\tag{4.21}
$$

称 $I(X; Y)$ 是 Y 对 X 的平均互信息量，简称平均互信息。平均互信息 $I(X; Y)$ 克服了互信息 $I(a_i; b_j)$ 的随机性，成为一个确定的量，因此可以作为信道中信息流通的测度。

式（4.21）的意义在于：假设信源 X 的熵为 $H(X)$，我们希望在信道输出端接收到的信息量就

是 $H(X)$，但由于干扰的存在，一般情况下只能接收到 $I(X;Y)$。它是每传送一个符号流经信道的平均信息量。从这个意义上讲，也可以把 $I(X;Y)$ 理解为信道的信息传输率（或信息率）。即

$$R = I(X;Y) \tag{4.22}$$

由于 $I(X;Y)$ 是信源概率分布 $P(X)$ 和信道转移概率分布 $P(Y|X)$ 的函数。给定一个信道，其 $P(Y|X)$ 是固定的，因此，$I(X;Y)$ 随信源概率分布 $P(X)$ 的变化而变化，调整 $P(X)$，在接收端就能获得不同的信息量。而总能找到某一种 $P(X)$（某一种信源），使信道所能传送的信息率达到最大。定义这个最大的信息传输率为信道容量，记为 C。即:

$$C = \max R = \max I(X;Y) \tag{4.23}$$

有时我们关心的是信道在单位时间内能够传输的最大信息量。若信道平均传输一个符号需要时间 t，则单位时间的信道容量为:

$$C_t = \frac{1}{t} \max I(X;Y) \tag{4.24}$$

C_t 的单位是比特/秒，用 bit/s 表示。C_t 实际上是信道的最大信息传输速率。

4.4.2　二元对称信道

在通信中，最常见的信道是二元信道，即在信道中传输的是二元数字信息。所谓二元数字信息就是用二元数域 $F_2 = \{0, 1\}$ 中的数字 0 与 1 组成的符号序列（或称向量）。

F_2 中的加法运算法则为:

$$0+0=0, \quad 0+1=1+0=1, \quad 1+1=0$$

F_2 中的乘法运算法则为:

$$0\times0=1\times0=0\times1=0, \quad 1\times1=1$$

如果在传送过程中，传送任何一条信息是否发生错误与前面已传送的信息是否发生了错误无关，则称这种传送为无记忆传送。在无记忆传送过程中，如果发送 1 收到 0 的概率与发送 0 收到 1 的概率都是 p，即:

$$P\{收到 1 | 发送 0\} = P\{收到 0 | 发送 1\} = p$$

且发送 1 收到 1 的概率与发送 0 收到 0 的概率都是 $1-p$，即:

$$P\{收到 1 | 发送 1\} = P\{收到 0 | 发送 0\} = 1-p$$

若错误传送的概率为 p，正确传送的概率为 $\bar{p} = 1-p$，则称这种信道为二元对称信道（binary symmetric channel，BSC），如图 4.7 所示。

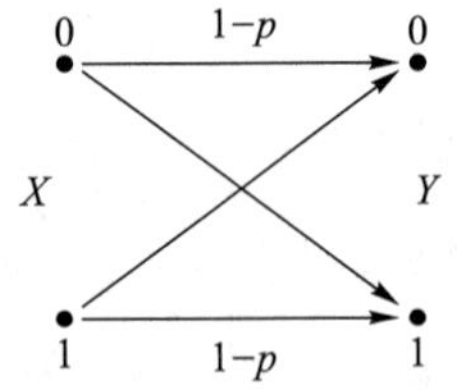

二元对称信道的信道矩阵为:

$$\begin{array}{cc} & \begin{array}{cc} 0 & 1 \end{array} \\ \begin{array}{c} 0 \\ 1 \end{array} & \begin{bmatrix} \bar{p} & p \\ p & \bar{p} \end{bmatrix} \end{array}$$

图 4.7　二元对称信道

在二元对称信道中，设信源 X 的概率空间为 $\begin{bmatrix} X \\ P(x_i) \end{bmatrix} = \begin{bmatrix} 0 & 1 \\ q & \bar{q}=1-q \end{bmatrix}$，计算平均互信息如下：

$$I(X;Y) = H(X) - H(X\mid Y) = H(Y) - H(Y\mid X)$$

$$= H(Y) - \left[-\sum_{x\in X} p(x) \sum_{y\in Y} p(y\mid x) \log p(y\mid x) \right]$$

$$= H(Y) - \left[-\sum_{x\in X} p(x) (p\log p + \bar{p}\log \bar{p}) \right]$$

$$= H(Y) - [-(p\log p + \bar{p}\log \bar{p})]$$

$$= H(Y) - H(p)$$

式中：$H(p)$ 为 $[0, 1]$ 区间上的熵函数。

由于

$$p(y=0) = q\bar{p} + \bar{q}p$$

$$p(y=1) = qp + \bar{q}\bar{p}$$

所以 $I(X;Y) = H(Y) - H(p) = H(q\bar{p}+\bar{q}p) - H(p)$，其中 $H(q\bar{p}+\bar{q}p)$ 也是 $[0, 1]$ 区间上的熵函数。

当二元对称信道的信道矩阵固定时，变化信源 X 的概率分布，在信道输出端得到的信息量就不同，当 $q=\bar{q}=\dfrac{1}{2}$ 时，信道输出端得到的信息量最大，为 $1-H(p)$。这个值也就是二元对称信道的信道容量 C。由此可见，二元对称信道的信道容量只与信道传输出错概率 p 相关，而与信源符号的概率分布 q 无关，不同的 p 对应的信道容量如图 4.8 所示。

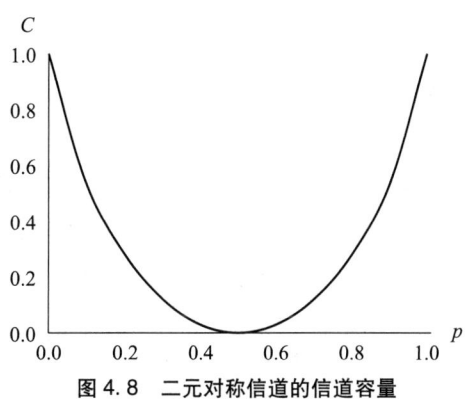

图 4.8 二元对称信道的信道容量

从图中可以看出，当 $p=\dfrac{1}{2}$ 时，信道容量为 0；当 $p=0$ 或 $p=1$ 时，信道容量最大。

4.4.3 信道编码

由于信道中存在噪声，因而信道传输信息的质量必然会下降。噪声越严重，传输信息能力就会越差，当噪声严重到一定程度，传输信息就成为不可能。只要信息要在空间上从一点传向另一点，就必须经过信道。理想的信道，也就是无噪声的信道是不存在的。通常，在有噪声存在的信道上传输信息，难免会出现差错。因此，常在待传送的信息中人为地增加冗余位，使之具备相关特性，并在接收端利用该特性进行检错或纠错，从而提高信息传输的可靠性，这就是信道编码的目的，并由此产生了线性码、循环码、卷积码、级联码、Turbo 码、LDPC 码等多种编码方法，它们在实际的通信系统中得到了广泛应用。

1. 检错与纠错原理

信道编码有检错编码与纠错编码，检错编码是检查有无错误发生的编码，纠错编码是能纠正已发生错误的编码。下面介绍一个简单的检错编码的例子。

设原信息是长为 5 的二元向量 $c = (c_0, c_1, c_2, c_3, c_4)$，在传送前编码如下：

$$\sigma(c) = \left(c_0, c_1, c_2, c_3, c_4, \sum_{i=0}^{4} c_i\right)$$

其中求和在 F_2 中进行，因此 $\sigma(c)$ 的 6 个分量之和为 0。传送 $\sigma(c)$，设收到的向量是 $r = (r_0, r_1, r_2, r_3, r_4, r_5)$，如果 $\sum_{i=0}^{5} r_i \neq 0$，则在传送过程中一定发生了错误，可能是 0 错成 1，也可能是 1 错成 0，且有奇数个分量发生了错误。但如果 $\sum_{i=0}^{5} r_i = 0$，则传送过程可能没有发生错误，也可能发生了偶数个错误。如果技术上能保证在传送过程中至多发生一个错误，则收信者就可以检查出有无错误发生。这种检错编码叫做奇偶校验码。

在双向信息的情况下，即收信者也可以传送信息给发送方，当收信者检查出在传送过程中有错误发生时，就可以通知发送方重发一次信息。但在单向信道的情形，即使收信者知道发生了错误，也无法得到正确信息。例如，将一组已经经过检错编码的数字信息存入计算机后，原始数字信息不再保存，过了一段时间之后，打开计算机取出这组信息后，检查有错误发生，但也无法知道正确的信息。因此有必要对信息进行纠错编码，即能纠正已发生错误的编码，从而译出原信息。

定义 4.1　设原信息集合是 F_2 上 k 维向量组成的向量空间 V_k，σ 是 V_k 到 V_n 的一个单射（$n > k$），则称 V_k 的全体象 $C = \sigma(V_k)$ 为码，C 中的每一个 n 维向量为码字，码字的分量称为码元。如果任一码字在传送过程中有小于或等于 t 个错误发生，而收信方可以检查出有无错误发生，则称码 C 是可以检查 t 个差错的检错码，并称 σ 为检错编码；如果收信方可以从收到的字正确译出发送方发送的码字，则称码 C 是可以纠正 t 个差错的纠错码，并称 σ 为纠错编码。称 k 为信息长度，n 为码长，k/n 为码 C 的信息率。

显然，信息率越高，检错或纠错力越大，而且编码和译码过程都比较简单的码就是"好"码。

再来看另一种信道编码方法：把每个信息重复传送若干次。这样也可以改善信息传输的可靠性，减少接收到的信息的差错。

例 4.2　图 4.9 所示是一个二元对称信道，信源符号"0"和"1"先验等概率，即有：

$$P(X=0) = P(X=1) = 0.5$$

采用最大后验概率准则选择译码规则，即

$$F(0) = 0, \quad F(1) = 1$$

也就是信道输出端收到"0"，则译码为"0"，收到为"1"，则译码为"1"。试分析其译码错误概率。

解： 在这种译码规则下，平均错误译码概率 P_ε 必定达到最小值

$$P_{\varepsilon min} = \frac{1}{r} \sum_{j=1}^{2} \sum_{i \neq *} p(b_j \mid a_i) = \frac{1}{2}(0.01 + 0.01) = 0.01$$

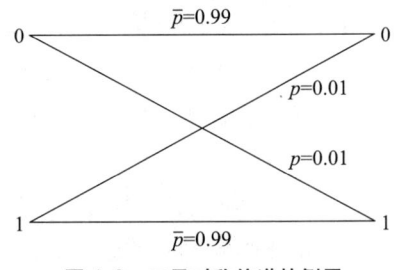

图 4.9　二元对称信道的例子

其中，将使后验概率 $p(b_j \mid a_i)$ 最大的信源符号记为 a_*。上式表明，从统计意义上讲，信道输出

端每收到 100 个符号，就可能有 1 个符号发生错误译码。对于信息传输而言，这显然不能满足要求。

如果我们把信道输入符号重复传输 3 次，即对于信源符号 "0"，信道输入端不只发一个 "0"，而是连续发三个 "0"；对于信源符号 "1"，信道输入端不只发一个 "1"，而是连续发三个 "1"。也就是对信道输入符号 "0" 和 "1" 进行重复编码，把 "0" 变成 "000"，"1" 变成 "111"。符号序列 "000" 和 "111" 是二元信源 $X = \{0, 1\}$ 的三次扩展信源 $X = X_1 X_2 X_3$ 的 $r^N = 2^3 = 8$ 个新符号 $\{000, 001, 010, 100, 011, 110, 101, 111\}$ 中的头尾两个。输出符号集由随机变量 $Y: \{0, 1\}$ 转变为 $Y = Y_1 Y_2 Y_3: \{000, 001, 010, 100, 011, 110, 101, 111\}$。二元对称信道的信道矩阵为：

$$
\begin{array}{cc}
 & 0 \quad\quad 1 \\
\begin{array}{c} 0 \\ 1 \end{array} & \begin{bmatrix} \bar{p} & p \\ p & \bar{p} \end{bmatrix}
\end{array}
$$

转变为三次扩展信道的信道矩阵：

$$
\begin{array}{c}
\quad\quad 000 \quad\quad\quad 001 \quad\quad \cdots \quad\quad 110 \quad\quad\quad 101 \quad\quad\quad 111 \\
\begin{array}{c} 000 \\ 111 \end{array} \begin{bmatrix} p(000|000) & p(001|000) & \cdots & p(110|000) & p(101|000) & p(111|000) \\ p(000|111) & p(001|111) & \cdots & p(110|111) & p(101|111) & p(111|111) \end{bmatrix}
\end{array}
$$

考虑信道的无记忆性，有：

$$p(000|000) = p(0|0)p(0|0)p(0|0) = \bar{p}^3$$

$$p(001|000) = p(0|0)p(0|0)p(1|0) = \bar{p}^2 p$$

$$p(100|000) = p(1|0)p(0|0)p(0|0) = \bar{p}^2 p$$

$$\cdots$$

$$p(101|111) = p(1|1)p(0|1)p(1|1) = \bar{p}^2 p$$

$$p(111|111) = p(1|1)p(1|1)p(1|1) = \bar{p}^3$$

因此，三次扩展信道的信道矩阵可表示为：

$$
P = \begin{array}{c} \\ 000 \\ 111 \end{array}
\begin{array}{c}
000 \quad\ 001 \quad\ 010 \quad\ 100 \quad\ 011 \quad\ 110 \quad\ 101 \quad\ 111 \\
\begin{bmatrix} \bar{p}^3 & \bar{p}^2 p & \bar{p}^2 p & \bar{p}^2 p & \bar{p}p^2 & \bar{p}p^2 & \bar{p}p^2 & p^3 \\ p^3 & \bar{p}p^2 & \bar{p}p^2 & \bar{p}p^2 & \bar{p}^2 p & \bar{p}^2 p & \bar{p}^2 p & \bar{p}^3 \end{bmatrix}
\end{array}
$$

在信道输入符号 "0" 和 "1" 等概率的条件下，"0" 的码字 "000" 和 "1" 的码字 "111" 亦等概率，即：

$$p(000) = p(111) = 0.5$$

采用最大后验概率准则选择译码规则，并考虑到 $\bar{p} = 0.99$，$p = 0.01$，则可得译码规则为：

$$F(000) = F(001) = F(010) = F(100) = 000$$

$$F(011) = F(110) = F(101) = F(111) = 111$$

其最小平均错误译码概率为：

$$P_{\varepsilon\min} = \frac{1}{r}\sum_{j=1}^{8}\sum_{i\neq *}p(b_j\mid a_i)$$

$$= \frac{1}{2}(p^3+p^2\overline{p}+p^2\overline{p}+p^2\overline{p}+p^2\overline{p}+p^2\overline{p}+p^3)$$

$$\approx 3\times0.000\ 1$$

这表明，经过简单的重复信道编码以后，同样采用最大后验概率准则选择译码规则，平均错误译码概率的最小值差不多要比不进行信道编码时降低两个数量级，从而提高了通信的可靠性。

上面从数学的观点证明了：经过简单的重复信道编码，平均错误译码概率的最小值将大大地下降。其实，从传输机理来看，也能有较合理的解释。根据极大似然准则选择的译码规则，把输出端可能接收的码符号序列中的"000""001""010"和"100"都译成"000"，这意味着，如果在有噪声干扰的二进制对称信道中传输"000"，其中有一位"0"被错传为"1"，而其他两位的"0"未受到干扰传输正确，这时都仍然被正确地译成"000"。同样，"111"被传输，只要其中仅一位"1"被错传为"0"，而其他两位的"1"未受到干扰传输正确，则译成"111"。这说明，经过简单的重复三次的信道编码的传输具有自动纠正一位错误的纠错能力。

以上例子说明，经过信道编码，可改变信道的传输特性，降低信息传输的差错率，就这种简单的重复信道编码而言，当重复次数 N 增加时，信道编码的纠错能力明显增强，最小平均错误译码概率就随之减小，从而使得信息传输的可靠性有所提高。

2. 极大似然译码法

定义 4.2　在二元对称传送中，若收到字 $A=(a_1, a_2, \cdots, a_n)$，则称发送码字 $c=(c_1, c_2, \cdots, c_n)\in C$ 而收到 A 的概率为前向传送概率。如果发送码字 C_A 收到 A 的前向传送概率达到最大值，即：

$$P\{收到 A\mid 发送 c_A\}=\max_{c\in C}\{P\{收到 A\mid 发送 c\}\} \tag{4.25}$$

则将 A 译为 C_A，称这种译码方法为极大似然译码法（maximum likelihood decoding）。如果收到字 A，而满足上述条件的 C_A 不唯一，若将 A 译为任一满足条件的 C_A，则称这种译码方法为完全极大似然译码法；若发现 C_A 不唯一，则不译此码字，要求发送方重新发送一次，这种译码方法称为不完全极大似然译码法。

显然，在二元对称传送中，如果收到字 $A=(a_1, a_2, \cdots, a_n)$，则对任何码字 $c=(c_1, c_2, \cdots, c_n)\in C$，其前向传送概率为：

$$P\{收到 A\mid 发送 c\}=P\{收到 a_1\mid 发送 c_1, \cdots, 收到 a_n\mid 发送 c_n\}$$

$$= \prod_{i=1}^{n}P\{收到 a_i\mid 发送 c_i\}=p^e(1-p)^{n-e} \tag{4.26}$$

式中：e 是传送码字 c 时发生错误的分量个数，由于 $p<\frac{1}{2}$，$1-p>\frac{1}{2}$，因此 $n-e$ 越大，即 e 越小时，前向传送概率越大。当 e 最小时，前向传送概率达到最大。从而极大似然译码法是将 A 译为与 A 对应分量不同的分量个数最少的码字 $c\in C$，即将 A 译为"最像"A 的码字 c。

定义 4.3 设 $X=(x_1, x_2, \cdots, x_n)$，$Y=(y_1, y_2, \cdots, y_n)$，称 X 与 Y 对应分量不相等的分量个数为 X 与 Y 的汉明（Hamming）距离，记为 $d(X, Y)$。

记

$$d(x_i, y_i)=\begin{cases} 1 & x_i \neq y_i, \\ 0 & x_i = y_i, \end{cases}$$

则

$$d(X, Y)=d(x_1, y_1)+d(x_2, y_2)+\cdots+d(x_n, y_n) \tag{4.27}$$

性质 1 设 X，Y 是长为 n 的二元字，则：

① 非负且有界性：$0 \leqslant d(X, Y) \leqslant n$

② 自反性：$d(X, Y)=0$ 当且仅当 $X=Y$

③ 对称性：$d(X, Y)=d(Y, X)$

④ 三角不等式：$d(X, Z) \leqslant d(X, Y)+d(Y, Z)$

证明 由定义 4.3 知，①②和③显然成立。下证④。

若 $X=Z$，则 $d(X, Z)=0$，而 $d(X, Y) \geqslant 0$，$d(Y, Z) \geqslant 0$，从而 $d(X, Z) \leqslant d(X, Y)+d(Y, Z)$；

若 $X \neq Z$，如果 $x_i \neq z_i$，则一定有

$$x_i \neq y_i \quad \text{或} \quad y_i \neq z_i, \ 1 \leqslant i \leqslant n$$

从而

$$d(X, Z) \leqslant d(X, Y)+d(Y, Z)$$

设收到字 A，在所有码字中，如果 c 是与 A 的汉明距离最小的码字，即 c 是发生传送错误分量个数最少的码字而成为 A 的，从而在所有码字中，c 是前向传送概率最大而成为 A 的码字，因此应将 A 译为 c，从而等价于将 A 译成与 A 的汉明距离最小的码字。这样译码避免了计算概率，而只要数一数所有码字与 A 的对应分量不相等的分量个数，因此，有时也称极大似然译码法为极小距离译码法。

例 4.3 设码 $C=\{0000, 0011, 1000, 1100, 0001, 1001\}$，在二元对称传送中，如果收到 $A=0111$，试问根据极大似然译码法，应将 A 译为哪一个码字？

解： 计算码 C 中每一个码字与 A 的汉明距离如下：

$$d(0111, 0000)=3, \quad d(0111, 0011)=1,$$
$$d(0111, 1000)=4, \quad d(0111, 1100)=3,$$
$$d(0111, 0001)=2, \quad d(0111, 1001)=3.$$

由于码字 0011 与 A 的汉明距离最小，从而根据极大似然译码法应将 $A=0111$ 译为 0011。

通过上述例子，可以发现在码字个数较少、码长较小的情况下，译码是容易实现的；当码字数量很大（如军事通信中码字一般多达 2^{100} 个），上述译码方法几乎不可能实现。因此编码的任务之一是要找出有很好的数学结构的码，以便译码。

下面介绍码 C 的一个非常重要的概念：码 C 的极小距离。

定义 4.4 设 C 是至少包含 2 个码字的码，称

$$d(C) = \min\{d(X, Y) \mid X, Y \in C, X \neq Y\} \qquad (4.28)$$

为码 C 的极小距离。

若码长为 n、极小距离为 d 的码 C 含有 m 个码字，则称 C 是 (n, m, d) 码。

在码长为 5 的码 $C = \{00000, 00011, 00111, 11111\}$ 中，由于 $d(00011, 00111) = 1$，而其他任何两个不同码字的汉明距离都 ≥ 2，故 $d(C) = 1$，从而 C 是 $(5, 4, 1)$ 码。

定理 4.3　设 C 是码长为 n 的二元码。

① 若 $d(C) \geq t+1$，则 C 是可以检查 t 个差错的检错码；若 $d(C) = t+1$，则 C 是不能检查 $t+1$ 个差错的检错码。

② 若 $d(C) \geq 2t+1$，则 C 是可以纠正 t 个差错的纠错码；若 $d(C) = 2t+1$，则 C 是不能纠正 $t+1$ 个差错的纠错码。

证明　① 设 $d(C) \geq t+1$，设收到的字为 X，如果存在 $c \in C$ 使得 $1 \leq d(c, X) \leq t$，则 $d(c, X) < d(C)$，由 $d(C)$ 的定义知，X 不是码字，即传送过程一定有错误发生，故 C 是能检查 t 个错误的检错码。

如果 $d(C) = t+1$，则存在 A、$B \in C$ 使 $d(A, B) = t+1$，当传送 A 且发生了 $t+1$ 个错误后恰好变为 B 时，从收到的 B 无法判断是否有错误发生，即 C 是不能检查 $t+1$ 个差错的检错码。

② 设 $d(C) \geq 2t+1$，假设发送码字 A 的传送过程中发生了 $\leq t$ 个错误后成为字 X，则

$$d(X, A) \leq t$$

对 $\forall B(\neq A) \in C$ 有

$$d(A, X) + d(X, B) \geq d(A, B) \geq d(C) \geq 2t+1$$

从而

$$d(X, B) \geq 2t+1 - d(A, X) \geq t+1$$

即 C 中码字 A 与 X 的汉明距离最小，从而根据极大似然译码法，应将 X 译为 A，译码正确，即 C 是可以纠正 t 个差错的纠错码。

如果 $d(C) = 2t+1$，则存在 A、$B \in C$ 使 $d(A, B) = 2t+1$，不妨设：

$$A = (\underbrace{a \cdots a}_{t+1\text{个}} \underbrace{b \cdots b}_{t\text{个}} a_1 \cdots a_{n-2t-1}), \quad B = (\underbrace{b \cdots b}_{t+1\text{个}} \underbrace{a \cdots a}_{t\text{个}} a_1 \cdots a_{n-2t-1}), \quad a \neq b$$

令

$$X = (\underbrace{b \cdots b}_{2t+1\text{个}} a_1 \cdots a_{n-2t-1})$$

假设发送 A 且发生了 $t+1$ 个错误后变为 X，则 $d(X, B) = t$，$d(X, A) = t+1$，由极大似然译码法知，不可能将 X 译为 A，从而发生译码错误。故 C 是不能纠正 $t+1$ 个错误的纠错码。

4.4.4　二元线性码

根据极大似然译码法或汉明距离译码法，都要计算接收到的字 A 与码 C 中的每一个码字的前向传送概率或汉明距离，当 n 较大或码字较多时，译码工作量巨大。因此研究并构造具有很好数

学结构的码具有非常重要的意义。本节讨论的线性码是最基础的也是最重要的码之一。

1. 有限域上的线性空间

在线性代数中，我们学习了数域 P 上的向量空间 V 及其性质，将数域 P 具体到有限域 F_2，向量空间及其性质当然也成立。有时又将向量空间称为线性空间。显然

$$F_2^n = \{(a_1, a_2, \cdots, a_n) \mid a_i \in F_2, i=1, \cdots, n\}$$

是 F_2 上的线性空间。

定义 4.5 设 C 是 F_2 上线性空间 V 的非空子集，如果 C 也是 F_2 上线性空间，则称 C 是 V 的子空间。

容易证明，F_2 上线性空间 V 的非空子集是子空间的充要条件是：对 $\forall X, Y \in C$，$\forall k_1, k_2 \in F_2$，恒有 $k_1X + k_2Y \in C$。

若 $\alpha_1, \cdots, \alpha_k \in V$，容易证明

$$S = \{\lambda_1\alpha_1 + \cdots + \lambda_k\alpha_k \mid \lambda_i \in F_2, i=1, \cdots, n\}$$

是 V 的子空间，并称 S 是由 $\alpha_1, \cdots, \alpha_k$ 生成的子空间，记为 $S = \text{span}\{\alpha_1, \cdots, \alpha_k\}$。

定义 4.6 设 $X = (x_1, x_2, \cdots, x_n) \in F_2^n$，$Y = (y_1, y_2, \cdots, y_n) \in F_2^n$，称

$$X \cdot Y = x_1y_1 + x_2y_2 + \cdots + x_ny_n = (x_1, x_2, \cdots, x_n)\begin{pmatrix} y_1 \\ y_2 \\ \vdots \\ y_n \end{pmatrix} = XY^T \tag{4.29}$$

为 X 与 Y 的内积；如果 $X \cdot Y = 0$，则称 X 与 Y 正交。

定理 4.4 设 C 是 F_2 上线性空间 F_2^n 的子空间，令

$$C^\perp = \{\alpha \mid \alpha \cdot \beta = 0, \forall \beta \in C, \alpha \in F_2^n\}$$

则 $C^\perp$ 是 F_2^n 的子空间，且 $\dim C + \dim C^\perp = n$。

证明 $\forall \alpha_1, \alpha_2 \in C^\perp$，$\forall \lambda_1, \lambda_2 \in F_2$，$\forall \beta \in C$，由于 $\alpha_1 \cdot \beta = \alpha_2 \cdot \beta = 0$，则

$$(\lambda_1\alpha_1 + \lambda_2\alpha_2) \cdot \beta = \lambda_1\alpha_1 \cdot \beta + \lambda_2\alpha_2 \cdot \beta = 0$$

从而 $\lambda_1\alpha_1 + \lambda_2\alpha_2 \in C^\perp$，即 $C^\perp$ 是 F_2^n 的子空间。

设 $k = \dim C$，$\beta_1, \beta_2, \cdots, \beta_k$ 是 C 的一组基，则 $X \in C^\perp$ 的充要条件是

$$\beta_1 X^T = 0, \beta_2 X^T = 0, \cdots, \beta_k X^T = 0$$

即 $AX^T = 0$，其中 $A = \begin{pmatrix} \beta_1 \\ \beta_2 \\ \vdots \\ \beta_k \end{pmatrix}_{k \times n}$，由于 A 的秩为 k，故线性方程组 $AX^T = 0$ 的基础解系含有 $n-k$ 个解向

量，即 $\dim C^\perp = n-k$，从而有

$$\dim C + \dim C^\perp = k + (n-k) = n$$

称 $C^\perp$ 是 C 的正交补子空间。显然，$(C^\perp)^\perp = C$。

2. 线性码的生成矩阵与校验矩阵

定义 4.7　称 F_2^n 的任一子空间 C 是长为 n 的线性码，并称子空间 C 的维数为线性码 C 的维数，仍记为 $\dim C$。并记长为 n、维数为 k 的线性码为 $[n, k]$ 线性码。

设 $C^\perp$ 是线性空间 F_2^n 的子空间 C 的正交补子空间，则 $C^\perp$ 也是长为 n 的线性码，称 $C^\perp$ 是线性码 C 的对偶码；当 $C^\perp = C$ 时，称 C 是自对偶码。

定理 4.5　设 C 是长为 n 的二元线性码，则：

① C 含有 $M = 2^{\dim C}$ 个码字；

② 当 C 是自对偶码时，$\dim C = n/2$。

证明　① 设 $k = \dim C$，即 C 是 F_2 上 k 维子空间，设 α_1，$\cdots$，α_k 是 C 在 F_2 上的一组基，则 C 中每个码字 c 可由 α_1，$\cdots$，α_k 唯一地线性表示为：

$$c = \lambda_1\alpha_1 + \cdots + \lambda_k\alpha_k$$

其中 λ_1，$\cdots$，$\lambda_k \in F_2$。由于每个 λ_i 恰好有 2 种不同取值，从而 λ_1，$\cdots$，λ_k 共有 2^k 种不同的取值，而每一种不同取值对应的码字 c 也不同，故 C 含有 2^k 个码字。

② 由于 C 是自对偶码，则 $C^\perp = C$，故 $\dim C = \dim C^\perp$，又由定理 4.2 知：

$$\dim C + \dim C^\perp = n$$

故

$$\dim C = \frac{n}{2}$$

设 C 是二元 $[n, k]$ 线性码，$\alpha_1 = (a_{11}, a_{12}, \cdots, a_{1n})$，$\alpha_2 = (a_{21}, a_{22}, \cdots, a_{2n})$，$\cdots$，$\alpha_k = (a_{k1}, a_{k2}, \cdots, a_{kn})$ 是 C 在 F_2 上的一组基，则对 $\forall c \in C$，存在唯一一组常数 λ_1，$\cdots$，$\lambda_k \in F_2$，使

$$c = \lambda_1\alpha_1 + \lambda_2\alpha_2 + \cdots + \lambda_k\alpha_k = (\lambda_1, \lambda_2, \cdots, \lambda_k)\begin{pmatrix}\alpha_1\\\alpha_2\\\vdots\\\alpha_k\end{pmatrix} = (\lambda_1, \lambda_2, \cdots, \lambda_k)G$$

其中

$$G = \begin{pmatrix}\alpha_1\\\alpha_2\\\vdots\\\alpha_k\end{pmatrix} = \begin{pmatrix}a_{11} & a_{12} & \cdots & a_{1n}\\a_{21} & a_{22} & \cdots & a_{2n}\\\cdots & \cdots & \cdots & \cdots\\a_{k1} & a_{k2} & \cdots & a_{kn}\end{pmatrix}$$

另一方面，对 $\forall \lambda_1$，λ_2，$\cdots$，$\lambda_k \in F_2$，由于 C 是 F_2 线性空间，α_1，$\cdots$，$\alpha_k \in C$，故

$$\lambda_1\alpha_1 + \lambda_2\alpha_2 + \cdots + \lambda_k\alpha_k = (\lambda_1, \lambda_2, \cdots, \lambda_k)G \in C$$

因此

$$C = \{c \mid c = (\lambda_1, \lambda_2, \cdots, \lambda_k)G, \lambda_1, \lambda_2, \cdots, \lambda_k \in F_2\}$$

定义 4.8 称 $G = \begin{pmatrix} \alpha_1 \\ \alpha_2 \\ \vdots \\ \alpha_k \end{pmatrix} = \begin{pmatrix} a_{11} & a_{12} & \cdots & a_{1n} \\ a_{21} & a_{22} & \cdots & a_{2n} \\ \cdots & \cdots & \cdots & \cdots \\ a_{k1} & a_{k2} & \cdots & a_{kn} \end{pmatrix}_{k \times n}$ 为 $[n, k]$ 线性码 C 的生成矩阵。

若 C 是 $[n, k]$ 线性码，由于 $C^{\perp}$ 也是长为 n 的线性码，且 $\dim C^{\perp} = n - \dim C = n - k$，从而 $C^{\perp}$ 是 $[n, n-k]$ 线性码。设 $h_1 = (h_{11}, h_{12}, \cdots, h_{1n})$，$h_2 = (h_{21}, h_{22}, \cdots, h_{2n})$，$\cdots$，$h_{n-k} = (h_{n-k,1}, h_{n-k,2}, \cdots, h_{n-k,n})$ 是 $C^{\perp}$ 的基，则

$$H = \begin{pmatrix} h_1 \\ h_2 \\ \vdots \\ h_{n-k} \end{pmatrix} = \begin{pmatrix} h_{11} & h_{12} & \cdots & h_{1n} \\ h_{21} & h_{22} & \cdots & h_{2n} \\ \cdots & \cdots & \cdots & \cdots \\ h_{n-k,1} & h_{n-k,2} & \cdots & h_{n-k,n} \end{pmatrix}_{(n-k) \times n}$$

是 $C^{\perp}$ 的生成矩阵。

定理 4.6 设 C 是 $[n, k]$ 线性码，$H = \begin{pmatrix} h_1 \\ h_2 \\ \vdots \\ h_{n-k} \end{pmatrix}$ 是 C 的对偶码 $C^{\perp}$ 的生成矩阵，则 $\forall X = (x_1, x_2, \cdots, x_n) \in F_2^n$，$X \in C$ 的充要条件是 $HX^{\mathrm{T}} = 0$。

证明 ① 若 $X \in C$，由于 $h_i \in C^{\perp}$，则：

$$h_i \cdot X = h_{i1}x_1 + h_{i2}x_2 + \cdots + h_{in}x_n = 0$$

即按矩阵乘法有：

$$h_i \cdot X^{\mathrm{T}} = (h_{i1}, h_{i2}, \cdots, h_{in}) \begin{pmatrix} x_1 \\ x_2 \\ \vdots \\ x_n \end{pmatrix} = h_{i1}x_1 + h_{i2}x_2 + \cdots + h_{in}x_n = 0$$

$i = 1, 2, \cdots, n$。从而

$$HX^{\mathrm{T}} = \begin{pmatrix} h_1 \\ h_2 \\ \vdots \\ h_{n-k} \end{pmatrix} X^{\mathrm{T}} = \begin{pmatrix} h_1 X^{\mathrm{T}} \\ h_2 X^{\mathrm{T}} \\ \vdots \\ h_{n-k} X^{\mathrm{T}} \end{pmatrix} = 0$$

② 若 $HX^{\mathrm{T}} = 0$，$\forall \alpha \in C^{\perp}$，则存在 $\lambda_1, \cdots, \lambda_{n-k} \in F_2$ 使 $\alpha = (\lambda_1, \cdots, \lambda_{n-k})H$，从而

$$\alpha \cdot X = \alpha X^{\mathrm{T}} = (\lambda_1, \cdots, \lambda_{n-k})HX^{\mathrm{T}} = (\lambda_1, \cdots, \lambda_{n-k}) \times 0 = 0$$

即 X 与 $C^{\perp}$ 中每个向量正交，$X \in C$。

定义 4.9 称 $C^{\perp}$ 的生成矩阵 H 为 C 的校验矩阵。

若 $G = \begin{pmatrix} \alpha_1 \\ \alpha_2 \\ \vdots \\ \alpha_k \end{pmatrix}$ 与 $H = \begin{pmatrix} h_1 \\ h_2 \\ \vdots \\ h_{n-k} \end{pmatrix}$ 分别是线性码 C 的生成矩阵与校验矩阵，则：

$$HG^{\mathrm{T}} = \begin{pmatrix} h_1 \\ h_2 \\ \vdots \\ h_{n-k} \end{pmatrix} \begin{pmatrix} \alpha_1^{\mathrm{T}} & \alpha_2^{\mathrm{T}} & \cdots & \alpha_k^{\mathrm{T}} \end{pmatrix} = \begin{pmatrix} h_1\alpha_1^{\mathrm{T}} & \cdots & h_1\alpha_k^{\mathrm{T}} \\ \cdots & \cdots & \cdots \\ h_{n-k}\alpha_1^{\mathrm{T}} & \cdots & h_{n-k}\alpha_k^{\mathrm{T}} \end{pmatrix} = 0$$

从而

$$GH^{\mathrm{T}} = (HG^{\mathrm{T}})^{\mathrm{T}} = 0^{\mathrm{T}} = 0$$

3. 线性码的汉明重量

定义 4.10　设 $X \in F_2^n$，称 X 的非零分量个数为 X 的汉明重量，记为 $wt(X)$，并称 $wt(C) = \min\{wt(X) \mid X \in C, X \neq 0\}$ 为线性码 C 的汉明重量。

定理 4.7　设 C 是二元线性码，则 C 的汉明重量等于 C 的极小距离，即 $d(C) = wt(C)$。

证明　由于 $d(C) = \min\{d(X, Y) \mid X, Y \in C, X \neq Y\}$，又

$$wt(X) = d(X, 0)$$

则

$$wt(C) = \min\{d(X, 0) \mid X \in C, X \neq 0\}$$

$$\leqslant \min\{d(X, Y) \mid X, Y \in C, X \neq Y\} = d(C)$$

另一方面，$\forall X, Y \in C, X \neq Y$，由于 C 是线性码，故 $X-Y(\neq 0) \in C$，从而

$$d(C) = \min\{d(X, Y) \mid X, Y \in C, X \neq Y\}$$

$$= \min\{wt(X-Y) \mid X, Y \in C, X \neq Y\}$$

$$\leqslant \min\{wt(X) \mid X \in C, X \neq 0\} = wt(C)$$

从而 $d(C) = wt(C)$。

定理 4.8　设 H 是二元 $[n, k]$ 线性码 C 的校验矩阵，如果 H 的任意 t 列都线性无关，且 H 有 $t+1$ 列线性相关，则

① $d(C) = wt(C) = t+1$

② C 是可检查 t 个错误的检错码，且 C 是可纠正 $[t/2]$ 个错误的纠错码，其中 $[t/2]$ 表示不超过 $t/2$ 的最大整数。

证明　① $\forall c = (c_1, c_2, \cdots, c_n)(\neq 0) \in C$，设 $wt(c) = r$，不妨设 c 的第 $i_1, \cdots, i_r$ 个分量不为 0，其余分量全为 0，记 $H = (H_1, H_2, \cdots, H_n)$，由于 $HC^{\mathrm{T}} = 0$，即：

$$c_{i_1}H_{i_1} + c_{i_2}H_{i_2} + \cdots + c_{i_r}H_{i_r} = 0$$

即 H 中第 i_1 列，第 i_2 列，$\cdots$，第 i_r 列线性相关，故 $r \geqslant t+1$，即 C 中任何非零码字的汉明重量都大于或等于 $t+1$。

又由于 $H=(H_1,\ H_2,\ \cdots,\ H_n)$ 中有 $t+1$ 列线性相关，不妨设 $H_{i_1},\ H_{i_2},\ \cdots,\ H_{i_{t+1}}$ 线性相关，则存在不全为 0 的 $t+1$ 个数 $\lambda_1,\ \lambda_2,\ \cdots,\ \lambda_{t+1}\in F_2$，使

$$\lambda_1 H_{i_1}+\lambda_2 H_{i_2}+\cdots+\lambda_{t+1}H_{i_{t+1}}=0$$

下面证明 $\lambda_1,\ \lambda_2,\ \cdots,\ \lambda_{t+1}$ 全不为 0。假设有一个为 0，不妨设 $\lambda_1=0$，则：

$$\lambda_2 H_{i_2}+\cdots+\lambda_{t+1}H_{i_{t+1}}=0$$

即 H 中有 t 列 $H_{i_2},\ \cdots,\ H_{i_{t+1}}$ 线性相关，矛盾。故 $\lambda_1,\ \lambda_2,\ \cdots,\ \lambda_{t+1}$ 全不为 0。

令

$$c_{i_1}=\lambda_1,\ c_{i_2}=\lambda_2,\ \cdots,\ c_{i_{t+1}}=\lambda_{t+1},\ \text{其余 } c_i=0$$

则 $c=(c_1,\ c_2,\ \cdots,\ c_n)$ 满足

$$Hc^{\mathrm{T}}=(H_1,\ H_2,\ \cdots,\ H_n)\begin{pmatrix} c_1 \\ c_2 \\ \vdots \\ c_n \end{pmatrix}=c_{i_1}H_{i_1}+c_{i_2}H_{i_2}+\cdots+c_{i_{t+1}}H_{i_{t+1}}$$

$$=\lambda_1 H_{i_1}+\lambda_2 H_{i_2}+\cdots+\lambda_{t+1}H_{i_{t+1}}=0$$

从而 $c=(c_1,\ c_2,\ \cdots,\ c_n)\in C$，且 $wt(C)=t+1$，即 C 中有码字 c 的汉明重量为 $t+1$，因此 $wt(C)=t+1$，从而 $d(C)=wt(C)=t+1$。

② 由定理 4.3 及①即知结论成立。

4.4.5 线性码的编码与译码

在上一节中讨论了线性码结构及其性质。本节将利用线性码的结构及性质讨论线性码的编码与译码。

1. 线性码的编码

设 C 是 $[n,\ k]$ 线性码，则 C 含有 2^k 个码字。设 $G=(\alpha_1,\ \alpha_2,\ \cdots,\ \alpha_k)^{\mathrm{T}}$ 是 C 的生成矩阵，则 $\forall\, c\in C$，存在唯一一组常数 $\lambda_1,\ \cdots,\ \lambda_k\in F_2$ 使

$$c=\lambda_1\alpha_1+\cdots+\lambda_k\alpha_k=(\lambda_1,\ \cdots,\ \lambda_k)\begin{pmatrix} \alpha_1 \\ \vdots \\ \alpha_k \end{pmatrix}=(\lambda_1,\ \cdots,\ \lambda_k)\,G$$

另一方面，对任意一组常数 $\lambda_1,\ \cdots,\ \lambda_k\in F_2$，则：

$$\lambda_1\alpha_1+\cdots+\lambda_k\alpha_k\in C$$

即 $\lambda_1,\ \cdots,\ \lambda_k$ 唯一决定一个码字。

$$C=\lambda_1\alpha_1+\cdots+\lambda_k\alpha_k=(\lambda_1,\ \cdots,\ \lambda_k)\,G$$

因此，$\forall\,(\lambda_1,\ \cdots,\ \lambda_k)\in F_2^k$，若令

$$\sigma(\lambda_1,\ \cdots,\ \lambda_k)=(\lambda_1,\ \cdots,\ \lambda_k)\,G \tag{4.30}$$

则 σ 是对原始信息集合 F_2^k 的一个编码。这个编码在工程上是容易实现的。

2. 线性码的译码

在本章前面的介绍中，我们已经发现在实际问题中当 n 较大或码字个数巨大时，译码工作非常困难，甚至无法实现。下面利用线性码的特点，降低译码的计算量及难度。

设

$$H = \begin{pmatrix} h_1 \\ \vdots \\ h_{n-k} \end{pmatrix}_{n-k,n}$$

是 $[n, k]$ 线性码 C 的校验矩阵，设 $X = (x_1, \cdots, x_n) \in F_2^n$ 是收到的字，如果 $HX^T = 0$，则 X 是 C 中一个码字，从而将 X 译为 X。如果 $HX^T \neq 0$，则 X 不是 C 中码字，即传送中出现了错误，按照极大似然译码法，必须计算 X 与 C 中的 2^k 个码字的汉明距离，然后将 X 译为与 X 距离最小的码字。当 k 与 n 较小时，这种译码是可行的。但当 k 或 n 较大时，计算量巨大，如在军事通信中，通常 $k \geq 100$，这样要译收到的字 X，必须计算 X 与 2^{100} 个码字的距离，这几乎是不可能的。下面利用数学中的陪集概念引入校验子，以便简化译码过程。

定义 4.11　设 C 是 F_2 上线性码，对 $\forall X \in F_2^n$，称集合

$$\overline{X} = \{X + c \mid c \in C\}$$

为 X 所在的陪集，有时也记为 $X + C$。

定理 4.9　设 C 是二元 $[n, k]$ 线性码，则

① F_2^n 中每个向量一定在 C 的某个陪集中，且两个不同的陪集不相交，所有陪集的并为 F_2^n；

② $\forall X, Y \in F_2^n$，X 与 Y 属于 C 的同一个陪集，当且仅当 $X - Y \in C$；

③ $\forall X \in F_2^n$，$\overline{X}$ 含有 2^k 个向量，且 F_2^n 关于 C 有 2^{n-k} 个不同陪集。

该定理证明请读者自行思考。

定义 4.12　设 $H_{(n-k)\times n}$ 是二元 $[n, k]$ 线性码的校验矩阵，$\forall X \in F_2^n$，称

$$S(X) = XH^T \tag{4.31}$$

为字 X 的校验子。

显然，$S(X) = XH^T \in F_2^{n-k}$，即 $S(X)$ 是 $n-k$ 维向量。

定理 4.10　设 C 是 $[n, k]$ 线性码，则对 $\forall X, Y \in F_2^n$ 有：

① $S(X+Y) = S(X) + S(Y)$。

② $X \in C$ 当且仅当 $S(X) = 0$。

③ $S(X) = S(Y)$ 当且仅当 X 与 Y 在 C 的同一个陪集中，即 $\overline{X} = \overline{Y}$。

④ 共有 2^{n-k} 个不同的校验子。

证明　① $S(X+Y) = (X+Y)H^T = XH^T + YH^T = S(X) + S(Y)$。

② $S(X) = XH^T = 0$，当且仅当 $HX^T = 0$，即当且仅当 $X \in C$。

③ $S(X) = S(Y)$ 当且仅当 $XH^T = YH^T$，当且仅当 $(X-Y)H^T \in C$，当且仅当 $X - Y \in C$，由定理

4.9②知，当且仅当 X 与 Y 属于 C 的同一个陪集，即 $\overline{X}=\overline{Y}$。

④ 由③知，不同陪集的校验子不同，由定理 4.7③知 F_2^n 关于 C 恰好有 2^{n-k} 个陪集，从而至少有 2^{n-k} 个不同的校验子；又校验子都在 F_2^{n-k} 中，从而至多有 2^{n-k} 个不同校验子。因此恰好有 2^{n-k} 个不同校验子。

定义 4.13 称一个陪集中汉明重量最小的向量为该陪集的陪集头。

利用校验子可以大大简化译码过程。现介绍如何列 $[n, k]$ 线性码 C 的译码表：

将 F_2^n 中 2^n 个向量排成 2^{n-k} 行、2^k 列的一个表，表中有一条虚线将 2^{n-k} 行分成上下两个部分；F_2^n 关于 C 的每一个陪集中 2^k 个向量排在同一行，将 C 中的向量排在第一行，将零码字排在第一行的第一列，并将 C 中的 2^k-1 个非零码字任意排在第一行的第 2 列一直到第 2^k 列；将 F_2^n 关于 C 的其余 $2^{n-k}-1$ 个不同陪集排成 $2^{n-k}-1$ 行，并将每个陪集的校验子放在此行的最左边，作为标记；若某个陪集中，有唯一的陪集头 X，则将此行排在译码表中虚线的上方部分，将陪集头 X 排在这一行的第一列，并将 $X+c\in\overline{X}$ 排在码字 c 同一列；若某一陪集中有多个陪集头，则将该行排在译码表中虚线下方部分，且任取一个陪集头 X 排在该行的第一列，也将 $X+c\in\overline{X}$ 排在码字 c 的同一列。

根据上述方法所列译码表译码如下：

当收到字为 A 时，先计算 A 的校验子 $S(A)=AH^{\mathrm{T}}$，如果 $S(A)=0$，则将 A 译为 A。否则检查校验子 $S(A)$ 是否在虚线上方，若在虚线上方，则将 A 译为第一行中与 A 同列的码字 c；如果校验子 $S(A)$ 在虚线下方，则无法译码。

定理 4.11 上述译码方法符合极大似然译码原理，即译码方法正确。

证明 当收到的字 A 在虚线上方时，则 A 所在陪集的陪集头是唯一的，设为 X，则存在 $c_0\in C$ 使 $A=X+c_0$，按上述译码方法，应将 A 译为 c_0。下面证明这种译码符合极大似然原理。

$\forall c(\neq c_0)\in C$，由于

$$d(A, c)=d(X+c_0, c)=d(X+c_0-c, 0)=wt(X+c_0-c)$$

$$>wt(X)=d(X, 0)=d(X+c_0, c_0)=d(A, c_0)$$

即 A 与码字 c_0 的汉明距离最小，从而 A 译为 c_0 符合极大似然译码法。

当收到的字 A 在虚线下方时，由于 A 所在的陪集头不唯一，设 X 与 Y 是该陪集的两个陪集头，并设 X 排在第一列，则 $\exists c_0, c_1\in C$ 使 $A=X+c_0$，$Y=X+c_1$，其中 $c_1\neq 0$，从而

$$d(A, c_0)=d(X+c_0, c_0)=d(X, 0)=wt(X)$$

$$d(A, c_0-c_1)=d(X+c_0, c_0-c_1)=d(X+c_1, 0)$$

$$=wt(X+c_1)=wt(Y)=wt(X)$$

即 A 与两个码字 c_0 与 c_0-c_1 的汉明距离都达到最小值 $wt(X)=wt(Y)$（因为 X 与 Y 是 A 所在陪集的陪集头，故 X 与 Y 的汉明重量最小），因此根据极大似然译码原理，无法译码。

例 4.4 设 C 是二元 $[6, 3]$ 线性码，其校验矩阵为：

$$H = \begin{pmatrix} 1 & 0 & 0 & 1 & 1 & 0 \\ 0 & 1 & 0 & 1 & 0 & 1 \\ 0 & 0 & 1 & 0 & 1 & 1 \end{pmatrix}$$

① 该列码 C 的译码表。

② 设收到的字 $A_1 = 110110$，$A_2 = 111111$，试译 A_1，A_2。

解：① 由 $HX^{\mathrm{T}} = 0$ 得线性方程组

$$\begin{cases} x_1 + x_4 + x_5 = 0 \\ x_2 + x_4 + x_6 = 0 \\ x_3 + x_5 + x_6 = 0 \end{cases}$$

解得该方程组的基础解系为 $h_1 = 110100$，$h_2 = 101010$，$h_3 = 011001$，则 C 的生成矩阵为：

$$G = \begin{pmatrix} 1 & 1 & 0 & 1 & 0 & 0 \\ 1 & 0 & 1 & 0 & 1 & 0 \\ 0 & 1 & 1 & 0 & 0 & 1 \end{pmatrix}$$

当 (a_1, a_2, a_3) 取 F_2^3 中每一个向量时，由 $c = (a_1, a_2, a_3)G$ 可得 C 的所有码字为：

$$c_0 = (000)G = (000000), \quad c_1 = (001)G = (011001),$$
$$c_2 = (010)G = (101010), \quad c_3 = (011)G = (110011),$$
$$c_4 = (100)G = (110100), \quad c_5 = (101)G = (101101),$$
$$c_6 = (110)G = (011110), \quad c_7 = (111)G = (000111),$$

按线性码译码表的列法，将上述码字排在第一行，其中码字 000000 排在第一列，其他码字可按任意顺序排，在表 4.4 中按 c_1，c_2，c_3，c_4，c_5，c_6，c_7 顺序排列。将 F_2^6 关于 C 的其余 $2^{6-3} - 1 = 7$ 个陪集在虚线上方或下方按其校验子从小到大的顺序排成 7 行，即可得 C 的译码表，如表 4.4 所示。

表 4.4 C 的译码表

码字 校验字	000000	011001	101010	110011	110100	101101	011110	000111
001	001000	010001	100010	111011	111100	100101	010110	001111
010	010000	001001	111010	100011	100100	111101	001110	010111
011	000001	011000	101011	110010	110101	101100	011111	000110
100	100000	111001	001010	010011	010100	001101	111110	101111
101	000010	011011	101000	110001	110110	101111	011100	000101
110	000100	011101	101110	110111	110000	101001	011010	000011
111	001100	010101	100110	111111	111000	100001	010010	001011

② 对收到的字 $A_1 = 110110$，先计算 A_1 的校验子：

$$S(A_1) = A_1 H^\mathrm{T} = (110110) \begin{pmatrix} 1 & 0 & 0 \\ 0 & 1 & 0 \\ 0 & 0 & 1 \\ 1 & 1 & 0 \\ 1 & 0 & 1 \\ 0 & 1 & 1 \end{pmatrix} = (101)$$

再在校验子所在的列找到 $S(A_1) = 101$，由于 101 在虚线上方，因此在 101 所在的行找到字 $A_1 =$ 110110。由表 4.4 知，字 $A_1 = 110110$ 所在列对应的第一行的码字为 110100。由译码原理知，应将 A_1 译为 110100。

又 A_2 的校验子为 $S(A_2) = A_2 H = (111)$，由于（111）在虚线下方，故无法译码。事实上，由于字（111111）与码字（110011）（101101）和（011110）的汉明距离都是 2，与其他码字距离都大于 2，故根据极大似然译码法知，字 $A_2 = (111111)$ 确实无法译出。

在线性码的译码过程中，当收到一个字 A 时，只要先计算 A 的校验子 $S(A)$，再在 2^{n-k} 个校验子中找到 $S(A)$，最后在 $S(A)$ 所在的行的 2^k 个字中找到 A，并将 A 译为第一行中与 A 在同一列中的码字，这种译码显然比计算 A 与 C 中的 2^k 个码字的汉明距离的方法简单得多。但是由于线性码的数学结构太简单，因此译码依然很困难，如译 [100,80] 线性码时，必须从 $2^{100-80} = 2^{20}$ 个校验子中找到 $S(A)$，再从 2^{80} 个字中找到 A，这样工作量依然很大。因此，要使译码能够简单易行，还必须对线性码添加数学结构，如下面要介绍的循环码。

4.4.6　循环码

在上一节中讨论了线性码，由于线性码是 F_2^n 的子空间，即对码 C 添加了一个代数结构，从而使线性码的编码与译码都比没有代数结构的码的编码与译码要简单得多。但当 n 与 k 较大时，线性码的译码仍然非常困难，为了得到译码更加容易实现的码，本节介绍比线性码有更多代数结构的循环码。循环码是线性码的一类子码，检错纠错能力强，编码和译码电路易于实现，是使用最为广泛的一种编码。为了讨论循环码，下面先介绍相关的数学知识。

1. 代数基础知识

定义 4.14　记 $F_2^n[x] = \{$ 系数在 F_2 中关于 x 的 $n-1$ 次多项式全体 $\}$，则称 $(f(x)) = \{k(x)f(x) \mid k(x) \in F_2[x]\}(f(x) \in F_2[x])$ 是由 $f(x)$ 生成的主理想。

定义 4.15　称 $\overline{g(x)} = \{g(x) + a(x) \mid a(x) \in (f(x))\}$ 为 $g(x)$ 关于理想 $(f(x))$ 的陪集。

为方便起见，常将 $\overline{g(x)}$ 简写为 $g(x)$。

陪集有如下性质：

① 全部陪集构成了 $F_2[x]$ 的一个划分：$F_2[x]/(f(x))$，它由 $F_2[x]$ 中所有多项式除以 $f(x)$ 所得的余式 $g(x)$ 的陪集组成；

② 若 $f(x)$ 的最高次数为 k，则共有 2^k 个陪集，每个陪集含有 2^{n-k} 个多项式（$n>k$）；

③ 同一陪集的任意两个多项式之差属于 $(f(x))$；

④ 同一个陪集内的两个多项式对应的陪集相等；

⑤ 对于 $F_2[x]/(f(x))$ 中的任意两个多项式 $g(x)$ 和 $h(x)$ 相等，当且仅当有 $f(x)\mid(g(x)-h(x))$，此式等价于 $g(x)\equiv h(x)\,mod(f(x))$。

例 4.5　计算 $F_2^5[x]/(x^3+1)$。

解：用 $F_2^5[x]$ 中所有多项式除以 x^3+1，所得余式共有如下 8 种形式：$\{0,\ 1,\ x,\ x+1,\ x^2,\ x^2+1,\ x^2+x,\ x^2+x+1\}$。因此 $F_2^5[x]/(x^3+1)$ 由这 8 个多项式的陪集组成：

$$\overline{0},\ \overline{1},\ \overline{x},\ \overline{x+1},\ \overline{x^2},\ \overline{x^2+1},\ \overline{x^2+x},\ \overline{x^2+x+1}$$

其中：

$$\overline{0}=\{0,\ x^3+1,\ x^4+x,\ x^4+x^3+x+1\}$$

$$\overline{1}=\{1,\ x^3,\ x^4+x+1,\ x^4+x^3+x\}$$

$$\overline{x}=\{x,\ x^3+x+1,\ x^4,\ x^4+x^3+1\}$$

$$\overline{x+1}=\{x+1,\ x^3+x,\ x^4+1,\ x^4+x^3\}$$

$$\overline{x^2}=\{x^2,\ x^3+x^2+1,\ x^4+x^2+x,\ x^4+x^3+x^2+x+1\}$$

$$\overline{x^2+1}=\{x^2+1,\ x^3+x^2,\ x^4+x^2+x+1,\ x^4+x^3+x^2+x\}$$

$$\overline{x^2+x}=\{x^2+x,\ x^3+x^2+x+1,\ x^4+x^2,\ x^4+x^3+x^2+1\}$$

$$\overline{x^2+x+1}=\{x^2+x+1,\ x^3+x^2+x,\ x^4+x^2+1,\ x^4+x^3+x^2\}$$

2. 循环码及其生成多项式

定义 4.16　设 C 是二元 $[n,\ k]$ 线性码，如果对 $\forall c=(c_0,\ c_1,\ \cdots,\ c_{n-1})\in C$ 都有 $(c_{n-1},\ c_0,\ \cdots,\ c_{n-2})\in C$，则称 C 是循环码。

如 $[3,\ 2]$ 线性码 $\{000,\ 110,\ 101,\ 011\}$ 是循环码。

定理 4.12　循环码 C 的对偶码 $C^\perp$ 是循环码。

证明　由于 C 是线性码，故 $C^\perp$ 也是线性码，下面只要证明 $\forall(b_0,\ b_1,\ \cdots,\ b_{n-1})\in C^\perp$ 都有 $(b_{n-1},\ b_0,\ b_1,\ \cdots,\ b_{n-2})\in C^\perp$。

对 $\forall(c_0,\ c_1,\ \cdots,\ c_{n-1})\in C$，由于 C 是循环码，故 $(c_1,\ c_2,\ \cdots,\ c_{n-1},\ c_0)\in C$，从而 $(b_0,\ b_1,\ \cdots,\ b_{n-1})\in C^\perp$ 与 $(c_1,\ c_2,\ \cdots,\ c_{n-1},\ c_0)\in C$ 正交，即

$$b_0c_1+b_1c_2+\cdots+b_{n-2}c_{n-1}+b_{n-1}c_0=0$$

也即

$$b_{n-1}c_0+b_0c_1+b_1c_2+\cdots+b_{n-2}c_{n-1}=0$$

即 $(b_{n-1},\ b_0,\ b_1,\ \cdots,\ b_{n-2})$ 与 $\forall c=(c_0,\ c_1,\ \cdots,\ c_{n-1})\in C$ 都正交，从而

$$(b_{n-1},\ b_0,\ b_1,\ \cdots,\ b_{n-2})\in C^\perp$$

从而 $C^\perp$ 是循环码。

定理 4.13 设 C 是码长为 n 的循环码，令

$$I(C) = \{c_0 + c_1 x + \cdots + c_{n-1} x^{n-1} \mid (c_0, c_1, \cdots, c_{n-1}) \in C\}$$

设 $g(x) = g_0 + g_1 x + \cdots + g_{n-k} x^{n-k}$ 是 $I(C)$ 中次数最低的多项式，其中 $g_0 \neq 0$，$g_{n-k} \neq 0$，则：

① $g(x) \mid x^n + 1$，且 $I(C)$ 是由 $g(x)$ 生成的 $F_2[x]_{x^n+1}$ 的主理想，即

$$I(C) = (g(x)) = \{k(x) g(x) \mid k(x) \text{ 的次数 } \partial k \leq n-1-\partial g\} \tag{4.32}$$

② C 是以矩阵

$$G = \begin{pmatrix} g_0 & g_1 & g_2 & \cdots & g_{n-k} & & \\ & g_0 & g_1 & \cdots & g_{n-k-1} & g_{n-k} & \\ \cdots & \cdots & \cdots & & \cdots & \cdots & \\ & & g_0 & g_1 & \cdots & \cdots & g_{n-k} \end{pmatrix}_{k \times n}$$

为生成矩阵的 $[n, k]$ 线性码。

证明 ① 先证明 $I(C)$ 是 $F_2[x]_{x^n+1}$ 的理想。

A. $\forall a(x) = a_0 + a_1 x + \cdots + a_{n-1} x^{n-1} \in I(C)$，$\forall c(x) = c_0 + c_1 x + \cdots + c_{n-1} x^{n-1} \in I(C)$，则：

$$a = (a_0, a_1, \cdots, a_{n-1}) \in C, \quad c = (c_0, c_1, \cdots, c_{n-1}) \in C$$

由于 C 是线性子空间，故：

$$a - c = (a_0 - c_0, a_1 - c_1, \cdots, a_{n-1} - c_{n-1}) \in C$$

从而

$$a(x) - c(x) = a_0 - c_0 + (a_1 - c_1) x + \cdots + (a_{n-1} - c_{n-1}) x^{n-1} \in I(C)$$

B. 对

$$\forall c(x) = c_0 + c_1 x + \cdots + c_{n-1} x^{n-1} \in I(C)$$

要证明对于任意

$$a(x) = a_0 + a_1 x + \cdots + a_m x^m \in F_2[x]_{x^n+1}$$

都有

$$a(x) \circ c(x) \in I(C), \quad \text{且 } c(x) \circ a(x) \in I(C)$$

由于 $F_2[x]$ 是可交换的，并结合①知，只要证 $x^i \circ c(x) \in I(C)$，$i = 1, 2, \cdots, n$ 即可，其中二元运算 "$\circ$" 是模 $x^n + 1$ 运算。

$$x \circ c(x) = c_0 x + c_1 x^2 + \cdots + c_{n-2} x^{n-1} + c_{n-1} x^n$$

而 $x^n = 1 \pmod{x^n + 1}$，故：

$$x \circ c(x) = c_{n-1} + c_0 x + c_1 x^2 + \cdots + c_{n-2} x^{n-1}$$

又 $(c_0, c_1, \cdots, c_{n-1}) \in C$，由于 C 是循环码，故 $(c_{n-1}, c_0, c_1, \cdots, c_{n-2}) \in C$，由 $I(C)$ 的定义知，$x \circ c(x) \in I(C)$。同理可证，$x^i \circ c(x) \in I(C)$，$i = 1, 2, \cdots, n$。从而 $I(C)$ 为 $F_2[x]_{x^n+1}$ 的理想。根据代数学理论知，$I(C)$ 是主理想，且由 $I(C)$ 中次数最低的多项式生成，即 $I(C) = (g(x))$。又 $0 \in (g(x))$ 则 $x^n + 1 = 0 = g(x) k(x)$，从而 $g(x) \mid x^n + 1$。

② 由于 $I(C) = (g(x)) = \{k(x) g(x) \mid \partial k \leq n-1-\partial g\}$，又 $\partial g = n-k$，故 $\partial k \leq k-1$，易证 $g(x)$，

$xg(x)$，$\cdots$，$x^{k-1}g(x)$ 是线性空间 $I(C)$ 的基，从而它们对应的码字

$$G_0 = (g_0,\ g_1,\ \cdots,\ g_{n-k},\ 0,\ \cdots,\ 0)$$

$$G_1 = (0,\ g_0,\ g_1,\ \cdots,\ g_{n-k},\ 0,\ \cdots,\ 0)$$

$$\cdots\cdots\cdots\cdots\cdots\cdots\cdots\cdots\cdots\cdots$$

$$G_{k-1} = (0,\ \cdots,\ 0,\ g_0,\ g_1,\ \cdots,\ g_{n-k})$$

是线性空间 C 的基，即：

$$G = \begin{pmatrix} G_0 \\ G_1 \\ \vdots \\ G_{k-1} \end{pmatrix} = \begin{pmatrix} g_0 & g_1 & g_2 & \cdots & g_{n-k} & \cdots & 0 \\ 0 & g_0 & g_1 & \cdots & g_{n-k-1} & g_{n-k} & 0 \\ \cdots & \cdots & \cdots & \cdots & \cdots & \cdots & \cdots \\ 0 & 0 & g_0 & g_1 & \cdots & \cdots & g_{n-k} \end{pmatrix}_{k \times n}$$

是 C 的生成矩阵，从而 C 是 $[n,\ k]$ 线性码。

例如，$C = \{000,\ 110,\ 101,\ 011\}$ 是循环码，根据定理 4.13 知，$I(C) = \{0,\ 1+x,\ 1+x^2,\ x+x^2\}$。由于 $1+x$ 是 $I(C)$ 中次数最低的多项式，由定理 4.13 中（1）知 $I(C) = (1+x)$，验证此结论如下：

由于

$$F_2[x]_{x^3+1} = \{0,\ 1,\ x,\ 1+x,\ x^2,\ 1+x^2,\ x+x^2,\ 1+x+x^2\}$$

且

$$0 = 0 \circ (1+x) \in (1+x)$$

$$1+x \in (1+x)$$

$$1+x^2 = (1+x) \circ (1+x) \in (1+x)$$

$$x+x^2 = x \circ (1+x) \in (1+x)$$

则 $I(C) \subseteq (1+x)$。

另一方面，$\forall a(x) \in F_2[x]_{x^3+1}$，可以验证 $a(x) \circ (1+x) \in I(C)$，例如：

$(1+x+x^2) \circ (1+x) = 1+x+x+x^2+x^2+x^3 = x^3+1 = 1+1 = 0 \in I(C)$

$(x+x^2) \circ (1+x) = x+x^2+x^2+x^3 = x+x^3 = x+1 \in I(C)$

同理可验证 $F_2[x]_{x^3+1}$ 中其余元素，都有 $a(x) \circ (1+x) \in I(C)$，故 $(1+x) \subseteq I(C)$，从而 $I(C) = (1+x)$。再根据定理 4.11 中（2）知，$1+x$，$x \circ (1+x) = x+x^2$ 是 $I(C)$ 的基，故 C 的生成矩阵为

$$G = \begin{pmatrix} 1 & 1 & 0 \\ 0 & 1 & 1 \end{pmatrix}$$

由定理 4.13 知，任意一个循环码可以唯一确定一个多项式 $g(x)$。下面讨论定理 4.13 的逆问题，即任给一个多项式，能否唯一确定一个循环码。

定理 4.14　设 $g(x) \in F_2[x]$ 满足 $g(x) \mid x^n+1$，令 $I(C)$ 是 $g(x)$ 在 $F_2[x]_{x^n+1}$ 中生成的理想，即 $I(C) = (g(x))$，则：

$$C = \{(c_0,\ c_1,\ \cdots,\ c_{n-1}) \mid c_0+c_1x+\cdots+c_{n-1}x^{n-1} \in I(C)\}$$

是一个二元 $[n, n-\partial g]$ 的循环码。

证明 ① 先证 C 是线性码。

对 $\forall a = (a_0, a_1, \cdots, a_{n-1}) \in C$，$c = (c_0, c_1, \cdots, c_{n-1}) \in C$，则：

$$a(x) = a_0 + a_1 x + \cdots + a_{n-1} x^{n-1} \in I(C), \quad c(x) = c_0 + c_1 x + \cdots + c_{n-1} x^{n-1} \in I(C)$$

由于 $I(C)$ 是理想，则：

$$a(x) + c(x) = (a_0 + c_0) + (a_1 + c_1) x + \cdots + (a_{n-1} x_{n-1}) x^{n-1} \in I(C)$$

因而 $a + c = (a_0 + c_0, a_1 + c_1, \cdots, a_{n-1} + c_{n-1}) \in C$。

对 $\forall k \in F_2$，有：

$$kc(x) = ka_0 + ka_1 x + \cdots + ka_{n-1} x^{n-1} \in I(C)$$

从而 $kc = (ka_0, ka_1, \cdots, ka_{n-1}) \in C$，故 C 是 F_2 上线性子空间，即 C 是 F_2 上线性码。

② 证明 C 是 $[n, n-\partial g]$ 循环码。

对 $\forall c = (c_0, c_1, \cdots, c_{n-1}) \in C$，则

$$c(x) = c_0 + c_1 x + \cdots + c_{n-1} x^{n-1} \in I(C)$$

由于 $I(C)$ 是理想，则：

$$x \circ c(x) = c_0 x + c_1 x^2 + \cdots + c_{n-2} x^{n-1} + c_{n-1} x^n$$

$$\equiv c_{n-1} + c_0 x + c_1 x^2 + \cdots + c_{n-2} x^{n-1} \in I(C)$$

从而 $(c_{n-1}, c_0, \cdots, c_{n-2}) \in C$，故 C 是循环码。由于

$$I(C) = (g(x)) = \{k(x)g(x) \mid \partial k \leq n-1-\partial g(x)\}$$

则 $g(x), xg(x), \cdots, x^{n-1-\partial g}g(x)$ 是线性空间 $I(C)$ 的基，从而 C 是 $n-\partial g$ 维线性码，也是 $[n, n-\partial g]$ 循环码。

定义 4.17 设 C 是循环码，如果 $g(x)$ 是 $F_2[x]$ 中满足 $I(C) = (g(x))$ 的次数最低的多项式，则称 $g(x)$ 是 C 的生成多项式。

显然，C 的生成多项式是唯一的。

3. 循环码的校验多项式

定义 4.18 设 $f(x) = a_n x^n + a_{n-1} x^{n-1} + \cdots + a_1 x + a_0 \in F_2[x]$，$a_n \neq 0$，则称

$$f_R(x) = x^n f\left(\frac{1}{x}\right) \tag{4.33}$$

为 $f(x)$ 的互反多项式。

显然，

$$f_R(x) = a_0 x^n + a_1 x^{n-1} + \cdots + a_{n-1} x + a_n$$

容易证明，$f(x) \mid x^n + 1$ 的充要条件是 $f_R(x) \mid x^n + 1$。

定理 4.15 设 $g(x)$ 是二元 $[n, k]$ 循环码 C 的生成多项式，令 $h(x) = \dfrac{x^n + 1}{g(x)}$，则 $h_x(x)$ 是循环码 $C^\perp$ 的生成多项式。

证明 由于循环码 C 是 k 维的，因此 C 的生成多项式是 $n-k$ 次的，从而 $h(x) = \dfrac{x^n + 1}{g(x)}$ 是 k 次多

项式。为了便于叙述，将 $g(x)$，$h(x)$ 改写为如下形式：

$$g(x) = \sum_{i=0}^{n-1} g_i x^i, \qquad h(x) = \sum_{i=0}^{n-1} h_i x^i$$

其中，当 $i>n-k$ 时，$g_i=0$，$g_{n-k}\neq 0$；当 $i>k$ 时，$h_i=0$，$h_k\neq 0$。由 $h(x)=\dfrac{x^n+1}{g(x)}$ 得 $h(x)g(x)=x^n+1$，从而 $g_0=h_0=1$。由互反多项式定义得：

$$h_R(x) = \frac{1}{x^{n-k-1}} \sum_{i=0}^{n-1} h_{n-i-1} x^i$$

由于 $g(x)h(x)=x^n+1\equiv 0(\bmod\, x^n+1)$，即：

$$g(x)h(x) \equiv (g_0 h_0+g_1 h_{n-1}+\cdots+g_{n-1}h_1)+(g_0 h_1+g_1 h_0+\cdots+g_{n-1}h_2)x+\cdots$$
$$+(g_0 h_{n-1}+g_1 h_{n-2}+\cdots+g_{n-1}h_0)x^{n-1}(\bmod\, x^n+1)$$
$$\equiv 0(\bmod(x^n+1))$$

从而 x^{n-1}，x^0，x^1，$\cdots$，x^{n-2} 的系数全为 0，即：

$$g_0 h_{n-1}+g_1 h_{n-2}+\cdots+g_{n-1}h_0=(g_0,\ g_1,\ \cdots,\ g_{n-1})(h_{n-1},\ h_{n-2},\ \cdots,\ h_0)^{\mathrm{T}}=0$$
$$g_1 h_{n-1}+\cdots+g_{n-1}h_1+g_0 h_0=(g_1,\ g_2,\ \cdots,\ g_{n-1},\ g_0)(h_{n-1},\ h_{n-2},\ \cdots,\ h_0)^{\mathrm{T}}=0$$
$$\cdots$$
$$g_{n-1}h_{n-1}+g_0 h_{n-2}+\cdots+g_{n-2}h_0=(g_{n-1},\ g_0,\ \cdots,\ g_{n-2})(h_{n-1},\ h_{n-2},\ \cdots,\ h_0)^{\mathrm{T}}=0$$

即 $h=(h_{n-1},\ h_{n-2},\ \cdots,\ h_0)$ 与 $G_0=(g_0,\ g_1,\ \cdots,\ g_{n-1})$，$G_1=(g_1,\ g_2,\ \cdots,\ g_{n-1},\ g_0)$，$\cdots$，$G_{n-1}=(g_{n-1},\ g_0,\ \cdots,\ g_{n-2})$ 都正交，而 G_0，G_1，$\cdots$，G_{k-1} 是 C 的基，故 $h\in C^\perp$。又 $C^\perp$ 是循环码，则 $H_k=(h_k,\ h_{k-1},\ \cdots,\ h_0,\ h_{n-1},\ \cdots,\ h_{k+1})\in C^\perp$，从而 H_k 对应的多项式恰好是 $h_R(x)$，则 $h_R(x)\in I(C^\perp)$。又 $h_{n-1}=h_{n-2}=\cdots=h_{k+1}=0$，$h\neq 0$，故 $\partial h_R(x)=k$，而 $\dim C^\perp=n-\dim C=n-k$，从而 $I(C^\perp)$ 的生成多项式是 k 次的，故 $h_R(x)$ 是 $C^\perp$ 的生成多项式。

设 G_0，G_1，$\cdots$，G_{k-1} 是二元 $[n,\ k]$ 循环码 C 的基，则 C 的生成矩阵为 $G=(G_0,\ G_1,\ \cdots,\ G_{k-1})^{\mathrm{T}}$。设 $h_R(x)$ 是 $C^\perp$ 的生成多项式，则：

$$h_R(x),\ xh_R(x),\ \cdots,\ x^{n-k-1}h_R(x)$$

是 $I(C^\perp)$ 的基，对应的码字分别记为 H_0，H_1，$\cdots$，H_{n-k-1}，令

$$H = \begin{pmatrix} H_0 \\ H_1 \\ \vdots \\ H_{n-k-1} \end{pmatrix}_{(n-k)\times n}$$

则 H 是码 $C^\perp$ 的生成矩阵，且 $GH^{\mathrm{T}}=0$。由于循环码一定是线性码，因此 $\forall c\in F_2^n$ 为码 C 的码字的充要条件是 $cH^{\mathrm{T}}=0$。

定义 4.19　称循环码 $C^\perp$ 的生成多项式 $h_R(x)$ 为循环码 C 的校验多项式，并称

$$H = \begin{pmatrix} H_0 \\ H_1 \\ \vdots \\ H_{n-k-1} \end{pmatrix}$$

为 C 的校验矩阵。

例 4.6 求以 $g(x) = 1+x^2+x^3$ 为生成多项式的 [7,4] 循环码 C 的生成矩阵及校验矩阵，并判断 $X_1 = (1101001)$ 与 $X_2 = (1111100)$ 是否是 C 中码字。

解： 由于 $\dim C = 4$，故 $g(x)$，$xg(x)$，$x^2g(x)$，$x^3g(x)$ 是 C 的基，故 C 的生成矩阵为：

$$G = \begin{pmatrix} g(x) \\ xg(x) \\ x^2g(x) \\ x^3g(x) \end{pmatrix} = \begin{pmatrix} 1 & 0 & 1 & 1 & 0 & 0 & 0 \\ 0 & 1 & 0 & 1 & 1 & 0 & 0 \\ 0 & 0 & 1 & 0 & 1 & 1 & 0 \\ 0 & 0 & 0 & 1 & 0 & 1 & 1 \end{pmatrix}$$

又

$$h(x) = \frac{x^7+1}{g(x)} = x^4+x^3+x^2+1$$

则 $h_R(x) = x^4+x^2+x+1$，由于

$$\dim C^{\perp} = 7 - \dim C = 3$$

故 $h_R(x)$，$xh_R(x)$，$x^2h_R(x)$ 是 $C^{\perp}$ 的基，故：

$$H = \begin{pmatrix} h_R(x) \\ xh_R(x) \\ x^2h_R(x) \end{pmatrix} = \begin{pmatrix} 1 & 1 & 1 & 0 & 1 & 0 & 0 \\ 0 & 1 & 1 & 1 & 0 & 1 & 0 \\ 0 & 0 & 1 & 1 & 1 & 0 & 1 \end{pmatrix}$$

为 C 的校验矩阵。

直接计算得：$X_1H^T = 0$，$X_2H^T = (011) \neq 0$，故 X_1 是 C 中的码字，而 X_2 不是 C 中的码字。

4.4.7 循环码的编码与译码

由于循环码一定是线性码，因此可以按线性码的编码与译码方式进行信息编码与译码，但由于循环码有比线性码更特殊的数学结构，因此循环码的编码与译码应更加简单。

1. 循环码的除法编码法

设 C 是二元 [n,k] 循环码，$g(x) = g_0 + g_1x + \cdots + g_{n-k}x^{n-k}$ 是 C 的生成多项式，其中 $g_{n-k} = 1$，$g_0 = 1$，则 C 的生成矩阵

$$G = \begin{pmatrix} g_0 & g_1 & g_2 & \cdots & g_{n-k} & & \\ & g_0 & g_1 & \cdots & g_{n-k-1} & g_{n-k} & \\ \cdots & \cdots & \cdots & \cdots & \cdots & & \\ & & g_0 & g_1 & \cdots & \cdots & g_{n-k} \end{pmatrix}_{k \times n}$$

行等价于如下形式的矩阵：

$$G_1 = (A_{k \times n-k}, \ E_{k \times k})$$

则 G_1 也是 C 的生成矩阵。由于 $\forall X = (x_1, \ x_2, \ \cdots, \ x_k) \in F_2^k$，有：

$$XG_1 = (*, \ \cdots, \ *, \ x_1, \ x_2, \ \cdots, \ x_k)$$

因此可以把 C 中码字的后 k 位看作信息位，而前 $n-k$ 位看作校验位。假设给定了信息位 c_{n-k}，c_{n-k+1}，$\cdots$，c_{n-1} 的值，即给定了原始信息，如何从它们唯一地确定出 c_0，c_1，$\cdots$，c_{n-k-1} 使 $c = (c_0$，c_1，$\cdots$，$c_{n-1}) \in C$。

令

$$c(x) = c_{n-k}x^{n-k} + c_{n-k+1}x^{n-k+1} + \cdots + c_{n-1}x^{n-1}$$

由多项式的除法理论知，存在唯一的多项式 $q(x)$ 及 $r(x)$ 使

$$c(x) = q(x)g(x) + r(x)$$

其中，$\partial r(x) < \partial g(x) = n-k$，则 $g(x) \ \big| \ c(x) + r(x)$，即：

$$c(x) + r(x) \in I(C)$$

设 $r(x) = c_0 + c_1x + \cdots + c_{n-k-1}x^{n-k-1}$，则：

$$r(x) + c(x) = c_0 + c_1x + \cdots + c_{n-k-1}x^{n-k-1} + c_{n-k}x^{n-k} + \cdots + c_{n-1}x^{n-1} \in I(C)$$

故 $(c_0$，c_1，$\cdots$，c_{n-k-1}，c_{n-k}，$\cdots$，$c_{n-1}) \in C$。因此给定原始信息 c_{n-k}，c_{n-k+1}，$\cdots$，c_{n-1} 后，可以由多项式除法唯一决定 c_0，c_1，$\cdots$，c_{n-k-1} 使 $c = (c_0$，c_1，$\cdots$，$c_{n-1}) \in C$。因此循环码的编码可以用多项式的除法实现。

例 4.7　已知以 $g(x) = x^3 + x + 1$ 为生成多项式的 [7，4] 循环码，请对原信息 （1001） 进行除法编码。

解：原信息 （1001） 对应的 $c(x) = x_3 + x_6$，则 $r(x) \equiv c(x)\ (\mathrm{mod}\ g(x)) \equiv x_2 + x\ (\mathrm{mod}\ g(x))$。则 $c_0 = 0$，$c_1 = c_2 = 1$。又因 $(c_3c_4c_5c_6) = (1001)$，因此对信息 （1001） 的编码的结果是 $(c_0$，c_1，$\cdots$，$c_6) = (0111001)$。

下面按生成矩阵编码的方法验证上述算法的正确性。由于 C 的生成矩阵为：

$$G = \begin{pmatrix} 1 & 1 & 0 & 1 & 0 & 0 & 0 \\ 0 & 1 & 1 & 0 & 1 & 0 & 0 \\ 0 & 0 & 1 & 1 & 0 & 1 & 0 \\ 0 & 0 & 0 & 1 & 1 & 0 & 1 \end{pmatrix} \underset{r_4 + (r_1 + r_3)}{\overset{r_3 + r_1}{\sim}} \begin{pmatrix} 1 & 1 & 0 & 1 & 0 & 0 & 0 \\ 0 & 1 & 1 & 0 & 1 & 0 & 0 \\ 1 & 1 & 1 & 0 & 0 & 1 & 0 \\ 1 & 0 & 1 & 0 & 0 & 0 & 1 \end{pmatrix} = G^{\mathrm{T}}$$

则对应信息 （1001） 的码字为 $(1001)G^{\mathrm{T}} = (0111001)$，即除法编码运算结果正确。

2. 循环码的乘法编码法

设 $g(x)$ 是 [n，k] 循环码 C 的生成多项式，则 $g(x)$，$xg(x)$，$\cdots$，$x^{k-1}g(x)$ 是 $I(C)$ 的一组基，从而 $c(x) \in I(C)$ 当且仅当存在 m_0，m_1，$\cdots$，$m_{k-1} \in F_2$ 使

$$c(x) = m_0g(x) + m_1xg(x) + \cdots + m_{k-1}x^{k-1}g(x) = (m_0 + m_1x + \cdots + m_{k-1}x^{k-1})g(x) \tag{4.34}$$

即 $c(x)$ 对应的码字是原信息 $(m_0$，m_1，$\cdots$，$m_{k-1})$ 的编码，因此，对原信息 $(m_0$，m_1，$\cdots$，$m_{k-1})$ 的编码，等价于求原信息 $(m_0$，m_1，$\cdots$，$m_{k-1})$ 对应的多项式 $m(x) = m_0 + m_1x + \cdots + m_{k-1}x^{k-1}$ 与

C 的生成多项式 $g(x)$ 的乘积的结果 $c(x)=m(x)g(x)$，因此循环码的编码可以用由 $g(x)$ 确定的乘法完成。

例 4.8 已知以 $g(x)=x^3+x+1$ 为生成多项式的 [7, 4] 循环码，请对原信息 (1001) 进行乘法编码。

解： 原信息 (1001) 对应的 $m(x)=1+x^3$，则
$$c(x)=m(x)g(x)=(1+x^3)(1+x+x^3)=(1+x+x^4+x^6)$$

所以，编码后的码字为 (1100101)。

下面用生成矩阵的方法验证上述运算结果的正确性。由于 C 的生成矩阵多项式为 $g(x)=x^3+x+1$，故 C 的生成矩阵为：

$$G=\begin{pmatrix} 1 & 1 & 0 & 1 & 0 & 0 & 0 \\ 0 & 1 & 1 & 0 & 1 & 0 & 0 \\ 0 & 0 & 1 & 1 & 0 & 1 & 0 \\ 0 & 0 & 0 & 1 & 1 & 0 & 1 \end{pmatrix}$$

从而原信息 (1001) 的编码应为 $(1001)G=(1100101)$，即乘法编码运算结果正确。从而二元 $[n, k]$ 循环码的编码可由 C 的生成多项式 $g(x)$ 决定的乘法自动完成，因而循环码的编码简单易行。

3. 循环码的译码

由于循环码一定是线性码，因此线性码的译码方法对循环码当然有效。故循环码的译码也分为以下三步：

① 计算收到的字 $\alpha=(\alpha_0, \alpha_1, \cdots, \alpha_{n-1})$ 的校验子 $S(\alpha)$；

② 根据校验子 $S(\alpha)$ 找出错误模式 $E(\alpha)$；

③ 将 α 译为码字 $\alpha+E(\alpha)$。

又由于循环码是一种特殊的线性码，它具有循环特性，因此上述各步运算比线性码要简单得多。

设 C 是二元 $[n, k]$ 循环码，则 C 有唯一的如下形式的校验矩阵：
$$H=(I_{n-k} \mid A_{n-k\times k})$$

下面定理给出了译码器计算收到的字 α 的校验子的方法。

定理 4.16 设 $H=(I_{n-k} \mid A_{n-k\times k})$ 是二元 $[n, k]$ 循环码 C 的校验矩阵，$g(x)$ 是 C 的生成多项式，则对 $\forall \alpha=(\alpha_0, \alpha_1, \cdots, \alpha_{n-1}) \in F_2^n$ 的校验子 $S(\alpha)=(s_0, s_1, \cdots, s_{n-k-1})$ 满足
$$S_\alpha(x) \equiv \alpha(x) \pmod{g(x)} \tag{4.35}$$
其中，$\alpha(x)=\alpha_0+\alpha_1 x+\cdots+\alpha_{n-1}x^{n-1}$，$S_\alpha(x)=s_0+s_1 x+\cdots+s_{n-k-1}x^{n-k-1}$。

证明 为了叙述方便，下面将列向量 $(b_0, b_1, \cdots, b_{k-1})^T$ 与多项式 $b_0+b_1 x+\cdots+b_{k-1}x^{k-1}$ 视为相等（因为它们一一对应），则 H 的第 1 列到第 $n-k$ 列的列向量对应的多项式分别为 $1, x, \cdots, x^{n-k-1}$，并设 H 的第 $n-k+1$ 列到第 n 列的列向量对应的多项式分别为 $A_{n-k}(x), \cdots, A_{n-1}(x)$，即 H 可改写为：

$$H = (1, \quad x, \quad \cdots, \quad x^{n-k+1}, \quad A_{n-k}(x), \quad \cdots, \quad A_{n-1}(x))$$

由于 C 的生成矩阵 $G = (A^{\mathrm{T}}_{k \times n-k} \mid I_k)$，若将 G 的每个行向量看成 n 次多项式，则

$$G = \begin{pmatrix} A_{n-k}(x) + x^{n-k} \\ A_{n-k+1}(x) + x^{n-k+1} \\ \cdots\cdots\cdots \\ A_{n-1}(x) + x^{n-1} \end{pmatrix}$$

由于 G 的行向量都是 C 中的码字，故 $x^i + A_i(x) \in I(C)$，$i = n-k, \cdots, n-1$，则存在 $q_i(x) \in F_2[x]$ 使

$$x^i + A_i(x) = q_i(x) g(x)$$

即 $A_i(x) = q_i(x) g(x) + x^i$，则：

$$\begin{aligned}
S_\alpha(x) &= \alpha H^{\mathrm{T}} = (\alpha_0, \alpha_1, \cdots, \alpha_{n-1})(1, x, \cdots, x^{n-k-1}, A_{n-k}(x), \cdots, A_{n-1}(x))^{\mathrm{T}} \\
&= \alpha_0 + \alpha_1 x + \cdots \alpha_{n-k-1} x^{n-k-1} + \alpha_{n-k} A_{n-k}(x) + \cdots + \alpha_{n-1} A_{n-1}(x) \\
&= \alpha_0 + \alpha_1 x + \cdots + \alpha_{n-k-1} x^{n-k-1} + \alpha_{n-k}(q_{n-k}(x) g(x) + x^{n-k}) + \cdots + \alpha_{n-1}(q_{n-1}(x) g(x) + x^{n-1}) \\
&= \alpha_0 + \alpha_1 x + \cdots + \alpha_{n-1} x^{n-1} + g(x)(\alpha_{n-k} q_{n-k}(x) + \cdots + \alpha_{n-1} q_{n-1}(x)) \\
&\equiv \alpha(x) \pmod{g(x)}。
\end{aligned}$$

由定理 4.16 知，对 $\forall \alpha = (\alpha_0, \alpha_1, \cdots, \alpha_{n-1}) \in F_2^n$，则 α 的校验子是 $g(x)$ 除 $\alpha(x)$ 所得的余式对应的向量，因此求循环码的校验子简单易行。

下面讨论循环码利用校验子去译码的方法。

定理 4.17 设 $g(x)$ 是二元 $[n, k, d]$ 的循环码 C 的生成多项式，若收到的字 α 满足 $wt(S(\alpha)) \leqslant \left[\dfrac{d-1}{2}\right]$，则 α 应译为 $\alpha(x) + S_\alpha(x)$ 所对应的码字。其中 $S(\alpha)$ 是 α 的校验子。

证明 由定理 4.16 知，$\alpha(x) \equiv S_\alpha(x) \pmod{g(x)}$，则 $S_\alpha(x)$ 与 $\alpha(x)$ 在 $F_2[x]_{x^i+1}$ 关于 $I(C)$ 的同一个陪集中，从而 α 与 $S(\alpha)$ 在 F_2^n 关于 C 的同一个陪集中，下证 $S(\alpha)$ 是极大似然译码法中 α 所在陪集的陪集头。假设 $S(\alpha)$ 不是陪集头，设陪集头为 X_0，则 $wt(X_0) < wt(S(\alpha)) \leqslant \left[\dfrac{d-1}{2}\right]$，且存在 $c \in C$ 使 $S(\alpha) = X_0 + c$，则：

$$wt(c) = wt(X_0 + S(\alpha)) \leqslant wt(X_0) + wt(S(\alpha)) \leqslant \left[\frac{d-1}{2}\right] + \left[\frac{d-1}{2}\right] \leqslant d-1$$

此与码 C 的极小距离即汉明重量为 d 矛盾。故 $S(\alpha)$ 是 α 所在陪集的陪集头，根据极大似然译码法知，α 应译为 $S_\alpha(x) + \alpha(x)$ 所对应的码字。

例 4.9 设 C 是以 $g(x) = x^3 + x^2 + 1$ 为生成多项式的 $[7, 4, 3]$ 循环码，试译收到的字 $\alpha = (0110110)$。

解： 由于 $\alpha(x) = x + x^2 + x^4 + x^5$，则：

$$S_\alpha(x) \equiv x^5 + x^4 + x^2 + x \pmod{g(x)} \equiv x \pmod{g(x)}$$

即 $S(\alpha) = (010)$。又

$$wt(S(\alpha)) = 1 = \left[\frac{3-1}{2}\right]$$

由定理 4.17 知 $\alpha(x)$ 应译为：

$$\alpha(x) + S_\alpha(x) = (x + x^2 + x^4 + x^5) + x = x^2 + x^4 + x^5$$

则 α 译为 (0010110)。

在上例中，我们发现，若收到的字满足定理条件，则译码十分方便。但若收到的字不满足定理条件，如 $\alpha = (1011100)$，则

$$\alpha(x) = 1 + x^2 + x^3 + x^4$$

$$S_\alpha(x) \equiv \alpha(x) \ (\text{mod } g(x)) = x^2 + x + 1 \ (\text{mod } g(x))$$

$$S(\alpha) = (111)$$

从而

$$wt(S(\alpha)) = 3 > \left[\frac{3-1}{2}\right]$$

不满足定理条件，该如何译码呢？下面我们给出循环码的通用译码方法。

定理 4.18（循环码的译码算法） 设 $g(x)$ 是二元 $[n, k, d]$ 循环码的生成多项式，若收到的字 $\alpha(x)$ 满足：

① 至多有 $\left[\frac{d-1}{2}\right]$ 个错误发生；

② 至少有连续 k 位码元没有发生错误。

记 $s_i \equiv x^i \alpha(x) \ (\text{mod } g(x))$，$i = 0, 1, 2, \cdots$，找到 m 使 $s_m(x)$ 对应字的汉明重量 $\leqslant \left[\frac{d-1}{2}\right]$，设 $x^{n-m} s_m(x) \equiv E(x) \ (\text{mod } x^n - 1)$，则将 $\alpha(x)$ 译为 $\alpha(x) + E(x)$ 对应的码字。

例 4.10 设 C 是以 $g(x) = x^3 + x^2 + 1$ 为生成多项式的 $[7, 4, 3]$ 循环码，试译 $\alpha = (1011100)$。

解：$\alpha(x) = (1011100) = 1 + x^2 + x^3 + x^4$，由于 $d = 3$，则 $\left[\frac{d-1}{2}\right] = 1$，故要找 m 使 $s_m(x)$ 对应的字的汉明重量 $\leqslant 1$。由 $s_i(x) \equiv x^i \alpha(x) \ (\text{mod } g(x))$ 得：

i	$s_i(x)$
0	$1 + x + x^2$
1	$1 + x$
2	$x + x^2$
3	1

由于 $s_0(x) = 1 + x + x^2$，$s_1(x) = 1 + x$，$s_2(x) = x + x^2$ 对应的字的汉明重量都 > 1，而 $s_3(x) = 1$ 对应的字的汉明重量为 1，故 $m = 3$。从而由定理 4.18 知错误模式 $E(x)$ 为：

$$E(x) = x^{n-m} s_m(x) = x^{7-3} s_3(x) = x^4 \equiv x^4 \ (\text{mod } x^7 + 1)$$

则 α 应译为：

$$\alpha(x) + E(x) = (1 + x^2 + x^3 + x^4) + x^4 = 1 + x^2 + x^3$$

对应的码字为（1011000）。

例 4.11　设 $g(x) = 1 + x^4 + x^6 + x^7 + x^8$ 是 [15，7，5] 循环码，若收到的字都至多发生 2 个错误，且至少连续 7 位没有发生错误，试译 $\alpha = (110011101100010)$。

解：$\alpha(x) = 1 + x + x^4 + x^5 + x^6 + x^8 + x^9 + x^{13}$，由于 $\left[\dfrac{d-1}{2}\right] = \left[\dfrac{5-1}{2}\right] = 2$，故要找最小的整数 m 使 $s_m(x)$ 对应的字的汉明重量 ≤ 2，即 $s_m(x)$ 至多有 2 项非零。由 $s_i(x) \equiv x^i \alpha(x) \ (\bmod \ g(x))$ 计算可得：

i	$s_i(x)$
0	$1 + x^2 + x^5 + x^7$
1	$1 + x + x^3 + x^4 + x^7$
2	$1 + x + x^2 + x^5 + x^6 + x^7$
3	$1 + x^2 + x^3 + x^4$
4	$x + x^2 + x^3 + x^4 + x^5$
5	$x^2 + x^3 + x^4 + x^5 + x^6$
6	$x^3 + x^4 + x^5 + x^6 + x^7$
7	$1 + x^5$

则 $m = 7$，故：

$$E(x) = x^{n-m} s_m(x) = x^{15-7} s_7(x) = x^8(1 + x^5) = x^8 + x^{13}$$
$$\equiv x^8 + x^{13} \ (\bmod \ x^{15} + 1)$$

从而 α 应译为：

$$\alpha(x) + E(x) = (1 + x + x^4 + x^5 + x^6 + x^8 + x^9 + x^{13}) + (x^8 + x^{13})$$
$$= 1 + x + x^4 + x^5 + x^6 + x^9$$

对应的码字 $c = (110011100100000)$。

循环码的上述译码都能由乘法或除法电路设备自动完成，因此循环码的编码、译码都比线性码简单易行，而且循环码有更多好的特性。当然，循环码仍有很多方面不够理想，如循环码的译码电路较复杂，且随着 $g(x)$ 变化而变化，因此有必要研究更为理想的码，如 BCH 码、代数几何码等，有兴趣的读者可参阅相关的编码教材。

4.4.8　有噪信道编码定理

从前面介绍的信道编码方法可以看出，其本质都是在原信息后面加上若干冗余位，使其具备检错或纠错的能力。通过信道编码虽然提高了信息传输的可靠性，但同时也牺牲了传输效率。因此，在有噪信道上，信息传输的可靠性与信息传输率之间是矛盾的，要提高可靠性就必须牺牲传输率。实际上，只要选择合适的编码和译码方法，可以使信道的信息传输率保持在一定的水平上，又可以使最小平均错误译码概率达到尽可能小的程度。那么人们不禁要问：信道信息传输率最高能达到什么样的水平？最小平均错误译码概率又能小到什么程度？有噪信道编码定理，也就是香农第二编码定理给出了准确的回答。

定理 4.19 设有一离散无记忆平稳信道，该信道有 r 个输入符号，s 个输出符号，其信道容量为 C，只要信道的信息传输率 $R<C$，则存在一种编码，当输入序列长度 N 足够大时，使译码的平均错误概率任意小。

定理 4.19 被称为有噪信道编码定理。由该定理可知，对于有 r 个输入符号、s 个输出符号、信道容量为 C 的离散无记忆平稳信道，由于输入符号序列长度为 N，因此构成 r^N 个可供选择的输入消息符号。从 r^N 个符号集中找到 $M\leqslant 2^{N(C+\varepsilon)}$ 个码字组成的长度为 N 的一组码。这样编码后，信道的信息传输率为：

$$R=\frac{\log M}{N} \quad （比特/码元）$$

只要 $R<C$，就可以在有噪声干扰的信道中以任意小的错误概率传输信息，而且当 N 足够大时，可以以任意接近信道容量 C 的信息传输率 R 传输信息。

有噪信道编码定理指明，总可以找到一种信道编码，只要其码长 N 足够大，错误译码概率将任意小，信道信息传输率 R 可无限接近信道容量 C。也就是说，在有噪信道中，传输信息可以做到既有效又可靠。

为了进一步揭示有噪信道编码定理的内涵，现在来阐述其逆定理。

定理 4.20 设有一离散无记忆平稳信道，其信道容量为 C，对于任意 $\varepsilon>0$，若选用码字总数 $M=2^{N(C+\varepsilon)}$，则无论 N 取多大，也找不到一种编码，使平均译码错误概率 P_E 任意小。

有噪信道编码定理之逆定理表明，选择码字个数 $M=2^{N(C+\varepsilon)}$ 时，信道的信息传输率为：

$$R=\frac{\log M}{N}=\frac{N(C+\varepsilon)\log 2}{N}=C+\varepsilon$$

上式表明，信息传输率 R 大于信道容量 C，因此，要想使信息传输率大于信道容量而又无错误地传输消息是不可能的。同时，也表明了信道容量 C 是信道中可靠地传输信息的最大信息传输率。

虽然理论上存在 R 无限接近于 C、P_E 无限逼近于零的可能性，但是在实际情况下，这是很难做到的，只能作为一种界限存在。因为现实中不可能采用无限复杂、无限长的编码方法。所以，从现实出发，总有：

$$R=I(X;Y)<C$$

尽管这样，并不意味着不必采取任何措施就能绝对可靠地传输 $R=I(X;Y)$ 的信息量。由于实际情况总是 $R<C$ 且 $P_E>0$，故在 $R<C$ 的前提下，要使用一定的编码手段使 $P_E\to0$。

4.5 | 保真度准则下的信源编码定理

无失真信源编码定理和有噪信道编码定理指明：无论是无噪信道还是有噪信道，只要信道的信息传输率 R 小于信道容量 C，总能找到一种编码，在信道上以任意小的错误概率和任意接近信道容量的信息传输率传输信息。反之，若信道信息传输率 R 大于信道容量 C，一定不能使传输错误概率任意小，传输必然失真。

实际上，在很多场合中人们并不需要完全无失真地恢复信息，只是要求在一定的保真度下，近似恢复信源输出的信息。例如人类主要是通过视觉和听觉获取信息，人的视觉大多数情况下对于每秒钟 25 帧以上的图像就认为是连续的，因此，通常只需传送每秒 25 帧的图像就能满足人类通过视觉感知信息的基本要求，而不必占用更大的信息传输率。对于人类的听觉，大多数人只能听到几千赫兹到十几千赫兹，即便是训练有素的音乐家，一般也不过能听到 20 千赫兹的声音。所以在实际生活中，通常只是要求在保证一定质量的前提下在信宿近似地再现信源输出的信息，或者说在保真度准则下允许信源输出的信息到达信宿有一定的失真。

对于给定的信源，在允许的失真条件下，信源所能压缩的极限理论值是多少？香农在 1959 年发表的论文《保真度准则下的离散信源编码定理》论述了在限定范围内的信源编码定理。限失真信源编码的信息率失真理论是信号量化、模数转换、频带压缩和数据压缩的理论基础，在图像处理、数字通信等领域得到了广泛的应用。

所谓信道产生的失真 $d(x_n, y_m)$ 是指：当信道输入为 x_n 时，输出得到的是 y_m，其差异或损失称为译码失真，可描述为：

$$d(x_n, y_m) = \begin{cases} 0 & x_n = y_m \\ a > 0 & x_n \neq y_m \end{cases}$$

而平均译码失真则是：

$$\bar{d} = \sum_{n=1}^{N} \sum_{m=1}^{M} p(x_n) p(y_m \mid x_n) d(x_n, y_m)$$

如果要求平均译码失真小于某个给定值 D，即：

$$\bar{d} = \sum_{n=1}^{N} \sum_{m=1}^{M} p(x_n) p(y_m \mid x_n) d(x_n, y_m) \leqslant D$$

也就是对 $P(Y \mid X)$ 施加了一定的限制。把满足上式的那些 $P(Y \mid X)$ 记为 P_D。在集合 P_D 中寻找一个 $P(Y \mid X)$ 使 $I(X; Y)$ 极小，把这个极小值称为在 $\bar{d} \leqslant D$ 的条件下所必须传送的信息速率，并记为 $R(D)$，即：

$$R(D) = \min_{P(Y|X) \in P_D} I(X; Y) \tag{4.36}$$

称 $R(D)$ 为信息率失真函数。它表示信息率与失真量之间的关系。

上式表明，在集合 P_D 中，任意一个 $I(X; Y)$ 值所对应的平均失真都小于或等于 D。也就是说，在集合 P_D 内，只要 $I(X; Y) \geqslant R(D)$，就可以达到 $\bar{d} \leqslant D$。但是如果 $I(X; Y) < R(D)$，就意味着 $P(Y \mid X)$ 不在集合 P_D 内，因而不能满足 $\bar{d} \leqslant D$。

定理 4.21　设 $R(D)$ 是某离散无记忆信源的信息率失真函数，只要满足信息率 $R > R(D)$，对于任意小的 $\varepsilon > 0$，允许失真值 $D \geqslant 0$，以及任意足够长的码字长度 N，则一定存在一种编码方法，使其平均译码失真 $\bar{d} \leqslant D + \varepsilon$；反之，若 $R < R(D)$，则无论采用什么样的编码方法，都不可能使译码的失真小于或等于 $D + \varepsilon$。

定理 4.21 被称为保真度准则下的信源编码定理，也就是香农第三编码定理。它表明在允许失真值 D 给定后，总存在一种编码方法，使编码后的信源输出信息率 R 大于 $R(D)$，但可任意地接近于 $R(D)$，而平均失真 $\bar{d}$ 小于或无限接近于允许失真值 D；反之，若 R 小于 $R(D)$，则编码后的平均失真 $\bar{d}$ 将大于 D。

如果用二进制码符号来进行编码的话，在允许失真为 D 的情况下，平均每个信源符号所需二进制码符号数的理论下限值在数量上等于 $R(D)$。在不允许失真的情况下，平均每个信源符号所需二进制码符号数的理论下限值在数量上等于 $H(X)$。一般情况下，$R(D)<H(X)$。所以在满足保真度准则 $\bar{d}\leqslant D$ 的条件下，信源所需输出数据就可以实现压缩。

信息传输的目标就是高效率、高质量地传输信息，而高效率和高质量又相互矛盾。本章分析的几个编码定理揭示：通过适当编码可以把高效率（传输信息的速率无限接近于信道容量）和高质量（传输信息的差错无限接近于零或者失真低于规定的允许值）和谐地结合起来。

思考题

1. 为什么说信息传输其实就是语法信息传输，甚至主要是概率语法信息的传输？

2. 试述香农三大编码定理。这三大编码定理给我们什么样的启示？

3. 设 X，$Y \in F_2^n$，证明

$$wt(X) - wt(Y) \leqslant wt(X+Y) \leqslant wt(X) + wt(Y)$$

4. 设 C 和 D 是二元线性码，令

$$C+D = \{ c+d \mid c \in C, d \in D \}$$

证明 $C+D$ 是二元线性码。

5. 求 S 生成的线性码 C 的生成矩阵与校验矩阵，并求参数 $[n, k, d]$。

（1）$s = \{ 1000, 0110, 0010, 0001, 1001 \}$。

（2）$s = \{ 10101010, 11001100, 11110000, 01100110, 00111100 \}$。

6. 求以下列矩阵为校验矩阵的二元线性码的汉明距离。

（1）$H = \begin{pmatrix} 0 & 1 & 1 & 1 & 0 & 0 & 0 \\ 1 & 1 & 1 & 0 & 1 & 0 & 0 \\ 1 & 1 & 0 & 0 & 0 & 1 & 0 \\ 1 & 0 & 1 & 0 & 0 & 0 & 1 \end{pmatrix}$ （2）$H = \begin{pmatrix} 1 & 1 & 0 & 1 & 0 & 0 & 0 \\ 1 & 0 & 1 & 0 & 1 & 0 & 0 \\ 0 & 1 & 1 & 0 & 0 & 1 & 0 \\ 1 & 1 & 0 & 0 & 0 & 0 & 1 \end{pmatrix}$

7. 设二元线性码 C 的校验矩阵为

$$H = \begin{pmatrix} 1 & 1 & 0 & 1 & 0 & 0 \\ 1 & 0 & 1 & 0 & 1 & 0 \\ 0 & 1 & 1 & 0 & 0 & 1 \end{pmatrix}$$

试写出 C 的生成矩阵及 C 的所有码字，并译下列码字：

（1）110110　　（2）011011　　（3）101010

8. 设 $g(x)=(1+x)(1+x+x^3)$ 是二元 [7，3] 循环码 C 的生成多项式。

（1）写出 C 的一个生成矩阵及校验矩阵；

（2）写出 C 的一个具有形式 $(I_3 \mid A)$ 的生成矩阵。

9. 设 C 是以 $g(x)=1+x+x^3$ 为生成多项式的 [7，4] 循环码。假设下列收到的码字至多发生了一个错误，试译这些码字。

（1）（1101011）　　（2）（0101111）　　（3）（0100011）

10. 设 C 是以 $g(x)=x^4+x+1$ 为生成多项式的二元 [15，11] 循环码，请分别使用除法编码法和乘法编码法对（10101010101）进行编码。

11. 已知一离散平稳信源，其信源符号的概率分布为

$$X: \quad x_1 \quad x_2 \quad x_3 \quad x_4$$

$$P: \quad \frac{1}{2} \quad \frac{1}{2^2} \quad \frac{1}{2^3} \quad \frac{1}{2^3}$$

其编码方案为

$$Y: \qquad y_1=1 \qquad y_2=0$$

试分别设计等长编码和不等长编码，并比较计算 $H(X)$、$H(Y)$、$\bar{l}$、$p(y_1=1)$、$p(y_2=0)$。

即测即评

参考文献

[1] 傅祖芸，赵建中. 信息论与编码 [M]. 2 版. 北京：电子工业出版社，2014.

[2] 傅祖芸. 信息论：基础理论与应用 [M]. 4 版. 北京：电子工业出版社，2015.

第 5 章 | 信息安全与信息加密

信息技术的迅速发展，一方面给人们的生活和工作带来了极大的方便，另一方面也带来了许多亟待解决的问题，其中信息的安全性就是一个突出的问题。尤其是随着云计算、大数据和物联网等新一代信息技术的快速发展，大量的重要信息通过开放的网络平台进行传输，此时信息安全就成为任何国家、组织和个人都必须十分重视的问题。

保护信息安全要求有一个完善的防范体系，涉及的范围很广，既要有科学的管理办法，制定严格的规章制度，又要有先进的技术防范手段。本章主要关注保护信息安全的关键技术——密码技术，介绍密码学的基本概念、算法的复杂性、信息的加密算法、信息的认证性以及密钥的管理。

5.1 | 信息安全与密码学的发展历史

国际标准化组织（ISO）将"信息安全"定义为：为数据处理系统建立和采取的技术和管理的安全保护。保护计算机硬件、软件数据不因偶然和恶意的原因而遭到破坏、更改和泄露。

信息安全的基本属性有保密性、完整性、可用性、不可否认性和可控性。信息的保密性是指信息不会被泄露给非授权的个人和实体，或供其使用，包括文件的保密性和传输过程中的保密性两个方面；信息的完整性是指信息在存储或传输时不被修改、不被破坏、不被插入、不延迟、不乱序和不丢失；信息的可用性是指信息可被合法用户访问并使用；信息的不可否认性是指能保证用户无法在事后否认曾对信息进行的生成、签发、接收等行为；信息的可控性是指可以控制授权范围内的信息流向及行为方式，对信息的传播及内容具有控制能力。

5.1.1 危害信息安全的因素

在现阶段，网络在不断发展和壮大，人们对网络和网络资源的依赖程度在不断加深，所以现阶段的信息安全主要指网络信息安全。网络信息安全指网络系统的硬件、软件及数据的安全，网络信息的传输、存储、处理和使用都要求处于安全状态。可见，网络信息安全至少应包括静态安全和动态安全两种。静态安全是指信息在没有传输和处理的状态下信息内容的安全性；动态安全是指信息在传输和处理过程中信息内容的安全性。现阶段危害网络信息安全的主要因素有：

① 计算机病毒。各种各样的计算机病毒将导致计算机系统瘫痪、程序和数据严重破坏，使网络的效率和作用降低，使许多功能无法使用或不敢使用。层出不穷的计算机病毒活跃在网络的每个角落，如"冲击波""震荡波""熊猫烧香"等病毒曾对人们的正常工作造成了严重威胁。

② 人为的无意失误。如操作员安全配置不当造成的安全漏洞，用户安全意识不强、口令选择不慎或将自己的账号随意转借他人或与别人共享等都会对信息安全带来威胁。

③ 人为的恶意攻击。这是计算机网络所面临的最大威胁。攻击者会以各种方式有选择地破坏信息的保密性、完整性和可用性，截获、窃取、破译以获得重要机密信息。

④ 软件的缺陷和漏洞。软件不可能百分之百无缺陷和无漏洞，这些缺陷和漏洞是黑客攻击的首选目标。另外，软件的"后门"都是软件公司的编程人员为了自便而设置的，一般不为外人所知。但一旦"后门"洞开，其造成的后果将不堪设想。

⑤ 物理安全问题。如通信光缆、服务器、路由器等设备有可能遭到自然因素或人为因素的破坏，引起网络的瘫痪。

5.1.2　保护信息安全的措施

保护信息安全涉及多方面的问题，是一项复杂的系统工程，必须采用系统工程学的方法、运用系统工程学的原理来设计信息安全体系。解决信息安全问题的基本策略是管理、法制和技术并举。

管理是安全防范中的灵魂。信息安全链条中任何一个环节脆弱都有可能导致安全防护体系失效，必须加强各管理部门和有关人员之间的合作，始终贯彻安全管理。在机构或部门中各级层次人员的责任感，对信息安全的认识、理解和重视程度，都与信息安全息息相关。

法制是保障，通过建立信息安全法规体系，规范信息化社会中各类主体的行为，以维持信息化社会的正常运作秩序。

技术是核心，要通过关键技术的突破，构筑起信息安全技术防范体系。目前人们采取的主要技术措施包括：

（1）防火墙技术

防火墙是设置在被保护网络和外部网络之间的一道屏障，以防止发生不可预测的、潜在破坏性的侵入。它通过监测、限制、更改跨越防火墙的数据流，尽可能地对外部屏蔽网络内部的信息、结构和运行状况，以此来实现网络的安全保护。

（2）入侵检测系统

入侵检测系统是一种对网络传输进行即时监控，在发现可疑传输时发出警报或者采取主动反应措施的网络安全设备。它是一种积极主动的安全防护技术。

（3）安全操作系统和安全数据库

安全操作系统给系统中的关键服务器提供安全运行平台，提供对数据库、网络系统、应用软件的保护。安全数据库是指在具有数据库一般功能的基础上，提高数据库安全性，达到某种安全标准的数据库管理系统。

（4）认证技术

认证技术是防止主动攻击的重要技术，对保障开放环境中的各种消息系统的安全有重要作用。认证的主要目的有两个：一是验证信息的发送者是真正的主人；二是验证信息的完整性，确保信息在传送过程中未被修改、重放或延迟等。

（5）加密技术

加密是实现信息存储和传输保密性的一种重要手段。信息加密的方法有对称密钥加密和非对称密钥加密，两种方法各有所长，可以结合使用，取长补短。对称密钥加密，加密解密速度快、算法易实现、安全性好，缺点是密钥长度短、密码空间小、"穷举"方式进攻的代价小。非对称密钥加密，容易实现密钥管理，便于数字签名，缺点是算法较复杂，加密解密花费时间长。

5.1.3　密码学的发展历史

密码技术是保护信息的重要工具。通过加密变换，将原始信息变换成难以理解的乱码，从而起到保护的作用。利用密码变换保护信息是密码最原始、最基本的功能，而随着计算机和信息技术发展起来的现代密码学，不仅用于解决信息的保密性，而且用于解决信息的完整性、可用性、可控性和可靠性。可以说，密码是保护信息安全的关键技术和最有效的手段。从传统上讲，密码学的核心是设计和分析加解密算法，也就是处理如何在不安全的信道上实现安全通信的问题。但在现代密码学中，更关注如何进行身份认证，构造不可伪造的数字签名，以及与此密切相关的伪随机数发生器和零知识证明等内容。

密码学是一门既古老又年轻的科学。说它古老，是因为人类在几千年前就开始使用朴素的密码技术，以保存、传递机密的政治、军事信息，如古希腊人使用的隐写术，我国古代的藏头诗、藏尾诗等。但这一时期的密码思想和技术与其说是一门科学，还不如说是一门艺术。因为此时的密码专家设计和分析密码时，主要靠的是直觉和手工计算，并没有严格的理论作为基础。

随后人们发明了文字置换的加密方式，通过手工或机械变换的操作实现。它比古代朴素的加密方法复杂，保密性更好。其代表密码体制主要有单表代替密码、多表代替密码及转轮密码等。恺撒密码就是一种典型的单表代替密码；多表代替密码有弗吉尼亚密码、希尔密码等；在20世纪早期，包括转轮机在内的一些机械设备被发明出来用于加密，其中最著名的是德国在第二次世界大战期间使用的密码机Enigma。这些机器产生的密码大大地增加了密码分析的难度。比如针对Enigma各种各样的破解，在付出了相当大的努力后才得以成功。

第二次世界大战后，计算机与电子学的蓬勃发展促成了更复杂的密码的出现。1949年香农发表了《保密系统的通信理论》（*The Communication Theory of Secrecy Systems*）。在这篇论文中，香农对信息论的概念和方法作了进一步研究，证明了密码编码需要坚实的数学基础，精辟地阐明了关于密码系统的分析、评价和设计的科学思想。这篇论文开创了用信息理论研究密码的新途径，一直为密码研究工作者所重视。1976 年 Diffie 和 Hellman 发表了《密码学的新方向》（*New Directions in Cryptography*）一文，引发了密码学上的一场革命。该论文首次证明了发送方和接收方无共享密钥的保密通信是可能的，由此开创了公钥密码学的新纪元。受他们的思想启发，各种公钥密码体制被提出，特别是 1977 年 RSA 加密算法的出现，成为公钥密码体制的杰出代表，在密码学史上是一个里程碑。1977 年 7 月，美国国家标准局公布了数据加密标准 DES（Data Encryption Standard），并批准将其用于政府等非机密单位及商业上的保密通信。

1984 年，Bennett 和 Brassard 首次提出了量子密码术（BB84），标志着"量子保密通信"的诞生。量子密码术与传统的密码系统不同，它依赖于量子力学作为安全模式的关键方面而不是数学。实质上，量子密码术是基于单个光子的应用和它们固有的量子属性开发的不可破解的密码系统，因为在不干扰系统的情况下无法测定该系统的量子状态。量子密码术用我们当前的物理学知识来开发不能被破获的密码系统，即如果不了解发送者所使用的密钥，接收者几乎无法破解并得到内容。

1989 年，R. Mathews、D. Wheeler、L. M. Pecora 和 Carroll 等人首次把混沌理论应用到序列密码及保密通信理论中，为序列密码的研究开辟了一条新的途径。混沌和密码学之间具有天然的联系和结构上的某种相似性，启示着人们把混沌应用于密码学领域。混沌信号的类随机特性及其所具有的优异混合特性保证了混沌加密器的扩散和混乱作用可以和传统加密算法一样好。

1997 年，美国国家标准与技术研究所（NIST）开始征集新一代数据加密标准来接任即将退役的 DES。2000 年 10 月，由比利时密码学家 Joan Daemen 和 Vincent Rijmen 发明的 Rijndael 密码算法成为新一代数据加密标准——AES（Advanced Encryption Standard）算法。

2003 年，Hwang 提出了基于诱骗态的量子密钥分发的思想，利用强度不同的弱相干态光源抵抗分束攻击。2004 年，实际可行的诱骗态量子密钥分发方案被提出。2006 年，中国科学技术大学教授潘建伟小组、美国洛斯阿拉莫斯国家实验室、欧洲慕尼黑大学—维也纳大学联合研究小组各自独立实现了诱骗态方案，同时实现了超过 100 千米的诱骗态量子密钥分发实验，由此打开了量子通信走向应用的大门。2009 年 9 月，潘建伟团队正是在 3 节点链状光量子电话网的基础上，建成了世界上首个全通型量子通信网络，首次实现了实时语音量子保密通信。2012 年年初，世界上规模最大的 46 节点的量子通信试验网在安徽省合肥市建成，标志着大容量的量子通信网络技术已经取得了关键突破。与此同时，新华社和中国科大合作建设的金融信息量子通信验证网正式开通，在世界上首次实现了利用量子通信网络对金融信息的安全传输。2014 年 11 月，潘建伟团队通过发展高速独立激光干涉技术，结合中科院上海微系统所自主研发的高效率、低噪声超导纳米线单光子探测器，将可以抵御黑客攻击的远程量子密钥分发系统的安全距离扩展至 200 千米，并将成码率提高了 3 个数量级，创下新的世界纪录。2016 年 8 月 16 日，世界首颗量子科学实验卫星"墨子号"在酒泉卫星发射中心发射升空。2017 年 8 月 12 日，墨子号首次成功实现千千米级的星地双向量子通信，为构建覆盖全球的量子保密通信网络奠定了坚实的基础。2018 年 1 月，在中国和奥地利之间首次实现距离达 7 600 千米的洲际量子密钥分发，并利用共享密钥实现加密数据传输和视频通信。该成果标志着墨子号已具备实现洲际量子保密通信的能力。2021 年 1 月 7 日，中国科学技术大学宣布中国科研团队成功实现了跨越 4 600 千米的星地量子密钥分发，标志着我国已构建出天地一体化广域量子通信网雏形。

这些重要的密码学算法和通信技术的出现，标志着密码学理论与技术划时代的变革，宣布了现代密码学的开始。从这一阶段直到现在，密码学理论蓬勃发展，密码算法设计与分析互相促进，出现了大量的加密算法和各种攻击方法。密码学不仅在军事、外交通信领域中被广泛应用，而且其商用价值和社会价值日趋重要。

5.1.4　大数据环境下的密码技术

随着大数据时代的到来，数据的机密性、完整性、可用性及不可否认性受到严重威胁。在大数据环境下，用户希望将数据加密后上传至服务器，使数据处理方在不解密的情况下对密文数据进行处理。使得用户的隐私不会泄露，同时数据处理方也可以获得数据处理后的结果。当用户需要原始数据时，可以从服务器下载密文数据解密后得到原始数据。但是这样会消耗较多的计算资源和网络带宽。为解决这些问题，产生了可搜索加密、全同态加密和安全多方计算等技术。

1. 可搜索加密技术

数据拥有者通过该技术在确保个人隐私不被泄露的同时，通过索引搜索到存储在云端的数据，达到只有合法用户才具备的基于关键词检索的能力，并提供加密和检索两种服务。加密保证了数据拥有者信息的机密性，在数据传输过程和云端都不会被泄露；检索在保证数据拥有者自身隐私的同时，提供了查询检索功能。

2. 全同态加密技术

大数据存储在云端时，云服务提供者可能泄露数据拥有者的隐私。全同态加密可以对两个密文进行加和乘的操作，再对操作后的密文进行解密，所得的结果与对原始明文进行同样操作的结果一致。通过该技术，数据拥有者将密文存储在云端进行处理，云服务提供者在不掌握明文数据的情况下为数据拥有者提供服务。

3. 安全多方计算技术

在分布式环境下为了对敏感数据加强保护，若干个互不信任、相互独立的数据参与方通过信息交换、协作得到对于每个数据参与方都公开的计算结果，但是无法获取其他数据参与方的输入数据，可以在大数据环境下保护用户的隐私。

5.2 | 密码学的基本概念

密码学是研究通信安全的一门科学。经典密码学由密码编码学与密码分析学两个分支组成。密码编码学是研究如何保证信息保密性与认证性的方法，密码分析学是研究如何破译密码或制造伪信息的方法。经典密码学可以实现信息的保密性。现代密码学还包括近几年才形成的新分支——密钥密码学，它是以密钥（现代密码学的核心）及密钥管理作为研究对象的学科。密钥管理是一系列的规程，包括密钥的产生、分配、存储、保护、销毁等环节，在保密系统中是至关重要的。经典密码学主要以实现信息的保密性为目的，现代密码学不仅可以实现信息的保密性，而且可以实现信息的真实性、完整性、可用性、可审查性和不可否认性。

对信息加密是为了让未授权者不能得到信息。通常称待加密的信息为明文，加密后的信息为密文或密码；称将明文变换成密文的过程为加密，将密文译成明文的过程为解密；称将明文变换成密文的运算方法为加密算法，将密文译成明文的运算方法为解密算法；称用来控制加密算法和解密算法的密钥为加密密钥与解密密钥。根据密钥的特点，密码体制分为私钥（对称）密码体制与公钥（非对称）密码体制。在私钥密码体制中，加密密钥与解密密钥是相同的，或从一个容易推出另一个；在公钥密码体制中，加密密钥与解密密钥不同，或从一个很难推出另一个。根据加密的方式不同，又可将密码分为流密码和分组密码。在流密码中，将明文按字符一个一个地加密；在分组密码中，将明文分成若干个组，每组含多个字符，一组一组地加密。此外，将私钥密码技术和公钥密码技术相结合形成了量子密码和混沌密码等新密码技术。

密码通信通常会受到未授权者或非法入侵者的攻击。未授权者通过各种可能的手段获取密文，并通过各种分析手段推断出明文的过程，称为破译。这类攻击属于被动攻击。非法入侵者通过各种手段进入密码通信系统，并通过可能的方法删改、伪造信息以达到破坏密码的通信系统，这种攻击属于主动攻击。

破译或攻击密码的方法有穷举法和分析法两种。穷举法是指用各种可能的密钥去试译密文，直到得到有意义的明文的方法。分析法是指通过数学关系式或统计规律找出明文或与明文相关的有用信息的破译方法。如果一个密码在规定的时间内，通过密文能确定明文或密钥，或通过一定量的明文与密文的对应关系能确定密钥，则称这个密码是可破的；否则，称密码是不可破的。

根据密码分析者破译密码时已具备的前提条件，通常人们将破译类型或攻击类型分为如下四种。

① 唯密文攻击（cipher-text-only attack）。密码分析者有一个或更多的用同一个密钥加密的密文，通过对这些截获的密文进行分析得出明文或密钥。

② 已知明文攻击（know plaintext attack）。除要破译的密文外，密码分析者有一些明文和用同一密钥加密这些明文所对应的密文。

③ 选择明文攻击（chosen plaintext attack）。密码分析者可得到所需要的任何明文所对应的密文，这些密文与要破译的密文是用同一个密钥加密得来的。

④ 选择密文攻击（chosen cipher-text attack）。密码分析者可得到除待破译密文的其他任何密文所对应的明文，解密这些密文所使用的密钥与要破译的密文的密钥是相同的。

上述四种攻击类型的强度按序递增，唯密文攻击是最弱的一种攻击，选择密文攻击是最强的一种攻击。显然，如果一个密码系统能够抵抗选择明文攻击，则该系统一定能够抵抗唯密文攻击和已知明文攻击。此外，还有自适应选择明文攻击和选择密钥攻击等特殊的攻击手段。

一个密码通信系统可用图 5.1 表示。

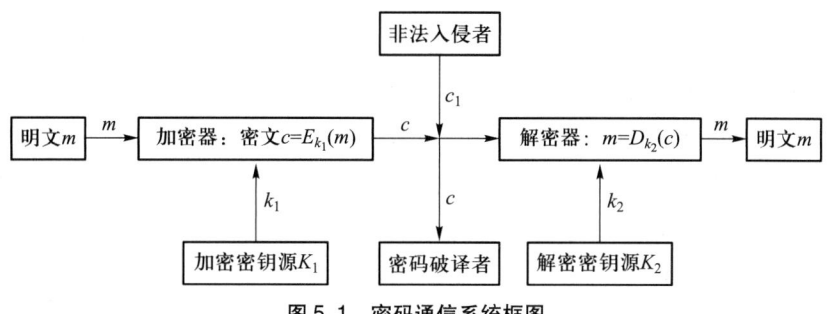

图 5.1　密码通信系统框图

　　防止消息被攻击者删改或伪造的一种有效方法是使发送的信息具有被验证的能力，使接收者或第三者能够识别和确认信息的真伪，实现这类功能的密码系统称作为认证系统。

5.3 | 密码学的复杂性理论

　　复杂性理论是理论计算机科学和数学的一个分支，它致力于将可计算问题根据它们本身的复杂性分类，以及将这些类别联系起来。从根本上说就是研究哪些工作可以很容易地用计算机完成，哪些工作不能的理论。在复杂性理论中，最关键的事情是搞清楚随着输入数据的增多，解决一个问题所需的步骤会以什么样的方式增加。

　　密码学的复杂性理论由算法复杂性与问题复杂性两方面组成，它是比较不同的密码技术与算法的复杂性与安全性的理论依据。无论是密码设计者还是破译者，关心的一个共同问题是：在现有的资源下，破译一个密码系统所需要的时间，是否大于消息的最小保密时间，同时所需的空间是否大于现有的计算机容量。

5.3.1　算法复杂性

　　一个算法的复杂性由该算法所需要的最大时间 T（要通过多少步才能解决问题）和最大存储空间 V（在解决问题时需要多少内存）来度量。由于一个算法应用于一个问题的不同实例所需要的时间与空间是不相同的，它们依赖于解决该实例时所需要输入数据的长度 n，因此常将所需要的时间与空间表示成 n 的函数，记为 $T(n)$ 与 $V(n)$。在解决同一个问题的不同实例时，即使要输入数据的长度 n 相同，算法所需的时间与空间有时差异也很大，因此经常用平均时间复杂函数 $\overline{T(n)}$ 与平均空间复杂函数 $\overline{V(n)}$ 表示该算法计算这一问题的复杂性。

　　算法的复杂性通常用 n 的数量级表示。如果存在正常数 k_1、k_2 及 N 使得对一切 $n>N$ 有：

$$k_1 h(n) \leqslant f(n) \leqslant k_2 h(n)$$

则称 $f(n)$ 与 $h(n)$ 为同数量级的，记为 $f(n) = O(h(n))$。如 $f(n) = 2n^2 + 5n + 1$，当 $n>N=5$ 时满足 $n^2 \leqslant f(n) \leqslant 3n^2$，故 $f(n) = O(n^2)$。容易证明，当 $f(n)$ 是 n 的 k 次多项式时，则 $f(n) = O(n^k)$，即所

有低阶项与常数项可忽略不计。

若按时间复杂性分类，算法主要分为多项式时间算法与指数时间算法。多项式时间算法是指时间复杂函数为 $O(n^k)$ 的算法，特别当 $k=1$ 时，又称算法是线性时间算法；指数时间算法是指时间复杂函数为 $O(a^{h(n)})$ 的算法，其中 $a>1$。当 n 很大时，不同类型算法的复杂性可能差别很大。例如，若一台计算机每秒能执行 10^6 条指令，当 $n=10^6$ 时，若 $T(n)=n$，则所需计算时间为 1 秒；若 $T(n)=n^2$，则所需计算时间为 $(10^6)^2/10^6$ 秒，相当于 11.6 天；若 $T(n)=n^3$，则所需时间为 $(10^6)^3/10^6$ 秒，相当于 32 000 年；若 $T(n)=2^n$，则所需时间大约为 $3\times10^{301\,016}$ 年。由此可见，设计算法要充分考虑时间复杂性。

由于计算机存储空间的有限性，算法的空间复杂性也要充分考虑。空间复杂性是指计算机科学领域完成一个算法所需要占用的存储空间，一般是输入参数的函数。它是算法优劣的重要度量指标。一般来说，空间复杂性越小，算法越好。一个算法在计算机存储器上所占用的存储空间，包括存储算法本身所占用的存储空间、算法的输入输出数据所占用的存储空间和算法在运行过程中临时占用的存储空间这三个方面。算法的输入输出数据所占用的存储空间是由要解决的问题决定的，是通过参数表由调用函数传递而来的，它不随算法不同而改变。存储算法本身所占用的存储空间与算法书写的长短成正比，要压缩这方面的存储空间，就必须编写出较短的算法。算法在运行过程中临时占用的存储空间随算法不同而异，有的算法只需要占用少量的临时工作单元，而且不随问题规模的大小而改变；有的算法需要占用的临时工作单元数与解决问题的规模 n 有关，它随着 n 的增大而增大，当 n 较大时，将占用较多的存储单元。

5.3.2 问题复杂性

密码学中问题按复杂性主要分为 P 问题与 NP 问题两类。在考虑算法或者问题的复杂性时，需要一个统一的计算量衡量标准，这个标准必须与计算机的性能无关，只与算法或者问题实例自身的计算特性相关。也就是说，我们需要一个可以适用于衡量一切算法和问题的计算特性的基础模型，使得一切算法和问题能在此基础模型上加以衡量和比较。

下面先介绍一种理想的计算机，称它为图灵机（Turing machine）。图灵机具有无限读写能力，并可做无限个并行操作。如果该机每一步操作结果是唯一确定的，则称它为确定型图灵机；如果每一步操作结果或下一步操作都可能有多种选择，则称该机为不确定型图灵机。在确定型图灵机上可用多项式时间解决的问题，被认为是易解问题，易解问题的全体称为确定型多项式时间可解类，记为 P。不确定型图灵机工作分猜测与验证两个阶段，所谓一个问题在不确定型图灵机上可用多项式时间解决，是指若图灵机猜测一个解，则它可以在多项式时间内验证此解正确与否，并不是指图灵机可在多项式时间内求出正确的答案。在不确定型图灵机上可以用多项式时间解决的问题，称为非确定型多项式时间可解问题，简称 NP 问题，NP 问题全体称为非确定型多项式时间可解类，仍记为 NP。显然，P ⊆ NP，因为在确定型图灵机上多项式时间可解的任何问题在不确定型图灵机上也是多项式时间可解的，此时无须猜测阶段。NP 中的某些问题的复杂性与整个类的复杂性相关联。这些问题中任何一个如果存在多项式时间的算法，那么所有 NP 问题都是多项式时间可解的。这些问题被称为 NP-完全问题（NPC 问题）。NP-完全问题是美国马萨诸塞州的克雷数学研究所于 2000 年 5 月 24 日在巴黎法兰西学院宣布的七个"千禧年数学难题"之一。

下面给出一个具体的 NP 问题的例子。

例 5.1 背包问题：给定 n 个整数的集合 $A = \{a_1, a_2, \cdots, a_n\}$ 和一个整数 N，判断是否存在一个子集 S，使得 S 中的所有数之和为 N，即 $\sum_{x \in S} x = N$。

这个问题是一个典型的 NP 问题。因为对于一个给定的子集 S（也就是一个猜测），可在多项式时间内验证其和是否为 N。

然而要找 A 的一个子集 S 使其和等于 N，其时间复杂性 $T = O(2^n)$，这是因为 A 共有 2^n 个不同的子集。试验所有的子集是一个指数时间算法，因而背包问题可以在指数时间内求解。

前面所讲的算法和问题的分类主要是按时间分类的，当然也可以按空间分类，有兴趣的读者可参阅密码学文献。

5.4 | 私钥密码算法

私钥密码技术也称为对称密码技术或单钥密码技术，就是加密密钥和解密密钥相同的这类密码体制，它采用的解密算法是加密算法的逆运算。私钥密码体制根据对明文消息加密方式不同可分为流密码和分组密码两大类。

5.4.1 流密码

在流密码中，将明文 m 写成连续的符号 $m = m_1 m_2 \cdots$，利用密钥流 $k = k_1 k_2 \cdots$ 中的第 i 个元素 k_i 对明文中的第 i 个元素 m_i 进行加密，若加密变换为 E，则加密后的密文 $c = E_k(m) = E_{k_1}(m_1) E_{k_2}(m_2) \cdots E_{k_i}(m_i) \cdots$。设与加密变换 E 对应的解密变换为 D，其中 D 满足 $D_{k_i}(E_{k_i}(m_i)) = m_i$，$i = 1, 2, \cdots$，则通过解密运算可译得明文为 $m = D_k(c) = D_{k_1}(E_{k_1}(m_1)) D_{k_2}(E_{k_2}(m_2)) \cdots = m_1 m_2 \cdots$，从而完成一次密码通信。流密码通信框图如图 5.2 所示。

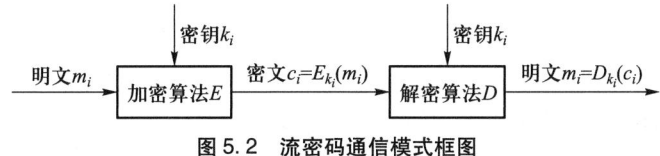

图 5.2 流密码通信模式框图

例 5.2 设明文、密钥、密文都是 F_2 上的二元数字序列，明文 $m = m_1 m_2 \cdots$，密钥为 $k = k_1 k_2 \cdots$，若加密变换与解密变换都是 F_2 中的模 2 加法，试写出加密过程与解密过程。

解：经加密变换得密文 $c = E_k(m) = E_{k_1}(m_1) E_{k_2}(m_2) \cdots = (k_1 + m_1)(k_2 + m_2) \cdots$；经解密变换得：

$D_k(c) = D_k((k_1+m_1)(k_2+m_2)\cdots) = (k_1+k_1+m_1)(k_2+k_2+m_2)\cdots$，由于 $k_i \in F_2$，则 $k_i+k_i = 0$，$k = 1$，2，$\cdots$，故 $D_k(c) = m_1 m_2 \cdots = m$。

例 5.2 中构造的密码系统在唯密文攻击下是安全的，但易受到已知明文的攻击，这是因为密钥 k 可由明文 m 与密文 C 进行模 2 加获得。因此要用该密码系统通信就要求每发送一条消息都产生一个新的密钥并在一个安全的信道上传送，习惯上人们称这种通信系统为"一次一密系统"。一次一密系统是无条件安全保密系统，但这种系统很不实用，而且具有很大的局限性。在实际问题中，人们设计一个密码系统的目标是一个密钥能用来加密很多消息，或一个密钥能用来加密一条更长的明文，只要求计算上是安全的，也就是利用已有的最好方法破译该系统所需的努力超过了密码分析者的破译能力（诸如时间、空间和资金等资源）或破译该系统的难度等价于解数学上的某个已知难题。当然，这只是提供了系统在计算上安全的一些证据，并没有真正证明系统在计算上是安全的。

1. 密钥流生成器

在流密码中，如果密钥流经过 d 个符号之后重复，则称该流密码是周期性的，否则称之为非周期性的。密钥流元素 k_j 的产生由第 j 时刻流密码的内部状态 s_j 和实际密钥 k 所决定，记为 $k_j = f(k, s_j)$。加密变换 E_{k_j} 与解密变换 D_{k_j} 都是时变的，其时变性由加密器或解密器中的记忆文件来保证。加密器中存储器的状态 s 随时间变化而变化，这种变化可用状态转移函数 f_s 表示。如果 f_s 与输入的明文无关，则密钥流 $k_j = f(k, s_j)$ 与明文无关，$j = 1$，2，$\cdots$，从而 j 时刻输出的密文 $c_j = E_{k_j}(m_j)$ 与 j 时刻之前的明文也无关，我们称此种流密码为同步流密码。在同步流密码中，只要发送端和接收端有相同的实际密钥和内部状态，就能产生相同的密钥流，此时我们说发送端和接收端的密钥生成器是同步的。一旦不同步，解密工作立即失败。如果状态转移函数 f_s 与输入的明文符号有关，则称该流密码为自同步流密码。目前应用最广泛的流密码是同步流密码。

一个同步流密码是否具有很高的密码强度主要取决于密钥流生成器的设计。为了设计安全的密钥流生成器，必须在生成器中使用线性变换，这就给生成器的理论分析工作带来了很大困难。密钥流生成器的目的是由一个短的随机密钥（也称实际密钥或种子密钥）k 生成一个长的密钥流，用这个长的密钥流对明文加密或对密文解密，从而使得一个短的密钥可用来加密更长的明文或解密更长的密文。对密钥流生成器的一个实际的安全要求是它的不可预测性，即要求生成的密钥流具有随机性，从而使密码分析者不可能从截获的 i 比特子段生成大于 i 比特的密码。

构造密钥流生成器是流密码最核心的内容，目前有各种各样的构造方法，这些方法可划分为四大类方法：信息论方法、系统论方法、复杂度理论方法和随机化方法。根据已知的构造方法构造出来的大多数密钥流生成器已被证明是不安全的，即使现在还没有被证明，迟早也会被证明是不安全的。因为现在被认为是安全的密码，都是基于世界上某个数学难题没有被解决，即破解密码系统的难度等价于解决世界上某个公开数学问题的难度，一旦这个数学问题被解决，与之同难度的密码系统就不安全了。

下面介绍由两个移位寄存器组成的收缩密钥流生成器，该构造方法属于系统论方法。

2. 收缩密钥流生成器

在介绍收缩密钥流生成器之前，先介绍移位寄存器。移位寄存器是密码学中最基本也是最重要的电子设备。图 5.3 是 n 级移位寄存器的框图。

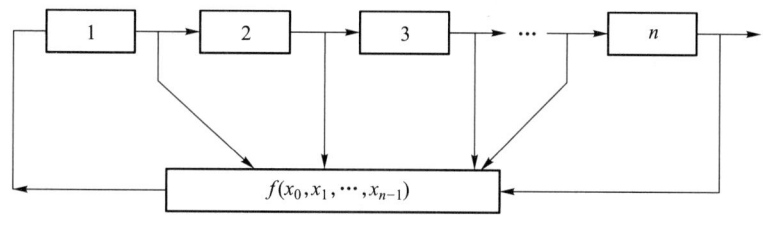

图 5.3　n 级移位寄存器

图中 n 个小方框是 n 个寄存器，从左到右依次叫第 1 级，第 2 级，…，第 n 级寄存器。开始时，设第 1 级内容是 a_{n-1}，第 2 级内容是 a_{n-2}，…，第 n 级内容是 a_0，则称这个寄存器的初始状态是 $(a_0,\ a_1,\ \cdots,\ a_{n-1})$。当加上一个脉冲时，每个寄存器的内容移给下一级，第 n 级内容输出，同时将各级内容送给运算器 $f(x_0,\ x_1,\ \cdots,\ x_{n-1})$，并将运算器的结果 $a_n = f(a_0,\ a_1,\ \cdots,\ a_{n-1})$ 反馈到第一级去。这样这个移位寄存器的状态就是 $(a_1,\ a_2,\ \cdots,\ a_n)$，而输出是 a_0 不断地加脉冲，上述 n 级移位寄存器的输出就是一个 2 元（或 q 元）序列：

$$a_0,\ a_1,\ a_2,\ \cdots$$

在运算器中反馈函数 $f(x_0,\ x_1,\ \cdots,\ x_{n-1})$ 给定的条件下，这个序列完全由初始状态 $(a_0,\ a_1,\ \cdots,\ a_{n-1})$ 确定。当 $f(x_0,\ x_1,\ \cdots,\ x_{n-1})$ 为线性函数时，称该移位寄存器为 n 级线性移位寄存器；否则为 n 级非线性移位寄存器。代数编码中已证明移位寄存器产生的序列都是周期序列，周期都小于或等于 2^n。

例 5.3　给定一个 4 级线性移位寄存器如图 5.4 所示。给定初始状态 (0001)，求该移位寄存器产生的周期序列。

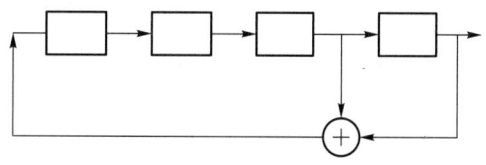

图 5.4　4 级移位寄存器

解： 易见 $f(x_0,\ x_1,\ x_2,\ x_3) = x_0 + x_1$，因此对 $k \geqslant 4$ 有

$$a_k = a_{k-3} + a_{k-4}$$

从而该 4 级移位寄存器产生的序列是周期 15 的序列：

$$000100110101111\cdots$$

由例 5.3 知，移位寄存器（简记 SR）可由短序列生成具有一定规律的长序列。这种序列便可以作为密钥流序列，但抗攻击能力较差。通常的密钥流生成器都是由若干个移位寄存器并联，并且与特殊的电子电路组合而成。图 5.5 的收缩密钥流生成器便是这种简单而实用的密钥流生成器。

图 5.5 所示的收缩密钥流生成器由两个移位寄存器构成。通过 SR_1 的输出选择 SR_2 的输出来生成密钥流。其工作模式如下。

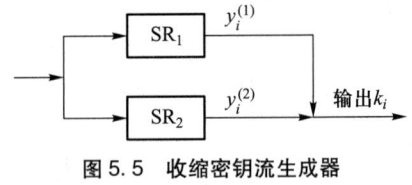

图 5.5　收缩密钥流生成器

　　输入：参数：两个移位寄存器的级数及反馈函数；
　　　　　密钥：两个移位寄存器的初始状态。

① 移位 SR_1 并产生 $y_i^{(1)}$，同时移位 SR_2 并产生 $y_i^{(2)}$。

② 如果 $y_i^{(1)} = 1$，则输出密钥元素 $k_i = y_i^{(2)}$；

　　如果 $y_i^{(1)} = 0$，则删去 $y_i^{(2)}$，$i = 1$，2，$\cdots$。

由此收缩密钥流生成器产生的密钥流为 $\{k_i \mid i \geq 1\}$。目前有不少学者在讨论该密钥流生成器的安全性。

5.4.2　分组密码

分组密码是将明文消息编码表示后的数字序列 x_1，x_2，$\cdots$ 划分成长为 m 的组 $x = (x_1, x_2, \cdots, x_m)$，各组分别在密钥 $k = (k_1, k_2, \cdots, k_t)$ 的控制下变换成长为 n 的密文 $y = (y_1, y_2, \cdots, y_n)$。分组密码通信模式框图如图 5.6 所示。

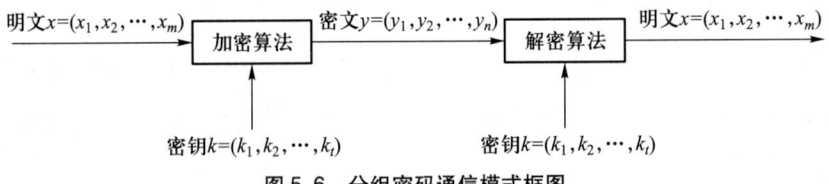

图 5.6　分组密码通信模式框图

分组密码与流密码的不同之处在于输出的每一位数字不是只与相应时刻输入的明文数字有关，而是与一组长为 m 的明文数字有关。分组密码的优点是容易标准化，而且容易实现同步，其缺点是相同的密文组蕴含相同的明文组，且其加密不能抵抗组的重放等攻击。但这些缺点可通过一些技术手段加以克服。

在分组密码通信中，通常明文与密文长度相等，称该长度为分组长度。设明文空间与密文空间均为 F_2^n，密钥空间为 S_k，则分组密码的加密函数 $y = E(x, k)$ 和解密函数 $x = D(y, k)$ 都是 F_2^n 到 F_2^n 的一个置换。一个好的分组密码应该是既难破译又容易实现的，即加密函数 $E(x, k)$ 和解密函数 $D(y, k)$ 都必须很容易计算，同时要从方程 $y = E(x, k)$ 和 $x = D(y, k)$ 中求出 k 却很困难。

5.4.3　DES 加密算法原理

设计一个好的分组密码算法是非常困难的。目前有代表性的私钥分组密码算法有 DES（数据加密标准）、IDEA（国际数据算法）等。下面简单介绍 DES 算法，对其详细的介绍以及其他算法感兴趣的读者可参阅相关的密码学教材。

DES 是迄今为止世界上最为广泛使用和流行的一种分组密码算法，它是由美国 IBM 公司研制的。1977 年 7 月 15 日美国正式批准 DES 作为美国联邦信息处理标准，并规定每隔五年由美国国家保密局对 DES 做出评估，重新决定它是否继续作为联邦加密标准。最近的一次评估是 1994 年 1 月，美国已于 1998 年 12 月以后不再使用 DES。

DES 算法使用长度为 64 位（除去 8 位奇偶校验，实际密钥长为 56 位）的密钥加密长度为 64 比特的明文（二进制数据），获得长度为 64 比特的密文，其加密工作程序如下。

① 给定一个明文 x，通过一个固定的初始变换 IP（把明文的第 58 位置换到第 1 位，第 50 位置换到第 2 位…，原来输入明文的第 7 位将作为置换结果的最后一位）将 x 变换为 x_0，记 $x_0 = \mathrm{IP}(x) = L_0 R_0$，这里 L_0 是 x_0 的前 32 比特，R_0 是 x_0 的后 32 比特。如表 5.1 所示。

表 5.1　初始变换 IP 表

58	50	12	34	26	18	10	2	60	52	44	36	28	20	12	4
62	54	46	38	30	22	14	6	64	56	48	40	32	24	16	8
57	49	41	33	25	17	9	1	59	51	43	35	27	19	11	3
61	53	45	37	29	21	13	5	63	55	47	39	31	23	15	7

② 接着进行 16 轮完全相同的运算，在这里数据与密钥相结合。根据下列规则计算 $L_i R_i$，$i = 1$，2，…，16：

$$L_i = R_{i-1}$$
$$R_i = L_{i-1} \oplus f(R_{i-1}, k_i)$$

其中函数 $f(R_{i-1}, k_i)$ 的第一个变量 R_{i-1} 是一个长度为 32 的比特串，第二个变量 k_i 是一个长度为 48 的比特串，函数值是一个长度为 32 的比特串；$k_i(i = 1$，2，…，16) 是密钥 k 的函数，长度都是 48 比特，$\oplus$ 表示两个比特串的异或。一轮 DES 加密过程如图 5.7 所示。

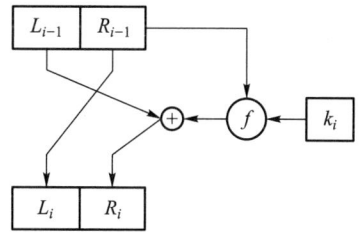

③ 对比特串 $R_{16} L_{16}$ 应用初始变换 IP 的逆变换 IP^{-1}，即得密文 $y = \mathrm{IP}^{-1}(R_{16} L_{16})$。如表 5.2 所示。

图 5.7　一轮 DES 加密过程

表 5.2　逆初始变换 IP^{-1} 表

40	8	48	16	56	24	64	32	39	7	47	15	55	23	63	31
38	6	46	14	54	22	62	30	37	5	45	13	53	21	61	29
36	4	44	12	52	20	60	28	35	3	43	11	51	19	59	27
34	2	42	10	50	18	58	26	33	1	41	9	49	17	57	25

DES 的解密采用同一算法实现，把密文 y 作为输入，倒过来使用密钥方案，即以逆顺序 k_{16}，k_{15}，…，k_2，k_1 使用密钥方案，输出的将是明文 x。

DES 的安全性完全依赖于所用的密钥。自 DES 作为标准起，人们对它的安全性就有深入的研究，40 多年来出现了许多针对 DES 安全性的攻击及其他相关问题的研究，这些研究不仅深入分析、检验了 DES 的各个方面，而且大大地推动了密码学的研究和发展。

到目前为止，对 DES 最有效的攻击仍然是穷举攻击，因此 DES 算是一个安全的算法。但是它的密钥太短了，随着计算机计算能力不断增强，破解 DES 所需的时间越来越短。因此，一个有效的防范方法是采用多重加密的方法加长密钥，也就是用同一个算法在多重密钥的作用下多次加密同一个明文数据块，如双重 DES、三重 DES 等。

由于解密技术的快速演进已经严重威胁到 DES 密码系统的安全性，面对用户对信息的安全存储、处理和传输需求越来越高的现实，1997 年 4 月，美国国家标准与技术研究所（NIST）发起了征集 AES 算法的活动，目的是确定一个非保密的、公开披露的、全球免费使用的分组密码算法，用于保护下一代政府的敏感信息，也希望其能够成为国家各个部门的数据加密标准。2000 年 10 月，比利时的两位密码学家 Joan Daemen 和 Vincent Rijmen 设计的 Rijndael（荣代尔）算法以它表现出的良好性能，即建立密钥时间短、灵敏性高、能够抵抗强力攻击和时间选择攻击，被 NIST 选为 AES 的唯一算法。Rijndael 算法是一个迭代分组码，具体的实现过程可参考相关的密码学书籍，这里不再赘述。

5.5 | 公钥密码算法

在 5.2 节中我们指出，密码系统根据密钥的特点可分为两类，即私钥密码体制和公钥密码体制（也称为非对称密码技术或双钥密码技术）。在上节讨论的私钥密码体制中，解密密钥与加密密钥相同或容易从加密密钥导出，加密密钥的暴露会使系统变得不安全，因此使用私钥密码体制在传送任何密文之前，发送者和接收者必须使用一个安全信道预先通信密钥 k，在实际通信中，做到这一点很困难。

5.5.1　公钥密码体制及其设计的基本原理

在公钥密码体制中，解密密钥和加密密钥不同，从一个难于推出另一个，解密和加密是可分离的，加密密钥是可以公开的。公钥密码系统的观点是由 Diffie 和 Hellman 在 1976 年首次提出的，它使密码学发生了一场革命。1977 年由 Rivest、Shamir 和 Adleman 提出了第一个比较完善的公钥密码算法，这就是著名的 RSA 算法。自那时起，人们基于不同的计算问题，提出了大量的公钥密码算法，代表性的算法有 RSA 算法、Merke-Hellman 背包算法和椭圆曲线算法等。在公钥密码体制中，信息可通过编码被加密在一个 NP-完全问题之中，使得以普通的方法破译这种密码等价于解一个 NP-完全问题。但若已知解密密钥，解密就容易实现。要构造这样的密码，核心问题是找一个陷门单向函数（trapdoor one-way function）。如果函数 $f(x)$ 满足：对 $f(x)$ 的定义域中的任意 x，

都容易计算函数值 $f(x)$，而对于 $f(x)$ 的值域中的几乎所有的 y，即使已知 f 要计算 $f^{-1}(y)$ 也是不可行的，则称 $f(x)$ 是单向函数（one-way function）。若给定某些辅助信息时又容易计算单向函数 f 的逆 f^{-1}，则称 $f(x)$ 是一个陷门单向函数。这一辅助信息就是秘密的解密密钥。这就是设计公钥密码体制的基本原理。

定义 5.1 给定一个正整数 m，如果用 m 去除两个整数 a 和 b 所得的余数相同，则称 a、b 对模数 m 同余，记作 $a \equiv b \pmod m$。

公钥密码体制的安全性是指计算安全性，而绝不是无条件安全性，这是由公钥密码算法中求陷门单向函数的逆的复杂性决定的。虽然有许多函数被认为或被相信是单向的，但目前还没有一个函数能被证明是单向的。下面我们给一个被相信是单向函数的例子。

设 n 是两个大素数 p 和 q 的乘积，b 是一个正整数，对 $x \in Z_n$，令

$$f(x) \equiv x^b \pmod n$$

即 $f(x)$ 等于 x^b 被 n 除所得的余数，人们认为 $f(x)$ 是一个从 Z_n 到 Z_n 的单向函数。

当选择一个适当的 b 和 n 时，该函数就是著名的 **RSA** 算法的加密函数。

5.5.2 RSA 密码体制

定义 5.2 设 m，n 是两个整数，如果正整数 d 满足：

① d 整除 m 和 n，即 $d \mid m$，$d \mid n$；

② 若 $d' \mid m$ 且 $d' \mid n$，则 $d' \mid d$。

则称 d 是 m 与 n 的最大公因数，记为 $d = (m, n)$。若 $(m, n) = 1$，则称 m 与 n 互素。易见，$a \equiv b \pmod n$ 的充分必要条件是 $n \mid (a-b)$。

设 n 是任一自然数，记 1，2，$\cdots$，$n-1$ 中与 n 互素的数的个数为 $\varphi(n)$，并称 $\varphi(n)$ 为欧拉（Euler）函数。

定理 5.1 设 $Z_n^* = \{m \mid (m, n) = 1, 1 \le m \le n-1\}$，则对 $\forall a \in Z_n^*$，有

$$a^{\varphi(n)} \equiv 1 \pmod n$$

证明 记 $Z_n^* = \{a_1, a_2, \cdots, a_{\varphi(n)}\}$，由于 $a \in Z_n^*$，则 $(a, n) = 1$。又 $(a_i, n) = 1$，从而 $(aa_i, n) = 1$，$i = 1, 2, \cdots, n$。则 $aa_1 \pmod n$，$aa_2 \pmod n$，$\cdots$，$aa_{\varphi(n)} \pmod n$ 都与 n 互素。又由于 $(a, n) = 1$，则存在整数 b，c 使 $ab + cn = 1$，即 $ab \equiv 1 \pmod n$，即 a 模 n 可逆，故 $aa_i \neq aa_j \pmod n$，$i \neq j$。从而

$$Z_n^* = \{aa_1 \pmod n, aa_2 \pmod n, \cdots, aa_{\varphi(n)} \pmod n\} = \{a_1, a_2, \cdots, a_{\varphi(n)}\}$$

故这两个集合中元素的乘积模 n 相等，即：

$$\prod_{i=1}^{\varphi(n)} (aa_i) \equiv \prod_{i=1}^{\varphi(n)} a_i \pmod n$$

则

$$a^{\varphi(n)} \prod_{i=1}^{\varphi(n)} (aa_i) \equiv \prod_{i=1}^{\varphi(n)} a_i \pmod n$$

故

$$a^{\varphi(n)} \equiv 1 (\bmod\ n)$$

证毕。

设 $n = pq$，其中 p 与 q 是不同的素数，则由数论知识知 $\varphi(n) = (p-1)(q-1)$。

定理 5.2 设 p 与 q 是两个不同的素数，$n = pq$，则对任意的 $x \in Z_n = \{0,\ 1,\ 2,\ \cdots,\ n-1\}$ 及任意的非负整数 k，有：

$$x^{k\varphi(n)+1} \equiv x (\bmod\ n)$$

证明 由于 p 是素数，则 $1,\ 2,\ \cdots,\ p-1$ 都与 p 互素，则

$\varphi(p) = p-1$，又 $\varphi(n) = (p-1)(q-1)$，从而 $\varphi(p)\ |\ \varphi(n)$。

① 若 $p\ |\ x$，则 $x \equiv 0 (\bmod\ p)$，则：

$$x^{k\varphi(n)+1} \equiv 0 \equiv x (\bmod\ p)$$

② 若 $p \nmid x$，由定理 5.1 知，$x^{p-1} \equiv 1 (\bmod\ p)$，由于

$\varphi(p)\ |\ \varphi(n)$，记 $\varphi(n) = \varphi(p)\ m$，则：

$$x^{k\varphi(n)+1} = x^{k\varphi(p)m} \cdot x = (x^{p-1})^{km} \cdot x \equiv 1 \cdot x \equiv x\ (\bmod\ p)$$

因此，恒有：

$$x^{k\varphi(n)+1} \equiv x (\bmod\ p)$$

同理，恒有

$$x^{k\varphi(n)+1} \equiv x (\bmod\ q)$$

又 $(p,\ q) = 1$，由数学中的同余式性质可得：

$$x^{k\varphi(n)+1} \equiv x (\bmod\ pq) \equiv x (\bmod\ n)$$

证毕。

下面我们描述 RSA 算法。

设 p、q 是两个不同的奇素数，$n = pq$，则 $\varphi(n) = (p-1)(q-1)$，密钥 $k = \{(n,\ p,\ q,\ a,\ b)\ |\ ab \equiv 1(\bmod\ \varphi(n),\ a,\ b \in Z_n^*)\}$，对每一个 $k = (n,\ p,\ q,\ a,\ b)$，定义加密变换为：

$$E_k(x) \equiv x^b (\bmod\ n),\ x \in Z_n$$

定义解密变换为：

$$D_k(y) \equiv y^a (\bmod\ n),\ y \in Z_n$$

RSA 密码体制是公开加密密钥 n 与 b，保密解密密钥 a 以及辅助信息 p 与 q。

定理 5.3 设 E_k 与 D_k 分别是 RSA 体制中的加密变换和解密变换，则对一切 $x \in Z_n$ 有：

$$D_k(E_k(x)) = x$$

证明 因为 $ab \equiv 1(\bmod\ \varphi(n))$，则可设 $ab = k\varphi(n)+1$，其中 k 是自然数，则对 $\forall x \in Z_n$ 有：

$$D_k(E_k(x)) \equiv D_k(x^b) \equiv (x^b)^a \equiv x^{ab} \equiv x^{k\varphi(n)+1} (\bmod\ n)$$

由定理 5.2 知，$x^{k\varphi(n)+1} \equiv x (\bmod\ n)$，故：

$$D_k(E_k(x)) \equiv x^{k\varphi(n)+1} \equiv x\ (\bmod\ n)$$

证毕。

因此，用户一般可按如下步骤建立安全的 RSA 密码系统：

① 找到两个大素数 p 与 q（p 与 q 相差也很大）；

② 计算 n 和 $\varphi(n)=(q-1)(p-1)$；

③ 随机选择一个数 b 使得 $(b,n)=1$，$0<b<n$；

④ 利用 Euclidean 算法计算 $a=b^{-1}(\bmod \varphi(n))$；

⑤ 将 n 与 b 作为他的公钥直接公开，以便让所有给他发送想保密的信息加密，并保密解密密钥 a 以及辅助信息 p 与 q。

现在我们看一个简单的 RSA 的例子，由于例子中 p 与 q 较小，从而例子中的 RSA 体制并不安全。

假定用户 A 选择两个素数 $p=5$，$q=7$，则 $n=pq=35$，$\varphi(n)=(5-1)\times(7-1)=24$。A 取 $a=11 \in Z_{35}^{*}$（11 与 35 互素），再由 Euclidean 算法求出 $b=a^{-1}(\bmod \varphi(n))$。A 公开 $n=35$ 和 $b=11$，保密 $p=5$，$q=7$ 和 $a=11$。现在用户 B 想把明文 $x=2 \in Z_{35}$ 发送给 A。B 加密明文 $x=2$ 得密文：

$$y=E_k(x) \equiv x^b(\bmod 35) \equiv 2^{11}(\bmod 35)=18$$

B 在公开信道上将加密后的密文 $y=18$ 发送给 A，当 A 收到密文 $y=18$ 时，A 解密可得：

$$y^a=18^{11} \equiv 2(\bmod 35)$$

从而 A 得到 B 发送的明文 $x=2$。

RSA 算法的理论基础是一种特殊的可逆模指数运算，它的安全性是基于分解大整数 n 的困难性。密码破译者对该密码系统的一个明显的攻击是企图分解 n，如果能做到，则他很容易计算出 $\varphi(n)=(p-1)(q-1)$，从而他可以像 A 一样从 b 计算出解密密钥 a，从而破译密码。目前大整数分解算法能分解的数已超过 158 位的十进制数。2009 年 12 月，编号为 RSA-768（768 bit，232 digit）的数被成功分解。2019 年 12 月，研究人员破解了 RSA-240（795 bit）因此，基于安全性考虑，建议用户选择的素数 p 和 q 大都采用 200 位的十进制数，那么 $h=pq$ 将是 400 位的十进制数，目前世界上还没有人能分解 400 位的整数，因而 RSA 体制在目前技术条件下是安全的，即无人能破译的。

5.6 | **数字签名方案**

5.6.1 数字签名方案概述

政府部门签署文件、企业签订合同以及个人填写表格等类似事务中的签字，传统上都采用手写签名。随着信息时代的来临，人们希望通过数字通信网络进行迅速的、远距离的签名，因而数字签名方法应运而生，并已开始应用于商业通信系统，特别是公钥密码体制的研究与应用加速了数字签名的快速发展。

数字签名的目的与应用方法可通过以下的例子说明。

设合肥某厂厂长出差到了北京，但厂方一份对外合同急需厂长签名。这时厂长不可能马上回到合肥签名，这个签名还要得到厂方及合同的对方认同。显然及时地完成这个签名有非常重要的价值，现用数字签名完成如下：

设厂长使用 RSA 密码体制，厂长的加密密钥为 E_k，这是公开的，任何人都可以查到，厂长的解密密钥为 D_k，只有厂长本人知道。数字签名的全过程如下：

厂方把需要厂长签名的文件用电子邮件发给厂长，并在文件上附上一个数据 x。厂长收到文件后，如果同意，则进行签名。厂长用解密密钥 D_k 对数据 x 作运算：

$$y = D_k(x)$$

这个运算结果就是厂长的数字签名，并将该数字签名附在该厂长同意的文件上一起用电子邮件发给厂方。厂方在收到该厂长的数字签名 y 后，就可利用厂长的公开加密密钥进行验算确认，验算过程为：

$$x' = E_k(y)$$

如果 $x' = x$，则可证实厂长的签名为真；否则为假。这是因为

$$E_k(D_k(x)) \equiv D_k(E_k(x)) \equiv x(\bmod\ n)$$

而 D_k 是唯一的且只有厂长本人知道 D_k。从而完成整个签名过程。

由上面例子可以看出，数字签名是以电子信息形式的一种签名方法，由于签名信息要在通信网络中传输，因此一个数字签名方案至少要能保证签名者事后不能否认自己的签名，而且接收者能够验证签名的真伪，从而使其他人不能伪造签名。因此，一个完善的签名必须满足以下 3 个条件：

① 签名者事后不能否认自己的签名；

② 任何其他的人不能事后否认自己曾经的签名；

③ 如果经手双方对签名的真伪发生争执，能够在公正的仲裁者面前验证签名来确认真伪。

目前已有很多种数字签名方案，对这些签名方案又有多种不同的分类方法。如果从计算能力上分类，可将数字签名方案分为无条件安全的数字签名方案和计算上安全的数字签名方案，目前已有的数字签名方案几乎都是计算上安全的。如果从签名者在一个数字签名方案中所能签的信息的数来分，可将数字签名分为一次数字签名和非一次数字签名。如果按接收者验证签名的方式分类，可将数字签名分为真数字签名和仲裁数字签名。签名者把签名信息直接发送给接收者，接收者直接能验证签名者的真伪的数字签名称为真数字签名。签名者把签名信息发送给可信的第三方，由第三方验证签名的真伪，并把验证结果发送给接收方的数字签名称为仲裁数字签名，其中可信的第三方被称为仲裁者。当然还有其他多种分类方法。这些分类方法都是相对而言的，没有必要把每一个数字签名方案都归于某一类。一般地，一个数字签名方案主要由两个算法组成，即签名算法 $S(\cdot)$ 和验证算法 $V(\cdot)$。签名者使用一个只有本人知道的签名算法 $S(\cdot)$ 签一个消息 x 得 $S(x)$，接收者使用签名者公开的验证算法 $V(\cdot)$ 验证其签名的真伪。下面介绍两个数字签名方案。

5.6.2 单向 Hash 函数

当使用公钥密码算法进行数字签名的时候，如果直接用公钥密码算法对整个数据进行签名，随着数据量的增大，不仅产生签名的计算量很大，而且产生的签名很长。这显然是很不经济、很不方便的。

我们如果能先将数据进行处理，压缩成短的甚至是固定长度的数据，而且该数据与原数据几乎是——对应的，原数据的任何改变都会在压缩后的结果中表现出来。这样，对压缩后的定长的短数据再进行签名，也就可以看成对原数据的签名。

因此，我们需要满足以下特性的压缩算法 H：

① 对于任意的输入 X，能够产生较短的定长输出 $H(X)$，并且计算 $H(X)$ 是很容易的。

② 输出对输入必须具有敏感性，即输入数据的任意一点改变（比如二进制数据中任一比特的改变），都将在输出值中反映出来，从而产生不同的输出。

③ 找到 $X \neq Y$，使得 $H(X) = H(Y)$ 是十分困难的。

④ 不能由输出反求输入，即由 $H(X)$ 计算 X 在计算上是不可行的。

定义 5.3 若函数 H 将任意长度的比特串 m 映射成一个较短的固定长度的比特串 $H(m)$，则称函数 H 为 Hash 函数，又称散列函数或杂凑函数，$H(m)$ 称为 m 的 Hash 值（散列值或杂凑值）。

显然，Hash 函数是一个输出值为定长的压缩函数。当 m 是一个消息时，通常也称 $H(m)$ 为 m 的消息摘要。消息摘要是一个固定长度的字符串。不同的信息所得到的信息摘要各不相同，但对相同的信息生成的信息摘要却是唯一的。同时，单向散列算法还保证了只要改动信息中的任何一位，重新计算出来的信息摘要与原先的值是不同的，这样就保证了信息的不可更改性。

定义 5.4 若 Hash 函数 H 为单向函数，则称其为单向 Hash 函数（或单向散列函数、单向杂凑函数）。

RSA 算法的设计者之一 Rivest 在 1990 年和 1991 年相继设计出 MD4（message digest）和 MD5 单向 Hash 函数，相关算法可以参考密码学的教材。

5.6.3 数字签名的过程

根据上述讨论，数字签名的过程如下：

① 使用单向散列算法对原始信息进行计算，得到一个固定长度的信息摘要。

② 发送方用自己的私钥加密生成的信息摘要，生成发送方的数字签名。

③ 发送方把这个数字签名作为要发送信息的附件和明文信息一同用接收方的公钥进行加密，将加密后的密文一同发送给接收方。

④ 接收方首先把接收到的密文用自己的私钥解密，得到明文信息和数字签名，再用发送方的公钥对数字签名进行解密，随后使用相同的单向散列函数来计算解密得到的明文信息，得到信息摘要。

　　如果计算出来的信息摘要和发送方发送给他的信息摘要（通过解密数字签名得到的）是相同的，接收方就能确认数字签名确实是发送方的，否则就认为收到的信息是伪造的或中途被篡改的。数字签名过程如图 5.8 所示。

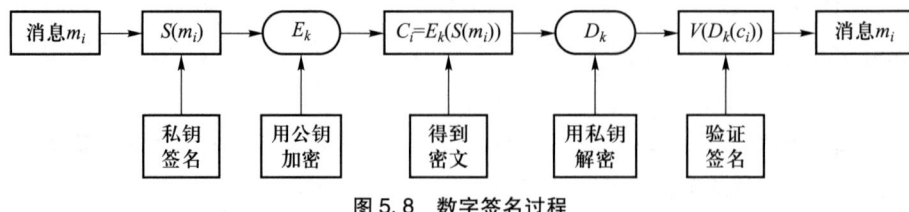

图 5.8　数字签名过程

5.6.4　RSA 签名方案

　　RSA 签名方案是利用 RSA 公钥密码体制建立的一种实用的数字签名方案。

　　设 p 与 q 是两个不同的素数，$n=pq$，$\varphi(n)=(p-1)(q-1)$。任取一个与 n 互素且小于 n 的数 a，由 $ab\equiv1(\mathrm{mod}\ \varphi(n))$ 求得唯一的解 b，$1<b<n$。公开 n 与 a，值 p、q 和 b 保密。对 $\forall x\in Z_n$，定义签名算法 $S(\cdot)$ 为

$$S(x)\equiv x^b(\mathrm{mod}\ n)$$

对 $\forall y\in Z_n$，定义验证算法 $V(\cdot)$ 为：

$$V(y)\equiv y^a(\mathrm{mod}\ n)$$

则签名为真的充要条件是：

$$V(S(x))\equiv x\ (\mathrm{mod}\ n)$$

由于 $S(\cdot)$ 是秘密的，只有签名者一人知道，因此只有他一人能给出真的签名。

5.6.5　数字签名的发展与挑战

　　显然数字签名方案既可以使用私钥密码体制又可以使用公钥密码体制，但目前研究和使用的数字签名方案都是使用公钥密码体制。要构造无条件安全的公钥密码体制几乎是不可能的。目前几乎所有的公钥密码体制都是基于以下三种数学疑难问题之一。

　　① 由 Diffie 提出的背包问题：给定一个互不相同的数组成的集合，如何找出一个子集，使其元素之和为 N？

　　② 由 Gill 提出的离散对数问题：设 p 是素数，k 与 m 是整数，如何找出 x 使下式成立？

$$k^x\equiv m(\mathrm{mod}\ p)$$

　　③ 由 Knuth 提出的因子分解问题：设 n 是两个不同的大素数乘积，如何分解 n？给定 m 与 c，如何求 d 使 $m^d\equiv c\ (\mathrm{mod}\ n)$？给定 d 与 c，如何求 m 使 $m^d\equiv c\ (\mathrm{mod}\ n)$？给定整数 x，如何判定是否存在整数 y 使 $x\equiv y^2\ (\mathrm{mod}\ n)$？

数字签名方案基于如此狭窄的数学难题令人担忧，因为一旦整数的因子分解或离散对数问题取得突破性进展，将使所有公开密钥体制以及以公开密钥体制为基础的数字签名方案不安全。虽然计算机进行大数计算的能力在持续提升，但在上述数学难题的研究取得突破性的进展之前只要使用充分大的数，数字签名方案是安全有效的。

5.7 | 认证技术

密码技术可以实现系统数据的机密性保护和认证。

5.7.1 认证的概念

认证（authentication）是指核实真实身份的过程，是防止主动攻击的重要技术之一，是一种用可靠的方法证实认证对象（包括人和事）是否名副其实或是否有效的过程，因此也称为鉴别或验证。在网络通信中，实体间经常要对许多问题进行确认，如：谁在与我通信？传送的信息在传递的过程中是否被篡改？我发送的信息是否被合法的接收者正确接收？事后能否向公正的第三方证明，我确实已经把某些信息传送给某个特定实体，或者某个实体确实传递给我某些信息？等等。从网络安全目标上来说，认证主要包括数据完整性、实体身份和实体行为等方面。

认证不能自动实现系统的保密性，保密性也不能自动提供认证功能，一个纯认证系统模型如图 5.9 所示。通过该系统，发送者通过一个公开信道将信息传递给接收者，接收者不仅收到消息本身，而且要验证消息是否来自合法的发送者以及消息是否被篡改。此外，在实际的认证系统中还要防止收发之间的相互欺骗。

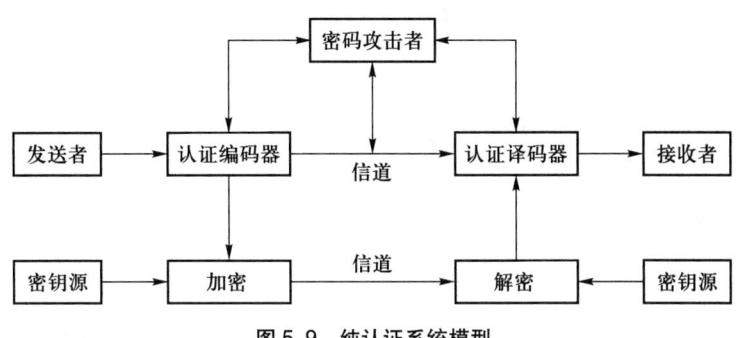

图 5.9　纯认证系统模型

5.7.2 身份认证

身份认证指的是对用户身份的证实，用以识别合法或非法的用户，阻止非授权用户访问网络资源。一般来说，用户身份认证可通过三种基本方式或其组合方式来实现：

① 只有该主体了解的秘密，如口令、密钥等。

② 主体所持有的某个秘密信息（硬件），即用户必须持有合法的随身携带的物理介质，例如智能卡中存储用户的个人化参数，以及访问系统资源时必须要有的智能卡等。

③ 主体具有独一无二的特征或能力，如指纹、声音、DNA 图案、视网膜扫描等。这种认证方案一般造价较高，多半适用于保密程度很高的场合。

一个安全、可靠的身份认证系统应满足以下要求：

① 不具可传递性（transferability）。验证者 B 不可能重用示证者 A 提供给他的信息来伪装示证者 A，而成功地骗取其他人的验证，从而得到信任。

② 攻击者伪装示证者欺骗验证者成功的概率要小到可以忽略的程度，特别是要能抗击已知密文攻击，即能抗击攻击者在截获到示证者与验证者多次通信下的密文，然后伪装示证者欺骗验证者。

③ 验证者正确识别合法示证者的概率极大化（尽可能大）。

④ 计算有效性。为实现身份认证所需的计算量要小。

⑤ 通信有效性。为实现身份认证所需的通信次数和数据量要小。

⑥ 秘密参数能安全存储。

5.7.3　识别协议和零知识证明

在信息时代，当一个用户 A 要进入自己的 E-mail 信箱或在自动取款机中取款时，传统的做法是输入自己的密码。用户 A 和计算机系统都知道这个密码。由于 A 每次进入计算机系统时都要键入这个密码，而能够访问用户 A 的数据通道的任何人或能访问计算机系统的存储器的任何人都可以看到用户 A 的密码，因此这样的系统存在严重的安全问题。如何设计一种方案或协议使用户 A 既能进入计算机系统又不泄露用户 A 的任何识别信息（身份零知识证明）呢？这便是本节识别协议所要解决的问题。

一个安全的识别协议至少应满足以下两个条件：

① 用户 A 能向验证者 B 证明他的确是 A。

② 用户 A 向验证者 B 证明自己的身份时，没有让验证者 B 获得任何有用的信息，B 不可能模仿 A 向其他人证明他是用户 A。

零知识证明协议是一种交互式证明系统。交互式用户身份证明协议应满足以下三个性质：

① 完整性。若用户与验证者双方都诚实地执行协议，则有非常大的概率（接近于 1），验证者将接受用户的身份。

② 健全性。若用户根本不知道与用户名字相关的密钥，且验证者是诚实的，则有非常大的概率，验证者将拒绝接受用户的身份。

③ 隐藏性。若用户是诚实的，则不论协议进行了多少次以及不论任何人（包括验证者）都无

法从协议中推出用户的密钥，并且无法冒充用户身份。

在 1989 年美国密码学会议上《如何向你的小孩解释零知识证明》一文对零知识证明给出了形象、直观的解释。如图 5.10 所示是一个洞穴，在 C 点与 D 点之间有一个秘密门，需要用咒语才能打开。现在证明者 P 向验证者 V 证明"他知道打开 C 与 D 之间秘密门的咒语"，但又不想泄露它。

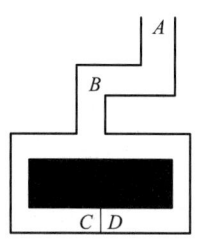

图 5.10　洞穴示意图

证明的过程是：

① V 站在 A 点；

② P 进入洞穴，可以向左到达 C 点，也可以向右到达 D 点；

③ V 看到 P 进入洞穴后，从 A 走到 B 点；

④ V 大声叫喊，随机地要求 P 从左边出来或从右边出来；

⑤ P 按照 V 的要求从指定方向出来（在必要时打开秘密门）；

⑥ P 和 V 反复执行上述步骤 n 次。

如果 P 的确知道打开 C 与 D 之间秘密门的咒语，则 P 每次都能按 V 要求的方向走出洞穴。否则，P 每次成功的概率只有 $1/2$，而在重复 n 次之后，P 欺骗成功的概率只有 2^{-n}。

目前已有很多的识别协议。从实用角度讲，一个安全识别协议的设计应该越简单越好，而且需要的计算量和储存量都要尽可能小，最好能在一个智能卡（smart card）上实现。智能卡本质上是一个装有能完成代数运算的芯片的信用卡，显然，用这种卡代替自动取款机卡将是更安全的做法。下面我们介绍最有代表性的 FFS 识别协议。

5.7.4　Feige-Fiat-Shamir 识别协议

Fiat 和 Shamir 在 1986 年基于零知识证明提出了一种新型的识别协议，后经 Feige、Fiat 和 Shamir 的改进成为身份的零知识证明。这是最著名的零知识证明。

识别协议一般是由数字签名方案改进而成的。相反，每一个识别协议都可派生出一个数字签名方案。Feige-Fiat-Shamir 识别协议是由一个仲裁数字签名方案改进而成的。具体识别协议如下：

可信仲裁方随机选取一个自然数 n，n 必须是两个不同的大素数的乘积，为了确保安全，n 至少为 512 位长，最好接近 1 024 位长。这个作为模数的 n 可以在一组证明者之间共享。可信仲裁方再选取一个自然数 v，v 必须是模 n 的平方剩余，即 $x^2 \equiv v \pmod{n}$ 有小于 n 的整数解 x。而且 $v^{-1} \pmod{n}$ 存在。v 作为用户 A（证明者）的公开密钥。再计算：

$$S \equiv (\sqrt{v})^{-1} \pmod{n}$$

则 S 作为用户 A 的秘密密钥。识别协议如下进行：

① 用户 A 随机选一个数 r，$r < n$，计算：

$$x \equiv r^2 \pmod{n}$$

并将 x 发送给验证者。

② 验证者在 0 与 1 两个数中任选一个数 a 发送给用户 A，若 $a = 0$，则用户 A 将 r 发送给验证

者；若 $a=1$，则用户 A 计算：

$$y = rS \pmod{n}$$

并将 y 发送给验证者。

③ 如果 $a=0$，则验证者验证同余式：

$$x \equiv r^2 \pmod{n}$$

是否成立，若成立，则证实用户 A 知道 $\sqrt{x}$；如果 $a=1$，则验证者验证同余式：

$$x \equiv vy^2 \pmod{n}$$

是否成立，如果成立，则证实用户 A 知道 $(\sqrt{v})^{-1}$。

如果用户 A 知道 $\sqrt{x}$ 或 $(\sqrt{v})^{-1}$，则验证者认为用户 A 为真；否则为假。这个协议是一次签订合格协议。用户 A 与验证者可以重复这个协议 t 次，直到验证者确信用户 A 知道 S。这样做显然更安全可靠，但增加了用户 A 与验证者之间数据交换次数。为了减少数据交换次数，可增加每轮签订的数量。为此，Feige、Fiat 和 Shamir 三位设计者在 1988 年给出了改进的识别协议。

5.7.5　改进的 Feige-Fiat-Shamir 识别协议

设 n 是两个不同的大素数的乘积，先选取 k 个不同的数 v_1，v_2，…，v_k，其中 v_i 是模 n 的平方剩余，且 $v_i^{-1} \pmod{n}$ 存在，$i=1$，…，k。v_1，v_2，…，v_k 作为用户 A 的公开密钥。再计算：

$$S_i \equiv (\sqrt{v_i})^{-1} \pmod{n}, \quad i=1, \cdots, k$$

则 S_1，S_2，…，S_k 为用户 A 的秘密密钥。该协议进行如下：

① 用户 A 选择一个随机数 r，$r<n$，并计算：

$$x \equiv r^2 \pmod{n}$$

用户 A 将运算结果 x 发送给验证者。

② 验证者随机选取 k 个数 a_1，a_2，…，a_k，其中每个 a_i 可取 0 或 1，并将 $(a_1, a_2, \cdots, a_k)$ 发送给用户 A，用户 A 收到 $(a_1, a_2, \cdots, a_k)$ 后计算：

$$y = r S_1^{a_1} S_2^{a_2} \cdots S_k^{a_k} \pmod{n}$$

并将计算结果 y 发送给验证者。

③ 验证者验证同余式

$$x \equiv y^2 v_1^{a_1} v_2^{a_2} \cdots v_k^{a_k} \pmod{n}$$

是否成立。如果成立，则可证明用户 A 知道秘密密钥 S_1，S_2，…，S_k。否则否定用户 A。

改进后的 Feige-Fiat-Shamir 识别协议也可重复多次，直到验证者满意为止。若重复这种识别协议 t 次，验证者被欺骗的概率为 $\dfrac{1}{2^{kt}}$。如果 $k=5$，$t=3$，则验证者被欺骗的概率为 $\dfrac{1}{2^{15}} = \dfrac{1}{32\,768}$。若想更安全，可增大 k 和 t 的取值。设计者建议使用 $k=9$，$t=8$，此时验证者被欺骗的概率几乎为 0。

下面给一个具体的 Feige-Fiat-Shamir 识别协议的例子，由于例子中 n 较小，因此安全性不高。

取 $n=5\times7=35$，选择 $v_1=4$，$v_2=11$，$v_3=16$，$v_4=29$。注意 4、11、16、29 满足识别协议的要求，如同余式：

$$x^2\equiv4\,(\bmod\ 35)$$

有解 $x=2$，$x=12$，$x=23$ 或 $x=33$，且 $4\times9=1$（$\bmod\ 35$），即 $4^{-1}(\bmod\ 35)=9$ 存在。11、16、29 可类似地验证。

由同余式

$$S_i\equiv\left(\sqrt{v_i}\right)^{-1}\,(\bmod\ 35)，\ i=1，2，3，4$$

可计算得 $S_1=3$，$S_2=4$，$S_3=9$，$S_4=8$。执行该协议一轮运算如下：

① 用户 A 选择一个随机数 $r=16$，由于

$$16^2(\bmod\ 35)=11$$

从而用户 A 将 11 发给验证者。

② 验证者随机选择一个二元串 $(a_1，a_2，a_3，a_4)=(1100)$ 发送给用户 A；用户 A 收到（1 1 0 0）后计算如下：

$$16\times S_1^1\times S_2^1\times S_3^0\times S_4^0=16\times3^1\times4^1\times9^0\times8^0=16\times3\times4=192\equiv17(\bmod\ 35)$$

用户 A 将 17 发送给验证者。

③ 验证者收到 17 后，计算如下：

$$17^2\times V_1^1\times V_2^1\times V_3^1\times V_4^1=289\times4^1\times11^1\times16^0\times29^0=12\,716\equiv11(\bmod\ 35)$$

由于此结果与用户 A 第一次发送的 $x=11$ 完全一样，因此可确认用户 A 知道 S_1，S_2，S_3，S_4。如果有必要，可要求用户 A 再随机选 r 为其他数，重复上述步骤若干次，直到确信为止。

值得说明的是，如果用户 A 将 S_1，S_2，…，S_k 作为数字签名密钥，而将 v_1，v_2，…，v_k 作为公开验证密钥便得到了数字签名方案。而该数字签名方案与 RSA 签名方案相比，运算速度要快得多，只需要 RSA 的模乘法次数的 1%～4%。正因为如此，该方案已广泛地应用于军事、商业等领域。

5.8 | 密钥管理

5.8.1 密钥管理的意义

在前几节讨论密码体制、数字签名以及识别协议的安全性时，主要讨论这些问题中算法的安全性，而讨论这些算法的安全性的前提是秘密密钥是安全的，其他人是不知道的。一旦秘密密钥丢失或出错，密码体制、数字签名和识别协议就不安全了。因此密钥的保密和安全管理在数据系统安全中是极为重要的，而且在现实世界里，密钥保密与管理又是密码学领域最困难的部分。这种困难既体现在管理的科学性方面，又体现在现实世界里的人为因素方面。试想一个情报部门的人员，如果他只要花 1 万美元去贿赂一个密钥管理员就能得到想要的密钥，那么他就没有必要花

1 000万美元去制造大型破译机器或高价聘请密码分析专家，这就是人为因素增加了密钥管理的困难性。当然这里我们并不去讨论人为因素，只讨论密钥管理的技术。

下面介绍一个现实中不安全的密钥管理的例子。大多数软件店出售对 Macintosh（2.1）版的磁盘锁程序时声称具有 DES 加密算法的安全性。他们的文件的确是用 DES 加密的，DES 算法也正确。但磁盘锁将 DES 密钥放在加密后的文件中，如果一个人知道到哪里去找密钥，并想看用磁盘锁的 DES 加密后的文件，那么他只要从加密的文件中恢复密钥，就可以用它去解密，此时该程序便不安全了。而这种不安全性根本不是因为 DES 的安全性导致的，而完全是由于密钥管理不科学导致的。

密钥管理包括密钥的产生、存储、分配、保护和保密等内容。

5.8.2　密钥的分类与产生

密钥的种类很多，主要有用户密钥、会话密钥、密钥加密密钥和主机主密钥。用户密钥是一对用户在较长时间段内所专用的秘密密钥，常用 k_u 表示；会话密钥是两个通信终端用户在一次通话或交换数据时所用的密钥，常用 k_s 表示；密钥加密密钥是对传送的会话密钥进行加密的密钥，常用 k_e 表示；主机主密钥是对密钥加密密钥进行加密的密钥，存储在主机处理器中，常用 k_m 表示。用户密钥与会话密钥一起用于产生加密数据的密钥，在主机与主机之间、主机与各终端之间传送会话密钥时都要有相应的密钥加密密钥。

在现代通信网络中，密码通信需要大量的密钥分配给主机、节点和用户，目前已有很多种密钥生成器可为大型系统提供所需的各类密钥。密钥生成器的安全性完全取决于产生密钥的算法安全性，因此这种算法应满足很高的要求，其中主要的要求有如下三点：

（1）生成密钥的算法应当能保证主机主密钥的产生具有随机性，避免可预测性；

（2）在有 N 个终端的通信网中，即使有一个或数个密钥加密密钥被盗或泄露，生成密钥的算法应当能保证其他用户的密钥加密密钥仍有足够的安全性；

（3）在密钥加密密钥控制下，生成密钥算法可以动态地生成会话密钥。

5.8.3　密钥的分配

在有 N 个终端的保密通信网络中，由于任意两个用户必须交换密钥，因此要有 C_N^2 个传送密钥的安全信道，即使借助一个可信中心可将安全信道从 C_N^2 个降到 N 个，但每个用户必须存储 $N-1$ 个密钥，交换密钥的次数仍为 C_N^2 次，当 N 稍大时传输量与存储量都很大。因此，密钥分配方案应当确保网络的密钥传送次数和每个用户的存储量都尽可能小，且每一对用户 A 与 B 都能独立地计算一个秘密密钥 K_{AB}。下面介绍有代表性的 Blom 密钥分配方案。

在有 N 个用户的保密通信网络中，为了方便起见，假定密钥从集合 S 中选出，S 含有 p 个元素，p 为素数，$p \geq N$。可信中心给每个用户在一个安全信道上发送 S 中两个元素，每两个用户 A 与

B 都能计算一个密钥 $K_{AB}=K_{BA}$。安全条件为：任何单个用户 x（$\neq A$，B）不能确定 K_{AB} 的任何信息。Blom 密钥分配方案如下：

① 公开一个素数 p，每个用户 A 公开一个元素 $r_A \in S$，这些元素 r_A 互不相同。

② 可信中心随机从 S 中选择三个元素 a、b、c（可以相同），并构造函数：

$$f(x,\ y)=(a+b(x+y)+cxy)(\mathrm{mod}\ p)$$

③ 对每个用户 A，可信中心计算函数值：

$$g_A(x)\equiv f(x,\ r_A)(\mathrm{mod}\ p)$$

并将 $g_A(x)$ 在一个安全信道上传送给 A。

④ 如果用户 A 与 B 想通信，那么 A 与 B 分别计算密钥如下：

$$K_{A,B}=f(r_A,\ r_B)=g_A(r_B)(\mathrm{mod}\ p)$$

$$K_{B,A}=f(r_B,\ r_A)=g_B(r_A)(\mathrm{mod}\ p)$$

由于 $f(r_A,\ r_B)=f(r_B,\ r_A)$，故他们可使用共同的密钥 $K_{AB}=K_{BA}$ 通信。

可以证明，没有一个用户能确定另外两个用户的密钥的任何信息，即 Blom 方案对任何单个用户而言是安全的，但任何两个用户 X，$Y\notin\{A$，B$\}$ 都可以确定 K_{AB}，即 Blom 方案对两个用户而言是不安全的。如果要求 Blom 方案对 k 个不同用户都不能确定 K_{AB}，$1\leq k\leq n-2$，Blom 方案如下：

① 可信中心公开一个素数 p，并给每个用户在一个安全信道上发送 S 中 $k+1$ 个元素 r。

② 每个用户 A 公开一个元素 $r_A \in S$，这些元素 r_A 互不相同。

③ 可信中心选择元素 $a_{ij}=a_{ji}\in S$，$0\leq i\leq k$，$0\leq j\leq k$，并构造函数

$$f(x,\ y)=\sum_{i=0}^{k}\sum_{j=0}^{k}a_{ij}x^iy^j(\mathrm{mod}\ p)$$

并对每个用户 A，可信中心计算函数值

$$g_A(x)=f(x,\ r_A)(\mathrm{mod}\ p)$$

并将结果 $g_A(x)$ 在一个安全信道上传送给 A。

④ 如果 A 与 B 想通信，A、B 分别计算：

$$K_{AB}=f(r_A,\ r_B)=g_A(r_B)(\mathrm{mod}\ p)$$

$$K_{BA}=f(r_B,\ r_A)=g_B(r_A)(\mathrm{mod}\ p)$$

由于 $f(r_A,\ r_B)=f(r_B,\ r_A)$，故 $K_{AB}=K_{BA}$，故 A 与 B 可以用共同的密钥通信。

对 Blom 方案安全性证明有兴趣的读者可参看有关密码学教材。

5.8.4 密钥保护和秘密共享

密钥的安全保密是密码系统的重要保证。密钥保护是密钥安全的一个重要方面。密钥保护通常采用分级保护管理法，即大量的数据用少量动态产生的数据加密密钥进行保护，而数据加密密钥又用更少量的、相对不变的主机主密钥来保护。这样只有极少数密钥以明文形式存储在有严密的物理保护的主机密码器件中，其他密钥都以加密后的密码形式存于密码器之外的存储器中，因

而大大地简化了密钥管理，并可改善密钥的安全性。为了确保密钥安全，在密码设备中都有防窜扰装置，当密封的关键密码器被撬开时，其主密钥和用户密钥都会自动被清除或启动装置自动引爆。

一个密码系统是否安全，最终可能取决于主机主密钥是否安全。主机主密钥的丢失、毁坏或泄露将导致整个系统不安全。解决主机主密钥丢失、毁坏危险很容易，只要将主机主密钥备份，将主机主密钥的备份放在密钥托管中心等信得过的用户处保存即可。但要防止主机主密钥的泄露或人为的背叛就要困难得多，目前解决这个问题的最好办法是设计秘密共享方案。秘密共享方案的基本要求是：

将密钥 k 按下述要求分成 n 个共享 k_1，k_2，$\cdots$，k_n：

① 已知任意 t 个 k_i 值都容易计算出密钥 k；

② 已知任意 $r(\leqslant t-1)$ 个 k_i 的值，都无法计算出密钥 k。

在秘密共享方案中，将 n 个共享 k_1，k_2，$\cdots$，k_n 分给 n 个不同用户，由于要计算出密钥 k 至少要有 t 个共享，故即使有 r 个共享丢失或 r 个人背叛，都不会危及密钥 k 的安全。且若有 s 个共享丢失或毁坏，只要有 t 个共享有效，则仍可计算出密钥 k，从而恢复密钥。这种方法也可用于任何类型的重要数据保护。下面介绍 Shamir 秘密共享方案，又称此方案为 Shamir 门限方案。

设 p 是一个素数，共享密钥 $k \in K = Z_p$。可信中心给 n（$<p$）个共享者 p_i（$1 \leqslant i \leqslant n$）分配共享的过程如下：

① 可信中心在 Z_p 中选择 n 个非零的互不相同的元素 x_1，x_2，$\cdots$，x_n，并公开它们。

② 可信中心随机选择一个 $t-1$ 次多项式：

$$f(x) = a_{t-1}x^{t-1} + \cdots + a_2 x^2 + a_1 x + k \in Z_p[x]$$

并计算

$$y_i = f(x_i)，\quad i = 1，2，\cdots，n$$

③ 可信中心将 (x_1, y_1)，(x_2, y_2)，$\cdots$，(x_n, y_n) 分配给共享者 L_1，L_2，$\cdots$，L_n，其中 y_i 是 L_i 的秘密共享，$i = 1$，2，$\cdots$，n。

在 Shamir 秘密共享方案中，如果知道 t 个共享，不妨设为 y_1，y_2，$\cdots$，y_t，则利用计算数学中的拉格朗日插值公式可计算出多项式 $f(x)$：

$$f(x) = \sum_{i=1}^{t} y_i \sum_{j(\neq i)=1}^{t} \frac{x - x_j}{x_i - x_j}$$

一旦求出 $f(x)$，则 $k = f(0)$，从而计算出密钥 k。而已知任何 r 个共享，$r \leqslant t-1$，都无法计算出 $f(x)$，从而无法计算出 k。

思考题

1. 私钥密码体制与公钥密码体制的区别是什么？公钥密码体制的理论基础是什么？发展前景

如何？

2. 流密码与分组密码的区别何在？

3. 公钥密码体制、数字签名方案、识别协议之间关系如何？

4. （a）根据表 5.3 所示的替换密文表，使用移位 1~5 个字母的替换方法，在一张纸上编写一条消息。与另一名学生交换写有消息的纸，互相破译对方的消息。

（b）使用移位 6 个字母的替换方法，来解密 YKIAXOZEOYOSVUXZGTZ。

表 5.3　替换密文表

明文	A	B	C	D	E	F	G	H	I	J	K	L	M	N	O	P	Q	R	S	T	U	V	W	X	Y	Z
移1	B	C	D	E	F	G	H	I	J	K	L	M	N	O	P	Q	R	S	T	U	V	W	X	Y	Z	A
移2	C	D	E	F	G	H	I	J	K	L	M	N	O	P	Q	R	S	T	U	V	W	X	Y	Z	A	B
移3	D	E	F	G	H	I	J	K	L	M	N	O	P	Q	R	S	T	U	V	W	X	Y	Z	A	B	C
移4	E	F	G	H	I	J	K	L	M	N	O	P	Q	R	S	T	U	V	W	X	Y	Z	A	B	C	D
移5	F	G	H	I	J	K	L	M	N	O	P	Q	R	S	T	U	V	W	X	Y	Z	A	B	C	D	E

5. 给出一段明文和维吉尼亚密码的密钥，写出密文。

它是由 16 世纪法国亨利三世王朝的布莱瑟·维吉尼亚发明的，其特点是将 26 个恺撒密码表合成一个，见下文：

原：A B C D E F G H I J K L M N O P Q R S T U V W X Y Z

A：A B C D E F G H I J K L M N O P Q R S T U V W X Y Z

B：B C D E F G H I J K L M N O P Q R S T U V W X Y Z A

C：C D E F G H I J K L M N O P Q R S T U V W X Y Z A B

D：D E F G H I J K L M N O P Q R S T U V W X Y Z A B C

以此类推。

维吉尼亚密码引入了"密钥"的概念，即根据密钥来决定用哪一行的密码表来进行替换，以此来对抗字频统计。假如以上面第一行代表明文字母，左面第一列代表密钥字母，对如下明文加密：

TO BE OR NOT TO BE THAT IS THE QUESTION

当选定 RELATIONS 作为密钥时，加密过程是：明文第一个字母为 T，第一个密钥字母为 R，因此可以找到在 R 行中代替 T 的为 K，以此类推。试求如下明文的密文。

密钥：ABC HIJ OPQRS

明文：ONE TWO THREE

6. 设 4 级移位寄存器序列按如下规律生成：

$$a_n = a_{n-1} + a_{n-4} + a_{n-2}$$

初始状态为 $(a_0, a_1, a_2, a_3) = (1, 1, 0, 1)$，求它的输出序列和周期。

7. DES 的密码组件之一是 S 盒。将 S 盒的 6 位输入定义为 $a_1 a_2 a_3 a_4 a_5 a_6$。将 $a_1 a_6$ 组成一个 2 位

二进制数，为表 5.4 的行号，将 $a_2a_3a_4a_5$ 组成一个 4 位二进制数，为表 5.4 的列号。交叉点就是该 S 盒的输出。根据 S 盒表计算 $S_3 = 101101$ 的值，并说明 S 函数在 DES 算法中的作用。其中 S_3 盒表如表 5.4 所示。

表 5.4　S_3 盒 表

	0	1	2	3	4	5	6	7	8	9	10	11	12	13	14	15
0	10	0	9	14	6	3	15	5	1	13	12	7	11	4	2	8
1	13	7	0	9	3	4	6	10	2	8	5	14	12	11	15	1
2	13	6	4	9	8	15	3	0	11	1	2	12	5	10	14	7
3	1	10	13	0	6	9	8	7	4	15	14	3	11	5	2	12

8. 设 $p = 3$，$q = 7$，$n = pq = 21$。

（1）求 $\varphi(n)$；

（2）试设计一个具体的 RSA 公开密码体制。

9. 设 $n = 5 \times 7 = 35$，若取 $\{11，16，29\}$ 为公开密钥。

（1）求出 Feige-Fiat-Shamir 识别协议中相应的秘密密钥；

（2）给出这个具体的 Feige-Fiat-Shamir 识别协议的一轮运算。

即测即评

参考文献

［1］SALOMAA A. 公钥密码学［M］. 丁存生，单炜娟，译. 北京：国防工业出版社，1998.

［2］冯登国，裴定一. 密码学导引［M］. 北京：科学出版社，1999.

［3］孙淑玲. 应用密码学［M］. 北京：清华大学出版社，2004.

［4］熊平，朱天清. 信息安全原理及应用［M］. 北京：清华大学出版社，2009.

［5］傅祖芸，赵建中. 信息论与编码［M］. 北京：电子工业出版社，2006.

［6］李剑. 信息安全概论［M］. 2 版. 北京：机械工业出版社，2019.

［7］贾铁军. 网络安全技术及应用［M］. 2 版. 北京：机械工业出版社，2014.

［8］陈波，于泠. 信息安全案例教程：技术与应用［M］. 北京：机械工业出版社，2015.

［9］龙桂鲁，潘栋. 量子直接通信新进展与应用展望［J］. 信息通信技术与政策，2022（7）：9-13.

［10］WU J，LONG G L，HAYASHI M. Quantum secure direct communication with private dense coding using general preshared quantum state［J］. Physical Review Applied，2022，17（6）：064011.

［11］LU C Y，CAO Y，PENG C Z，et al. Micius quantum experiments in space［J］. Reviews of Modern Physics，2022（94）：035001.

第6章 信息处理

信息处理是一个非常广泛的概念，信息处理方法也极其丰富，对于不同的信息组织、不同的应用目标就存在不同的信息处理方法和技术。按照广义的理解，一切为了更好地利用信息而对信息本身所施加的操作过程，都可统称为信息处理。从信息处理的目标来看，信息处理包括：便于对信息进行操作，如编码、转换；实现信息快速流通，如编码、传输；保存信息，如信息记录、存储；实现信息共享，如传输、存储、复制；便于信息检索，如分类、排序、索引；提高信息使用效率，如信息压缩、约简；提高信息的抗干扰性，如纠错、容错；提高信息纯度，如净化、空值估算；提高信息的安全性，如加密；提高信息的可用度，如统计分析、信息加工。

本章所讨论的信息处理技术主要是为了提高信息的使用效率和可用度，主要内容包括信息处理过程、信息预处理、信息处理的统计学方法和人工智能方法等。

6.1 信息处理过程

6.1.1 信息处理的多阶段模型

将信息加工成能对决策起指导作用的知识，往往需要经过"信息选择、预处理、转换、分析与处理、处理结果解释与评价"这样一个过程。该过程有时是复杂的、艰难的、循环重复的。图6.1 为典型的信息处理的多阶段模型。

在信息处理之前，首先要明白信息处理的目标，要解决什么样的问题，也就是通常所说的需求分析。需求分析考虑的问题包括：① 领域困难。即解决此问题在该领域存在哪些困难，通过对困难的分析，确定需要哪些信息、使用什么样的方法、采用什么样的形式来表达处理结果等。② 人机分工。哪些工作由机器处理比较方便，哪些工作留给人做更合适。③ 确定信息处理结果的评价标准：以此衡量处理结果是否可用、简单、精确。

通过以上分析和准备，即可逐步完成信息处理的各个阶段任务。

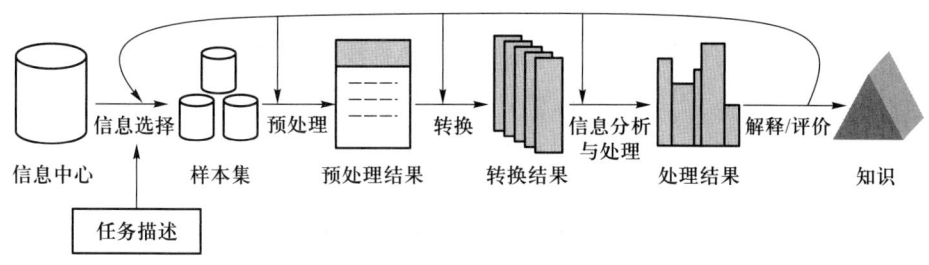

图 6.1 信息处理过程

6.1.2 信息处理过程中各阶段任务

1. 信息选择

日常生产、管理中所产生的信息是很庞杂的，并不是所有信息对分析某个特定问题都有用。因此，在分析和处理之前需要明确任务，再进行准确的信息选择，这对提高信息处理效率有重要意义。信息选择的任务主要是从已有信息中选择相关数据，创建一个目标数据集。根据实际需要有时将目标数据集分为训练子集和测试子集（如神经网络模型处理分类或者回归问题），有时需要根据问题描述建立一个或多个目标函数（如调度问题）。

在信息选择阶段需考虑的问题包括：① 属性选择的客观性。某些重要知识可能隐藏在那些与学习过程不相关的属性中。② 数据的同构性。由于数据可能来自不同的系统，需要统一各不相同的数据模型。③ 数据的动态性。有些数据在处理过程中可能发生变化。④ 样本数目。样本规模过大，将影响信息处理的效率；规模过小，处理结果的有效性难以保障。规模的确定往往与选择的处理方法有直接关系。

为了提高处理结果的有效性，信息选择还包括从领域专家处获取相关背景知识，并在进一步处理信息之前检查背景知识与目标数据集的相容性。领域知识在信息处理中的作用可体现在以下几个方面：① 使信息中的知识更明显。例如，目标数据集中的数据可能过细，利用领域知识得到一些概念树，对数据进行泛化，使得数据中的知识更明显。② 约束信息处理算法的搜集空间。通过定义属性间依赖关系、语法约束（规范相关属性）、意向性属性（依据领域知识，这些属性与目标更相关）约束处理算法的搜集空间，提高处理效率。

2. 预处理阶段

从不同环境收集而成的目标数据集可能存在许多不确定内容。这些内容主要表现在三个方面：字段值标记错误、有特殊语义的数据值、空值。信息处理专家必须配合领域专家对这些内容进行确认。

字段值标记错误往往是操作员在数据录入时输入错误而导致的，也可能是受某种外界因素干扰而有意识提供的错误数据，这些错误数据常称为"噪声"。噪声数据有时与系统中的一些小概率数据（统称为"异常数据"（outliers））难以区别。甄别异常数据，剔除噪声是预处理任务之一，也是难点之一。

在信息处理时，有时会发现属性之间的关系在几乎所有的情况下均是正确的，但有几条记录却不支持期望的模式。在许多情况下，这种结果是由于某些字段的取值有特殊语义导致的，如门诊挂号管理信息系统中时常用 0 或 -1 表示挂号者的年龄未知；有些情况是整条记录的值有特殊语义，如药房用药统计中，序号 9990 以上表示某类用药的汇总。这些有特殊语义的数据值应在信息选择时给予剔除。

还有一些数据由于录入者认为其不重要或不知道而没有输入，从而引起某些属性值未知，称此类值为空值，空值处理是预处理任务之一。

另外，数据预处理还包括数据的完整性和一致性检查、连续属性离散化以及属性泛化等操作。

3. 数据约简和变换

数据约简是通过某种方法降低算法的搜索空间。约简通常分为垂直约简和水平约简。垂直约简是使用降维或变换方法减少变量（在信息系统中常以属性表示）数目；水平约简是通过对对象的分析（包括离散化、泛化等），合并具有相同属性值的对象，减少对象数目。

不同的信息分析与处理方法有不同的输入要求，数据变换就是对数据进行编码，使其成为分析和处理方法所要求的格式。

4. 信息分析与处理

信息分析与处理就是应用相关算法从预处理过的数据中寻找数据中隐含的对信息利用如预测、调度、分类、决策等有价值的模式。为了获得满意的结果，需要考虑以下问题：① 确定信息处理类型。是为用户产生信息（发现型），还是对用户提出的假设进行验证（验证型）。② 方法选择。根据信息处理的任务选择适当的方法。在实际情况中，对于某类任务往往有多个方法可供选择且这些选择对处理结果产生很大的影响，但目前尚无一套合适的准则来指导处理方法的选择，有效的途径只能靠经验。③ 运行效率。确保信息处理过程是有效率的，对大量数据的运行时间是可预见的、可接受的。

5. 评估与维护

信息的可信度对预测、调度、分类、决策至关重要，因此确定处理结果的可信度，对结果进行必要的筛选、评价和维护是信息处理的主要任务之一。

① 结果筛选。信息处理所获得的模式数目可能远超用以分析的数据量，因此必须过滤（移去）不感兴趣的或显而易见的模式。常用的过滤技术有：A. 利用描述规则特征的数值如信度、支持度或兴趣度等，定义某个阈值，对规则进行筛选；B. 指定语义约束，规则的前件或后件只包含感兴趣的属性即如果属性 A 是感兴趣属性，则规则形式只能是 $A \rightarrow B$ 或 $B \rightarrow A$，其中 B 为任意属性表达式，或者指定属性间的依赖性约束即若某规则包含属性 A，则该规则一定包含属性 B；C. 完全依靠用户或专家对处理结果进行筛选，以期得到感兴趣的条目。

② 结果评价。结果评价就是确定所发现模式的可信度，通常用测试数据集评估所发现的模式，基本方法是将样本数据集分成二部分，一部分是训练集用来发现模式，另一部分是测试集，测量结果的可信度。

③ 处理结果维护。信息处理所涉及的样本数据集常常是动态变化的，因此需要对所处理的结

果进行维护以保证结果与数据的变化相一致。维护可以对数据变化引起的特殊问题重新应用所建立的处理方法，或者应用某种增量处理算法。

6. 过程改进与处理结果的整合

信息处理过程的改进并不是信息处理的一个阶段，它实际反映了信息处理是一个反复进行的复杂过程，其主要原因是领域专家对处理结果不满意。改进信息处理过程使最终结果满足领域专家的要求，可从以下三个方面加以处理：① 重新定义数据集；② 改进信息处理方法；③ 重新定义约束或算法参数。

信息处理结果的整合是为应用结果做准备，工作内容包括：① 结果输出，把处理结果以文件、报表或其他形式呈现给用户；② 一致性检查，确信处理结果不与以前的处理结果或领域知识相抵触。

6.2 信息预处理

信息处理是对所获取的领域数据进行抽样分析，以期得到能够支持预测、调度、分类、决策的有规律性的知识。由于在信息收集过程中存在诸多因素的影响，如初期收集信息时对信息处理的任务了解不完全或考虑较少，或者信息收集者的习惯不同，描述不完全一致，或者存储方式不同等，不能对收集到的信息直接处理，通常需要经过预处理后才能使用。

预处理任务根据目标数据集可能存在的问题以及处理方法对目标数据集的要求，需要完成下列任务：

① 数据校验。目标数据集常常存在一些不确定内容。这些内容主要表现在三个方面：字段值标记错误、有特殊语义的数据值、空值（缺失值）。信息处理人员必须配合领域专家对这些内容进行确认。

② 离散化与泛化。在信息处理过程中，受信息处理方法的限制，对于值域是连续的或很大的属性需做相应的处理。如数值型属性的取值常在某个范围内近似连续地变化（如人的年龄、工资等属性），需要进行离散化分析；一些名词型属性虽然是离散的，但值域很大，也不适合信息处理算法的应用，常需要进行泛化分析。

③ 数据转换。不同信息处理方法有不同的数据输入要求，数据转换就是对数据进行编码，使其成为信息处理方法所要求的格式。

下面着重讲述目标数据集中属性的离散化和泛化问题以及空值填补问题。

6.2.1 连续属性集离散化分析

1. 连续属性集离散化问题描述

设 $A = \langle U, C \cup D \rangle$ 为一样本数据集，论域 $U = \{x_1, x_2, \cdots, x_n\}$ 为非空有限集合，C 是条件属

性集，D 是决策属性集。假设对于任意 $c_i \in C$，有 $V_i = [s_i, e_i) \subset \mathbf{R}$，$\mathbf{R}$ 是实数集，则 c_i 为连续属性。设 P_i 是 V_i 上的分割点集合，记为：

$$P_i = \{c_0^i, c_1^i, \cdots, c_{k_i}^i\}$$

P_i 将 V_i 分为 k_i 个区间（如图 6.2 所示），这里 $s_i = c_0^i < c_1^i < c_2^i < \cdots < c_{k_i}^i = e_i$，$k_i$ 为一整数，表示离散化程度，可以看作按属性 c_i 将论域 U 中的对象分成 k_i 类。

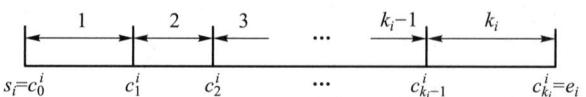

图 6.2　P_i 将连续属性 c_i 分割成 k_i 个区间

对于需要离散化的连续属性集 $C' \subseteq C$，其分割点集合记为：

$$P = \bigcup_{c_i \in C'} \{c_i\} \times P_i = \bigcup_{c_i \in C'} \{(c_i, c_0^i), (c_i, c_1^i), (c_i, c_2^i), \cdots, (c_i, c_{k_i}^i)\}$$

将 c_i 属性的连续取值映射到离散空间，即对于任意 $x_k \in U(k = 1, 2, \cdots, n)$，若其属性 c_i 的取值在区间 $[c_{j-1}^i, c_j^i)(j \in (1, 2, \cdots, k_i))$ 内，则将属性值重新标记为 j。这样就把原来含有连续属性的数据集 A 转换成离散化的数据集 A^P。

因此，离散化问题本质上可归结为利用选取的分割点对属性的值域空间进行划分的问题，选取分割点的过程也是合并属性值的过程，通过合并属性值，减少属性值的个数，减小问题的复杂度，有利于提高信息处理的效率和处理结果的适应度。

2. 离散化方法

聚类和分类分析中的某些算法要求数据是分类属性，因此需要对数值的属性进行离散化。连续属性的离散化问题被广泛研究，并取得了大量成果。研究人员从不同的领域提出了多种离散化方法，典型的有等区间（宽）方法、等信息量（频）方法、基于信息熵的方法、Holte 的 1RD 离散化方法、统计试验方法、超平面搜索方法以及用户自定义区间等。应用不同的准则可将现有的离散化方法分为局部与全局方法（论域空间）、静态与动态方法（属性空间）和有导师与无导师方法（是否依赖决策属性）。

等区间和等信息量离散化方法可能是最简单的离散化方法。等区间分割是将连续属性的值域等分成 $k_i(k_i \in N)$ 个区间，k_i 一般由用户确定。

假设某个属性的最大属性值为 $x_{\max}$，最小属性值为 $x_{\min}$，用户给定的分割点参数为 k，则分割点间隔为 $\delta = (x_{\max} - x_{\min})/k$，所得到的属性分割点为 $x_{\min} + i\delta$，$i = 0, 1, \cdots, k$，这些分割点之间的距离相等。

表 6.1 中所示是 12 个对象的某个属性的取值。分析该属性可知，它的值域是 $[1.00, 3.00)$，假设我们将其值域分成四个区间，即 $k = 4$，则相应的分割点为：1.50，2.00，2.50。于是将取值在 $[1.00, 1.50)$ 类的对象归为一组，并将属性值重新标记为"1"；将取值在 $[1.50, 2.00)$ 类的对象归为一组，并将属性值重新标记为"2"；将取值在 $[2.00, 2.50)$ 类的对象归为一组，并将属性值重新标记为"3"；将取值在 $[2.50, 3.00)$ 类的对象归为一组，并将属性值重新标记为"4"。这样，本来值域很大的属性在离散化之后只有 4 个取值，因此大大提高了信息处理的效率和处理

结果的适应度。如表 6.2 所示。

表 6.1 对象及其属性值

对象	1	2	3	4	5	6	7	8	9	10	11	12
属性	1.12	1.00	1.79	2.64	2.03	2.89	1.33	2.99	1.88	2.25	1.80	1.55

表 6.2 等区间离散化后的结果

对象	1	2	3	4	5	6	7	8	9	10	11	12
属性	1	1	2	4	3	4	1	4	2	3	2	2

等信息量分割首先将测量值进行排序，然后将属性值域分成 k_i 个区间，每个区间包含相同数量的测量值。假设某个属性的最大属性值为 x_{max}，最小属性值为 x_{min}，用户给定的分割点参数为 k，样本集中的对象个数为 n，则需要将样本集中的对象按该属性的取值从小到大进行排列，然后按对象数平均划分为 k 段即得到分割点集，每两个相邻分割点之间的对象数均为 n/k。

将表 6.1 中的数据按等信息量离散化之后，如表 6.3 所示。

表 6.3 等信息量离散化后的结果

对象	1	2	3	4	5	6	7	8	9	10	11	12
属性	1	1	2	4	3	4	1	4	3	3	2	2

以上两种方法均适用于全部对象空间，是全局的；可独立应用于每个属性，是静态的；没有应用分类信息，是无导师方法。从时间和空间复杂度分析，这两种方法最有效，但由于离散化过程不考虑属性之间的依赖关系、不考虑决策属性对离散化过程的影响，故离散化处理结果的质量缺少保障。

对等信息量离散化方法进行改进的是 Holte 的 1RD（one rule discretizer）方法，它是一种全局的、静态的、有导师的离散化方法。1RD 方法用贪心算法将选定属性分成多个区间，每个区间至少包含 M 个（用户预设参数）属性值且绝大多数对象来自一个决策类（按决策属性对样本集进行划分）。其方法是先初始化使每个区间包含 M 个属性值，然后移动分割点，使主决策类对象增加、非主决策类对象减少，区间内对象所属决策类尽可能"纯"。Ching 等人也提出了类依赖离散化算法对等区间和等信息量方法进行改进，其方法由三阶段组成：区间初始化、区间改进及区间约简。

基于统计试验的离散化方法包含分位数离散法和基于 χ^2 分裂的离散法。分位数离散法利用四分位、五分位、十分位等分位数进行离散。基于 χ^2 分裂的离散法是将 χ^2 值较大的分割点作为有效分割点。该方法是局部的、静态的和有导师的离散化方法。

此外，常见的机器学习也被用于数据离散化。例如，基于信息熵的离散化方法是一种有监督的离散化方法，它采用自上而下的分裂技术，利用类分布信息计算和确定分裂点，可以更好地确定区间的边界。基于 K-means 模型的离散法是一种重要的无监督离散化方法，它可以将数据划分成若干簇。

6.2.2　概念泛化分析

信息处理面对的是低层的、具体的样本信息，信息处理的任务是从这些具体的信息中概括出一般的规则。对于连续变化的实数型属性可以通过离散化处理将其概括成 n 类（对应 n 个离散区间）。而对于一些名词型属性，其值本身是离散的，但涉及的概念过细，无法产生规则，因此需要对这类属性进行泛化操作。泛化是用来扩展一假设的语义信息，使其能够包含更多的实例，应用于更多的对象，例如可将麻雀、燕子、老鹰等较细化的动物概念泛化为"飞禽"，而把老虎、豹子、狮子等较细化的动物概念泛化为"走兽"。泛化也是约简信息处理空间的一种有效方法。

1. 泛化分析方法

下列是一些在信息处理中常用的泛化分析方法。

（1）将常量转为变量规则

对于概念 $F(v)$，如果 v 的某些取值 a，b，$\cdots$，使 $F(v)$ 成立，则这些概念可被泛化为：对于 v 的所有值，$F(v)$ 均成立。用逻辑公式描述上述泛化规则为：

$$F(a) \wedge F(b) \wedge \cdots \quad |\langle \quad (\forall v)F(v)$$

其中"$|\langle$"读作"泛化为"。

（2）消除条件规则

任何合取式可通过摘除一个联结词进行泛化。一个合取条件可看作对满足此概念的可能实例集的一个约束。消除一个条件，则该概念被泛化。例如"红色和圆形的是苹果"通过消除条件"圆形"而被泛化为"红色的是苹果"，表示为：

$$Red(v) \wedge Circle(v) \Rightarrow Apple(v) \quad |\langle \quad Red(v) \Rightarrow Apple(v)$$

（3）添加选项

通过添加更多条件，使得有更多的实例满足概念而使该概念泛化。该规则特别有用的方式是通过扩展某个特定概念的取值范围而增加选项。如将仅允许为"红"的某个概念增加一个允许为"蓝"的选项使其被泛化，表示为：

$$Red(v) \Rightarrow Apple(v) \quad |\langle \quad Red(v) \vee Blue(v) \Rightarrow Apple(v)$$

（4）将合取转为析取规则

可通过用析取替代合取泛化一个概念。此方法与添加选项有类似之处。该规则可描述如下：

$$Red(v) \wedge Circle(v) \Rightarrow Apple(v) \quad |\langle \quad Red(v) \vee Circle(v) \Rightarrow Apple(v)$$

（5）爬升概念树规则

定义 6.1　概念树 T 是一个偏序集 $<U, <>$，U 是一个有限概念集，对于任意概念 s_i，$s_j \in U$，$s_i < s_j$ 当且仅当 s_i 是 s_j 的子概念。

定义 6.2　若概念树 T 中存在一概念 s_0，对于任意 $s_i \in U - \{s_0\}$，均有 $s_i < s_0$，则称 s_0 为最大概念，s_i 为其第 i 层子概念。

图 6.3 所示的是一动物世界的概念树，"动物"为最大概念。通过爬升概念树，低层概念被较

高层概念替代。设 A 表示信息系统中的某个属性如 $Animal$，a，b，…分别为对象 u，v，…在属性 A 上的取值，若 s 是概念树上 a，b，…的父节点，则基于概念树爬升的泛化规则表示为：

$$\left.\begin{array}{l} A(u) \in a \\ A(v) \in b \\ \vdots \end{array}\right\} \mid \langle \quad (\forall x)L(x) \in s$$

后文将重点介绍爬升概念树泛化方法。

（6）闭区间规则

$$L(a) \Rightarrow R \wedge L(b) \Rightarrow R \quad \mid \langle \quad (\forall x)(x \in [a,b] \rightarrow L(x) \Rightarrow R)$$

此规则表示如果同一概念的两个描述（两个规则前提）仅仅是一个线性描述符（L）的值不同（a，b），则两个描述可被一个描述代替，描述符的引用为连接这两个值的闭区间$[a,b]$。

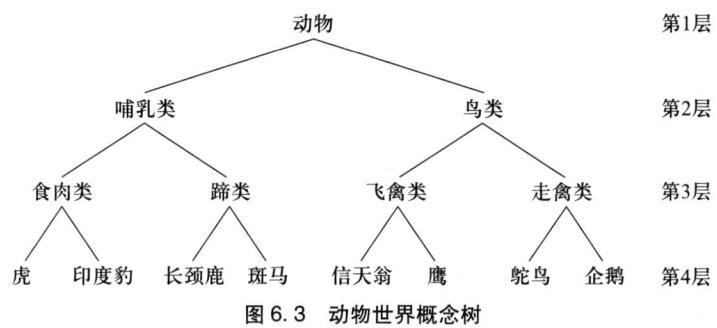

图 6.3 动物世界概念树

所有泛化方法得到的只是一个假设，需用新的数据来测试，且泛化结果并不保证所得描述符是合理的或有用的。

2. 背景知识

实际目标数据集中的数据质量是信息处理的核心问题。对于质量问题，需要额外的领域知识对数据进行整理、净化、填补；海量数据就使得技术只能应用于指定的数据部分，这也需要领域知识才能做好。因此信息处理必须能够将领域知识和信息处理方法相结合。

控制泛化过程必需的背景知识用概念分层描述（见图 6.3）。不同的概念层常构成不同的概念类。概念类可部分地按一般到特殊的顺序排序。最一般的概念就是空描述（常用词汇"任何"来描述），而最特殊的概念则与数据集中属性的特定值一致。

概念分层可由知识工程师或领域专家提供，即使对于相当大的数据集也是合理的，因为一棵概念树仅记录不同的离散属性值或数值型属性的取值范围，通常这些属性值不是很多，可由某个领域专家输入。但如果无概念树可用，则在某些情况下也可基于样本数据集进行构造。

3. 概念树爬升泛化方法

数据集是通过每一个数据实体或对象在属性集上的取值详细地描述各个概念，但数据集中的数据是对事实的一一列举，不是对概念的概括描述，信息处理过程其实就是对数据集中记载的事实不断归纳概括的过程。泛化就是一种归纳概括过程。

（1）概念树爬升

定义 6.3 在数据集 $I = \langle U, C \cup \{d\}, V, f \rangle$ 中，$B = \{b_1, b_2, \cdots, b_k\} \subseteq C$ 是 k 个待泛化的属性，每个属性对应一个概念树 $T_i(i = 1, 2, \cdots, k)$，且 T_i 的树高为 h_i。在这些概念树中任一节点被其父节点代替的过程称为属性的概念爬升。

一些对象在某个属性上的取值并不相同，但当数据集进行一次概念爬升后，这些对象在该属性上的取值就可能变为相等。概念爬升过程就是用父节点依次替代子节点，合并具有相同描述的对象（不可分辨对象）的循环过程，直至某个条件满足。

根据上述原理，Nick 等人给出了一种面向属性的归纳算法。该算法的基本策略如下：① 每次仅对一个属性进行泛化；② 对每个属性进行概念爬升时，以层次为单位，对数据集中具有最大层次的数据进行爬升，且每次只爬升一个概念层；③ 如果该属性已爬升至最大概念 s_0，则删除该属性（冗余）；④ 由用户输入阈值 λ 来控制泛化程度，如果可分辨对象的个数小于或等于 λ 则停止泛化。

（2）过度泛化问题

当某个属性被爬升至过高的概念层时，会导致冲突的产生，这种现象称为过度泛化。克服过度泛化必须有相应的终止泛化算法的策略。Nick 等人的算法是通过用户输入的阈值 λ 进行控制的，带有明显的人为特点。过大的 λ 可能导致泛化效果不明显，而过小的 λ 则可能引起过度泛化，因此这种依靠人的主观意愿进行控制的策略很难获得最优结果。同时，该算法每次仅对一个属性进行泛化，忽略了各属性之间可能存在的依赖关系。

（3）Nick 泛化方法的改进

从概念分类的角度，泛化问题可作如下理解：概念爬升往往会破坏数据集中原来的不可分辨关系，即原来两个可分辨的对象可能变为不可分辨，这样等价类包含的对象数量增加，而等价类数量减少。

根据这种理解，我们可以这样考虑，尽管等价类数量减少了，但只要不改变属性的分类能力，则泛化过程是有效的，因此可以引用分类能力来控制泛化程度，这样可对 Nick 等人的泛化策略进行改进：① 将全部需要泛化的属性对应的概念树合并成概念森林，每次对森林中最大层次的数据进行爬升，且每次只爬升一个概念层；② 若某个属性的概念爬升导致分类能力下降，则该属性泛化完毕，概念树从森林中删除；③ 如果某属性已爬升至最大概念 s_0，则删除该属性（冗余）。

6.2.3 空值估算

1. 概述

在样本数据集中，空值（null）也称作缺失值，在所有非主码属性中都可能出现。空值被看作与其他任何值都不相同的符号。空值不仅意味着该属性值未知，而且意味着该值不可用。导致空值出现的主要原因有：

① 在信息收集时遗漏了一些信息，可能是因为输入时认为不重要、忘记填写或对数据理解错

误而遗漏，也可能是由于数据采集设备的故障、存储介质的故障、传输媒体的故障、一些人为因素等原因而丢失。

② 某些属性值未知或暂时无法获取。例如在医疗数据库中，并非所有病人的所有临床检验结果都能在给定的时间内得到，就致使一部分属性值空缺出来。又如在申请表数据中，对某些问题的反映依赖于对其他问题的回答。

③ 数据模型的限制。在信息收集时最常用的是关系数据模型，由于关系数据模型要求同一关系中的每个对象必须有相同数目的属性，因此即使某些属性对某一对象不适用，但该对象必须有此属性。如在描述计算机配置表中，属性"声卡类型"对于没有配置声卡的计算机而言是不可用的，故此时"声卡类型"的属性值必为空值。

④ 获取这些信息的代价太大。

⑤ 系统对实时性能要求较高，即要求得到这些信息前迅速做出判断或决策。

空值的存在，造成了以下影响：第一，系统丢失了大量的有用信息；第二，系统所表现出的不确定性更加显著，系统中蕴含的确定性成分更难把握；第三，包含空值的数据会使信息处理过程陷入混乱，导致不可靠的输出。

因此，空值需要通过专门的方法进行推导、填充，以减少信息处理的结果与实际应用之间的差距。目前已经存在一些方法处理空值问题。

最简单的方法是从数据集中删除含空值的实例，从而得到一个完备的数据表。这种方法简单易行，在被删除的对象只占总数据量极小比例的情况下是非常有效的。然而这种方法也有很大的局限性，它是以减少数据来换取信息的完备，会造成资源的浪费，可能丢弃了隐藏在这些数据中的知识。在数据集中本来包含的数据就很少的情况下，删除少量对象就足以严重影响到信息处理结果的正确性。

另一类方法是用一定的值去填充空值，从而使数据表完备化。常用的填充方法有：① 人工填充。即由用户或专家根据自己的经验和知识填充空值。该方法耗时费力，仅在空值不多的情况下可行。② 使用特殊值填充。将空值作为一种特殊的属性值来处理，它不同于其他的任何属性值。如所有的空值都用"unknown"填充。③ 基于其他属性的取值和分类信息，构造规则来预测丢失的属性值，并用预测结果填充空值。如采用回归方程的方法，基于完整的数据集建立回归方程，对于包含空值的对象，将已知属性值代入方程来估计未知属性值，并以此估计值来进行填充。④ 根据数据集中其他对象在该属性上的取值来预测和填充。如使用其他对象的该属性的平均值填充，或是找到一个与它最相似的对象，然后用这个相似对象的该属性值来进行填充。⑤ 应用贝叶斯公式确定空值的概率分布，选择一最可能的值填补空值或根据概率分布用不同值填补空值形成多个对象。⑥ 将含有空值的目标数据集转换成一个新的、可能不相容的但每个属性值均已知的数据集，方法是将某个属性的空值用所有该属性的可能值替换形成多个数据集，然后归纳出确定的和可能的规则，但是该方法在实际情况下几乎不能使用。

下面将介绍一种有效的填充空值的方法——基于对象相似的空值估算。

2. 基本概念

定义 6.4　若数据集 $I = \langle U, A, V, f \rangle$ 的全部对象的所有属性值都是已知的，则该数据集是完全的，否则是不完全的。

定义 6.5　若数据集 I 是不完全的（缺失值用 $*$ 表示），则 I 的扩展记为 $I' = \langle U, A, V', f' \rangle$，其中若 $a(x) \neq * \Rightarrow a'(x) = a(x)$，否则 $a'(x) \in V_a$。

定义 6.6　I' 是 I 的一个完全集当且仅当 I 的扩展 I' 不包含任何空值。I 的所有扩展记为 $extn(I)$，I 的所有完全集记为 $comp(I)$，若 I 中的扩展仅对 I 中的对象 x 扩展，则称为 I 的 x 扩展，记为 $extn(I, x)$。

表 6.4 为不完全数据集 I 示例。表 6.5 是 I 的一个扩展，但不是 I 的一个完全集，只有将所有的空值（表中 $*$ 值）用非空值替换，才构成 I 的一个完全集。表 6.6 是 I 的 p_1 扩展，也是 I 的一个扩展。

若某数据集 I 共有 n 个属性，属性 a_i 的可能取值有 k_i 个，缺失 a_i 属性值的对象有 m_i 个，则 I 的所有完全集个数为 $\prod_{i=1}^{n} k_i^{m_i}$。例如表 6.4 有 4 个属性，可能的取值分别有 4、1、2、2 个，则它的全部完全集个数是：

$$4^1 \times 1^3 \times 2^1 \times 2^3 = 64 \ 个$$

这也说明了在前文中所说的用所有可能值替换缺失值形成多个数据集的方法是无实际意义的。

表 6.4　不完全信息系统 I

	a_1	a_2	a_3	a_4
p_1	3	$*$	4	$*$
p_2	$*$	3	4	6
p_3	5	3	4	$*$
p_4	4	$*$	4	6
p_5	4	3	$*$	6
p_6	4	3	4	$*$
p_7	6	$*$	2	7

表 6.5　不完全信息系统 I 的扩展

	a_1	a_2	a_3	a_4
p_1	3	3	4	7
p_2	5	3	4	6
p_3	5	3	4	6
p_4	4	$*$	4	6
p_5	4	3	4	6
p_6	4	3	4	6
p_7	6	$*$	2	7

表 6.6　不完全信息系统 I 的 p_1 扩展

	a_1	a_2	a_3	a_4
p_1	3	3	4	7
p_2	$*$	3	4	6
p_3	5	3	4	$*$
p_4	4	$*$	4	6
p_5	4	3	$*$	6
p_6	4	3	4	$*$
p_7	6	$*$	2	7

3. 基于对象相似的空值估算方法

定义 6.7 对于任意对象 $x \in U$，属性子集 $\varnothing \neq B \subseteq A$，称

$$B(x) = \{a: a \in B \wedge a(x) \neq *\}$$

为对象 x 的 B 相关属性集；称 $x_B = <a(x): a \in B>$ 为 x 关于 B 的特征值组。

这里我们假设 A 中的属性是有序的，因此 B 中的属性也是有序的，故 x_B 是有序的。

定义 6.8 设 $B \subseteq A$ 为非空属性子集，S_B 是 U 上的二元关系，iff 表示当且仅当，对于任意 x, $y \in U$ 及 $a \in B(x) \cap B(y)$，有：

$$xS_B y \quad iff \quad a(x) = a(y)$$

则称 S_B 是 U 上的相似关系。

定理 6.1 若 S_B 是 U 上的相似关系，则 S_B 一定是相容关系。

证明 对于任意 $x \in U$ 及 $a \in B(x)$，均有 $a(x) = a(x)$，故 $xS_B x$，S_B 满足自反性；若对于任意的 x, $y \in U$ 及 $a \in B(x) \cap B(y)$，有 $xS_B y \Rightarrow a(x) = a(y) \Rightarrow a(y) = a(x) \Rightarrow yS_B x$，$S_B$ 满足对称性。

下面证明 S_B 不满足传递性。

设 x, y, $z \in U$ 且 $xS_B y$，$yS_B z$，则对于任意 $a \in B(x) \cap B(y)$ 及 $b \in B(y) \cap B(z)$ 有 $a(x) = a(y)$，$b(y) = b(z)$。由于在一般情况下 $B(x) \cap B(y) \neq B(y) \cap B(z) \neq B(z) \cap B(x)$，不妨设 $b^* \in B(x) \cap B(z)$ 但 $b^* \notin B(x) \cap B(y)$ 且 $b^* \notin B(y) \cap B(z)$，则 b^* 不影响 $xS_B y$ 和 $yS_B z$，但 $b^* \in B(x)$ 且 $b^* \in B(z)$，则 $b^*(z) \neq *$，$b^*(x) \neq *$，因而 $b^*(x) = b^*(z)$ 不一定成立，所以 $xS_B z$ 不一定成立。因此 S_B 不具有传递性。综上可知，S_B 是 U 上的相容关系而不是等价关系。

显然，当 I 为一完全集时，S_B 为一等价关系。

定义 6.9 对于数据集 $I = <U, A, V, f>$ 及任意对象 x, $y \in U$，若 $xS_B y$，则称 x 与 y 相容。所有与 x 相容的对象集称为相容类，记为 $S_B(x)$。

按表 6.4 提供的数据，有 $U = \{p_1, p_2, \cdots, p_7\}$，$B = A = \{a_1, a_2, a_3, a_4\}$，$V = \{2, 3, 4, 5, 6, 7\}$，因此 $B(p_1) = \{a_1, a_3\}$，$B(p_2) = \{a_2, a_3, a_4\}$，$B(p_3) = \{a_1, a_2, a_3\}$。

$B(p_1) \cap B(p_2) = \{a_3\}$，因为 $a_3(p_1) = a_3(p_2)$，故 $p_1 S_B p_2$，即 p_1 与 p_2 相容。同理 p_2 与 p_3 相容。但 $B(p_1) \cap B(p_3) = \{a_1, a_3\}$，而 $a_1(p_1) \neq a_1(p_3)$，故 p_1 与 p_3 不相容。表 6.4 中各对象的相容关系如图 6.4 所示，图中两个直接相连的对象是相容的。

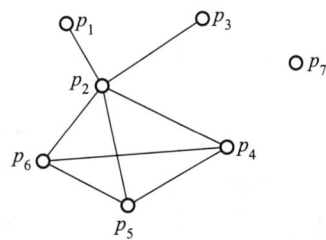

图 6.4 表 6.4 中各对象之间的相容关系

从以上分析可以看出，S_B 关系是关于属性集 B 等价关系（对于任意两个对象 x, $y \in U$，x, y

关于 B 等价当且仅当对于任意属性 $b \in B$，有 $x_b = y_b$）的一种泛化，即 x 与 y 关于 B 描述相同当且仅当 $B(x) = B(y) = B$ 且 $x_B = y_B$。据此我们考虑两个相容对象可以互相补偿缺失值：若对象 x 的 a 属性值是空，则可用与 x 相容的对象的非空 a 属性值替换即 $a(x) \in \{a(y): y \in S_B(x)\}$，这样可获得数据集 I 的一个完全集且最大限度地保持了对象的相容性。

由于一个对象的相容对象有时不止一个，可供选择的属性替换值不唯一。如上例，对象 p_2 的 a_1 属性值可用 $a_1(p_1) = 3$ 或 $a_1(p_3) = 5$ 或 $a_1(p_4) = a_1(p_5) = a_1(p_6) = 4$ 三个值替换，此时可通过设计其他算法挑选其中一个值而不违背相容性。

因此可以给出下面一般性陈述：

对于任意对象 $x \in U$，其属性 a 的可能值记为 $v(x, a)$。

$$v(x, a) = \begin{cases} a(x) & a(x) \text{ 已定义} \\ \{a(y): y \in S_B(x)\} & a(x) \text{ 未定义，但对于某些 } y \in S_B(x)，a(y) \text{ 已定义} \\ ? & \text{其他情况} \end{cases}$$

下面是按照上述思想设计的一种算法。若某个空值 $a(x)$ 有多个值可供选择，算法采用投票策略，即 $a(x)$ 取某个出现次数最多的值。

算法 6.1　缺失值填补算法。

输入：含有缺失值的数据集。

输出：填补缺失值后的数据集。

① 输入数据集 $I = <U, A, V, f>$。

② 对于每个对象 x 计算其相容类 $S_B(x)$。

③ 对于每个属性 $a \in A$，每个对象 $x \in U$，计算 $v(x, a)$。

IF $|v(x, a)| = 1$ THEN

　　$a(x) \leftarrow v(x, a)$

ELSE {

　　IF $|v(x, a)| > 1$ THEN

　　$a(x) \leftarrow ?$

　　ELSE

　　$a(x) \leftarrow *$ }

④ 若数据集内容不再变化，至⑤，否则返回②。

⑤ 若数据集中存在 $a(x) = ?$，则使用投票策略确定 $a(x)$，否则退出。

根据以上算法，将表 6.4 作为空值填补算法的输入，其估算结果见表 6.7 和表 6.8。该方法既没有将含空值的对象移去，也没有形成多个数据集，与统计方法相比，充分考虑了数据之间的相容性和属性之间的依赖关系，具有明显的优点。

表6.7 执行第②~④步空值估算				
	a_1	a_2	a_3	a_4
p_1	3	3	4	6
p_2	?	3	4	6
p_3	5	3	4	6
p_4	4	3	4	6
p_5	4	3	4	6
p_6	4	3	4	6
p_7	6	*	2	7

表6.8 投 票 决 策				
	a_1	a_2	a_3	a_4
p_1	3	3	4	6
p_2	4	3	4	6
p_3	5	3	4	6
p_4	4	3	4	6
p_5	4	3	4	6
p_6	4	3	4	6
p_7	6	*	2	7

6.3 | 信息处理的统计学方法

信息处理是使用适当的信息处理方法从目标数据集中自动抽取有用的模式。针对不同的处理目标，支持信息处理的方法很多，概括起来主要分为统计学方法和人工智能方法。选择什么方法则取决于问题本身，但实践证明很难判断这些方法的优劣，且处理结果对数据集的依赖程度极高。针对给定的数据集和给定的目标，到目前为止尚没有公认的选择标准。在实际应用中，信息处理方法往往是多项技术混合起来使用。

历史上，统计学研究主要集中在预定假设的检验和数据的模型拟合上，所用方法的依据通常是概率模型。目前，统计学的焦点已逐步从模型估计转移到模型选择上来，不再只是寻找最佳的参数值，而是把模型的结构也作为搜索过程的一部分，这种趋势非常符合信息处理的目的。近代统计学方法与信息处理的关系日益密切，作为信息处理的一个基本工具，统计学方法将发挥越来越重要的作用。

6.3.1 多元数据的相关分析

多元数据是指含有多个随机变量（常对应信息系统中的属性）的一组数据，多元数据的相关分析就是找出各随机变量之间的关联关系。

1. 多元数据的数字特征及相关矩阵

设 $(X_1, X_2, \cdots, X_p)^{\mathrm{T}}$ 是 p 元总体，从中取得样本数据：

$$(x_{11}, x_{12}, \cdots, x_{1p})^{\mathrm{T}}$$
$$(x_{21}, x_{22}, \cdots, x_{2p})^{\mathrm{T}}$$
$$\cdots\cdots$$

$$(x_{n1},\ x_{n2},\ \cdots,\ x_{np})^{\mathrm{T}}$$

第 i 个观测数据记为：

$$x_i = (x_{i1},\ x_{i2},\ \cdots,\ x_{ip})^{\mathrm{T}},\qquad i = 1,\ 2,\ \cdots,\ n$$

它被称为样品。这样可用矩阵 X 来表示样本数据：

$$X = [\,x_1,\ x_2,\ \cdots,\ x_n\,]$$

X 是 $p \times n$ 矩阵，它的 n 个列即是 n 个样品 x_1，x_2，$\cdots$，x_n。观测矩阵 X 的 p 个行分别是 p 个变量 X_1，X_2，$\cdots$，X_p 在 n 次试验中所取的值，记

$$x_{(j)} = (x_{1j},\ x_{2j},\ \cdots,\ x_{nj})^{\mathrm{T}},\qquad j = 1,\ 2,\ \cdots,\ p$$

因而有

$$X = \begin{bmatrix} x_{(1)}^{\mathrm{T}} \\ x_{(2)}^{\mathrm{T}} \\ \vdots \\ x_{(p)}^{\mathrm{T}} \end{bmatrix}$$

① 第 j 行 $x_{(j)}$ 的均值。

$$\bar{x}_j = \frac{1}{n}\sum_{i=1}^{n} x_{ij},\qquad j = 1,\ 2,\ \cdots,\ p$$

② 第 j 行 $x_{(j)}$ 的方差。

$$s_j^2 = \frac{1}{n-1}\sum_{i=1}^{n}(x_{ij} - \bar{x}_j)^2,\qquad j = 1,\ 2,\ \cdots,\ p$$

③ $x_{(j)}$，$x_{(k)}$ 的协方差。

$$s_{jk} = \frac{1}{n-1}\sum_{i=1}^{n}(x_{ij} - \bar{x}_j)(x_{ik} - \bar{x}_k),\qquad j,\ k = 1,\ 2,\ \cdots,\ p$$

显然有 $s_{jj} = s_j^2$，$j = 1,\ 2,\ \cdots,\ p$。

称 $\bar{x} = (\bar{x}_1,\ \bar{x}_2,\ \cdots,\ \bar{x}_p)^{\mathrm{T}}$ 是 p 元样本数据的均值向量。称

$$S = \begin{bmatrix} s_{11} & s_{12} & \cdots & s_{1p} \\ s_{21} & s_{22} & \cdots & s_{2p} \\ \vdots & \vdots & & \vdots \\ s_{p1} & s_{p2} & \cdots & s_{pp} \end{bmatrix}$$

是样本数据的协方差矩阵。有

$$S = \frac{1}{n-1}\sum_{i=1}^{n}(x_i - \bar{x})(x_i - \bar{x})^{\mathrm{T}}$$

均值向量 $\bar{x}$ 与协方差矩阵 S 是 p 元样本数据的重要数字特征。$\bar{x}$ 表示 p 元样本数据的集中位置，而 S 的对角线元素分别是各个变量观测值的方差，而非对角线元素是变量观测值之间的协方差。

④ $x_{(j)}$ 与 $x_{(k)}$ 的相关系数。

$$r_{jk} = \frac{s_{jk}}{\sqrt{s_{jj}}\sqrt{s_{kk}}}$$

式中：r_{jk} 是无量纲的量，且总有 $r_{jj} = 1$，$|r_{jk}| \le 1$。称

$$R = \begin{bmatrix} 1 & r_{12} & \cdots & r_{1p} \\ r_{21} & 1 & \cdots & r_{2p} \\ \vdots & \vdots & & \vdots \\ r_{p1} & r_{p2} & \cdots & 1 \end{bmatrix}$$

是观测数据的相关矩阵。

相关矩阵 R 是 p 元观测数据的最重要数字特征，它刻画了变量之间线性联系的密切程度。R 往往是多元数据分析方法的出发点。从 S 和 R 的表达式分析，S 和 R 总是非负定的。在实际应用中，S 和 R 常是正定的。

2. 总体的数字特征及相关矩阵

设 p 元总体 $X = (X_1, X_2, \cdots, X_p)^T$。令 $\mu_i = E(X_i)$，$i = 1, 2, \cdots, p$，则

$$\mu = (\mu_1, \mu_2, \cdots, \mu_p)^T$$

称为总体均值向量。总体的协方差矩阵为：

$$\Sigma = E\left[(X-\mu)(X-\mu)^T \right] = (\sigma_{jk})_{p \times p}$$

其中 $\sigma_{jk} = E[(X_j - \mu_j)(X_k - \mu_k)]$，特别地，当 $j = k$ 时 $\sigma_{jj} = \sigma_j^2$。

记总体的分量 X_j，X_k 的相关系数为：

$$\rho_{jk} = \frac{\sigma_{jk}}{\sqrt{\sigma_{jj}}\sqrt{\sigma_{kk}}}$$

总有 $\rho_{jj} = 1$，$|\rho_{jk}| \le 1$，则总体的相关矩阵为：

$$\rho = \begin{bmatrix} 1 & \rho_{12} & \cdots & \rho_{1p} \\ \rho_{21} & 1 & \cdots & \rho_{2p} \\ \vdots & \vdots & & \vdots \\ \rho_{p1} & \rho_{p2} & \cdots & 1 \end{bmatrix} = (\rho_{jk})_{p \times p}$$

协方差矩阵 Σ 和相关矩阵 ρ 总是非负定的。

在多元数据分析中，样本数据的均值向量 $\bar{x}$、协方差矩阵 S 及相关矩阵 R 分别是总体的均值向量 μ、协方差矩阵 Σ 及相关矩阵 ρ 的估计，即当 n 充分大时，有 $\mu \approx \bar{x}$，$\Sigma \approx S$，$\rho \approx R$。

6.3.2　聚类分析

1. 聚类分析的概念

聚类分析是把研究对象按照一定的规则分成若干类别，并使类之间的差别尽可能大，类内的差别尽可能小，换句话说，使类间的相似性最小，而类内的相似性最大。当研究对象缺乏描述信息或无法组织成任何分类模式时，聚类分析可根据样本数据发现规律，从而找出全体数据的描述。如果从机器学习的角度看，聚类实际上是一种无监督的机器学习方法。在聚类分析前一般并不知

道要将总体划分成几个类和什么样的类，也不知道根据哪些数据来定义类。在具体应用中，专业经验丰富的用户应该可以理解这些类的含义。如果产生的聚类结果无法理解或不可用，则该聚类可能是无意义的，需要回到原始阶段重新组织数据。

聚类分析的应用遍及科学研究、工程实践、商业活动的各个领域。例如，聚类可帮助商业领域的市场管理者发现客户数据库中的不同人群并基于购买模式刻画这些人群分组；可导出生物学中动植物的分类、得到具有相似功能的基因类别、洞察种群中固有的结构；帮助识别地球观测站数据库中相似陆地使用的区域。

聚类算法受很多因素影响，对于不同类型的数据，需要根据实际情况选择不同的聚类算法。目前的聚类算法大致可以分为以下几类。

① 基于划分（原型）的聚类算法。设定参数聚类数 k 和 k 个初始聚类中心，以距离为相似性衡量标准将其余数据对象依次分配到相似度（距离最小）的聚类中心对应的簇。基于划分的聚类算法通常设定某种确定的参数来选取可以代表对应簇的原型点，也被称为基于原型的聚类算法。

② 基于层次的聚类算法。对数据集以分层划分簇的形式进行处理。通过拆分指定的数据集，创建一个树状结构层次。

③ 基于密度的聚类算法。以密度为划分依据将数据集划分成不同的簇，依据预先设定的阈值，将各样本点归入对应的簇中。

④ 基于网格的聚类算法。对数据集中的每个样本对象进行量化，再将样本空间的每一维划分成小的网格单元，最后对这些网格单元进行聚类分析。

⑤ 基于模型的聚类算法。为设定的每一个聚类区间定义一个适当的数学模型，而后将符合给定数学模型的数据分配到该数学模型相对应的类别中。

⑥ 基于模糊的聚类算法。传统的聚类算法多为硬聚类，即样本点只属于某一个聚类簇，基于模糊的聚类算法引入了隶属度概念，使样本点与每个聚类簇形成联系，即将各样本点以不同的隶属程度归属于每一个簇。

2. 样品间的相似性度量

设有 n 个对象的多元观测数据：

$$x_i = (x_{i1}, \ x_{i2}, \ \cdots, \ x_{ip})^{\mathrm{T}}$$

这时每个对象可看成 p 元空间的一个点，n 个对象组成 p 元空间的 n 个点。容易想到用各点之间的距离来衡量各样品之间的相似程度。设 $d(x_i, \ x_j)$ 是对象 x_i，x_j 之间的距离，一般要求它满足下列条件：

① $d(x_i, \ x_j) \geqslant 0$，且 $d(x_i, \ x_j) = 0$ 当且仅当 $x_i = x_j$；

② $d(x_i, \ x_j) = d(x_j, \ x_i)$；

③ $d(x_i, \ x_j) \leqslant d(x_i, \ x_k) + d(x_k, \ x_j)$。

在实际分析中，有时定义的距离并不满足第③条。下面介绍几种在聚类分析中常用的距离。

① 欧氏（Euclidean）距离。

$$d(x_i, \ x_j) = \Big[\sum_{k=1}^{p} \ (x_{ik} - x_{jk})^2 \Big]^{\frac{1}{2}}$$

② 绝对距离。

$$d(x_i, x_j) = \sum_{k=1}^{p} |x_{ik} - x_{jk}|$$

③ 闵可夫斯基（Minkowski）距离。

$$d(x_i, x_j) = \left[\sum_{k=1}^{p} |x_{ik} - x_{jk}|^m \right]^{1/m} \quad (m \geq 1)$$

显然，当 $m = 1$ 时就是绝对距离，$m = 2$ 时就是欧氏距离。当 $m \to \infty$ 时，

$$d(x_i, x_j) = \max_{1 \leq k \leq p} |x_{ik} - x_{jk}|$$

称为切比雪夫距离。

在实际应用时常分析两个对象之间的相对距离，这时需要对对象数据进行标准化处理，然后用标准化数据计算距离。

$$x_{ik}^* = \frac{x_{ik} - \bar{x}_k}{s_k}, \quad i = 1, 2, \cdots, n; \ k = 1, 2, \cdots, p$$

其中 $\bar{x}_k = \dfrac{1}{n} \sum_{i=1}^{n} x_{ik}$，$s_k^2 = \dfrac{1}{n-1} \sum_{i=1}^{n} (x_{ik} - \bar{x}_k)^2$。

④ 马氏（Mahalanobis）距离。

$$d(x_i, x_j) = \left[(x_i - x_j)^T S^{-1} (x_i - x_j) \right]^{1/2}$$

其中 S 是由样品 $x_1, x_2, \cdots, x_n$ 算得的协方差矩阵：

$$S = \frac{1}{n-1} \sum_{i=1}^{n} (x_i - \bar{x})(x_i - \bar{x})^T$$

其中 $\bar{x} = \dfrac{1}{n} \sum_{i=1}^{n} x_i$。

3. 层次聚类法

层次聚类法有两种：自下而上和自上而下，分别是聚合层次聚类算法和分裂层次聚类算法，这两个聚类算法对应的过程是相反的。对于自下而上的聚合层次聚类算法，其基本过程是：开始每个对象各成一类，然后相继将两个最近的类合并成一个新类，直到所有的对象成为一个总类，从而得到一个按相似性大小聚集起来的谱系图。大多数层次聚类算法采用这种方式（限于篇幅本书也只对这种方式进行介绍），只是在类间相似性的定义上有所不同。类间相似性也可用类间距离来度量，与对象相似性的度量方法相同。

类间距离有多种定义方式，一般根据用户的应用目标进行选择。常用的有最短距离、最长距离、类平均距离和重心距离等。

为描述方便，我们用 i, j 分别表示对象 x_i, x_j，用 d_{ij} 表示对象 x_i 与 x_j 之间的距离。设 G_p 为一个类，它包含 n_p 个对象 $x_1, x_2, \cdots, x_{n_p}$，则其均值

$$\bar{x}_p = \frac{1}{n_p} \sum_{i=1}^{n_p} x_i$$

称为类 G_p 的重心。

① 最短距离。

$$D_{pq} = \min\{d_{ij}: \ i \in G_p, \ j \in G_q\}$$

② 最长距离。

$$D_{pq} = \max\{d_{ij}: \ i \in G_p, \ j \in G_q\}$$

③ 重心距离。

$$D_{pq} = d \ (\bar{x}_p, \ \bar{x}_q)$$

④ 类平均距离。

$$D_{pq} = \frac{1}{n_p n_q} \sum_{i \in G_p} \sum_{j \in G_q} d_{ij} \ \text{或} \ D_{pq} = \frac{1}{n_p n_q} \sum_{i \in G_p} \sum_{j \in G_q} d_{ij}^2$$

即用两类中所有两两对象之间的距离或平方距离的平均作为两类之间的距离。

下面给出自下而上层次聚类算法的步骤：

① n 个样本开始时作为 n 个类，计算两两之间的距离，构成一个对称的距离矩阵

$$D_n = \begin{bmatrix} 0 & d_{12} & \cdots & d_{1n} \\ d_{21} & 0 & \cdots & d_{2n} \\ \vdots & \vdots & & \vdots \\ d_{n1} & d_{n2} & \cdots & 0 \end{bmatrix}$$

此时，类间距离就是对象间的距离。

② 选择 D_n 中的非对角线上的最小元素，设这个最小元素是 D_{pq}，这时 $G_p = \{x_p\}$，$G_q = \{x_q\}$。将 G_p，G_q 合并成一个新类 $G_r = \{G_p, G_q\}$。在 D_n 中消去 G_p，G_q 所对应的行和列，并加入由新类 G_r 与剩下的其他未聚合的类间距离所组成的一行和一列，得到一个新的距离矩阵 D_{n-1}，它是 $n-1$ 阶方阵。

③ 从 D_{i-1}（$i = n$，$n-1$，$\cdots$，2）出发重复步骤（2）的做法得 D_{i-2}（$i = n$，$n-1$，$\cdots$，2），直至 n 个样品聚为一个大类为止。

层次聚类法的优点是聚类较准确、实施简单。缺点是不具有很好的可伸缩性，某步一旦执行就不能再更改，不能修正错误的决策；聚类次数较多，当对象数目较多时，计算量过大。下面介绍一种动态聚类法，它没有层次聚类法这些不足。

4. 动态聚类法

动态聚类法是对于给定的 n 个对象，先粗略地形成 k（$k \leq n$）个分割，使得每个分割对应一个类，每个类至少有一个对象并且每个对象精确地属于一个类，然后按照某种原则进行修正，直至分类比较合理为止。图 6.5 描绘了动态聚类法的基本思路。

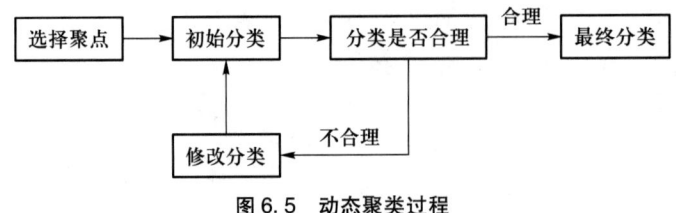

图 6.5 动态聚类过程

（1）聚点的选择与初始分类

聚点是一批有代表性的对象，它的选择决定了初始分类，对最终分类有较大影响。首先要根据研究问题的要求及对问题的了解程度先确定分类数 k，然后选择 k 个有代表性的对象作为每个类的初始元素即聚点。

聚点可以由用户根据自己的经验进行选择，也可将全部对象人为地或随机地分成 k 类，以每类的重心作为聚点。下面我们重点介绍一种最小最大原则选择方法。

① 设将 n 个对象分成 k 类，先选择所有对象中相距最远的两个对象 x_{i_1}，x_{i_2} 为前两个聚点，因此有 $d(x_{i_1}, x_{i_2}) = \max(d_{ij})$。

② 设已经找到了 $l(2 \leq l < k)$ 个聚点，则第 $l+1$ 个聚点 $x_{i_{l+1}}$ 的选择方法是使得 $x_{i_{l+1}}$ 与前 l 个聚点的距离最小者等于所有其余的与前 l 个聚点的较小距离的最大者，直至选定 k 个聚点，即：

$$\min(d(x_{i_{l+1}}, x_{l_r}), r=1, 2, \cdots, l)$$

$$= \max(\min(d(x_j, x_{l_r}), r=1, 2, \cdots, l), j=1, 2, \cdots, n \land j \neq l_1, l_2, \cdots, l_r)$$

将所获得的 k 个聚点的集合记为：

$$L^{(0)} = \{x_1^{(0)}, x_2^{(0)}, \cdots, x_k^{(0)}\}$$

则可根据下列最靠近原则实现初始分类：

$$G_i^{(0)} = \{x: d(x, x_i^{(0)}) \leq d(x, x_j^{(0)}), j=1, 2, \cdots, k; j \neq i\}, i=1, 2, \cdots, k$$

若对于某对象 x 出现 $d(x, x_i^{(0)}) = d(x, x_j^{(0)})$，则 x 任意归于 $G_i^{(0)}$ 或 $G_j^{(0)}$ 类。这样就得到了对象空间的初始分类：

$$G^{(0)} = \{G_1^{(0)}, G_2^{(0)}, \cdots, G_k^{(0)}\}$$

（2）动态聚类的递推过程

设经动态聚类形成了对象空间的一个分类，记为：

$$G^{(m)} = \{G_1^{(m)}, G_2^{(m)}, \cdots, G_k^{(m)}\}, m > 0$$

则可从 $G^{(m)}$ 出发计算新的聚点集合 $L^{(m+1)}$。一般可以以 $G^{(m)}$ 中各类的重心作为新的聚点：

$$L^{(m+1)} = \{x_1^{(m+1)}, x_2^{(m+1)}, \cdots, x_k^{(m+1)}\}$$

其中：

$$x_i^{(m+1)} = \frac{1}{\text{card}(G_i^{(m)})} \sum_{x_l \in G_i^{(m)}} x_l, \quad i=1, 2, \cdots, k$$

根据新的聚点集，对对象空间重新聚类，形成新的分类：

$$G^{(m+1)} = \{G_1^{(m+1)}, G_2^{(m+1)}, \cdots, G_k^{(m+1)}\}, m > 0$$

其中 $G_i^{(m+1)} = \{x: d(x, x_i^{(m+1)}) \leq d(x, x_j^{(m+1)}), j=1, 2, \cdots, k; j \neq i\}$，$i=1, 2, \cdots, k$ 仍然遵循最靠近原则。随着 m 的增大，分类趋于稳定。当 $G^{(m+1)} = G^{(m)}$ 或在一定的精度范围内近似有 $G^{(m+1)} = G^{(m)}$，则递推过程结束。

（3）动态聚类举例

聚类数目 k 的确定通常有手肘法和轮廓系数法。手肘法的核心思想是：随着聚类数 k 的增大，每个簇的聚合程度会逐渐提高，误差平方和（SSE）会逐渐变小。当 k 小于真实聚类数时，由于 k

的增大会大幅增加每个簇的聚合程度，SSE 的下降幅度会很大，而当 k 达到真实聚类数时，再增加 k 所得到的聚合程度回报会迅速变小，所以 SSE 的下降幅度会骤减，然后随着 k 值的继续增大而趋于平缓，也就是说 SSE 和 k 的关系图是一个手肘的形状，而这个肘部对应的 k 值就是数据的真实聚类数。

聚类内部指标轮廓系数：

$$I_{SC}(x_i) = \frac{b(x_i) - a(x_i)}{\max(a(x_i),\ b(x_i))}$$

式中：I_{SC} 为轮廓系数。$a(x_i)$ 为样本 x_i 到簇 A 其他样本点的平均欧氏距离。对于簇 B 而言，令 $D(x_i,\ B)$ 为样本 x_i 与簇 B 中所有样本的平均欧氏距离，则 $b(x_i) = \min\limits_{B \neq A}\{D(x_i,\ B)\}$，即为样本 x_i 到其他簇的平均距离的最小值。轮廓系数越接近于 1 越好。

动态聚类里包含多种聚类算法，较为常用的是 K-means 聚类和 K-means 聚类改进算法。下面对其中部分算法进行介绍。

经典 K-means 算法流程如下。

> 输入：聚类的簇数目 k，所有的数据点。
>
> 输出：k 个簇的集合。
>
> 基本步骤：
>
> （1）随机选取 k 个聚类中心点 $C = \{c_1,\ c_2,\ \cdots,\ c_k\}$。
>
> （2）计算数据集中每个样本 x_i 到 k 个聚类中心的距离，并将其分到距离最小的聚类中心所对应的类中。
>
> （3）重新计算每个类别 c_i 的聚类中心 u_i，每个聚类中心的值等于所属该类别所有样本值的均值 $u_i = \dfrac{1}{n_i}\sum\limits_{x \in c_i} x$，$n_i$ 是第 i 类样本个数。
>
> （4）重复第（2）步和第（3）步直到聚类中心的位置不再变化或者达到迭代次数。

相较于 K-means 算法，K-means++ 算法改进了初始点的选择，初始的聚类中心之间的相互距离要尽可能远，其他步骤都一样。

> 输入：聚类的簇数目 k，所有的数据点。
>
> 输出：k 个簇的集合。
>
> 基本步骤：
>
> （1）从数据集中随机选取一个样本作为初始聚类中心。
>
> （2）首先计算每个样本与当前已有聚类中心之间的最短距离（与最近的一个聚类中心的距离），用 $D(x)$ 表示；新的聚类中心选择的原则是：$D(x)$ 较大的点，被选取作为聚类中心的概率较大。
>
> （3）重复第（2）步直到选择出共 k 个聚类中心。之后的过程与 K-means 算法中第（2）步至第（4）步相同。

Mini Batch K-means 算法是 K-means 算法的一种改进，采用小规模的数据子集进行计算。Mini Batch K-means 算法可以减少 K-means 算法的收敛时间，计算结果的效果略差于标准 K-means 算法。

Mini Batch K-means 算法流程如下。

输入：聚类的簇数目 k，所有的数据点，包含 n 个样本的小批量数据子集。

输出：k 个簇的集合。

基本步骤：

（1）抽取部分数据集，使用 K-means 算法构建出 k 个聚类中心点的模型。

（2）抽取训练数据集中的部分数据集样本数据，并将其添加到模型中，分配给距离最近的聚类中心点，更新中心点值。

（3）更新聚类的中心点值。

（4）循环迭代第（2）步、第（3）步，直到中心点稳定或者达到迭代次数，停止计算操作。

---

5. 谱聚类算法

谱聚类算法是在谱图理论基础上发展而来。和一般聚类算法相比，谱聚类算法在划分非线性可分的数据集时，划分效果更明显。给定数据集 $\{x_i\}_{i=1}^n$，$x_i \in R^d$，谱聚类将数据点映射到无向图 G 中，无向图中每个数据点 x_i 对应一个节点 v_i，使用一个非负的相似矩阵 W 表示整个无向图，无向图中任意两个节点 v_i 和 v_j 之间的权重用 w_{ij} 表示，且 $w_{ij} = w_{ji}$。为达到聚类的目的，谱聚类需要将无向图划分为两个或多个子图，并使得子图间节点相异，子图内部节点相似。

谱聚类实现步骤如下：

① 对给定的数据集构造相似度矩阵 W；

② 对 W 中各列元素求和后得到 N 个数，得到 N 个节点，依据对角线排列 N 个数得到矩阵 D，令 $L = D - W$；

③ 求解 L 矩阵的特征值，取其 k 个值，再求解 k 个值对应的特征向量；

④ 根据上一步得到的 k 个特征向量，按列排列与第（2）步的 N 个数一起组成 $N \times k$ 矩阵，可以采用 k-均值算法对该矩阵的每行元素进行聚类。

6. 模型聚类法

针对要聚类的数据，基于模型的聚类方法从概率的角度为其构建一个数学模型，这个数学模型会尽量与要聚类的数据匹配在一起。来自一个簇的数据往往会有相同的概率分布，所以，基于模型的聚类方法通常假设：聚类的数据来自一个混合的概率分布。k 个概率分布构成混合概率分布，k 代表聚类的个数，每个概率分布的类型可以是不同的。这种对数据进行聚类的概率模型被称为混合模型。在基于模型的聚类方法中，聚类问题可以通过对混合模型进行参数估计来求解。在混合模型中，最常见的便是高斯混合模型和伯努利混合模型，对混合模型进行参数估计的常用方法是期望最大化（expectation maximization，EM）算法。

概率模型将数据描述成一个概率生成的过程，先假设数据生成的概率模型，然后模型的参数通过期望最大化方法估计，采用迭代的方法解决模型的参数和分配对象到簇的概率，二者循环依赖。不同的数据有不同的概率模型，数值数据常用混合高斯模型，属性数据常用伯努利模型。

该方法对每个类假设一个模型（通常为概率密度函数）并寻找能最佳拟合给定模型的数据。这种方法通过构造反映数据点分布的密度来确定聚类结果。

设类 C_i 的数据点 x 出现的概率为 π_i 并具有参数为 θ_i 的概率密度函数 $p_i(x, \theta_i)$（$i=1, \cdots, k$），则整个数据集的每个数据点都有混合密度函数

$$p(x, \theta) = \sum_{i=1}^{k} \pi_i p_i(x, \theta_i)$$

数据集的对数似然函数为

$$L(\theta) = \sum \ln(\pi_i p_i(x_j, \theta_i))$$

首先，求出参数 θ_i 和 π_i 的极大似然法估计 $\hat{\theta}_i$ 和 $\hat{\pi}_i$（$i=1, \cdots, k$）。然后，将每个数据点 x_j 划入使后验概率（与 $\hat{\pi}_i p_i(x_j, \hat{\theta}_i)$）成比例的类 C_i，形成最后的聚类结果：

$$C_i = \{ x_j: [\hat{\pi}_i p_i(x_j, \hat{\theta}_i)] \geqslant \max_{l \neq i}[\hat{\pi}_l p_l(x_j, \theta_l)], j=1, \cdots, n \} \qquad i=1, \cdots, k$$

这种方法的一个明显优点是，聚类问题可通过有效的统计推断方法来解决。特别地，即使类的个数 k 未知，也可利用 Bayes 分析方法对其进行估计，这就提供了一个自动确定类个数的可行途径。通常将类密度 $p_i(x, \theta_i)$ 选为多元正态的，其中，θ_i 由均值和协方差阵参数构成。

在信息处理中，聚类既可用作一个单独的工具研究数据的结构信息，也可用作其他算法（如判别分析）的预处理步骤。当前研究的问题主要包括：寻找适宜于大数据库的有效聚类方法，考察聚类方法的可伸缩性，建立能处理复杂数据类的聚类方法和高维问题的聚类方法，对数值数据和类型数据的混合数据研究可行的聚类方法等。

观察聚类结果的最直观方法是将样品数据映射到一个二维图。图 6.6 显示的是汽车销售的聚类模型。每个消费者的年龄、性别、收入已知，从图中可看出有三类主要消费群：年轻人、低于 55 岁的男性中等收入阶层、45 岁左右的男性。设 cluster 是用来标记对象属于某类的变量，如果 $p(x \mid cluster=i)$ 表示第 i 类对象发生事件 x（如买汽车）的概率分布，$p(x)$ 表示全部对象发生事件 x 的概率分布，那么，该聚类模式关于事件 x 的概率分布是：

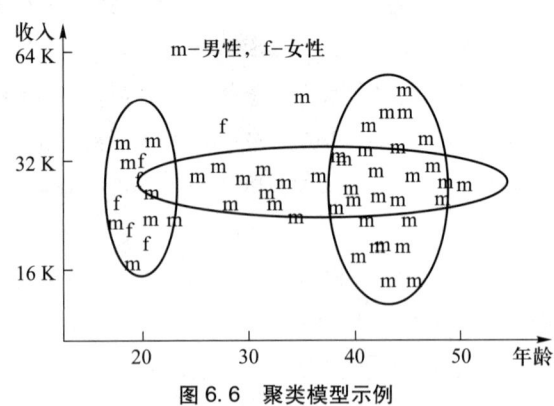

图 6.6　聚类模型示例

$$p(x) = \sum_i p(x \mid cluster=i) p(cluster=i)$$

聚类分析的方法可以应用在很多领域，尤其在商业领域中正在越来越多地使用该方法。例如在销售业企业，聚类分析可被用来发现不同的客户群，并且通过购买模式刻画不同的客户群的特

征。消费同一种类的商品或服务时，不同的客户群有不同的消费特点。通过研究这些特点，企业可以制定出不同的营销组合，从而获取最大的消费者剩余，这就是客户细分的主要目的。聚类分析是细分市场的有效工具，同时也可用于研究消费者行为、寻找新的潜在市场、选择实验的市场等。

例如，在保险行业中，可以通过聚类分析来鉴定保单持有者的分组。在房地产行业，可以根据住宅类型、价值、地理位置来鉴定一个城市的房地产分组。在电子商务领域，可以通过分组聚类出具有相似的网页浏览行为或具有相似购买行为的客户，并分析这些客户的共同特征，预测客户的浏览和购买偏好。有了这些分析结果之后，可以向不同的客户群推荐不同的产品。

案例 6.1 聚类分析的应用

Co-opérative Desjardin's Movement 是魁北克（加拿大）最大的银行机构。该组织在银行业服务之外还提供包括寿险、财险以及其他业务在内的产品和服务。在研究初期，银行经理们意识到他们需要对会员进行分类，这不只是为了保持顾客忠诚，还要通过识别满足会员需求的营利性服务，获取更多的市场份额。

银行对 16 000 名会员样本进行了聚类分析，识别了反映金融交易模式特征的 16 个变量，识别了 30 个会员类型。接下来，所有 420 万名会员根据 16 个变量被划分入 30 个会员类型中的一个或者多个。

金融管理者和分析师能够识别会员的金融交易特征落入 30 个类中的哪个类。给定一个特定的会员的类别，则个人账户的营利性就知道了。每一个分行经理都能够从投资组合的角度看待顾客，分支机构的特定产品和服务的细分市场也就很容易确定。

这样做的结果是，银行通过将会员账户和贷款、保险账户相匹配，能够识别大交易量的会员。管理者能够更统一地给出会员的投资和贷款建议，这使顾客满意度达到了一个更高水平。另外，管理者还能够给出更好的会员投资多样化的建议。此外，银行的营销成效大大提高了，银行能够关注有着最佳业绩的产品和服务，并将这些产品和服务定位于合适的顾客。这降低了相关成本。同时，银行通过产品促销的定位也获取了更好的品牌效应和顾客保留率。

资料来源：TURBAN E，ARONSON J E，LIANG T-P. 决策支持系统与智能系统［M］．杨东涛，等，译．北京：机械工业出版社，2009.

6.3.3 判别分析

在实际应用中，研究对象往往被用某种方法划分成若干类别（比如聚类），信息处理的一个常见任务就是当得到一个新的对象数据时，判别该对象所属的类别，称此类信息处理方法为判别分析或分类。从机器学习的角度看，判别分析实际上是一种有监督学习方法。与聚类分析不同，判别分析是对未知类别的样品进行归类的一种方法。聚类分析是对还没有分类的研究对象中抽取的样本进行分类，而判别分析的研究对象已经有了分类，只是根据抽取的样本建立判别公式和判别准则，判别未知类别的样本所属的类别。判别分析过程如图 6.7 所示。判别分析的应用十分广泛。例如，在工业生产中，根据某件产品的指标测量值判断该产品的等级；在医疗诊断中，根据病人的症状和检查、化验数据判断病人患哪种疾病；在气象预报中，根据已有的气象资料如气压、气温、云层等预测天气的状况等。

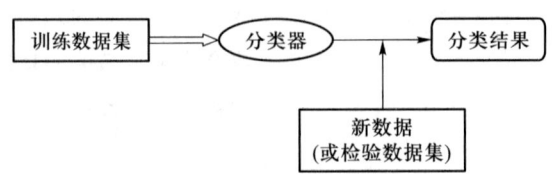

图 6.7   判别分析过程

1. 判别分析的问题描述

设有 k 个总体 G_1，G_2，$\cdots$，G_k，它们都是 p 元总体，其数量指标是

$$X = (X_1，X_2，\cdots，X_p)^T$$

设总体 G_i 的分布函数是 $F_i(x) = F_i(x_1，x_2，\cdots，x_p)$，$i = 1，2，\cdots，k$，通常是连续型总体。对于任一新对象 $x = (x_1，x_2，\cdots，x_p)^T$，判别它属于哪一个总体。常见的情况是 $k = 2$。

判别分析从训练样本中提取各总体的信息，构造一定的判别准则，判断新对象属于哪个总体，并要求判别准则在某种准则（与目标相关）下是最优的，例如错判的概率最小或错判的损失最小等。判别准则的不同形成不同的判别分析方法，我们重点介绍距离判别方法和朴素贝叶斯判别方法。

2. 距离判别方法

首先看只有两个总体的简单情形。在判别分析中常用的距离是马氏距离。在上一节我们给出了总体中两个对象之间的马氏距离，即对于均值向量为 μ、协方差矩阵为 Σ 的总体 G 中提取的两个对象 x，y 之间的马氏距离为：

$$d(x，y) = [(x-y)^T \Sigma^{-1} (x-y)]^{1/2}$$

我们类似地可以定义任一对象 x 到总体 G 之间的马氏距离为：

$$d(x，G) = [(x-\mu)^T \Sigma^{-1} (x-\mu)]^{1/2}$$

这样我们就可以给出两个总体的距离判别准则。设 G_1、G_2 是两个不同的 p 元已知总体，G_i 的均值向量和协方差矩阵分别为 μ_i、Σ_i，$i = 1，2$。设 $x = (x_1，x_2，\cdots，x_p)^T$ 是一个待判别对象，距离判别准则为：

$$\begin{cases} x \in G_1 & \text{若 } d(x，G_1) \leqslant d(x，G_2) \\ x \in G_2 & \text{若 } d(x，G_1) > d(x，G_2) \end{cases}$$

即当 x 到 G_1 的马氏距离不超过到 G_2 的马氏距离时，判 x 属于 G_1；反之，判 x 属于 G_2。对于 $\Sigma_1 = \Sigma_2$ 情况，判别准则可进一步化简。

考虑对象 x 到两总体的马氏距离平方差：

$$d^2(x, G_2) - d^2(x, G_1)$$

$$= (x-\mu_2)^T \Sigma^{-1}(x-\mu_2) - (x-\mu_1)^T \Sigma^{-1}(x-\mu_1)$$

$$= (x^T\Sigma^{-1}x - 2\mu_2^T\Sigma^{-1}x + \mu_2^T\Sigma^{-1}\mu_2) - (x^T\Sigma^{-1}x - 2\mu_1^T\Sigma^{-1}x + \mu_1^T\Sigma^{-1}\mu_1)$$

$$= (-2\mu_2^T\Sigma^{-1}x + \mu_2^T\Sigma^{-1}\mu_2) + (2\mu_1^T\Sigma^{-1}x - \mu_1^T\Sigma^{-1}\mu_1)$$

记

$$W_1(x) = a_1^T x + b_1, \quad 其中 \ a_1 = \Sigma^{-1}\mu_1, \ b_1 = -1/2\mu_1^T\Sigma^{-1}\mu_1$$

$$W_2(x) = a_2^T x + b_2, \quad 其中 \ a_2 = \Sigma^{-1}\mu_2, \ b_2 = -1/2\mu_2^T\Sigma^{-1}\mu_2$$

则

$$d^2(x, G_2) - d^2(x, G_1) = -2[W_2(x) - W_1(x)]$$

因此判别准则化为：

$$\begin{cases} x \in G_1 & 若 \ W_1(x) \geqslant W_2(x) \\ x \in G_2 & 若 \ W_1(x) < W_2(x) \end{cases}$$

若有 k 个总体 G_1, G_2, $\cdots$, G_k，均值向量和协方差矩阵分别为 μ_i、Σ_i, $i=1, 2, \cdots, k$，类似两个总体的距离判别方法，计算新对象 x 到各总体的马氏距离，比较这 k 个距离，判断 x 属于其马氏距离最短的总体，若最短距离在不止一个总体达到，则可将 x 判别为具有最短距离总体的任一个总体。

3. 朴素贝叶斯判别方法

朴素（naive）贝叶斯判别方法是依据数据点属于各类的可能性大小对数据点进行分类，采用的准则是把数据点分到可能性最大的类。

设有 k 个总体 G_1, G_2, $\cdots$, G_k，它们都是 p 元总体，其数量指标是：

$$X = (X_1, X_2, \cdots, X_p)^T$$

对于给定的新对象 $x = (x_1, x_2, \cdots, x_p)^T$，它属于总体 G_i 的后验概率密度，记为 $p(G_i|x)$，则：

$$p(G_i|x) = p(x|G_i)p(G_i)/p(x)$$

式中：$p(G_i)$ 是总体 G_i 的先验概率，$p(x|G_i)$ 是总体 G_i 中的对象 x 的概率分布。

因此，极大化 $p(G_i|x)$ 就等价于极大化 $p(x|G_i)p(G_i)$，而 $p(G_i)$ 可根据训练数据集来估计：

$$p(G_i) = n_i/n$$

式中：n_i、n 分别为 G_i 中的样本数和总样本数。

但 $p(x|G_i)$ 一般却不易计算。为此，朴素贝叶斯判别方法用属性值条件独立的"朴素"假设，将其简化为：

$$p(x|G_i) = \prod_{j=1}^{p} p(x_j|G_i)$$

使 $p(x|G_i)$ 的计算变得可行，因为诸 $p(x_j|G_i)$ 都可通过训练数据集进行估计，即：

$$p(x_j|G_i) = n_j/n_i$$

式中：n_j、n_i 分别为 G_i 中 X_j 取值为 x_j 的样本数以及 G_i 中的总样本数。

若 X_j 的取值为连续型，通常假定 X_j 遵从正态分布 $N(\mu_{ij},\ \sigma_{ij}^2)$，于是，$p(x_j\mid G_i)$ 即为 $N(\mu_{ij},\ \sigma_{ij}^2)$ 的概率密度，其中均值 μ_{ij} 和方差 σ_{ij}^2 可用总体 G_i 中的随机变量 X_j 的训练数据估计，这样就可以得到如下的判别准则：

$$若\ p(x\mid G_i)P(G_i) > \max_{l\neq i} p(x\mid G_l)P(G_l)，则\ x\ 属于\ G_i$$

虽然上面的"朴素"假设在具体的实际问题中可能并不一定成立，但依然可以使用，只要能取到满意的分类效果即可。实际上，经验表明，朴素贝叶斯判别方法在许多场合的应用非常出色，特别是在大数据集的信息处理中，其分类精度和速度相当高，这也许得益于它的简单性和有效性。

6.3.4　回归分析

回归分析是应用极其广泛的统计学方法。它基于观测数据建立变量间适当的依赖关系，以分析数据的内在规律，并可用于预测、控制等问题。回归可以看作一种分类，其与分类的区别是分类的类标签值是离散的，而回归是连续的。

1. 线性回归模型

（1）线性回归模型及其矩阵表示

设 Y 是一个可观测的随机变量，它受到 $p-1$ 个非随机因素 X_1，X_2，$\cdots$，X_{p-1} 和随机误差 ε 的影响，则称

$$Y = f(X_1,\ X_2,\ \cdots,\ X_{p-1}) + \varepsilon$$

为回归模型，其中 ε 是均值为零、方差为 $\sigma^2 > 0$ 的不可观测的随机变量，称为误差项。若 $f(X_1,$ $X_2,\ \cdots,\ X_{p-1})$ 是 X_1，X_2，$\cdots$，X_{p-1} 的线性表示形式，即

$$Y = \beta_0 + \beta_1 X_1 + \beta_2 X_2 + \cdots + \beta_{p-1} X_{p-1} + \varepsilon$$

则称此回归模型为线性回归模型。线性回归模型是应用最广的回归模型，也是本书重点讲述的内容。β_0，β_1，β_2，$\cdots$，β_{p-1} 为未知参量。为了确定这些参量，可进行 $n(n\geq p)$ 次独立观测，获得 n 组样本数据：

$$(x_{i1},\ x_{i2},\ \cdots,\ x_{ip-1},\ y_i),\ i = 1,\ 2,\ \cdots,\ n$$

记

$$Y = [y_1,\ y_2,\ \cdots,\ y_n]^{\mathrm{T}}$$

$$X = \begin{bmatrix} 1 & x_{11} & x_{12} & \cdots & x_{1p-1} \\ 1 & x_{21} & x_{22} & \cdots & x_{2p-1} \\ \vdots & \vdots & \vdots & & \vdots \\ 1 & x_{n1} & x_{n2} & \cdots & x_{np-1} \end{bmatrix}_{n\times p},\ \beta = \begin{bmatrix} \beta_0 \\ \beta_1 \\ \vdots \\ \beta_{p-1} \end{bmatrix},\ \varepsilon = \begin{bmatrix} \varepsilon_1 \\ \varepsilon_2 \\ \vdots \\ \varepsilon_n \end{bmatrix}$$

ε_1，ε_2，$\cdots$，ε_n 相互独立且均服从 $N(0,\ \sigma^2)$ 分布。则线性回归模型可写成如下矩阵形式：

$$Y = X\beta + \varepsilon$$

（2）β 的最小二乘估计

如果 Y 与 X_1，X_2，$\cdots$，X_{p-1} 满足线性回归模型，则 ε 应是比较小的，因此选择 β 使误差项的平方和

$$S(\beta) = \sum_{i=1}^{n} \varepsilon_i^2 = \varepsilon^T \varepsilon = (Y - X\beta)^T (Y - X\beta) = \sum_{i=1}^{n} \left(y_i - \sum_{j=0}^{p-1} x_{ij}\beta_j \right)^2$$

达到最小。为此，分别对 β_0，β_1，β_2，$\cdots$，β_{p-1} 求偏导并令其等于 0，得：

$$\frac{\partial S(\beta)}{\partial \beta_k} = -\sum_{i=1}^{n} \left(y_i - \sum_{j=0}^{p-1} x_{ij}\beta_j \right) x_{ik} = 0, \quad k = 0, 1, \cdots, p-1$$

故有：

$$\sum_{i=1}^{n} y_i x_{ik} = \sum_{i=1}^{n} \sum_{j=0}^{p-1} x_{ij} x_{ik}\beta_j = \sum_{j=0}^{p-1} \left(\sum_{i=1}^{n} x_{ij} x_{ik} \right) \beta_j$$

写成矩阵形式有：

$$X^T X \beta = X^T Y$$

称此方程为正规方程。

若 X 是列满秩的即 $\text{rank}(X) = p$，那么 $\text{rank}(X^T X) = \text{rank}(X) = p$，故 $(X^T X)^{-1}$ 存在。解正规方程可得 β 的最小二乘估计：

$$\hat{\beta} = (X^T X)^{-1} X^T Y$$

这时我们可将线性回归模型近似表示成：

$$Y = X\hat{\beta}$$

称此方程为线性回归方程。利用回归方程，可由自变量 X_1，X_2，$\cdots$，X_{p-1} 的观测值求出因变量 Y 的估计值。

将自变量的各组观测值代入回归方程，可得因变量的各估计值，记为

$$\hat{Y} = (\hat{y}_1, \hat{y}_2, \cdots, \hat{y}_n)^T = X\hat{\beta}$$

称

$$e = Y - \hat{Y} = Y - X\hat{\beta} = [I - X(X^T X)^{-1} X^T] Y = (I - H) Y$$

为残差向量，其中 $H = X(X^T X)^{-1} X^T$ 为 n 阶对称幂等矩阵，I 为 n 阶单位阵。称

$$e^T e = Y^T (I - H) Y = Y^T Y - \hat{\beta}^T X^T Y$$

为残差平方和。

由于 $E(Y) = X\beta$ 且 $(I - H)X = 0$，则：

$$e^T e = [Y - E(Y)]^T (I - H) [Y - E(Y)]$$

利用矩阵的迹可以证明：

$$\sigma^2 = \frac{1}{n-p} e^T e$$

这里证明从略，有兴趣的读者可参考相关书籍。

2. 回归方程的选取

许多实际问题往往涉及大量的自变量。当确定选用线性回归模型后，一个重要的问题就是自变量的选取问题。因为在回归分析中，一方面为了获得较全面的信息，总希望模型中包含尽可能多的自变量，而另一方面考虑到过多自变量所带来的计算困难、观测困难、解释困难等，则希望回归方程中包含尽可能少但重要的自变量。为了解决这一矛盾，可以按照一定准则选取对因变量影响较为显著的自变量建立一个既合理又简单实用的回归模型，这就是回归方程的选取问题。

（1）穷举法

穷举法就是从所有可能的回归方程中按照一定的准则选取最优的一个或几个。设 X_1，X_2，$\cdots$，X_M 是所有 M 个自变量，以所给的这些自变量和因变量的观测数据为基础，对任何 p（$1 \leqslant p \leqslant M+1$）拟合包含有 $p-1$ 个自变量的所有可能的线性回归模型共有 C_M^{p-1} 个，这样对一切 p（$1 \leqslant p \leqslant M+1$）就需要拟合 $\sum\limits_{p=1}^{M+1} C_M^{p-1} = 2^M$ 个线性回归模型，再按一定的准则从中选取最优的或较优的模型。选取准则有很多，如复相关系数准则、C_p 准则和预报平方和准则等。这里我们仅介绍预报平方和准则，其他准则可参阅相关的回归分析著作。

对于给定的某 $p-1$ 个自变量如 X_1，X_2，$\cdots$，X_{p-1}，在数据中删除第 i 组观测值（x_{i1}，x_{i2}，$\cdots$，x_{ip-1}，y_i）后，利用这 $p-1$ 个自变量及 Y 的其余 $n-1$ 组观测值拟合线性回归模型，并利用拟合的回归方程对 y_i 作预报，若记此预报值为 $\tilde{y}_i$，则预报误差为：

$$d_i = y_i - \tilde{y}_i$$

依次取 $i=1$，2，$\cdots$，n，则得到 n 个预报误差 d_1，d_2，$\cdots$，d_n。如果包含这 $p-1$ 个自变量的回归模型对所给数据拟合较好，则 $d_i(i=1, 2, \cdots, n)$ 的绝对值比较小。令

$$PRESS_p = \sum_{i=1}^{n} d_i^2 = \sum_{i=1}^{n} (y_i - \tilde{y}_i)^2$$

则选取使 $PRESS_p$ 达到最小或接近最小的回归方程为最优回归方程。

实际上，d_i 的计算可由下式完成：

$$d_i = \frac{e_i}{1 - h_{ii}}, \quad i = 1, 2, \cdots, n$$

式中：e_i 是用全部 n 组数据拟合包含指定的 $p-1$ 个自变量的线性模型而得的第 i 个残差，即：

$$e_i = y_i - \hat{y}_i$$

h_{ii} 是矩阵 H 的主对角线上的第 i 个元素。

因此对指定的 $p-1$ 个自变量，只需拟合一个回归模型便可求得所有 $d_i(i=1, 2, \cdots, n)$，从而求得

$$PRESS_p = \sum_{i=1}^{n} \left(\frac{e_i}{1 - h_{ii}} \right)^2$$

这样我们就得到了用 $PRESS_p$ 选择最优回归方程的准则：对所有可能的 2^M 个回归方程，分别计算它们的 $PRESS_p$ 值，选取使 $PRESS_p$ 值达到最小或接近最小的回归方程为最优方程。

（2）逐步回归法

穷举法属于求解 NP 问题，计算复杂度过大，因此我们再介绍一种启发式的逐步回归法。逐步回归法的特点是从某一个起点开始，按照一定的启发式规则搜索路径，并逐步获得一个"最优"的回归方程。该方法的基本步骤是依次拟合一系列回归方程，后一个方程是在前一个方程基础上增加或删除一个自变量，增加或删除自变量依赖某个给定的准则，该准则能最大程度地反映自变量的变化对因变量的影响，一般反映了自变量对因变量的重要程度。

定义 6.10 设模型中已有 $l-1$ 个自变量，记此 $l-1$ 个自变量的集合为 A，从模型中移去一个自变量或增加一个新的自变量 X_k 时，残差平方和的变化为：

$$F = \begin{cases} \dfrac{SSE(A)-SSE(A+X_k)}{\dfrac{SSE(A+X_k)}{n-(l+1)}} & （增加一个新的自变量 X_k） \\[4mm] \dfrac{SSE(A-X_k)-SSE(A)}{\dfrac{SSE(A)}{n-(l-1)}} & （从模型删除一个已有的自变量 X_k） \end{cases}$$

式中：$SSE（A）$ 表示含 A 个自变量的回归模型的残差平方和，即：

$$SSE(A) = \sum_{i=1}^{n} (y_i - \hat{y}_i(A))^2$$

则称 F 为偏 F 检验统计量。

偏 F 检验统计量反映了自变量的变化对因变量的影响程度，可作为逐步回归法的启发变量，当增加一个自变量使得 F 值很大时，表明残差平方和明显减小，则此自变量对因变量的影响是显著的，应将该自变量加入模型，否则不加；当删除一个自变量使得 F 值很小时，表明残差平方和没有明显增加，则此自变量对因变量的影响是不显著的，应将该自变量从现有模型中删除，否则仍然保留。对 F 值是否显著的衡量一般由经验给定一个阈值 α。

下面给出逐步回归法的算法。

第 1 步，对每个 $X_k(1 \leq k \leq M)$ 拟合仅包含 X_k 的回归模型，对每个 k 计算偏 F 检验统计量，并求出最大 F_{max}。若 $F_{max} > \alpha$，则将其对应的自变量加入模型；否则算法结束，这时认为所有自变量对因变量的影响均不显著。

第 2 步，若模型包含的自变量集合为 A，则将剩余的自变量逐个加入 A 中构造新的模型，计算偏 F 检验统计量，并求出最大 F_{max}。若 $F_{max} > \alpha$，则将其对应的自变量加入模型。

第 3 步，若模型包含的自变量集合为 A，则逐个删除最后一次加入 A 中的自变量构造新的模型，计算偏 F 检验统计量，并求出最小 F_{min}。若 $F_{min} < \alpha$，则将其对应的自变量删除。

重复第 2 步、第 3 步，直至没有自变量能进入模型，同时已在模型中的自变量均不能被删除，则选择过程结束，最后一个模型即认为是最优的。

3. Logistic 回归模型

在实际应用中，人们常常要解决的一类问题是某一随机事件 A 发生的概率与某些因素之间的关系，如未来 24 小时降雨的概率与某些气象因素的关系、产品次品率与原材料质量和加工工艺等因素之间的关系等。下面我们简单介绍一下描述这类问题的 Logistic 回归模型。至于模型参数的选择和计算，受篇幅限制，这里不再赘述，有兴趣读者可参阅相关著作。

设 $x = (X_1, X_2, \cdots, X_{p-1})^{\mathrm{T}}$ 是影响某事件 A 发生概率的因素向量，以 $\pi(x)$ 表示相应的概率，若 $\pi(x)$ 与 x 存在某种依赖关系，则可用下列函数关系进行描述：

$$\pi(x) = f(X_1, X_2, \cdots, X_{p-1})$$

由于 $\pi(x)$ 的取值在 0 与 1 之间，因此必须对 $f(X_1, X_2, \cdots, X_{p-1})$ 进行约束，使其取值也在 0 到 1 之间，或者等价地对 $\pi(x)$ 加以变换，使得 $\pi(x)$ 在 0 与 1 之间变换时该函数的值域为 $(-\infty, +\infty)$，这样可取 $f(X_1, X_2, \cdots, X_{p-1})$ 为一些常用函数如线性函数、多项式函数等。通常对 $\pi(x)$ 采用如下形式的变换：

$$L(\pi(x)) = \ln\left(\frac{\pi(x)}{1-\pi(x)}\right)$$

这时 $L(\pi(x))$ 的值域为 $(-\infty, +\infty)$，令

$$L(\pi(x)) = f(X_1, X_2, \cdots, X_{p-1})$$

则

$$\pi(x) = \frac{\exp(f(X_1, X_2, \cdots, X_{p-1}))}{1+\exp(f(X_1, X_2, \cdots, X_{p-1}))}$$

这就是 Logistic 回归模型。在实际应用中，$f(X_1, X_2, \cdots, X_{p-1})$ 的选择是很灵活的，但应用最为广泛的一种形式是取 $X_1, X_2, \cdots, X_{p-1}$ 的线性函数，即：

$$f(X_1, X_2, \cdots, X_{p-1}) = \beta_0 + \beta_1 X_1 + \beta_2 X_2 + \cdots + \beta_{p-1} X_{p-1} = \beta_0 + \sum_{k=1}^{p-1} \beta_k X_k$$

这时有：

$$\pi(x) = \frac{\exp\left(\beta_0 + \sum_{k=1}^{p-1} \beta_k X_k\right)}{1 + \exp\left(\beta_0 + \sum_{k=1}^{p-1} \beta_k X_k\right)}$$

这就是线性 Logistic 回归模型，简称 Logistic 模型。

4. 分位数回归模型

分位数回归（quantile regression，QR）最早由 Koenker 和 Bassett 于 1978 年提出，是在给定解释变量的情况下估计响应变量条件分位数的一种基本方法。大多数的回归模型都关注被解释变量的条件均值，而分位数回归能够更加全面地描述被解释变量条件分布的全貌。分位数回归的本质是通过对 τ 取不同值，使用解释变量估计响应变量的不同条件分位数。

假设随机变量 Y 的右连续分布函数为 $F(y) = P(Y \leqslant y)$，对于任意的分位数 $\tau \in (0, 1)$，Y 的第 τ 分位数可定义为 $F^{-1}(\tau) = \inf\{y \mid F(y) \geqslant \tau\}$。式中，$\inf\{\cdot\}$ 为 y 中所有满足 $F(y) \geqslant \tau$ 的最小实数。

分位数源于一个简单的最优化问题：求一个具有 F 分布函数的一元随机变量的点估计。定义的分段线性损失函数为：

$$\rho_\tau(v) = (\tau - I(v))v$$

其中，$I(v)$ 为指示函数，满足：

$$I(v) = \begin{cases} 0, & v \geqslant 0 \\ 1, & v < 0 \end{cases}$$

对于 $\tau \in (0, 1)$，找到使期望损失最小的 $\hat{y}$。期望损失可表示为：

$$E_{\rho_\tau}(Y - \hat{y}) = (\tau - 1)\int_{-\infty}^{\hat{y}}(y - \hat{y})\mathrm{d}F(y) + \tau\int_{\hat{y}}^{\infty}(y - \hat{y})\mathrm{d}F(y)$$

对 $\hat{y}$ 求导数并令其等于 0，则有：

$$0 = (1 - \tau)\int_{-\infty}^{\hat{y}}\mathrm{d}F(y) - \tau\int_{\hat{y}}^{\infty}\mathrm{d}F(y) = F(\hat{y}) - \tau$$

由于分布函数 F 是单调的，因此任何 $\{y \mid F(y) = \tau\}$ 集合中的元素都可以求得最小的期望损失值。当存在唯一解时，$\hat{y} = F^{-1}(\tau)$；否则，从一个"第 τ 分位数区间"中选一最小元素作为解。当使用经验分布函数 F_n 替代 F 时，对于样本 $y_1, y_2, \cdots, y_n$，有：

$$F_n(y) = n^{-1}\sum_{i=1}^{n}I(Y_i \leqslant y)$$

同样可以找到 $\hat{y}$ 以求得最小期望损失值：

$$\int\rho_\tau(y - \hat{y})\mathrm{d}F_n(y) = n^{-1}\sum_{i=1}^{n}\rho_\tau(y_i - \hat{y})$$

因此，得到样本的第 τ 分位数，若 τn 是整数，则解集为 $\{y \mid F_n(y) = \tau\}$。

同样用这个思想估计条件分位数函数模型。假设随机变量 Y 的一组样本 $y_1, y_2, \cdots, y_n$ 受 n 个 k 维向量 $x_1, x_2, \cdots, x_n$ 的影响。仿照最小二乘法，样本均值 $\hat{\sigma}$ 可以通过优化以下问题得到：

$$\hat{\sigma} = \min_{\sigma \in R}\sum_{i=1}^{n}(y_i - \sigma)^2$$

y 的条件均值函数表示为 $\sigma(x) = x'\beta$，通过求解

$$\hat{\beta} = \underset{\beta \in R^k}{\mathrm{argmin}}\sum_{i=1}^{n}(y_i - x_i'\beta)^2$$

可以得到 $\hat{\beta}$，这就是最小二乘回归问题。同样，由

$$\hat{\phi}(\tau) = \underset{\phi \in R}{\mathrm{argmin}}\sum_{i=1}^{n}\rho_\tau(y_i - \phi)$$

估计得到样本的第 τ 分位数 $\hat{\phi}(\tau)$。y 在给定解释变量 x 时的条件分布函数为 $F_y(y \mid x)$，则条件分布的逆函数表示为 $Q_\tau(y \mid x) = \inf\{y \mid F_y(y \mid x) \geqslant \tau\}$。定义 $Q_y(\tau \mid x) = x'\beta(\tau)$ 表示响应变量 y 在解释变量 x 下的第 τ 条件分位数，其中 $\hat{\beta}(\tau)$ 可以通过求解以下最小值问题来获取：

$$\hat{\beta}(\tau) = \underset{\beta \in R^k}{\mathrm{argmin}}\sum_{i=1}^{n}\rho_\tau(y_i - x_i'\beta)$$

上式就是分位数回归的主要思想。其还可以表示为：

$$\hat{\beta}(\tau) = \underset{\beta \in R^k}{\mathrm{argmin}}\sum_{i=1}^{n}\left(\sum_{y_i \geqslant x_i'\beta}\tau\left|y_i - x_i'\beta\right| + \sum_{y_i < x_i'\beta}(1 - \tau)\left|y_i - x_i'\beta\right|\right)$$

式中：$\beta(\tau)$ 为第 τ 分位点处的回归系数向量，随着 τ 的变化而变化。

回归分析是一种行之有效的常用统计学方法。它在管理决策中的应用主要体现在以下两个方面：

① 因素分析。在现实生活中，某一项结果的产生，可能是很多个因素共同作用的结果。例如在医学研究中，有关生存与死亡、发病与未发病、阴性与阳性等结果的产生可能与病人的年龄、性别、生活习惯、遗传、病史等许多因素有关。使用回归分析，我们可以发现到底是哪些因素对结果产生了影响，从而帮助我们做出正确的判断。

② 预测。预测经常取决于对两个或更多个变量的分析。其中，两个变量之间的回归分析称为一元回归，三个或三个以上变量之间的回归分析称为多元回归。例如，广告费和销售收入之间的关系是一元回归，而消费支出与收入及商品价格之间的关系则是多元回归。

在回归分析中，我们把被预测的变量称为因变量，把用来预测因变量值的一个或多个变量称为自变量。例如，在分析广告费支出对销售收入的影响时，应该将销售收入作为因变量，将广告费支出作为自变量。在统计符号上，用 y 代表因变量，x 代表自变量。在分析自变量和因变量之间相关关系的基础上，我们可以建立变量之间的回归方程，并将回归方程作为预测模型，根据自变量在预测期的数量变化来预测因变量的数量变化。例如，将回归分析用于市场需求预测时，我们如果能将影响市场需求的主要因素找到，并且能够取得足够的数据，就可以建立回归模型，然后根据模型预测未来的市场需求状况，从而制定相应的生产和营销策略。

从预测用途来说，回归预测不同于趋势预测，它是根据两个或两个以上现象之间的相关关系，根据一个或几个自变量的变动，来推测某一因变量的数值。按照自变量不同，又可分为一元回归预测、多元回归预测和自回归预测等。在将回归分析方法应用于预测时，应注意以下两个问题：

第一个问题是如何正确地区分因变量和自变量。自变量与因变量是不"对等"的，自变量是预测变量，而因变量是被预测变量，是受其他变量影响的变量。在相关关系确定后，要考虑究竟是谁影响了谁，从而分辨出自变量与因变量。

第二个问题是如何选择正确的模型及模型的检验。两个或多个变量之间的相关关系可利用函数关系式来表达，但这里的函数所取的具体形式是多种多样的，因此需要通过理论背景分析或经验观察才能在众多的函数表达式中做出正确的选择。回归模型与实际数据的拟合程度、线性关系是否显著等因素直接影响未来预测，因此，模型在用来实际预测之前，还需要进行有关的检验，只有通过检验的模型才能进行预测。如果检验不能通过，需对模型进行修改，直至达到要求为止。

案例 6.2　回归分析的应用

在飞速发展的客户关系管理行业中，联合数据系统公司（Alliance Data Systems，ADS）可为顾客提供交易代理、信贷服务和营销服务等一系列服务。ADS 设计了直接向顾客邮寄宣传品的促销活动，并将其作为营销服务的手段之一。由于它的数据库储存了 1 亿多名顾客的消费习惯的信息，所以 ADS 把那些最有可能的顾客作为促销目标，通过向他们邮寄宣传品达到所得收益的目的。公司的分析发展部门运用回归分析方法，建立了能度量并预测顾客对于促销活动反应的模型。

在某一项特定的促销活动中，某零售连锁店的目标是吸引新顾客。为了预测此项促销活动的效果，ADS 的分析师们从顾客信息数据库中选取一个样本，向样本中的每一位顾客发放了促销宣传材料，然后将样本顾客对此项活动反馈的数据收集起来并加以处理。样本数据不但包括了顾客由于促销活动而购买商品的金额，还包括了被认为在预测销售额时有帮助的顾客特定变量的变化情况。对预测购买商品的金额起很大作用的顾客特定变量是顾客在过去 39 个月里从相关商店中赊购商品的总额。ADS 的分析师们建立了购买商品的金额与过去从相关商店中赊购商品的总额之间关系的回归方程：

$$\hat{y} = 26.7 + 0.002\,05x$$

式中：$\hat{y}$ 表示购买商品的金额，x 表示过去从相关商店中赊购商品的总额。

利用这一方程，我们能够预测出：一位在过去 39 个月里从相关商店中赊购了 10 000 美元的顾客，对于直接向他们邮寄宣传品的反应将是消费 47.20 美元。

资料来源：ANDERSON D R，SWEENEY D J，WILLIAMS T A. 商务与经济统计 ［M］. 张建华，等，译. 北京：机械工业出版社，2006.

6.3.5 时间序列分析

1. 时间序列与时间序列分析

时间序列是按时间排列的、随时间变化且相互关联的数据序列，通常由趋势性、季节性、循环性与随机性四部分因素组成。

时间序列在现实世界中广泛存在，涉及气象、天文、机械、生物、经济等各个领域。下面我们通过一个例子来给出时间序列的描述。如图 6.8 所示为上证指数连续三日的走势，每天的指数波动不同，图形也不相同。对于交易时间内的某个固定时刻 $t = \tau$，指数值 $P_1(\tau)$、$P_2(\tau)$、$P_3(\tau)$ 各不相同，它们可以看作随机变量 $P(\tau)$ 的不同试验值。因此，对固定 t，$P(t)$ 为一随机变量，当 t 在交易时段内变化时就得到一组随机变量。某一天交易时间内的具体指数曲线如 $P_1(t)$、$P_2(t)$、$P_3(t)$ 则称为现实或样本函数。

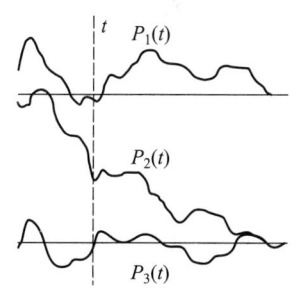

图 6.8 时间序列
（上证指数三日走势）

一般地，可将上述情形记为：

$$\{X_t,\ t \in T\}$$

其中时间指标集 T 可以是连续的，也可以是离散的。当 T 是离散时间集时，就是通常所说的时间序列；当 T 是连续时间集时，常采用每隔一定时间采样的方法，得到一个离散的采样时间序列。

值得注意的是，时间序列样本中的随机变量是相互关联的，如前例中的 $P_1(t)$、$P_2(t)$、$P_3(t)$，因此可以进行时间序列预报，而数理统计中的简单随机样本是 n 个独立随机变量。

时间序列分析就是通过对时间序列样本进行分析，构造事件发生的数学模型，从而达到认识事物、了解其变化规律的目的。当模型建立完成后就能根据模型对事件进行预测或控制。

在统计学中可以通过均值、方差等数字特征刻画一个随机变量的统计特征，同样也可以通过数字特征刻画时间序列的统计特征，只不过时间序列的数字特征是时间 t 的函数。这些数字特征包括均值函数、方差函数、自协方差函数、自相关函数等。

定义 6.11　设时间序列为 $\{X_t, t \in T\}$，对于某个固定的 t，X_t 是一个随机变量，其均值记为 μ_t，方差记为 σ_t^2，则当时间 t 在 T 内变化时，分别称函数

$$\mu_t = E(X_t) \quad \text{和} \quad \sigma_t^2 = E[(X_t - \mu_t)^2]$$

为时间序列 $\{X_t, t \in T\}$ 的均值函数和方差函数。

均值函数刻画了时间序列变化的平均趋势，方差函数刻画了 X_t 对于均值函数的偏离程度。

定义 6.12　设时间序列为 $\{X_t, t \in T\}$，对于任意两个时刻 $t, s \in T$，有

$$\gamma_{t,s} = E[(X_t - \mu_t)(X_s - \mu_s)]$$

则称 $\gamma_{t,s}$ 为 $\{X_t, t \in T\}$ 的自协方差函数。若将 $\gamma_{t,s}$ 标准化为

$$\rho_{t,s} = \frac{\gamma_{t,s}}{\sqrt{\gamma_{t,t}\gamma_{s,s}}}$$

则称 $\rho_{t,s}$ 为 $\{X_t, t \in T\}$ 自相关函数。

自协方差函数和自相关函数刻画了时间序列在时刻 t 和时刻 s 处取值的相关程度。

显然，时间序列 $\{X_t, t \in T\}$ 的数字特征具有下列特性：

$$\gamma_{t,s} = \gamma_{s,t}, \qquad \gamma_{t,t} = \sigma_t^2, \qquad \rho_{t,s} = \rho_{s,t}, \qquad \rho_{t,t} = 1$$

2. 时间序列分析方法

（1）算术平均法

算术平均法（arithmetic average，AA）是对一组统计数据求平均值。

设长度为 n 的时间序列样本为 $x_1, x_2, \cdots, x_n$。则下一个时间点 $t = n+1$ 的预测值为

$$\hat{x}_{n+1} = \frac{x_1 + x_2 + \cdots + x_n}{n}$$

该方法简单易行，但只适合时间序列比较稳定的情况，它不能反映时间序列的变化趋势和季节变动。

（2）移动平均法

移动平均法（moving average，MA）基于假设未来的序列与近期的序列有关，而与过去较远的序列关系不大。当序列不急速波动，且无季节性因素时，若移动平均区间的长度选取合适，则能有效地消除预测中的随机波动。移动平均法的分析思路是每完成一次预测，就要舍弃最旧的一个数据而补充最新的一个数据。例如，若平均区间的长度为 n，在 t 时刻取长度为 n 的时间序列为 $x_{t-1}, x_{t-2}, \cdots, x_{t-n}$，则在 t 的下一个时间点 $t+1$，取时间序列为 $x_t, x_{t-1}, \cdots, x_{t-(n-1)}$。简单的移动平均法可按下式计算：

$$\hat{x}_t = \frac{x_{t-1} + x_{t-2} + \cdots + x_{t-n}}{n}$$

移动平均区间长度 n 为时序分析的时间跨度。时间跨度越小，对随机扰动的平滑越好，但当数据有增大或减小趋势时会发生预测的趋势滞后；若时间跨度小，虽波动大，但滞后小。例如，股票收盘价格的移动平均线就是根据移动平均法获得的，一般有 5 日、10 日、20 日短期均线，30 日、60 日中期均线和 120 日、250 日长期均线。

在实际数据中，有些时间序列具有一定的周期性或单调性，不同时间的数据影响不同。如单调性数据，最近期影响最大，这时就可以用权重加以衡量，从而得到加权移动平均法。设 γ_i 为权重，且 $\sum_{i=1}^{n} \gamma_i = 1$，则，

$$\hat{x}_t = \sum_{i=1}^{n} \gamma_i x_{t-i}$$

（3）指数滑动平均法

指数滑动平均法（exponential smoothing average，ESA）是整个时间序列以加权平均进行预测，强调近期数据的作用。该方法预测只需要三个数据：最近期的预测值 $\hat{x}_t$、最近期的实际值 x_t、平滑系数（或加权因子）α。实际上它是借助于加权因子，用当前的实际值（新信息）去修正上次的预测值，来得到下次的值，因此该方法有自我调节的作用。

$$\hat{x}_{t+1} = \alpha x_t + (1-\alpha) \hat{x}_t = \hat{x}_t + \alpha (x_t - \hat{x}_t)$$

利用上式作预测需要初始值 x_t，可用第一个实际值 x_1 作为初始值，或用实际平均值作为初始值。α 的取值视具体情况而定。若数据波动不大，α 应取较小值，如 0.1、0.2；反之，可取较大值。α 的取值应该经常根据实际情况进行修改。

（4）自回归差分移动平均法

自回归差分移动平均法（autoregressive integrated moving average model，ARIMA）通过差分运算将非平稳时间序列转化为平稳时间序列，然后将因变量对它的滞后值以及随机扰动项的当期值和滞后值建立回归模型。ARIMA 模型区别于一般回归模型的两个主要特点为：第一，不依据经济理论而是关注序列本身的变化规律，利用外推机制描述时间序列的变化。第二，以时间序列的平稳性为建模的重要前提。当时间序列非平稳时，应首先通过差分运算使序列平稳后再建立自回归移动平均法（autoregressive moving average，ARMA）模型。

对于非平稳序列 x_t，经过 d 次差分变为平稳序列，即 $x_t \sim I(d)$，则可表示为：

$$z_t = \Delta^d x_t = (1-L)^d x_t$$

式中：Δ 为差分算子；L 为滞后算子；z_t 为 x_t 的 d 阶差分后序列，即 $x_t \sim I(d)$。对平稳序列 z_t 建立 ARMA(p, q) 模型，则有：

$$z_t = \phi_1 z_{t-1} + \phi_2 z_{t-2} + \cdots + \phi_p z_{t-p} + \varepsilon_t + \theta_1 \varepsilon_{t-1} + \theta_2 \varepsilon_{t-2} + \cdots + \theta_q \varepsilon_{t-q}$$

式中：p 是自回归模型的阶数；ϕ_1，ϕ_2，$\cdots$，ϕ_p 是自回归模型的待估参数；q 是移动平均模型的阶数；θ_1，θ_2，$\cdots$，θ_q 是移动平均模型的待估参数；ε_t 为白噪声。用滞后算子 L 则可表述为：

$$\Phi(L) z_t = \Theta(L) \varepsilon_t$$

式中：$\Phi(L) = (1 - \phi_1 L - \phi_2 L^2 - \cdots - \phi_p L^p)$ 和 $\Theta(L) = (1 + \theta_1 L + \theta_2 L^2 + \cdots + \theta_q L^q)$ 分别表示滞后算子 L 的 p、q 阶特征多项式。这样对经过 d 阶差分变换后的平稳序列所建立的 ARMA(p, q) 模型称为

ARIMA$(p,\ d,\ q)$模型。将关于 z_t 的 ARMA$(p,\ q)$ 还原为关于 x_t 的 ARIMA$(p,\ d,\ q)$ 模型，即：

$$\Phi(L)(1-L)^d x_t = \Theta(L)\varepsilon_t$$

因此，ARIMA$(p,\ d,\ q)$ 模型的建模步骤可概括为以下几个步骤。

第 1 步，对原始时间序列进行平稳性检验，即确定差分次数 d。随后，对差分后的平稳序列通过相关图和偏相关图确定 ARIMA$(p,\ d,\ q)$ 模型的阶数 p 和 q。

第 2 步，对初步选取的模型进行参数估计，并在初始估计中尽可能选取较少的参数。

第 3 步，完成 ARIMA$(p,\ d,\ q)$ 模型的识别与参数估计后，需要对估计结果进行检验：一是借助 t 统计量初步判断模型参数估计值的显著性，剔除不显著的参数以保证模型的结构精炼；二是借助 Ljung 和 Box 提出的 Q 统计量检验估计的 ARIMA$(p,\ d,\ q)$ 模型误差项是否为白噪声序列；三是检验估计的 ARIMA$(p,\ d,\ q)$ 模型的平稳性，主要观察特征根的倒数是否在单位圆之内。

（5）季节性影响因子

在实际数据中，时间序列除了趋势性、相关性、随机性以外，还常常具有周期性和季节性。我们可以把这些影响因素作为分量对时间序列进行分解。季节因子又称为季节指数。此处的季节性应理解为同期中具有相同特征的对应时间段。例如，一年中四季或 12 个月，一星期的 7 天等。可以定义

$$季节因子 = \frac{同期季节的平均数}{同期的平均数}$$

这样就可以将原始时间序列除以季节因子，获得一个新的时间序列，用上述分析方法处理新时间序列，获得预测值，再将预测结果乘上季节因子得到包含季节影响的预测值。

3. 时间序列分析的应用

一个时间序列包含随时间变化而发生变化的一系列数值或事件。由于在时间序列前后时刻数值的相关性往往呈现某种趋势或周期性变化，因此时间序列里蕴藏着其他信息形式所不能代替的有用知识。对时间序列进行分析具有很重要的价值。

时间序列分析主要用来对未来进行预测，属于趋势预测法。对时间序列数据进行分析，可以揭示研究对象内在的动态发展规律，提高科学决策及解决问题的能力。下面我们举例说明其应用过程。

对企业而言，管理部门是否能够准确地预测未来并制定合适的策略往往决定了企业的成败。例如，市场营销部门需要对一种特定产品在下一年季度的销售量作出准确的预测，因为生产进度安排、原材料采购、存货策略和销售定额都将受到这个预测值的影响。不准确的预测将导致不合适的策略，并且增加企业的生产成本。

这里，我们可以利用时间序列分析方法来提供季度销售量的预测值。我们观察该产品在过去时期的实际销售数据，这些历史数据形成一个时间序列。通过这些历史数据，可以了解过去的销售情况，从而确定销售量的一般水平和趋势。例如销售量随时间是增加或减少，每年的销售高峰出现在第几季度，而销售低谷又出现在第几季度。在掌握了这些信息的基础上，就能够对该产品的未来销售情况做出较准确的预测。

指数滑动平均法是统计预测中广泛使用的一种方法。下面以该方法为例，说明时间序列分析在管理预测中的应用。

我们考虑表 6.9 中的数据。这些数据是某个汽油批发商在过去 12 周的汽油销售量。根据表中的汽油销售量时间序列，用指数滑动平均法进行预测。

表 6.9　汽油销售量时间序列

周	销售量（千加仑）	周	销售量（千加仑）
1	17	7	20
2	21	8	18
3	19	9	22
4	23	10	20
5	18	11	15
6	16	12	22

考虑指数滑动平均法的基本模型：

$$\hat{x}_{t+1} = \alpha x_t + (1-\alpha)\hat{x}_t$$

上式表明，对给定的平滑系数 α，我们只需要知道 t 期时间序列的实际值和预测值，即 x_t 和 $\hat{x}_t$，就可计算 $t+1$ 期的预测值。

为开始计算，令 $\hat{x}_1$ 等于 1 期时间序列的实际值，即 $\hat{x}_1 = x_1$。因此，2 期的预测值为：

$$\hat{x}_2 = \alpha x_1 + (1-\alpha)\hat{x}_1 = \alpha x_1 + (1-\alpha)x_1 = x_1$$

因此，2 期的指数滑动预测值等于 1 期时间序列的实际值，即 $\hat{x}_2 = 17$。参考表 6.9 中的时间序列数据，我们发现 2 期时间序列的实际值 $x_2 = 21$。因此，2 期的预测误差为 $21-17=4$。

继续利用平滑系数 $\alpha = 0.2$ 来进行指数滑动计算，可以得到 3 期的预测值如下：

$$\hat{x}_3 = 0.2x_2 + 0.8\hat{x}_2 = 0.2 \times 21 + 0.8 \times 17 = 17.8$$

一旦得到时间序列 3 期的实际值 $x_3 = 19$，我们就可以得到 4 期的预测值：

$$\hat{x}_4 = 0.2x_3 + 0.8\hat{x}_3 = 0.2 \times 19 + 0.8 \times 17.8 = 18.04$$

通过继续利用指数平滑计算，我们可以确定每周的预测值和相应的预测误差，将它们列在表 6.10 中。注意，我们没有给出 1 期指数平滑预测值和预测误差，这是因为没有办法进行预测。对 12 周，我们有 $x_{12} = 22$，$\hat{x}_{12} = 18.48$。在知道第 13 周的实际值之前，我们能否利用这些信息得到第 13 周的预测值呢？根据指数平滑模型，我们有：

$$\hat{x}_{13} = 0.2x_{12} + 0.8\hat{x}_{12} = 0.2 \times 22 + 0.8 \times 18.48 = 19.184$$

因此，第 13 周销售量的指数平滑预测值为 19.184。根据这个预测值，公司可相应地制定计划和决策。预测精度只有在第 13 周周末才能获知。

表 6.10　汽油销售量的指数滑动预测和预测误差（平滑系数 $\alpha=0.2$）

周（t）	时间序列值（x_t）	指数滑动预测（$\hat{x}_t$）	预测误差（$x_t-\hat{x}_t$）
1	17		
2	21	17.00	4.00
3	19	17.80	1.20
4	23	18.04	4.96
5	18	19.03	-1.03
6	16	18.83	-2.83
7	20	18.26	1.74
8	18	18.61	-0.61
9	22	18.49	3.51
10	20	19.19	0.81
11	15	19.35	-4.35
12	22	18.48	3.52

6.4 ｜ 信息处理的人工智能方法

　　人工智能研究使计算机来模拟人的某些思维过程和智能行为，使计算机能实现更高层次的应用。信息处理的人工智能方法主要是用机器学习或者深度学习处理信息的方法。机器学习是人工智能的一个重要分支，其主要任务是从模拟人类的学习行为出发，研究客观世界和获取各种知识与技能的一些基本方法（如归纳、泛化、特化、类比等），并借助于计算机科学与技术原理建立各种学习模型，从根本上提高计算机智能和学习能力。具体地说，就是根据生理学、认知科学对人类学习机理的了解，建立人类学习的计算模型或认知模型；发展各种学习理论和学习方法，研究通用的学习算法并进行理论上的分析；建立面向任务且具有特定应用的学习系统。

　　机器学习多种多样，有使用离散、逻辑知识表示的归纳学习和分析学习，有使用数值、连续知识表示的联结学习（如神经网络），有两种知识表示相互融合的遗传学习等。机器学习的应用已遍及人工智能的各个分支，如专家系统、自动推理、自然语言理解、模式识别、计算机视觉、智能机器人等。

6.4.1　决策树方法

　　机器学习在获取知识过程中所使用的推理方法主要是归纳法和演绎法。归纳法主要基于观察数据来形成一般性知识，它的特点在于产生的知识是先前知识库中所没有的，主要用于归纳学习、连接学习和遗传学习等；演绎法则是用知识库中已有的知识来形成新的知识，如基于解释的学习是利用先前的知识来解释新的事件，然后简化该解释并存放于知识库中，这种方法主要用于分析学习中。机器学习为信息处理提供了一系列有效、实用的理论与方法。下面将介绍其中最典型的决策树学习方法。

决策树是应用最广泛的归纳学习，特别是在专家系统、工业控制过程、金融保险预测以及医疗诊断等领域。所谓决策树是一个类似流程图的树结构，其中每个内节点表示一个属性上的测试，每个分枝代表一个测试输出，每个叶节点代表一种类别，最顶端的节点称为根节点。内节点用椭圆框表示，叶节点用矩形框表示。从根节点到每个叶节点都有唯一的一条路径，这条路径就是一条分类"规则"。如果每个内节点都恰好有两个分枝，则称为二叉树。类似可定义多叉树。在所有的决策树中，二叉树最为常用。表 6.11 所示是一个样本数据集，其对应的决策树可用图 6.9 描述。

表 6.11　心血管病人类别样本数据集

年龄	病情	手术	心血管	类别	年龄	病情	手术	心血管	类别
中年	急	否	心悸	A	高龄	危	否	心绞痛	A
中年	急	是	心绞痛	A	高龄	急	否	心绞痛	A
中年	急	否	心律不齐	A	中年	急	是	心律不齐	B
老年	急	是	心悸	A	老年	危	否	心悸	B
老年	危	是	心绞痛	A	老年	危	是	心律不齐	B
老年	急	否	心律不齐	A	高龄	危	否	心悸	B
老年	危	否	心律不齐	A	高龄	危	是	心悸	B

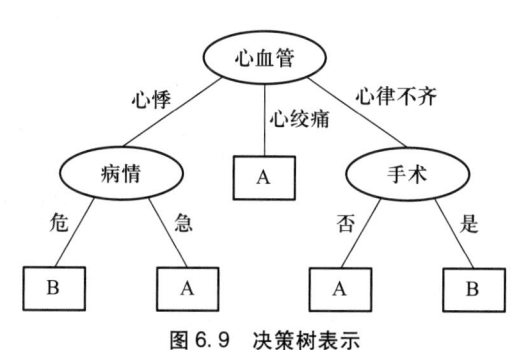

图 6.9　决策树表示

利用决策树进行信息处理，首先要进行决策树的构造。一般地说，构造决策树可按下列步骤完成：

① 初始状态是一个训练集和空树，接下去对当前节点应用该节点的测试将其划分；

② 如果所有当前节点的训练样本属于同一个类别，创建一个带有该类标签的叶节点并停止；

③ 使用最优测量计算每一个集合的每一个可能的划分；

④ 选择最优划分作为当前节点的测试，创建与该划分的不同输出数同样多的子节点；

⑤ 使用该划分的输出标注父节点和子节点之间的边，并使用该划分把训练数据划分到子节点中；

⑥ 把子节点作为当前节点，重复②～⑤，直到不存在可以划分的节点为止。

下面介绍两种常见的决策树生成算法。

1. 概念学习系统（CLS）

概念学习系统（CLS）从一个空决策树开始，逐步增加节点，直到决策树正确分类全部训练样本。算法步骤如下：

① 产生根节点 T，T 包含所有的训练样本。

② 如果 T 中的所有样本都是正例，则产生一个标有"yes"的节点作为 T 的子节点，并结束。

③ 如果 T 中的所有样本都是反例，则产生一个标有"no"的节点作为 T 的子节点，并结束。

④ 选择一个属性 A，根据该属性的不同取值 v_1，v_2，$\cdots$，v_n 将 T 中的训练集划分为 n 个子集，并根据这 n 个子集建立 T 的 n 个子节点：T_1，T_2，$\cdots$，T_n，分别以 $A = v_i$ 作为从 T 到 T_i 的分枝符号。

⑤ 以每个子节点 T_i 为根建立新的子树。

该算法的缺点是抗干扰性差，噪声数据将使所构建的决策树难以反映数据的内在规律；易受无关属性的干扰；受属性选择顺序的影响。

2. ID3 算法

ID3 对 CLS 的改进主要体现在两方面：① 增加了窗口技术；② 使用信息增益的方法来选择节点上的测试属性。

对于训练集很大的情形，可选择其某个子集（称为窗口）构造一棵决策树，如果该决策树对训练集中其他样本的判决效果很差，则扩大窗口，选择不能被正确判别的样本加入窗口中，再建立一个新的决策树，重复这个过程得到最终的决策树。显然，不同的初始窗口会产生不同的决策树。

信息增益是 ID3 的核心。设 $(X_1, X_2, \cdots, X_p)^{\mathrm{T}}$ 是 p 元总体，从中取得样本数据：

$$X = [x_1, x_2, \cdots, x_n]$$

式中：$x_i = (x_{i1}, x_{i2}, \cdots, x_{ip})^{\mathrm{T}}$，$i = 1, 2, \cdots, n$。分别称 X 的两个训练子集 PX 和 NX 为正例集和反例集，并记正例集和反例集的大小分别为 p 和 n，则样本空间的信息熵为

$$I(p, n) = -\frac{p}{p+n}\log\left(\frac{p}{p+n}\right) - \frac{n}{p+n}\log\left(\frac{n}{p+n}\right)$$

假设以随机变量 X_i 作为决策树根的测试属性，X_i 具有 k 个不同的离散值 v_1，v_2，$\cdots$，v_k，它将 X 划分为 k 个子集，且假设第 j 个子集中包含 p_j 个正例，n_j 个反例，则该子集的信息熵为 $I(p_j, n_j)$，以 X_i 为测试属性的期望信息熵为：

$$E(X_i) = \sum_{j=1}^{k} \frac{p_j}{p_j + n_j} I(p_j, n_j)$$

因此以 X_i 为根节点的信息增益是：

$$\mathrm{Gain}(X_i) = I(p, n) - E(X_i)$$

ID3 的属性选择策略就是选择信息增益最大的属性作为测试属性。

在实际应用中，ID3 的信息增益函数存在下列问题：测试属性的分枝越多，信息增益值越大，但输出分枝多并不表示该测试属性对未知的对象具有更好的预测效果，因而人们提出用信息增益

率作为测试属性选择的依据，信息增益率定义为：

$$\mathrm{Gainratio}(X_i) = \frac{\mathrm{Gain}(X_i)}{\mathrm{Spliti}(X_i)}$$

其中：

$$\mathrm{Spliti}(X_i) = -\sum_{j=1}^{k} \frac{p_j}{m} \log\left(\frac{p_j}{m}\right)$$

在 ID3 算法中，默认的测试评估函数就是信息增益率。

由上述算法得到的树往往生长得太大以致对训练数据产生"过拟合"现象，反而降低了树的可理解性和可用性。为防止训练过度并减少训练时间，就需要建立能使树在适当的时候停止生长的方法。常用的方法有两种：其一是增加限制，如限制树的最大高度（层数）或限制每个节点所含数据的最小个数等。其二是对树进行剪枝，一般用统计度量来去掉不可靠分枝，改进预报能力和分类速度。剪枝一般有两种思路：一种是边长边剪，其基本思想是在决策树生成的同时对每一个节点进行某种形式的测试，以决定该节点是否有继续生成分枝的必要。例如可利用信息增益或信息增益率进行判断，若某个分枝产生的信息增益小于某个预先设定的阈值，则此分枝可以不生成。另一种是长后再剪，其基本思想是先让决策树充分地生长，然后利用剪枝技术删除不具一般性的枝叶，例如前文的概念树爬升方法也可以看作一种剪枝技术。一般是通过衡量某一分枝的存在对分类性能的提高程度（如小于某个指定的分类错误率）和它使整棵树复杂性增加的程度，来决定是否对此分枝予以保留，测试方法可以使用训练集，使用测试数据集效果更好。目前的剪枝算法很多，其基本思想无外乎上面所述，不同点在于对分类性能的衡量。

给定一组数据，如果能从数据中总结出可用的规则，就可以利用这些规则帮助决策。实际上决策树就是一组 IF-THEN 分类规则的图形化表示，可以通过决策树提取规则。

对决策树从根节点到叶节点的每条路径都可以创建一个规则。沿着给定路径上的每个分裂准则（逻辑运算 AND）形成规则的前件（"IF"部分），而叶节点形成规则的后件（"THEN"部分）。

图 6.10 所示的决策树被一个信用卡公司用来决定是否向客户发出办卡的邀请，树中从根节点到每个叶节点的路径，都可以转化成一条 IF-THEN 规则。

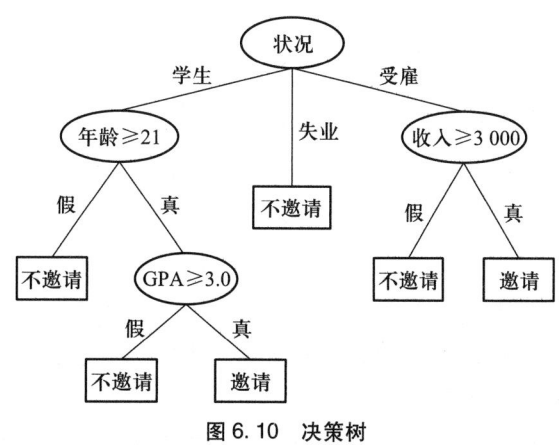

图 6.10　决策树

一共可以提取出如下 6 条规则：

R$_1$： IF 状况＝学生 AND 年龄＜21 THEN 不邀请

R$_2$： IF 状况＝学生 AND 年龄≥21 AND GPA＜3.0 THEN 不邀请

R$_3$： IF 状况＝学生 AND 年龄≥21 AND GPA≥3.0 THEN 邀请

R$_4$： IF 状况＝失业 THEN 不邀请

R$_5$： IF 状况＝受雇 AND 收入＜3 000 THEN 不邀请

R$_6$： IF 状况＝受雇 AND 收入≥3 000 THEN 邀请

所提取的每个规则之间蕴含着析取（逻辑 OR）。由于这些规则是直接从树中提取的，因此它们是互斥的和穷举的。互斥意味着不可能存在规则冲突，因为没有两个规则被相同的属性触发（每个树叶有一个规则，并且任何属性组合都只能映射到一个规则上）。穷举意味着对于每种属性—值组合存在一个规则，使得该规则集不需要默认规则。

使用这些规则，可以帮助我们确定是否给一个客户发出办卡的邀请。假如现在来了一位新客户，经调查，知道该客户受雇于某企业，月薪 4 000 元。这时，利用 R$_6$，我们知道应该发出邀请。

案例 6.3　决策树的应用

贷款公司通常利用问卷调查来获取申请贷款人的有关信息，这些信息将帮助决定是否放贷。这一过程很久以前就已部分自动化了。如 American Express UK 公司就利用了基于判别式的统计决策过程。当一个人评估值低于特定的阈值时就拒绝放贷，而当一个人评估值高于特定阈值时就同意放贷。这样大约 10%~15% 的申请人处于"边界"区域，他们将被移交给贷款主管做最后决定。但记录显示贷款主管以默认值确定给予"边界"申请人贷款时只有不超过 50% 的准确率。

这些情况促使该公司尝试利用机器学习方法来改进决策过程。Michie 和他的同事对 1 014 个训练样本和 18 个描述性属性进行分析，建立了一个决策树模型。这个决策树含有大约 20 个节点，对"边界"申请人的预测准确率在 70% 左右。除了获得较高的预测准确率之外，公司还发现这些规则有强大的吸引力，因为它们可以帮助向申请人解释决策（放贷或不放贷）的理由。

资料来源：MICHALSKI R S, BRATKO I, KUBAT M, et al. 机器学习与数据挖掘：方法和应用 [M]. 朱明，等，译. 北京：电子工业出版社，2004.

6.4.2　神经网络方法

神经网络方法是受人脑组织的生理学知识启发而建立的一种计算模型。它由一系列相互联系的、相同的单元（神经元）组成的，相互间可以传递增强或抑制信号。增强或抑制是通过调整相互间联系的权重系数（weight）实现的。

神经网络的基本处理单元是神经元，由神经元可以构成各种不同拓扑结构的神经网络。最简单的神经网络是单层单个神经元形成的前馈式网络，如图 6.11 所示。通过对它的分析，可以了解神经元及神经网络的基本特性。

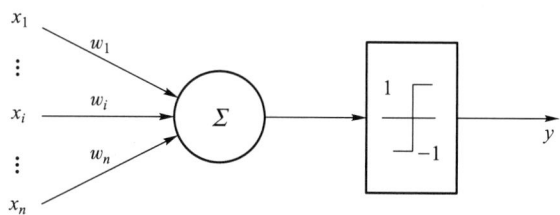

图 6.11 单层单个神经元的前馈式网络

用 $X=(x_1,\ x_2,\ \cdots,\ x_n)^\mathrm{T}$ 表示神经元的输入向量，$W=(w_1,\ w_2,\ \cdots,\ w_n)^\mathrm{T}$ 表示输入的权值向量，T 表示神经元的输出阈值，y 表示神经元的输出，则：

$$y=\mathrm{sgn}(W^\mathrm{T}X-T)$$

$\mathrm{sgn}(x)$ 是符号函数，如果 $x\geqslant 0$，则 $\mathrm{sgn}(x)=1$；否则 $\mathrm{sgn}(x)=-1$。由此可见，如果输入的加权和 $W^\mathrm{T}X$ 大于或等于输出阈值 T，则网络输出信号为 1；否则网络输出信号为 -1。这种输入输出关系正是对生物神经元工作原理的模拟。神经网络具有并行的处理机制、分布式信息存储、非线性信息处理能力等特点。

目前，用于模式识别的人工神经网络有许多不同的模型，如 Hopfield 模型、MLP（multi-layer perceptron）模型、ATR（adaptive resonance theory）模型等。这里以应用最为广泛的 MLP 人工神经网络为例叙述它们进行模式识别的一般原理。

MLP（多层感知机）的典型结构如图 6.12 所示。

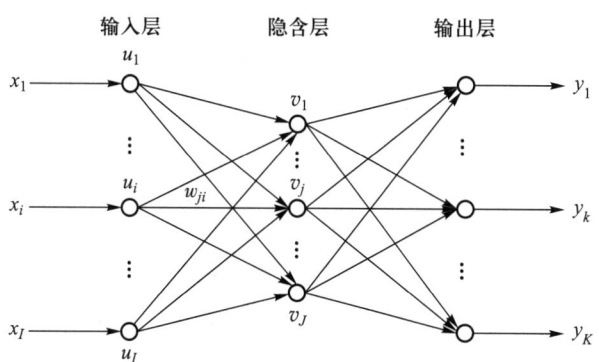

图 6.12 MLP 的结构模型

图中所示是一个包含输入层、隐含层和输出层的三层模型，其中每个小圆代表一个人工神经元。以隐含层第 j 个神经元为例，它的典型输入输出关系可以表示为：

$$v_j=f\Big(\sum_{i=1}^{I}w_{ji}u_i-T_j\Big)\quad j=1,\ \cdots,\ J$$

式中：f 是某种非线性函数；v_j 是隐含层第 j 个神经元的输出；u_i 是输入层的第 i 个神经元的输出，也即隐含层第 j 个神经元的第 i 个输入；w_{ji} 是连接输入层第 i 个神经元与隐含层第 j 个神经元的连接权（连接强度）；T_j 是隐含层第 j 个神经元的阈值。

理论上可以证明，一个三层的 MLP 可以完成任意复杂的由 R^I 到 R^K 的映射。模式分类就可以看作一类由 I 维空间 R^I 到 K 维空间 R^K 的非线性映射。因此，原则上说，层数大于 3 的 MLP 可以用来进行任意复杂的模式识别。

用 MLP 进行模式识别的基本思想是：假设备选的模式有 K 类，现有一未知模式，需要识别它的类属，为此，对未知模式进行适当的处理，提取 I 个表征未知模式的特征，把这 I 个特征送到 MLP 的 I 个输入端，如果这个 MLP 在此之前已经训练好，那么，当输出层第 k 个神经元输出为 1 而其余输出神经元的输出均为 0 时，就表示这个未知模式属于第 k 类。

在这里，关键的问题是如何对 MLP 进行训练。一个非常著名的 MLP 训练方法是 BP（back propagation）学习算法。BP 学习算法是目前最重要的一种学习方法，它的基本特点是基于有导师的学习算法。

在有导师的学习算法中，系统试图调节神经网络的连接强度，使对含有 N 个模式的训练集网络的实际输出能与目标输出尽可能靠近，也就是说要调节网络的参数使网络对训练集之外的模式也能很好地工作。有导师学习问题可分两步解决。第一步，制定网络的拓扑结构。输入 $X(t)$ 和输出 $Y(t)$ 之间的关系必须依赖于一组连接强度系数（权值）W，并且 W 是可以调节的。第二步，制定一个学习规则，即如何调节 W，使实际的输出 $\overline{Y}(t)$ 尽可能接近期望的输出 $Y(t)$。

在 BP 学习训练中，对于每种输入特征向量 $(x_1, x_2, \cdots, x_I)$，都有对应的输出向量 $(y_1, y_2, \cdots, y_K)$ 作为训练网络的输出参考基准。如果用符号 X_p 表示第 p 个输入特征向量 $(x_1^p, \cdots, x_i^p, \cdots, x_I^p)$，用符号 Y_p 表示对应的第 p 个输出基准向量 $(y_1^p, \cdots, y_i^p, \cdots, y_K^p)$，在训练时，导师同时按输入输出向量对给出训练集 (X_p, Y_p)，$p = 1, \cdots, P$（给出 P 个样本来训练 MLP）。对于每个 X_p，按照神经元的输入输出公式，一个个一层层地求出网络的实际输出 $\overline{Y_p} = (\overline{y_1^p}, \cdots, \overline{y_k^p}, \cdots, \overline{y_K^p})$。定义：

$$E = \frac{1}{2}\sum_{p=1}^{P}(Y_p - \overline{Y}_p)^2 = \sum_{p=1}^{P}E_P$$

为网络的误差。如果规定允许的误差值为 ε，那么，当 $E < \varepsilon$ 时，就认为网络已训练好；如果 $E \geqslant \varepsilon$，则还需对网络进行训练，即根据误差的情况调整网络各层的权值。调整过程是从输出层反向向输入层逐层调整，权值调整的方向与信息传播的方向恰好相反。权值调整的一种典型的规则是：

$$w_{ij}(t+1) = w_{ij}(t) - \mu\frac{\partial E}{\partial w_{ij}(t)}$$

式中：$w_{ij}(t)$ 是连接神经元 i 和 j 的权在 t 时刻的数值，$\mu > 0$ 是调节系数，可在实验中选定。

BP 训练算法步骤如下：

（1）网络初始化

根据系统输入输出序列 (X, Y) 确定输入层节点数 I、隐含层节点数 J 和输出层节点数 K，初始化输入层、隐含层和输出层神经元之间的连接权值 w_{ij} 和 w_{jk}，初始化隐含层阈值 a，输出层阈值 θ，给定学习速率 η 和神经元激活函数。

（2）隐含层输出计算

根据输入向量 X、输入层和隐含层间连接权值，以及隐含层阈值 a，计算隐含层输出 b：

$$b_j = f\left(\sum_{i=1}^{I} w_{ij}x_i - a_j\right) \quad j = 1, 2, \cdots, J$$

式中：J 为隐含层的节点数；f 为 Sigmoid 型激活函数：

$$f(x) = \frac{1}{1 + e^{[-(x+\alpha_1)/\alpha_0]}}$$

式中：参数 α_1 表示偏值，α_0 用于调节 Sigmoid 函数的形状。

（3）输出层计算

根据隐含层输出 b、连接权值 w_{jk} 和阈值 θ_k（$k = 1, 2, \cdots, K$），计算 BP 神经网络预测输出：

$$\bar{y}_k = \sum_{j=1}^{J} b_j w_{jk} - \theta_k, \quad k = 1, 2, \cdots, K$$

（4）误差计算

根据网络的预测（实际）输出 $\bar{y}$ 和期望输出 y，计算期望值和预测值之间的误差 $e = (e_1, e_2, \cdots, e_m)$：

$$E = \frac{1}{2}\sum_{k=1}^{K} e_k^2$$

$$e_k = \bar{y}_k - y_k$$

（5）权值更新

根据网络预测误差，在负梯度方向更新网络第 $t+1$ 次训练的连接权值：

$$w_{ij}(t+1) = w_{ij}(t) + \eta b_j(1 - b_j)x_i \sum_{k=1}^{K} w_{jk}(t)e_k$$

$$w_{jk}(t+1) = w_{jk}(t) + \eta b_j e_k$$

（6）阈值更新

根据网络预测误差 e，采用与步骤（5）同样的方法更新网络节点隐含层和输出层的阈值：

$$a_j(t+1) = a_j(t) + \eta b_j(1 - b_j)\sum_{k=1}^{K} w_{jk}(t)e_k$$

$$\theta_k(t+1) = \theta_k(t) + e_k$$

（7）判断与循环迭代

判断算法迭代是否结束，若没有结束，则 $t = t+1$ 并返回步骤（2）。

由于神经网络采用了并行处理机制、信息分布式存储方式、神经元执行非线性运算，因而具有识别速度快、联想能力强、自组织潜力高等优点，在现代信息（模式）识别理论与技术中发挥着重要的作用。

6.4.3　支持向量机方法

支持向量机（support vector machine，SVM）方法是 20 世纪 90 年代初 Vapnik 等人根据统计学

习理论提出的一种新的机器学习方法，它以结构风险最小化原则为理论基础，通过适当地选择函数子集及该子集中的判别函数，使学习机器的实际风险达到最小，保证了通过有限训练样本得到的小误差分类器，对独立测试集的测试误差仍然较小。

　　SVM 的基本思想是：首先，在线性可分情况下，在原空间寻找两类样本的最优分类超平面。在线性不可分的情况下，加入了松弛变量进行分析，通过使用非线性映射将低维输入空间的样本映射到高维属性空间使其变为线性情况，从而使得在高维属性空间采用线性算法对样本的非线性进行分析成为可能，并在该特征空间中寻找最优分类超平面。其次，它通过使用结构风险最小化原理在属性空间构建最优分类超平面，使得分类器得到全局最优，并且在整个样本空间的期望风险以某个概率满足一定上界。

　　其突出的优点表现在：① 基于统计学习理论中结构风险最小化原则和 VC 维理论，具有良好的泛化能力，即由有限的训练样本得到的小的误差能够保证使独立的测试集仍保持小的误差。② 支持向量机的求解问题对应是一个凸优化问题，因此局部最优解一定是全局最优解。③ 核函数的成功应用，将非线性问题转化为线性问题求解。④ 分类间隔的最大化，使得支持向量机算法具有较好的鲁棒性。SVM 由于自身的突出优势，被越来越多的研究人员作为强有力的学习工具，以解决模式识别、回归估计等领域的难题。

　　SVM 是从线性可分情况下的最优分类面发展而来的，基本思想可用图 6.13 来说明。对于一维空间中的点、二维空间中的直线、三维空间中的平面，以及高维空间中的超平面，图中实心点和空心点代表两类样本，H 为它们之间的分类超平面，H_1、H_2 分别为过各类中离分类面最近的样本且平行于分类面的超平面，它们之间的距离叫做分类间隔（margin）。

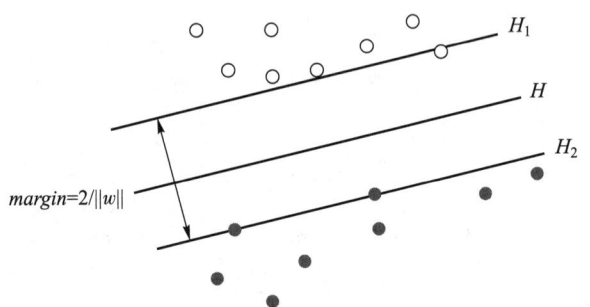

图 6.13　最优分类面示意图

　　所谓最优分类面要求分类面不但能将两类正确分开，而且使分类间隔最大。将两类正确分开是为了保证训练错误率为 0，也就是经验风险最小（为 0）。使分类空隙最大实际上就是使推广性的界中的置信范围最小，从而使真实风险最小。推广到高维空间，最优分类线就成为最优分类超平面。

　　设线性可分样本集为 (x_i, y_i)，$i=1, \cdots, n$，$x \in R^d$，$y \in \{+1, -1\}$ 是类别符号。d 维空间中线性判别函数的一般形式为 $g(x) = w \cdot x + b$，分类线方程为 $w \cdot x + b = 0$。将判别函数进行归一化，使两类所有样本都满足 $|g(x)| = 1$，也就是使离分类面最近的样本的 $|g(x)| = 1$，此时分类间隔

等于 $2/\parallel w \parallel$，因此使间隔最大等价于使 $\parallel w \parallel$（或 $\parallel w \parallel^2$）最小。要求分类线对所有样本正确分类，就是要求它满足：

$$y_i \big[(w \cdot x) + b \big] - 1 \geqslant 0, \ i = 1, \ 2, \ \cdots, \ n$$

满足上述条件，并且使 $\parallel w \parallel^2$ 最小的分类面就叫做最优分类面，过两类样本中离分类面最近的点且平行于最优分类面的超平面 H_1、H_2 上的训练样本点就称作支持向量，因为它们"支持"了最优分类面。

利用 Lagrange 优化方法可以把上述最优分类面问题转化为如下这种较简单的对偶问题，即：在约束条件

$$\sum_{i=1}^{n} y_i \alpha_i = 0$$

$$\alpha_i \geqslant 0, \ i = 1, \ 2, \ \cdots, \ n$$

下，求解下列函数的最大值：

$$Q(\alpha) = \sum_{i=1}^{n} \alpha_i - \frac{1}{2} \sum_{i, j=1}^{n} \alpha_i \alpha_j y_i y_j (x_i x_j)$$

若 α^* 为最优解，则 $w^* = \sum_{i=1}^{n} y_i \alpha_i^* x_i$。即最优分类面的权系数向量是训练样本向量的线性组合。

这是一个不等式约束下的二次函数极值问题，存在唯一解。根据 KKT（Karush-Kuhn-Tucker）条件，解中将只有一部分（通常是很少一部分）α_i 不为 0，这些不为 0 解所对应的样本就是支持向量。求解上述问题后得到的最优分类函数是：

$$f(x) = \mathrm{sgn}\big\{ (w^* \cdot x) + b^* \big\} = \mathrm{sgn}\Big\{ \sum_{i=1}^{n} \alpha_i^* y_i (x_i \cdot x) + b^* \Big\}$$

根据前面的分析，非支持向量对应的 α_i 均为 0，因此上式中的求和实际上只对支持向量进行。b^* 是分类阈值，可以由任意一个支持向量求得（只有支持向量才满足其中的等号条件），或通过两类中任意一对支持向量取中值求得。

从前面的分析可以看出，最优分类面是在线性可分的前提下讨论的，在线性不可分的情况下，就是某些训练样本不能满足条件，可以在条件中增加一个松弛项参数 $\varepsilon_i \geqslant 0$。

最优分类面问题转化为求下列软间隔支持向量机函数的极小值：

$$\phi(w, \ \varepsilon) = \frac{1}{2}(w, \ w) + C\Big(\sum_{i=1}^{n} \varepsilon_i \Big)$$

并满足约束条件

$$y_i \big[(w \cdot x_i) + b \big] - 1 + \varepsilon_i \geqslant 0, \ i = 1, \ 2, \ \cdots, \ n$$

式中 C 为某个指定的常数，它起到控制对分样本惩罚的程度的作用，实现在错分样本的比例与算法复杂度之间的折中。该函数可以通过拉格朗日乘子法求解。

对于足够小的 $\varepsilon > 0$，只要使

$$F(\varepsilon) = \sum_{i=1}^{n} \varepsilon_i$$

最小，就可以使错分样本数最小。

6.4.4　深度学习

机器学习作为人工智能的一个分支，在大多数情况下已经成为人工智能的代名词。机器学习可以从大量历史数据中挖掘出其中隐含的规律，并用于未知数据的预测或者分类。自 20 世纪 80 年代末期以来，机器学习在两次浪潮的洗礼下得到了更广阔的发展。这两次浪潮分别为：浅层学习（shallow learning）和深度学习（deep learning）。

1. 深度学习简介

深度学习的概念源于人工神经网络的研究。它是一种可以模拟人脑进行分析学习，并且可以模仿人脑的机制来解释数据（例如图像、声音和文本）的神经网络。深度学习是利用含有众多隐藏层的机器学习模型和大量的训练数据，通过机器学习进行特征识别，最终提升分类或预测的准确性。由此可以这样理解："深度模型"是工具，"特征学习"才是最终目的。相较于传统的浅层学习，深度学习主要有以下特点：① 强调了模型结构的深度，通常有 5 层、6 层，甚至 10 多层的隐藏层节点；② 明确突出了特征学习的重要性，也就是说，通过逐层特征变换，将样本在原空间的特征表示变换到一个新特征空间，从而使分类或预测更加容易。与人工规则构造特征的方法相比，利用大数据来学习特征，更能够刻画数据的丰富内在信息。

大数据时代的到来使得深度学习吸引了越来越多领域的关注。这一点也得益于大数据时代下人们可以轻松获取海量训练数据，多种性能提升方法的出现，以及图形处理器（GPU）和内存等硬件的进步。现阶段谷歌、微软等公司利用高速 GPU 建立的深度学习网络已经在图像识别、语音识别等领域取得了重大突破。GPU 的高性能为深度学习的飞跃式发展提供了硬件支撑。在这样的技术加持下，深度学习的发展恰逢其时，将会带来更深层次的革新和发展。

深度学习是通过多层感知机学习模型对数据进行有监督或者无监督的学习。模型中的层是由多段非线性数据变换构成的，层次越高，体现在对数据特征的表达上就越抽象。图 6.14 用金字塔的形式说明了深度学习的结构。从底部来看，其反映的是深度学习的两种主要形式：有监督学习和无监督学习。中间是深度学习的核心要素即多层非线性变换，塔尖反映的是各种神经网络。

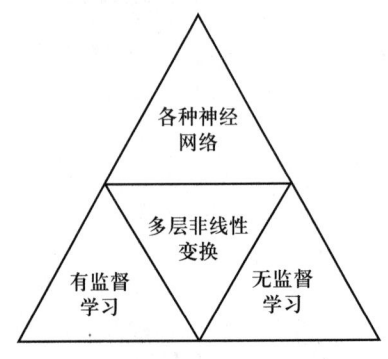

图 6.14　深度学习金字塔结构

在图 6.14 中，有监督学习是指训练数据包含了已知结果，并根据这些结果来训练模型。无监督学习是指训练数据不含任何已知结果，使得算法需要通过自身来发现数据间的关系。通常深度学习采用的总体方法框架如图 6.15 所示。首先，将数据输入模型中，接着通过多个非线性层过滤，最后一层是分类器，这个分类器决定了研究目标所属的类别。

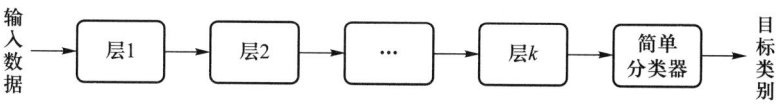

图 6.15 深度学习总体方法框架

深度学习模型的本质是多隐藏层的神经网络。它能够以适当数目、并行、非线性步骤对非线性数据进行分类或者预测。从原始数据的输入直到数据分类结果的输出，深度学习模型采用的是分层次的学习，每一层从前一层的输出提取特征。图 6.16 反映了最简单的一个深度神经网络模型。在这个模型中，包含了至少两个隐藏层，并且每一层的输入都是前一层的输出。

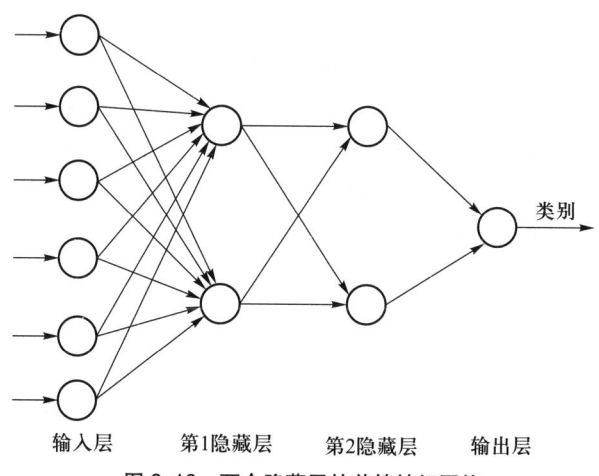

图 6.16 两个隐藏层的前馈神经网络

深度学习的分类方法多种多样，按照起源分类的结果如图 6.17 所示。深度学习的起源包括感知器和玻尔兹曼机。在起源于感知器的深度学习方向，最基本的结构就是把多个感知器组合到一起得到的多层感知器。在多层感知器的基础上，加入了类似人类视觉皮质的结构（卷积层），从而得到了卷积神经网络。目前卷积神经网络被广泛用于图像识别领域。在起源于玻尔兹曼机的深度学习方向，深度玻尔兹曼机和深度信念网络是通过把多个受限玻尔兹曼机组合到一起得到的。起源于感知器的深度学习是一种有监督学习，根据期望输出训练网络；起源于受限玻尔兹曼机的深度学习则是一种无监督学习，只能根据特定的训练数据训练网络。

2. 卷积神经网络

卷积神经网络（convolutional neural networks，CNN）作为深度学习的代表算法之一，是一类包含卷积计算且具有深度结构的前馈神经网络。近年来，卷积神经网络发展迅速，在工业界和学术界受到了诸多关注。特别是在模式识别领域，由于该网络避免了对图像的复杂前期预处理，可以

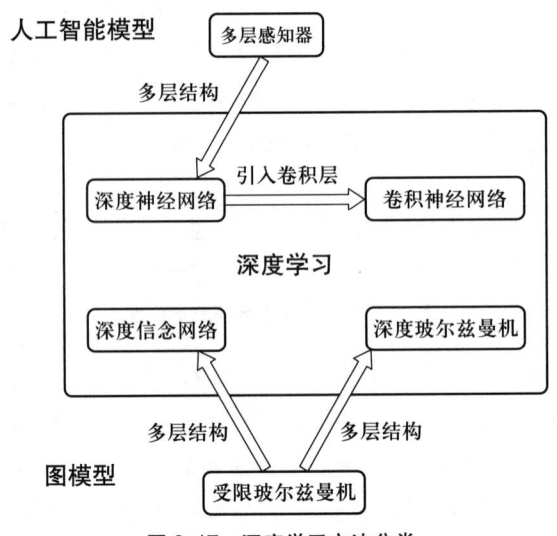

图 6.17　深度学习方法分类

直接输入原始图像，因而得到了更广泛的应用。一般地，卷积神经网络由输入层、卷积层、池化层、全连接层和输出层组成。从输入到输出，卷积神经网络层与层之间通过不同的计算神经节点建立关系，逐层传递输入信息：连续的卷积-池化结构将原始数据的特征信号解码、演绎、汇聚，映射到隐层特征空间，之后的全连接层根据提取的特征进行分类输出。

卷积在数学上是很重要的一种分析运算。它主要是通过两个函数 f 和 g 生成第三个函数的一种数学算子，表征函数 f 与经过翻转或平移的函数 g 的重叠部分的面积。其计算式通常由如下公式定义：

$$z(t) = f(t) * g(t) = \sum_{\tau = -\infty}^{\infty} f(\tau) g(t - \tau)$$

其积分形式是：

$$z(t) = f(t) * g(t) = \int_{-\infty}^{\infty} f(\tau) g(t - \tau) \, \mathrm{d}\tau = \int_{-\infty}^{\infty} f(t - \tau) g(\tau) \, \mathrm{d}\tau$$

在图像处理中，一幅数字图像可以看作一个二维空间的离散函数，记为 $f(x, y)$。假设存在二维卷积函数 $g(x, y)$，则会生成输出图像 $z(x, y)$，由如下公式所示：

$$z(x, y) = f(x, y) * g(x, y)$$

这样便可以利用卷积运算实现对图像特征的提取。在深度学习中，当输入是一幅包含 RGB 三通道的彩色图像，图像由像素点组成，则这样的输入是一个 3×图像宽度×图像长度的高维数组。相应地，在学习理论算法中定义核（在卷积神经网络中，称为"卷积核"）作为计算参数，也是一个高维数组。那么，在以二维图像作为输入时，相应的卷积运算可以用如下公式表示：

$$z(x, y) = f(x, y) \times g(x, y) = \sum_t \sum_h f(t, h) g(x - t, y - h)$$

其积分形式为：

$$z(x, y) = (f \times g)(x, y) = \iint f(t, h) g(x - t, y - h) \, \mathrm{d}t \mathrm{d}h$$

如果给定一个尺寸为 $m×n$ 的卷积核，则有：

$$z(x, y) = f(x, y) × g(x, y) = \sum_{t=0}^{m} \sum_{h=0}^{n} f(t, h) g(x-t, y-h)$$

式中：f 为输入图像，g 为卷积核，m 和 n 为核的大小。

在计算机中，卷积运算通常是由矩阵的乘积来表示。在卷积神经网络中，卷积操作可以看成输入样本与卷积核的内积运算。在第一层卷积层对输入样本进行卷积操作后，就可得到特征图。卷积层中是使用同一卷积核对每个输入样本进行卷积操作。在第二层及以后的卷积层，把前一层的特征图作为输入数据，同样进行卷积操作。另外，卷积结果不能直接作为特征图，需要通过激活函数的计算，把函数输出结果作为特征图。常见的激活函数包括 Logistic-Sigmoid 函数、Tanh-Sigmoid 双曲正切函数、ReLU 函数、Leaky ReLU 函数、PReLU 函数、ELU 函数和 MPELU 函数等。一般地，以二维图像为例，可转化为更方便计算的形式，如下所示：

$$z(x, y) = f(x, y) × g(x, y) = m \sum_{n} f(x-m, y-n) g(m, n)$$

式中：f 代表输入，通常为二维图像；g 代表卷积核；m 和 n 分别代表卷积核的尺寸。

为了更直观地表达，我们对 $M×M$ 的输入样本使用 $n×n$ 的卷积核进行卷积操作。在计算时，卷积核与样本的每个 $n×n$ 大小的区域相乘，相当于把这个 $n×n$ 的图像区域提取出来，表示成一个长度为 $n×n$ 的列向量。由于特征图的尺寸会小于输入样本，为了得到和原始输入样本大小相同的特征图，通常采用对输入样本进行填充处理后再进行卷积操作的方法。零填充是指用零填充输入样本的边界，填充大小为 $P = (F-1)/2$，其中 F 为卷积核尺寸。在 0 个零填充，步进为 1 的滑动操作中，一共可以得到 $(M-n+1)×(M-n+1)$ 个计算结果。其中步长的设定是自由的，步长越大，特征图越小。不失一般性，假定卷积核的个数为 K，则原始图像经上述卷积操作后得到的输出为 $K×(M-n+1)×(M-n+1)$，即输出为：卷积核的个数×卷积后的图像宽度×卷积后的图像长度。

池化层的作用是减少卷积层产生的特征图的尺寸。选取一个区域，根据该区域的特征图得到新的特征图，这个过程就称为池化操作。池化操作降低了特征图的维度，使得特征表示对输入数据的位置变化具有稳健性，同时防止过拟合。最大化池化、平均池化和随机池化方法是目前最常见的池化方法。最大化池化计算图像区域的最大值作为该区域池化后的结果值；平均池化则计算图像区域的平均值作为该区域池化后的结果；随机池化方法的响应值则按照概率矩阵大小随机选择。

全连接层是一种传统的多层感知器网络，在卷积神经网络模型中作为分类器使用。在全连接层中，每一个节点的输入均与前一层的每一个输出节点相连接。全连接层的输入是卷积层或池化层的输出，属于二维的特征图。在计算机中，全连接层相当于对输入的特征图数据矩阵与全连接层权值矩阵进行内积运算，目的是利用这些基于训练数据集得到的特征，将输入图像分为不同的类。

输出层在网络结构的最后，输出的是输入图像的高层特征，然后经过分类器统计计算，输出该输入图像所对应类别标签的概率。通常 Softmax 回归分类模型可以计算输出单元的似然概率，输出值为 0~1 的每个类别的概率。此外，输出层概率之和为 1。这是因为 Softmax 函数取任意实数向量作为输入，并将其压缩到数值在 0~1、总和为 1 的向量。

卷积神经网络的训练方法与传统神经网络类似，也是采用 BP 算法。现在多数深度神经网络及其卷积神经网络通过建立多层结构，逐层构建神经元，每次训练一个单层网络，使得误差自顶向下逐层传播，并且微调网络控制误差出现在允许的范围内。训练过程中主要涉及前向传播和反向传播两个阶段，前向传播主要用于特征信息的传递，而反向传播则体现了基于误差信息对模型参数的矫正和微调。

第一阶段为前向传播阶段。在前向传播阶段中包含两个重要步骤。首先从样本集中取一个样本 (X, Y_p)，将 X 输入网络，接着计算相应的实际输出 O_p。在此阶段，信息从输入层经过逐级的变换，传送到输出层。这个过程也是网络在完成训练后正常运行时执行的过程。在此过程中，网络执行的是计算。实际上，计算就是输入与每层的权值矩阵相点乘，然后得到最后的输出结果。输出结果如下所示：

$$O_p = F_n (\cdots (F_2 (F_1 (X_p W^{(1)}) W^{(2)}) \cdots) W^{(n)})$$

第二阶段为反向传播阶段。在这一阶段中，也包含两步。首先，计算由第一阶段得到的实际输出值 O_p 与相对应的理想输出 Y_p 的差值。接着按极小化误差的方法反向传播调整权值矩阵，使得损失函数极小化。

卷积神经网络能够通过卷积层和池化层使得特征映射具有位移不变性。并且它具有局部权值共享的特殊结构。这一点在语音识别和图像处理方面有着独特的优越性，其布局更接近于实际的生物神经网络，权值共享降低了网络的复杂性，特别是多维输入向量的图像可以直接输入网络这一特点，大大避免了特征提取和分类过程中数据重建的复杂度。

案例 6.4　卷积神经网络的应用

2012 年举办的物体识别挑战赛（ILSVRC 2012）是深度学习在图像识别领域得以迅速发展的一个转折点。以往的物体识别主要依靠对尺度不变特征变换方法（SIFT）和支持向量机等机器学习方法的组合应用来提升性能。在 2012 年以前举办的物体识别挑战赛中，每一年的识别性能的提升主要依赖于 SIFT 等方法，性能提升比较有限，导致许多研究者认为已经达到了极限。

2012 年加拿大多伦多大学研究团队提出的卷积神经网络可以大幅提高物体识别的性能。2010 年，第一名的错误率为 28%；2011 年，第一名的错误率为 26%，与前一年相比仅仅降低了 2 个百分点；到了 2012 年，第一名的错误率为 16%，性能得到了大幅提升。在 2012 年之前大概需要 10 年才能达到的提升目标仅用了 1 年就实现了，这在当时产生了很大的轰动和影响。

在 ILSVRC 2012 中获胜的卷积神经网络叫做 AlexNet，其网络结构包含 5 个卷积层和 3 个全连接层，在第 1、2、5 个卷积层之后进行池化操作。使用了激活函数 ReLU 并在全连接层引入 Dropout 是 AlexNet 的创新之处，也是性能得以快速提升的关键原因。这些改进防止了过度拟合的发生。经过此实验，从前没有深受重视的卷积神经网络终于让人们见识到了它无限的可能性。

资料来源：KRIZHEVSKY A, SUTSKEVER I, HINTON G. ImageNet classification with deep convolutional neural networks [J]. Advances in neural information processing systems, 2012, 25 (2).

6.4.5　集成学习法

集成学习法（ensemble learning），顾名思义，是通过某种规则将多个分类方法集成/组合在一起来提高分类准确率。这种方法相较于单个模型通常能够获得更好的预测结果，有时也被称为"多分类器系统"（multi-classifier system）。集成学习的原理来源于 PAC 学习模型（probably approximately correct learning）。Kearns 和 Valiant 最早探讨了弱学习算法与强学习算法的等价性问题，即提出了是否可以将弱学习算法提升成强学习算法的问题。如果两者等价，那么在学习概念时，只要找到一个比随机猜测略好的弱学习算法，就可以将其提升为强学习算法，而不必直接去找通常情况下很难获得的强学习算法。集成学习的主要思路是使用一些（不同的）方法改变原始训练样本的分布，从而构建多个不同的分类器，再采用某种集成策略进行组合得到一个"强分类器"，最后综合判断，输出最终结果。通常所说的集成学习中的多个分类器都是同质的"弱分类器"，也就是常说的"三个臭皮匠顶个诸葛亮"的想法。

集成学习法也可以分为如下两大类：

一是串行集成方法。其中参与训练的基分类器按照顺序生成（例如 AdaBoost 算法）。串行集成方法的原理是利用基分类器之间的依赖关系，通过对之前训练中错误标记的样本赋予较高的权重，可以提高整体的预测效果。

二是并行集成方法。其中参与训练的基分类器并行生成（例如 Random Forest 算法）。并行集成方法的原理是利用基分类器之间的独立性，通过平均可以显著降低错误。

构建集成分类器的一般流程如下：

① 从原始数据集 D 中抽取训练集 D_i。每轮从原始数据集 D 中抽取 m 个训练样本，共进行 k 轮抽取，得到 k 个训练集。

② 每个训练集训练得到一个基分类器 C_i，k 个训练集共得到 k 个基分类器。

③ 将上述步骤中得到的 k 个模型采用某种集成策略进行组合得到分类结果：$C^*(x) = \text{Vote}(C_1(x),$ $C_2(x)$，…，$C_k(x))$｛如果参数为真，则等于 1，否则等于 0｝。

集成学习法并不是仅仅将数据集在多个不同的分类器上进行重复训练，而是对数据集进行扰动，通过扰动，分类器能学习到更一般的模型，从而消除单个分类器产生的偏差，获得更好的预测结果。此外，一个分类训练中的错误还可以被下一个分类利用。总结一下，集成学习法有如下特点：① 集成学习法是通过合并多个模型来提升机器学习性能的。② 集成学习法是由训练数据构建一组基分类器，然后通过对每个基分类器的预测进行投票来进行分类的。③ 一个集成分类器的分类性能经常会好于单个分类器。④ 如果把单个分类器比作一个决策者的话，集成学习法就相当于多个决策者共同进行一项决策。

集成学习未来的发展趋势主要有两个方向：集成学习模型的优化和集成学习模型的并行化。在大数据时代，数据来源各有不同，大数据的海量多元异构特性已经成为大数据智能处理的瓶颈。如何对多元数据进行融合和挖掘成为大数据智能处理亟须解决的问题。集成学习非常适用于多元数据融合和挖掘。在集成学习里，集成器由一组单一的学习模型所构成，每一个学习模型都可以对应每一个来源的数据，并自动地提取该数据源所蕴含的有价值规律。因此，集成学习能够提供一个统一的框架用于分析异构性极强的多元数据，实现多元数据的融合、建模和挖掘，并从中寻找出有价值的数据语义。并且由于大数据的海量特性，使得集成学习模型的并行化处理技术变得日益重要。利用高性能服务器集群实现集成学习模型的并行化处理将成为集成学习未来发展趋势之一。

已有构建集成分类器的方法主要包括装袋（bagging）法、提升（boosting）法、AdaBoost 算法等。

1. 装袋（Bagging）算法

装袋算法也称为自助法，是一种基于数据随机重复抽样的分类器构建方法。其基本思路是在原始样本集中随机抽样获取子集，用随机抽样的子集训练基分类器（base classifier），然后对每个基分类器的结果求平均，最终得到预测值。图 6.18 是装袋法的逻辑结构图。这里的随机抽样一般采用的是自助采样法（bootstrap sampling），即对于 m 个样本的原始训练集，我们进行有放回的抽样，也就是说下次抽样时该样本仍有可能被采集到，而有些样本可能一次都没有被抽中，这样采集 m 次，最终可以得到 m 个样本的样本集。由于是随机采样，每次样本集和原始训练集是不同的，和其他样本集也是不同的。

装袋法的一般流程如下：

① 从原始数据集 D 中抽取训练集 D_i。每轮从原始数据集 D 中使用自助采样法（有放回）抽取 m 个训练样本（在训练集中，有些样本可能被多次抽取到，而有些样本可能一次都没有被抽中），共进行 k 轮抽取，得到 k 个训练集。

② 每次使用一个训练集训练得到一个基分类器 C_i，k 个训练集共得到 k 个基分类器。

③ 将上述步骤中得到的 k 个模型采用投票的方式得到分类结果：$C^*(x) = \arg\max_y \sum_i \delta(C_i(x) = y)$ ｛如果参数为真，则 $\delta(\cdot) = 1$，否则 $\delta(\cdot) = 0$｝

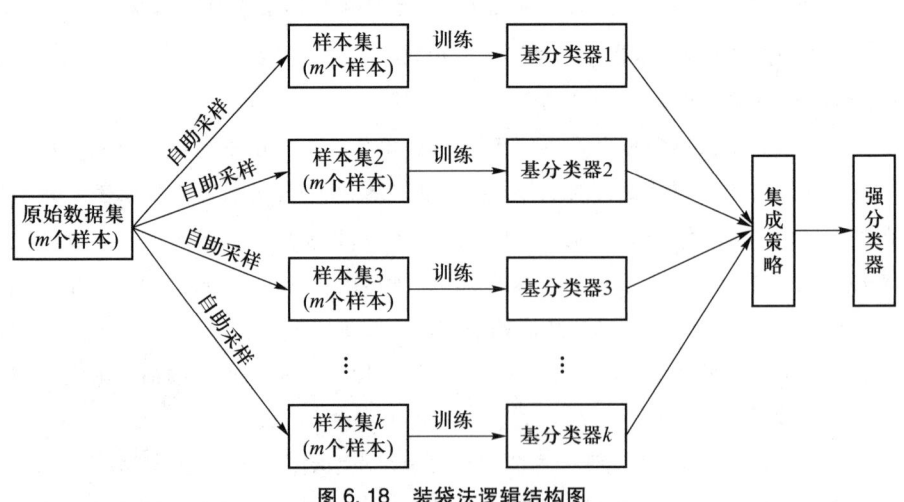

图 6.18　装袋法逻辑结构图

为了进一步说明装袋如何进行，根据表 6.12 给出的数据集，令 x 表示一维属性，y 表示类标号（1 或 -1）。假设使用的分类器是仅含一层的二叉决策树，测试条件为 $x \leq k$，k 为最佳分裂点。

表 6.12　用于构建装袋集成分类器的数据集例子

x	0.1	0.2	0.3	0.4	0.5	0.6	0.7	0.8	0.9	1
y	1	1	1	-1	-1	-1	-1	-1	1	1

不进行装袋时，能产生的最佳分裂点为 $k = 0.35$ 或 $k = 0.85$。当 $k = 0.35$ 时，x 取 {0.1, 0.2, 0.3} 时，y 取 1，x 取 {0.4, 0.5, 0.6, 0.7, 0.8, 0.9, 1} 时，y 取 -1。这时的分类准确率为 80%。

当 $k = 0.85$ 时，x 取 {0.1, 0.2, 0.3, 0.4, 0.5, 0.6, 0.7, 0.8} 时，y 取 -1，x 取 {0.9, 1} 时，y 取 1。这时的分类准确率为 60%。所以，不进行装袋时，分类准确率最多为 80%。现进行 5 轮随机抽样，对 5 个自助样本进行装袋。表 6.13 给出了每轮装袋的过程，在每轮表的上方给出了每轮装袋产生的自助样本集中训练产生的分类器的最佳分裂点及相应的分类准确率。

表 6.13　装袋的例子

第一轮装袋：最佳分裂点 $k = 0.75$，$x \leq k$，$y = -1$；$x > k$，$y = 1$，准确率 = 70%									
x	0.1	0.4	0.5	0.6	0.6	0.7	0.8	0.8	0.9	0.9
y	1	-1	-1	-1	-1	-1	-1	-1	1	1

第二轮装袋：最佳分裂点 $k = 0.65$，$x \leq k$，$y = -1$；$x > k$，$y = 1$，准确率 = 60%									
x	0.1	0.2	0.3	0.4	0.5	0.8	0.9	1	1	1
y	1	1	1	-1	-1	-1	1	1	1	1

第三轮装袋：最佳分裂点 $k = 0.35$，$x \leq k$，$y = 1$；$x > k$，$y = -1$，准确率 = 90%									
x	0.1	0.2	0.3	0.4	0.4	0.5	0.7	0.7	0.8	0.9
y	1	1	1	-1	-1	-1	-1	-1	-1	1

第四轮装袋：最佳分裂点 $k = 1$，$x \leq k$，$y = 1$；$x > k$，$y = -1$，准确率 = 50%									
x	0.1	0.1	0.2	0.5	0.6	0.7	0.7	0.8	0.9	0.9
y	1	1	1	-1	-1	-1	-1	-1	1	1

第五轮装袋：最佳分裂点 $k = 0.4$，$x \leq k$，$y = 1$；$x > k$，$y = -1$，准确率 = 70%									
x	0.1	0.1	0.2	0.5	0.6	0.6	0.6	1	1	1
y	1	1	1	-1	-1	-1	-1	1	1	1

5 轮装袋产生了 5 个基分类器，对每个基分类器所作的预测使用多数表决分类，表 6.14 给出了预测结果。由于类标号为 1 与 -1，所以应用多数表决器等价于对 y 的预测值求和，然后考察结果的标号。对比符号和实际类，我们可以发现：在使用装袋分类后，所有样本完全分类正确。

表 6.14　装袋法构建集成分类器的例子

轮	k	0.1	0.2	0.3	0.4	0.5	0.6	0.7	0.8	0.9	1
1	0.75	−1	−1	−1	−1	−1	−1	−1	1	1	1
2	0.65	−1	−1	−1	−1	−1	−1	1	1	1	1
3	0.35	1	1	1	−1	−1	−1	−1	−1	−1	−1
4	1	1	1	1	1	1	1	1	1	1	1
5	0.4	1	1	1	−1	−1	−1	−1	−1	−1	−1
和	−	1	1	1	−1	−3	−3	−1	1	1	1
符号	−	1	1	1	−1	−1	−1	−1	1	1	1
实际类	−	1	1	1	−1	−1	−1	−1	−1	1	1

由此，总结一下装袋法：

① 装袋通过降低基分类器的方差，改善了泛化误差。

② 其性能依赖于基分类器的稳定性。如果基分类器不稳定，装袋有助于减小训练数据的随机波动导致的误差；如果稳定，则集成分类器的误差主要由基分类器的偏倚引起。

③ 由于每个样本被选中的概率相同，因此装袋并不侧重于训练数据集中的任何特定实例。

对于装袋需要注意的是，每次训练集可以取全部的特征进行训练，也可以随机选取部分特征训练，例如随机森林就是每次随机选取部分特征。

随机森林是 2001 年由 Leo Breiman 将 bagging 集成学习理论与随机子空间方法相结合，提出的一种机器学习算法。随机森林是以决策树为基分类器的一个集成学习模型，它包含多个由 bagging 集成学习技术训练得到的决策树，当输入待分类的样本时，最终的分类结果由单个决策树的输出结果投票决定。随机森林解决了决策树性能瓶颈的问题，对噪声和异常值有较好的容忍性，对高维数据分类问题具有良好的可扩展性和并行性。

随机森林是一个包含多个决策树的分类器，是装袋的一个特化进阶版。所谓的特化是因为随机森林的弱学习器都是决策树。所谓的进阶是随机森林在装袋的样本随机采样基础上，又加上了特征的随机选择，其基本思想没有脱离装袋的范畴。在随机森林中，集成中的每棵树都是由从训练集中抽取的样本（bootstrap 样本）构建的。另外，与使用所有特征不同，这里随机选择特征子集，从而进一步达到对树的随机化目的。

2. 提升（boosting）算法

提升指的是通过算法集合将弱分类器转换为强分类器，实质上是一个迭代过程，用于自适应地改变训练样本的分布，使得基分类器在随后的迭代中关注那些很难分的样本。其工作机制是先给所有的样本赋予相同的权值 $\frac{1}{N}$，从而使得它们被选作训练的可能性都一样。再根据训练样本的抽样分布来抽取样本，得到新的样本集。然后，由该训练集训练出一个分类器对原数据集中所有样本进行分类。每轮提升结束时更新训练集样本的权值，被错分的样本权重加大，反之减小，这迫使基分类器聚焦在一些很难分的样本上。对于训练好的基分类器，如果是分类任务则按照权重进行投票，如果是回归任务则先进行加权，然后再进行预测。提升法和装袋法的区别在于是对加权后的数据利用弱分类器依次进行训练。表 6.15 给出了每轮提升选择的样本。

表 6.15　每轮提升选择的样本

提升第一轮	4	4	7	10	8	6	9	6	5	2
提升第二轮	9	3	7	5	3	2	7	1	8	10
提升第三轮	5	4	2	4	9	7	1	5	8	2

开始时对所有的样本赋予相同的权值。由于进行的是有放回抽样，因此有些样本可能被多次选中，如样本 4 和 6。然后由该训练集训练出一个分类器对原数据集中所有样本进行分类。同时，那些因为前一轮对它们预测错误而没有被选中的样本如样本 3 和 1，在下一轮中也有更好的机会被选中。随着提升过程的进行，那些较难分类的样本，在下一轮中将获得更多的关注，更容易被选中。通过聚集每个提升轮得到的分类器，就能得到最终的集成分类器。图 6.19 是提升法的逻辑结构图。

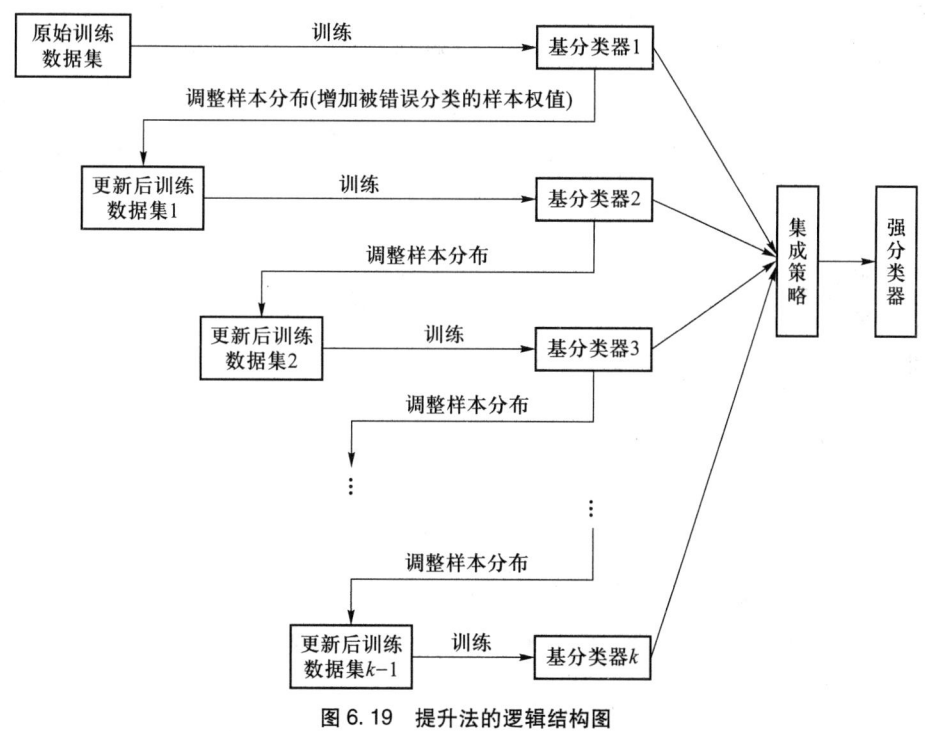

图 6.19　提升法的逻辑结构图

3. AdaBoost 算法

AdaBoost（Adaptive Boosting）算法由 Yoav Freund 和 Robert Schapire 在 1995 年提出，是具体实现提升法的最典型代表。AdaBoost 中每次迭代生成新的子模型使用的训练数据都相同，但是样本的权重会不一样。

AdaBoost 算法描述如下：刚开始训练时对每一个训练样本赋予相同的权值，然后用该算法对

训练集训练 k 轮，每次训练后，根据当前的错误率，增大错误样本权重，减小正确样本权重，使得之前分类出错的训练样本在后续受到更多关注。然后不断重复训练和调整权重，通过拟合残差的方式逐步减小残差，将每一步生成的模型叠加得到最终模型。通过每一次迭代改变训练数据的权值分布，使得数据在每一个基本分类器的学习中起到不同作用，从而使不同数据发挥各自不同的作用，因此不易发生过拟合。

AdaBoost 算法中的基分类器存在着强依赖关系，应用的是串行集成方法，每一个基分类器的目标都是最小化损失函数。所以，AdaBoost 算法注重减小偏差。由于 AdaBoost 算法属于 boosting 算法族，对每个基分类器的输出结果加权处理，只会得到一个输出预测结果，所以标准的 AdaBoost 算法只适用于二分类任务。

AdaBoost 算法一般流程如下：

① 对原始数据集中 N 个样本都赋予相同的权值 $W_1(t) = \dfrac{1}{N}(t = 1, 2, \cdots, N)$，并指定第 i 轮提升的权值为 W_i。

② 根据权重 W_i 的分布，从原始数据集 D 中抽取训练集 D_i。每轮从原始数据集 D 中使用有放回的方法抽取 N 个训练样本，共进行 k 轮抽取，得到 k 个训练集。

③ 每次使用一个训练集 D_i 训练得到一个基分类器 C_i，k 个训练集共得到 k 个基分类器。

④ 用每一个基分类器 C_i 对数据集 D 进行分类，并计算 C_i 的误差 $e_i = \dfrac{1}{N}\Big[\sum\limits_{t=1}^{N} W_i(t)\delta(C_i(x_t) \neq y_t)\Big]$（如果 $C_i(x_t) \neq y_t$ 为真，则 $\delta(C_i(x_t) \neq y_t) = 1$，否则为 0）。

⑤ 如果 $e_i > 0.5$，则需要重新初始化权值为 $\dfrac{1}{N}$，并返回步骤②。

⑥ 决定 C_i 的权重 $\alpha_i = \dfrac{1}{2}\ln\Big(\dfrac{1-e_i}{e_i}\Big)$。

⑦ 更新每个样本的权值。

$$W_{i+1}(t) = \frac{W_i(t)}{Z_i} \times \begin{cases} \exp(-\alpha_i) & C_i(x_t) = y_t \\ \exp(\alpha_i) & C_i(x_t) \neq y_t \end{cases} = \frac{W_i(t)\exp(-\alpha_i y_t C_i(x_t))}{Z_i}$$

式中：Z_i 是一个正规因子，用来确保 $\sum\limits_i W_{i+1}(t) = 1$。

⑧ 将上述步骤中得到的 k 个模型采用基于权重的投票方式得到分类结果：

$$C^*(x) = \mathrm{sign}\Big(\sum_{i}^{k} \alpha_i C_i(x)\Big)$$

式中：$\mathrm{sign}(\ )$ 为符号函数，

$$\mathrm{sign}\Big(\sum_{i}^{k} \alpha_i C_i(x)\Big) = \begin{cases} 1 & \sum\limits_{i=1}^{k} \alpha_i C_i(x) \geq 0 \\ -1 & \sum\limits_{i=1}^{k} \alpha_i C_i(x) < 0 \end{cases}$$

在上述算法中，通过 k 个轮次的学习，实际上得到了 k 个基分类器，我们构建这些基分类器的线性组合就得到了最终的分类器。

以表 6.12 中的数据集为例，分析 AdaBoost 算法是如何进行分类的。

① 初始化样本权值为 $W_1(t) = \dfrac{1}{10} = 0.1(t = 1, 2, \cdots, 10)$。

② 第一轮提升：根据权值 W_1，在数据集 D 上抽样产生训练集 D_1，在 D_1 上训练产生一个基分类器 C_1，该分类器的最佳分裂点为 $k = 0.85，x \leqslant k，y = -1；x > k，y = 1$。使用该基分类器 C_1 对原始数据集 D 进行分类，分类结果显示 10 个样本中有 3 个样本分类错误 $\{0.1, 0.2, 0.3\}$，7 个样本分类正确 $\{0.4, 0.5, 0.6, 0.7, 0.8, 0.9, 1\}$。根据 C_1 对原始数据集 D 的分类结果，度量它的误差：

$$e_1 = \frac{1}{N}\Big[\sum_{t=1}^{N} W_1(t)\delta(C_1(x_t) \neq y_t)\Big] = \frac{1}{10}[0.1 \times 1 + 0.1 \times 1 + 0.1 \times 1] = 0.03$$

计算 C_1 的权重：

$$\alpha_1 = \frac{1}{2}\ln\left(\frac{1-e_1}{e_1}\right) = \frac{1}{2}\ln\left(\frac{1-0.03}{0.03}\right) = 1.738$$

③ 更新权重，进入第二轮提升。根据算法计算更新后，有：

$$W_2(1) = W_2(2) = W_2(3) = \frac{W_1(1)}{Z_1} \times \exp(\alpha_1) = \frac{0.568}{Z_1}$$

$$W_2(4) = W_2(5) = W_2(6) = W_2(7) = W_2(8) = W_2(9) = W_2(10) = \frac{W_1(4)}{Z_1} \times \exp(-\alpha_1) = \frac{0.017\,5}{Z_1}$$

又因为权重 $\sum W_2(t) = 1(t = 1, 2, \cdots, 10)$，于是有 $\dfrac{0.568}{Z_1} \times 3 + \dfrac{0.017\,5}{Z_1} \times 7 = 1$，因此 $Z_1 = 0.568 \times 3 + 0.017\,5 \times 7 = 1.826\,5$。

于是更新后第二轮提升的权重分别为：

$$W_2(t_1) = \frac{0.568}{Z_1} = 0.311(t_1 = 1, 2, 3)$$

$$W_2(t_2) = \frac{0.017\,5}{Z_1} = 0.009\,6(t_2 = 4, 5, 6, 7, 8, 9, 10)$$

根据权值 W_2，在数据集 D 上抽样产生训练集 D_2，在 D_2 上训练产生一个基分类器 C_2，该分类器的最佳分裂点为 $k = 0.05，x \leqslant k，y = -1；x > k，y = 1$。使用该基分类器 C_2 对原始数据集 D 进行分类，分类结果显示 10 个样本中有 5 个样本分类错误 $\{0.4, 0.5, 0.6, 0.7, 0.8\}$，5 个样本分类正确 $\{0.1, 0.2, 0.3, 0.9, 1\}$。

根据 C_2 对原数据集 D 的分类结果，度量它的误差：

$$e_2 = \frac{1}{N}\Big[\sum_{t=1}^{N} W_2(t)\delta(C_2(x_t) \neq y_t)\Big]$$

$$= \frac{1}{10}[0.009\,5 \times 1 + 0.009\,5 \times 1 + 0.009\,5 \times 1 + 0.009\,5 \times 1 + 0.009\,5 \times 1] = 0.004\,8$$

计算 C_2 的权重：

$$\alpha_2 = \frac{1}{2}\ln\left(\frac{1-e_2}{e_2}\right) = \frac{1}{2}\ln\left(\frac{1-0.004\,8}{0.004\,8}\right) = 2.667\,2$$

④ 更新权重，进入第三轮提升。算法过程与步骤③类似，这里不再给出具体过程。表 6.16 给出了所有的提升过程及权值。

表 6.16　AdaBoost 算法分类过程

第一轮	x	0.1	0.2	0.3	0.4	0.5	0.6	0.7	0.8	0.9	1
	y	−1	−1	−1	−1	−1	−1	−1	−1	1	1
	分裂点 $k=0.85$，$x \leqslant k$，$y=-1$；$x>k$，$y=1$，$\alpha_1=1.738$

第二轮	x	0.1	0.1	0.2	0.2	0.3	0.3	0.3	0.3	0.4	0.4
	y	1	1	1	1	1	1	1	1	1	1
	分裂点 $k=0.05$，$x \leqslant k$，$y=-1$；$x>k$，$y=1$，$\alpha_2=2.667\,2$

第三轮	x	0.3	0.3	0.3	0.4	0.4	0.5	0.5	0.6	0.6	0.7
	y	1	1	1	−1	−1	−1	−1	−1	−1	−1
	分裂点 $k=0.35$，$x \leqslant k$，$y=1$；$x>k$，$y=-1$，$\alpha_3=4.321\,9$

x	0.1	0.2	0.3	0.4	0.5	0.6	0.7	0.8	0.9	1
y	1	1	1	−1	−1	−1	−1	−1	1	1
第一轮权值	0.1	0.1	0.1	0.1	0.1	0.1	0.1	0.1	0.1	0.1
第二轮权值	0.311	0.311	0.311	0.009 6	0.009 6	0.009 6	0.009 6	0.009 6	0.009 6	0.009 6
第三轮权值	0.028 53	0.028 53	0.028 53	0.182 5	0.182 5	0.182 5	0.182 5	0.182 5	0.000 881	0.000 881

⑤ 经过三轮提升后，得到每一轮基分类器 C_i 及其权重值 α_1、α_2、α_3。最后计算两轮提升得到的基分类器 C_1、C_2 和 C_3 的集成分类结果。下面以表 6.17 中的 $x=0.1$ 样本为例来说明最后的集成分类过程。

表 6.17　AdaBoost 算法分类结果

x	0.1	0.2	0.3	0.4	0.5	0.6	0.7	0.8	0.9	1
第一轮	−1	−1	−1	−1	−1	−1	−1	−1	1	1
第二轮	1	1	1	1	1	1	1	1	1	1
第三轮	1	1	1	−1	−1	−1	−1	−1	−1	−1
和	5.251 1	5.251 1	5.251 1	−3.392 7	−3.392 7	−3.392 7	−3.392 7	−3.392 7	0.083 3	0.083 3
符号	1	1	1	−1	−1	−1	−1	−1	1	1

最后对样本 $x=0.1$ 的集成分类结果为：

$$C^*(x) = sign\left(\sum_i^k \alpha_i C_i(x)\right) = \alpha_1 C_1(x) + \alpha_2 C_2(x) + \alpha_3 C_3(x)$$

$$= 1.738 \times (-1) + 2.667\,2 \times 1 + 4.321\,9 \times 1 = 5.251\,1$$

计算结果大于 0，因此其分类结果为 1。对于其他样本计算步骤类似。最后的结果如表 6.17 所示。在使用 AdaBoost 算法后，原数据集中的 10 个样本分类完全正确。

AdaBoost 相对于 bagging 算法更为巧妙，一般来说是效果更优的集成分类算法，尤其在数据集分布不平衡的情况下其优势更为显著。其实时调节权重的过程正是 AdaBoost 算法的优势所在，它通过将若干具有互补性质的基分类器集合于一体，显著提高了集成分类器的稳定性和准确性。

6.4.6 模糊集方法

模糊集（fuzzy sets）是表示和处理不确定性的一个数学方法。在数据库中，不确定性以多种形式出现，模糊集是描述不确定性的一个强有力的方法，不仅能够处理不完全、含噪声或不精确数据，而且有助于开发更智能、更光滑的不确定性数据模型。因为模糊系统可容忍不确定性甚至可用含糊性来处理数据，所以，它可提供稳健、抗噪声的模型或开展不可能进行精确输入或太昂贵场合的预报。

基于规则的分类系统（如决策树）在处理连续性数据时，总需要对其进行确切的分割以达到离散化的目的，然而，这样做往往会引来不少争议。例如，对于"年龄"属性的分类值常有"幼儿、儿童、少年、青年、中年、老年"，但究竟什么岁数的人属于哪个类值是有模糊性的。模糊理论认为任何类型对象的属性值都可用隶属函数描述，若属性 a_i 是离散的，则用 $a_i(x_j)$ 标识对象 x_j 的属性值；若属性 a_i 是连续的，则用隶属函数 $\mu_{a_i}(a_i(x_j))$ 表示对象 x_j 属于某类（由属性 a_i 作为类标签）的隶属度。例如，设 a_i 表示属性"年龄"，当 a_i 的值域是离散的且为 {幼儿，儿童，少年，青年，中年，老年} 时，某对象是否是中年由属性 a_i 的值完全确定，此时只有当 $a_i(x_j) =$ "中年"时，隶属度为 1，其余为 0；当 a_i 的值域是连续区间（0，120）时，若中年的概念是精确地定义在 [40，50] 年龄段，则隶属函数是分段函数：

$$\mu_{中年}(a_i(x_j)) = \begin{cases} 1 & a_i(x_j) \in [40，50] \\ 0 & 其他 \end{cases}$$

若中年的概念是模糊的，如大约 45 岁，则隶属函数可能是某种正态分布。

模糊集方法可用于信息处理中的分类任务，为分类问题提供更灵活、更合理的解决方案。通常的做法是在基于规则的分类系统中，把特征（属性）值转换成模糊值。例如把特征"年龄"的连续值映射成离散的类型值 {幼儿，儿童，少年，青年，中年，老年}，并给出模糊隶属的计算方法。

模糊集方法还可用于聚类分析中，典型的是"模糊 C-均值聚类法"。这种方法把数据集分成 c 个模糊类，通过求出度量不相似性指标的目标函数的极小值，找到每个类的聚类中心，进而产生数据的聚类结果。由于每个数据点是根据其取值于 [0，1] 的隶属度来确定所属类别的，不同于那些非此即彼的确定方法，具有更多的灵活性，因而也被称为"软（soft）聚类"。

设 u_{ij} 是数据点 x_i 隶属第 j 个模糊类的隶属度，z_i 是第 j 个模糊类中心，则：

$$\sum_{j=1}^{c} u_{ij} = 1 \quad 0 \leq u_{ij} \leq 1, \quad i = 1, \cdots, n$$

模糊聚类的目标函数为：

$$J(U; z_1, \cdots, z_c) = \sum_{i=1}^{n} \sum_{j=1}^{c} (u_{ij})^m \parallel x_i - z_j \parallel^2$$

式中：$m \geqslant 1$ 是一个可供选择的加权指数，$U = (u_{ij})_{n \times c}$ 是隶属矩阵，则目标函数极小化的必要条件为：

$$z_j = \Big[\sum_{i=1}^{n} (u_{ij})^m \Big]^{-1} \sum_{i=1}^{n} (u_{ij})^m x_i$$

$$u_{ij} = \Big[\sum_{k=1}^{c} \Big(\frac{\| x_i - z_j \|}{\| x_i - z_k \|} \Big)^{2/(m-1)} \Big]^{-1}$$

于是，有以下计算步骤：

① 随机初始化隶属矩阵 U。

② 计算得到的 c 个模糊聚类中心 z_j，$j = 1$，$\cdots$，c。

③ 若目标函数的值小于某个阈值或其改变量小于某个阈值，则算法停止；否则，重新计算矩阵 U 回到步骤①。

④ 由矩阵 U 求出所有数据点的模糊隶属度，将每个数据点划分到具有最大隶属度的相应类别中，得到模糊聚类结果。

模糊集方法已用在许多领域，包括保险和金融业，其可与回归问题结合产生模糊回归法，也可以和决策树方法结合产生模糊决策树。

6.4.7 粗糙集方法

模糊集理论处理的是因为概念的模糊（如"中年"）而导致的对象分类模糊，而不是因为"年龄"属性的值不准确引起的分类模糊，粗糙集方法处理的是对于精确概念（如"感冒"），由于属性值模糊引起的对象分类模糊。粗糙集理论由波兰学者 Pawlak 提出，它反映了人们以不完全信息或知识去处理一些不可分辨现象的能力，或依据观察、度量到的某些不精确结果而进行数据分类的能力。粗糙集的提出为处理不确定性问题提供了一种新型数学工具，是对其他处理不确定性问题理论如概率理论、证据理论、模糊集理论等的一种补充。粗糙集理论不仅能够解决传统的数据分析方法不能解决的粗糙集数据，得到传统方法得不到的较高精度规则，而且能发现属性之间的依赖关系并对所得的结果进行简明易懂的解释。粗糙集理论的基本思想可概括为：① 知识是主体对论域中的客体进行分类的能力，分类能力越强，主体所具备知识的可靠度越高；② 分类能力受主体分辨能力的影响，因此分类具有近似性；③ 影响分类能力的因素（在信息系统中常描述为属性）很多，不同的因素重要程度不同，其中某些因素起决定性作用；④ 具有相同属性的实体，属性取值不同对分类能力也会产生不同影响；⑤ 属性之间存在某种依赖关系。

粗糙集方法具有许多重要的优点，如可以不依靠任何专家知识发现数据中隐藏的模式；数据约简时能发现最小数据集；评估数据的价值；从数据中产生最小决策规则；易理解且对结果提供简明易懂的解释。

粗糙集方法在数据分析中能够解决的基本问题包括：① 根据属性值表征对象集；② 发现属性间的（完全或部分）依赖；③ 冗余属性（数据）的简化；④ 发现最重要的属性（核）；⑤ 生成决策规则。

近年来，粗糙集理论已经在很多实际领域如机器学习、软计算、决策分析、归纳推理、市场分析、医疗数据分析、金融、语音识别、图像处理、传感数据分析以及新合成材料的设计等得到应用。

1. 基本原理

粗糙集理论体系是建立在这样的假设基础之上，即对于我们所讨论的论域（universe）的每个对象，都能联想到一些信息（数据、知识）。例如，若对象是患有某种疾病的病人，则疾病的特征形成了关于该病人的信息。由相同信息所标识的对象是不可分辨的，不可分辨关系构成了粗糙集理论的数学基础。

所有不可分辨对象构成的集合称为初等集——分类。任何能由初等集的并形成的集称为精确集，否则称为粗糙集。假定每个粗糙集 X 都可用两个与之相关的精确集近似表示，即 X 的上近似（upper approximation）和下近似（lower approximation），下近似由所有包含于 X 的初等集的并构成，上近似由与 X 的交为非空的初等集的并构成。换言之，X 的下近似中的元素一定属于 X，而上近似中的元素可能属于 X。上近似与下近似的差为边界域，粗糙集的边界域为非空，否则为精确集。边界域中的元素根据可用知识没有确定的分类，即它既不能划分到 X 中也不能划分到 X 的补集中。图 6.20 描述了粗糙集模型。近似集是粗糙集理论的两个最基本运算。

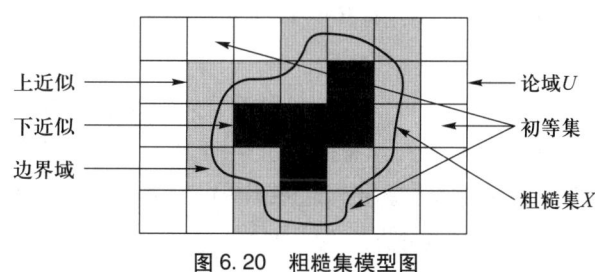

图 6.20　粗糙集模型图

表 6.18 是一个疾病治疗情况信息表。T_1、T_2 表示治疗某种疾病所采用的可能手段，yes 表示采用，no 表示不采用；T_3 表示某种用药方案及用药量：high 表示加大剂量用药，low 表示降低剂量，normal 表示正常用药；E 为治疗效果。

表 6.18　疾病治疗情况信息表

U	T_1	T_2	T_3	E
p_1	no	yes	normal	yes
p_2	yes	no	normal	yes
p_3	yes	yes	high	yes
p_4	no	yes	low	no
p_5	yes	no	normal	no
p_6	no	yes	high	yes

在表中，病人 p_2、p_3 和 p_5 对于属性 T_1 是不可分辨的；病人 p_3 和 p_6 对于属性 T_2 和 E 是不可分辨的；病人 p_2 和 p_5 对于属性 T_1、T_2 和 T_3 是不可分辨的。因此，不同的属性子集可获得不同的初等集。如属性 T_1 产生两个初等集 $\{p_2,\ p_3,\ p_5\}$ 和 $\{p_1,\ p_4,\ p_6\}$；属性 T_2 和 T_1 形成下列初等集：$\{p_1,\ p_4,\ p_6\}$、$\{p_2,\ p_5\}$、$\{p_3\}$ 等。

病人 p_2 有疗效，而 p_5 没有，但根据属性 T_1、T_2 和 T_3，他们是不可分辨的，因此 p_2、p_5 方案组合是否有疗效不能根据属性 T_1、T_2 和 T_3 来确认。因此 p_2、p_5 属于边界域内的案例，根据可用的知识无法对其进行正确分类，即采用与 p_2、p_5 相同的治疗方案，有的病人能治好，有的病人治不好。在其余的病人中，p_1、p_3 和 p_6 所采用的方案确定能治愈，p_4 的方案能确认无效。根据以上分析，示例中的病人根据 T_1、T_2、T_3 三个属性可分为五类即 $\{p_1\}$、$\{p_3\}$、$\{p_6\}$、$\{p_2,\ p_5\}$、$\{p_4\}$。因此能治愈的病人集合 $\{p_1,\ p_2,\ p_3,\ p_6\}$ 的下近似是 $\{p_1,\ p_3,\ p_6\}$，上近似是 $\{p_1,\ p_2,\ p_3,\ p_5,\ p_6\}$，边界域为 $\{p_2,\ p_5\}$。类似地，不能治愈的病人集合 $\{p_4,\ p_5\}$ 的下近似是 $\{p_4\}$，上近似是 $\{p_2,\ p_4,\ p_5\}$，而边界域是 $\{p_2,\ p_5\}$。

2. 粗糙集和近似 （rough set and approximation）

假设给定二个有限的、非空的集合 U 和 A，U 为论域，A 为属性集。对于每个属性 $a \in A$，关联到它的值集 V_a，称其为 a 的域。A 的任何一个子集 B 确定一个 U 上的二元关系（不可分辨关系）$I(B)$，其定义为：对于任意 $a \in B$，$xI(B)\ y$ iff $a(x) = a(y)$；x、$y \in U$。这里 $a(x)$ 表示元素 x 的属性 a 的值。

$I(B)$ 描述了 x 与 y 是不可分辨的。显然 $I(B)$ 是等价关系，$I(B)$ 的所有等价类的集合即由 B 确定的划分记为 $U/I(B)$ 或 U/B，含有元素 x 的等价类即划分 U/B 中含有 x 的块记为 $B(x)$。若 $(x,\ y)$ 属于 $I(B)$，则 x 和 y 是 B 不可分辨的。关系 $I(B)$ 的等价类称为 B 初等集。在粗糙集方法中，初等集是知识库的基本结构单元（概念）。

下面用不可分辨关系定义粗糙集理论的基本概念。称

$$B_*(X) = \{x \in U:\ B(x) \subseteq X\}, \qquad B^*(X) = \{x \in U:\ B(x) \cap X \neq \varnothing\}$$

为论域 U 中的子集 X 的 B 下近似和 B 上近似。集合 $BN_B(X) = B^*(X) - B_*(X)$ 称为 X 的 B 边界域。

若 X 的 B 边界域为空即 $BN_B(X) = \varnothing$，则集合 X 对于 B 是精确的；相反若 $BN_B(X) \neq \varnothing$，则集合 X 对于 B 是粗糙的。显然，$B^*(X) \supseteq X \supseteq B_*(X)$。

3. 属性的依赖

数据分析的重要目标之一是发现属性之间的依赖。属性子集 D 完全依赖于属性子集 C，记为 $C \Rightarrow D$，表示 D 中所有属性的值唯一地由 C 中属性值确定。换句话说，D 完全依赖于 C 就是在 D 和 C 的值之间存在一种函数依赖。在表 6.18 中任何属性集之间均不存在完全依赖，但若将 p_5 的 T_3 属性值由 normal 改为 low，则存在完全依赖：$\{T_3\} \Rightarrow \{E\}$，因为 T_3 的属性值唯一决定 E 的值。

属性依赖的更一般概念是部分依赖。我们以表 6.18 为例来说明此概念。属性 T_3 部分地唯一确定属性 E 的值，$(T_3,\ \text{high})$ 蕴含 $(E,\ \text{yes})$，$(T_3,\ \text{low})$ 蕴含 $(E,\ \text{no})$，但 $(T_3,\ \text{normal})$ 并不总是蕴含 $(E,\ \text{yes})$。因此部分依赖表示 D 只有部分属性值由 C 属性值确定。

设 D 和 C 是属性集 A 的子集，如果

$$k = \gamma(C, D) = \frac{|POS_C(D)|}{|U|}$$

则称 D 以 k 度（$0 \leqslant k \leqslant 1$）依赖于 C，记为 $C \Rightarrow_k D$。此处 $POS_C(D) = \bigcup_{X \in U/D} C_*(X)$，是由 D 的划分 U/D 中的所有块的 C 下近似的并构成，称其为划分 U/D 对于 C 的正域。显然：

$$k = \sum_{X \in U/D} \frac{|C_*(X)|}{|U|}$$

如果 $k=1$，则 D 完全依赖于 C；若 $k<1$，则 D 部分（k 度）依赖于 C。系数 k 描述了利用属性 C 能够将论域 U 中的元素正确分类到划分 U/D 的块中的比率。k 称为依赖度。

表 6.19 中条件属性集 $C=\{T_1, T_2, T_3\}$，决策属性 $D=\{E\}$，D 对 C 的不同子集的依赖度如表 6.19 所示。

表 6.19　采取不同的治疗策略治疗病人的治愈精确度

条件属性子集	$\{T_1\}$	$\{T_2\}$	$\{T_3\}$	$\{T_1, T_2\}$	$\{T_1, T_3\}$	$\{T_2, T_3\}$	$\{T_1, T_2, T_3\}$
依赖度 k	0	0	1/2	1/6	2/3	2/3	2/3

从中可以看出，仅采用 T_1 或 T_2 治疗方案，无法知道治疗是否成功，但一旦与 T_3 方案结合，治愈精确度明显提高。

4. 属性约简和属性重要度

信息处理中经常面临这样的问题，即是否可以从数据表中移去一些数据而保留其基本性质，也就是一个表是否含有冗余数据。例如，从表 6.18 和表 6.19 很容易看出，若不考虑 T_1 方案或 T_2 方案（移去 T_1 或 T_2 属性），治疗结果并不受影响，依赖度均为 2/3。

设 C、$D \subseteq A$，分别表示条件属性和决策属性。如果存在 C' 为 C 的最小子集，且有：

$$\gamma(C, D) = \gamma(C', D)$$

则称 C' 是 C 关于 D 的简化（C 的 D-简化）。删除 $C-C'$ 中的属性即为属性约简。

C 的 D-简化往往并不唯一，表 6.18 中 $C=\{T_1, T_2, T_3\}$ 有两个关于 $D=\{E\}$ 的简化：$\{T_2, T_3\}$ 和 $\{T_1, T_3\}$。这就意味着属性 T_1 或 T_2 可以从表中删除。所有 D-简化的交集称为 D-核。表 6.18 中属性 T_3 是关于属性 E 的核。由于 D-核中的元素被移去将对属性的分类能力产生影响，因此核是最重要的属性子集。

在确定某个决策目标时，不同属性的重要性是不同的，在上述约简中可以看出 T_3 是不能被删除的，也即它是最重要的。在一般分析中常用事先假设的权重来描述，粗糙集理论并不使用事先假设的信息，而是根据各属性的分类能力不同，确定该属性的重要性。处理方法是将该属性从信息表中移去，分析其对分类能力的影响，影响越大，属性越重要。

对于 C 的非空子集 B，其重要度为：

$$\sigma_{(C,D)}(B) = \frac{\gamma_C(D) - \gamma_{C-B}(D)}{\gamma_C(D)} = 1 - \frac{\gamma_{C-B}(D)}{\gamma_C(D)}$$

从定义可以看出，若 B 的重要度为 0，则表示 B 可以从 C 中移去，也即 B 是冗余的。重要度可

理解为移去 B 时所产生的分类误差。

我们也经常将不影响表的一致性的属性值移去（值简化）。令 C 表示 $D-$核，则 $POS_C(D)$ 中的元素的非核属性值均可简化。表 6.18 的 $D-$核为 $\{T_3\}$，$POS_C(D) = \{p_3, p_4, p_6\}$，则对象 p_3、p_4、p_6 的 T_1 属性值和 T_2 属性值均可简化。表 6.18 的属性约简和值简化见表 6.20、表 6.21。

根据表 6.20 可得到下列决策规则：

rule1： IF $(T_1$, no) AND $(T_3$, normal) THEN $(E$, yes)

rule2： IF $(T_1$, yes) AND $(T_3$, normal) THEN $(E$, yes)

rule3： IF $(T_3$, high) THEN $(E$, yes)

rule4： IF $(T_3$, low) THEN $(E$, no)

rule5： IF $(T_1$, yes) AND $(T_3$, normal) THEN $(E$, no)

rule6： IF $(T_3$, high) THEN $(E$, yes)

根据表 6.21 可得到下列决策规则：

rule1： IF $(T_2$, yes) AND $(T_3$, normal) THEN $(E$, yes)

rule2： IF $(T_2$, no) AND $(T_3$, normal) THEN $(E$, yes)

rule3： IF $(T_3$, high) THEN $(E$, yes)

rule4： IF $(T_3$, low) THEN $(E$, no)

rule5： IF $(T_2$, no) AND $(T_3$, Normal) THEN $(E$, no)

rule6： IF $(T_3$, high) THEN $(E$, yes)

表 6.20　移去属性 T_2

U	T_1	T_3	E
p_1	no	normal	yes
p_2	yes	normal	yes
p_3	—	high	yes
p_4	—	low	no
p_5	yes	normal	no
p_6	—	high	yes

表 6.21　移去属性 T_1

U	T_2	T_3	E
p_1	yes	normal	yes
p_2	no	normal	yes
p_3	—	high	yes
p_4	—	low	no
p_5	no	normal	no
p_6	—	high	yes

粗糙集理论不需提供所需处理的数据集合之外的任何先验信息，仅根据观测数据删除冗余信息，从数据集发现一些隐藏的模式和关系，在保留关键信息的前提下对数据进行化简并求得知识的最小表达；能识别并评估数据之间的依赖关系，分析不完整知识的程度——粗糙度、属性间的依赖性与重要性、生成分类或决策规则等。粗糙集理论是建立在分类机制的基础上的，它将分类理解成在特定空间上的等价关系，而等价关系构成了对该空间的划分。粗糙集理论的关键思想是利用已知的知识库，将不确定的或不精确的知识用已知的知识库中的知识来近似地刻画。该理论的特点是对问题的不确定性的描述和处理相对客观。

例 6.1　运用粗糙集方法进行医院竞争力评价的研究。该评价体系构建从医院竞争力资产、医院竞争力过程及医院竞争力环境入手，收集了10所医院的相关信息资料，并根据定量分析中的有关方法将结果整理成初始信息表，如表6.22所示。

表6.22　医院竞争力评价的初始信息表

医院	经营水平	医疗质量	病人满意	工作效率	收费水平	学习能力	运营状况	资源水平	医院文化	评价结果
医院1	80	85	80	85	75	82	80	86	76	中
医院2	86	84	80	88	90	82	84	80	79	良
医院3	84	83	84	87	81	85	90	85	85	良
医院4	82	90	90	84	76	88	90	84	82	优
医院5	89	86	87	81	82	76	90	81	80	优
医院6	91	92	85	83	80	85	84	86	82	优
医院7	78	86	82	79	86	80	83	72	85	良
医院8	86	82	80	82	85	86	87	86	85	良
医院9	86	91	80	82	74	85	89	85	87	良
医院10	84	92	94	80	86	84	90	86	84	优

按照表6.22评价指标对10所医院的得分进行离散化处理，其中1为70~79分，2为80~89分，3为90~99分。按照以上原则得到离散化以后的信息表，处理结果如表6.23所示。

表6.23　医院竞争力评价离散化的信息表

U	a_1	a_2	a_3	a_4	a_5	a_6	a_7	a_8	a_9	D
X_1	2	2	2	2	1	2	2	2	1	中
X_2	2	2	2	2	3	2	2	2	1	优
X_3	2	2	2	2	2	2	3	2	2	良
X_4	2	3	3	2	1	2	3	2	2	优
X_5	2	2	2	2	2	1	2	2	2	良
X_6	3	3	2	2	2	2	2	2	2	优
X_7	1	2	2	1	2	2	2	1	2	良
X_8	2	2	2	2	2	2	2	2	2	良
X_9	2	3	2	2	1	2	2	2	2	良
X_{10}	2	3	3	2	2	2	3	2	2	优

下面对决策表进行化简。

① 删除多余的条件属性，即从决策表中消去某些列。从表中去掉属性 a_1 后，可以发现决策表仍然是协调的，这意味着可由其余的条件属性来唯一地确定决策属性。即删除 a_1 后，表中的所有决策规则都一致，属性 a_1 是不必要的。类似地，从表中再消去属性 a_2，表中的决策规则不一致，属性 a_2 是必要的。依次进行，可以得到约简后的核为 a_2、a_3、a_5、a_7 的决策表，如表6.24所示。

表 6.24　约简后的决策表

U	a_2	a_3	a_5	a_7	D
X_1	2	2	1	2	中
X_2	2	2	3	2	优
X_3	2	2	2	3	良
X_4	3	3	1	3	优
X_5	2	2	2	3	良
X_6	3	2	2	2	优
X_7	2	2	2	2	良
X_8	2	2	2	2	良
X_9	3	2	1	2	良
X_{10}	3	3	2	3	优

② 消除表中重复的行。在该例中 X_3 与 X_5 所在的行重复了，只需保留其中一行；X_7 与 X_8 所在的行也重复了，只需保留其中一行。

③ 消去每一决策规则中的冗余属性。根据计算规则中的核值原理，可得到仅包含决策规则核值的表，如表 6.25 所示。

表 6.25　决策规则核值表

U	a_2	a_3	a_5	a_7	D
1	2	—	1	—	中
2	2	2	2	—	良
3	3	2	1	—	良
4	—	3	—	—	优
5	3	—	2	—	优
6	—	—	3	—	优

根据仅包含决策规则核值的决策表可以求出每一条决策规则的约简，如表 6.26 所示。根据最简决策表，可以得到用于医院评价的规则，如下所示：

表 6.26　医院评价规则的最简决策表

U	a_2	a_3	a_5	a_7	D
1	2	*	1	*	中
2	2	2	2	*	良
3	3	2	1	*	良
4	*	3	*	*	优
5	3	*	2	*	优
6	*	*	3	*	优

IF $a_2 = 2$ AND $a_5 = 1$ THEN 中

IF $a_2 = 2$ AND $a_3 = 2$ AND $a_5 = 2$ THEN 良

IF $a_2 = 3$ AND $a_3 = 2$ AND $a_5 = 1$ THEN 良

IF $a_3 = 3$ THEN 优

IF $a_5 = 3$ THEN 优

IF $a_2 = 3$ AND $a_5 = 2$ THEN 优

6.4.8 贝叶斯网络

1. 贝叶斯方法

在处理不确定性问题的方法中，概率理论以其坚实的数学基础一直占据主导地位。经典的概率学派（频率学派）认为概率是客观的，是频率的极限。而贝叶斯学派（主观概率学派）认为概率是主观的，是事件未发生之前人们对它的主观置信度。例如"硬币落地后正面向上的概率是多少？""明天下雨的概率是多少？"这些都是人们的主观预测，而这些预测值会随着外界条件的变化而改变。

贝叶斯方法认为，某一事件在发生之前，具有某些先验概率分布。所谓先验概率分布是指根据历史的资料或主观判断所确定的事件的概率分布。随着外界条件的变化，会出现各种各样的附加信息影响我们的判断，我们称这些信息为证据。当收集到证据之后，对先验概率进行调整，得到事件的后验概率分布，后验概率分布是我们做决策时的依据。如上面的问题："硬币落地后正面向上的概率是多少？"在没有证据的情况下，50%是最合理的预测。如果证据是"前面四次都是反面向上"，那么下一次正面向上的概率将会随之更新，不再是50%。贝叶斯方法符合人们的日常思维方式。

贝叶斯方法的计算依据是托马斯·贝叶斯（Thomas Bayes）在其论文《关于几率性问题求解的评论》中提出的贝叶斯定理。贝叶斯定理实质上是对条件概率的阐述，又称为后验概率定理。

定理 6.2（贝叶斯定理） 设 H_1, H_2, $\cdots$, H_n 是 Ω 的一个划分，且对于每个 $i(i = 1, 2, \cdots, n)$ 有 $P(H_i) > 0$，如果 A 是一个事件，且 $P(A) > 0$，则

$$P(H_i \mid A) = \frac{P(H_i)P(A \mid H_i)}{\sum_{i=1}^{n} P(H_i)P(A \mid H_i)}$$

应用贝叶斯方法求解问题的基本步骤如下：

① 定义随机变量。将未知参数看成随机变量（或随机向量），记为 θ。将样本 x_1, x_2, $\cdots$, x_n 的联合分布 $p(x_1, x_2, \cdots, x_n; \theta)$ 看成 x_1, x_2, $\cdots$, x_n 对 θ 的条件概率分布，记为 $p(x_1, x_2, \cdots, x_n \mid \theta)$ 或 $p(D \mid \theta)$。

② 确定先验概率分布 $p(\theta)$。先验分布的选取是一个重要的问题，会直接影响结果的正确性。常见的先验分布选取方法有共轭分布方法、不变先验分布、最大熵原则和 Jeffreys 原则等。如果没有任何以往的知识来帮助确定先验分布，称这种分布为无信息先验分布。

③ 利用贝叶斯定理计算后验概率分布 $p(\theta \mid D)$。

④ 利用计算得到的后验概率分布对所求问题做出推断。

贝叶斯方法不但简单易行，并且能够自我纠正，随着收集的证据的变化不断调整，近年来在计算机领域获得了广泛的应用。著名的搜索引擎 Google 使用贝叶斯方法提供搜索结果。微软公司将该方法用于它的软件平台中，让计算机和电话能够自动地过滤信息，自动计划会议并且和其他人联系。在反垃圾邮件上贝叶斯方法也发挥了出色的性能，著名的电子邮件客户端软件 Foxmail 中就使用了贝叶斯过滤器来过滤垃圾邮件。除此之外，贝叶斯方法还在网络安全软件、智能软件及其他很多领域中得到应用。

2. 贝叶斯网络概述

贝叶斯网络（Bayesian networks）是以贝叶斯方法为基础的一种图形模式。它具有直观的问题表达能力和强大的推理能力，是描述不确定性问题的优秀工具，近年来在专家系统、模式识别、决策支持系统等领域取得了成功的应用。

关于一组变量 $U = \{x_1, x_2, \cdots, x_n\}$ 的贝叶斯网络由两部分组成：① 一个有向无环图 S，图中的节点与 U 中的变量一一对应，图中的有向边表达了变量之间的统计相关性。② 与每一个变量相联系的条件概率分布 P。S 和 P 定义了 U 的联合概率分布。

用一个信用卡欺诈检测的例子来展示贝叶斯网络的结构，如图 6.21 所示。图中有五个节点，代表五个随机变量：$fraud(F)$、$gas(G)$、$jewelry(J)$、$age(A)$ 和 $sex(S)$，分别表示当前交易是否是欺诈行为，持卡人在前 24 小时内是否有一次汽油交易，持卡人在前 24 小时内是否有一次珠宝交易，持卡人年龄和持卡人性别。

在网络中，如果两个节点之间有边连接，说明这两个变量是相关的；如果没有边相连接，说明这两个变量是条件独立的。如图 6.21 中，$fraud$ 与 gas 之间有边相连，说明当前交易是否为欺诈行为与持卡人在前 24 小时内是否有一次汽油交易具有统计相关性。而 gas 和 $jewelry$ 之间没有边相连，说明它们之间是条件独立的，也就是说，当得知了 $fraud$ 节点的取值之后，gas 和 $jewelry$ 这两个变量是完全独立的，但如果不知道 $fraud$ 节点的取值，这两个变量之间依然保持相关性。

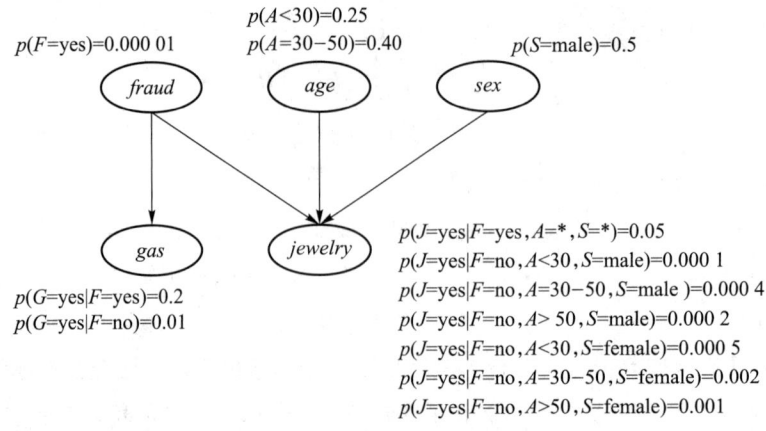

图 6.21　用于信用卡欺诈检测的贝叶斯网络

当建立好一个贝叶斯网络模型之后，我们就可以利用它的推理过程来帮助我们推测目标变量的后验概率。所谓贝叶斯网络的推理就是当网络中部分节点的取值已知时，更新其他节点的概率分布。我们称取值已知的节点为证据节点，取值未知的节点为查询节点。

例如，在信用卡欺诈检测例子中，我们可以在其他变量给定的情况下推算 *fraud* 事件发生的后验概率，这个概率值没有直接表现在贝叶斯网络中，需要计算得到。用 F' 表示 *fraud* 节点的取值，则用如下方法计算 *fraud* 事件发生的后验概率：

$$P(F \mid A, S, G, J) = \frac{P(F, A, S, G, J)}{P(A, S, G, J)} = \frac{P(F, A, S, G, J)}{\sum_{F'} P(F', A, S, G, J)}$$

直接计算上式非常困难，在所有的变量都是离散的情况下，我们可以使用条件独立关系简化计算过程。上式变为：

$$P(F \mid A, S, G, J) = \frac{P(F)P(A)P(S)P(G \mid F)P(J \mid F, A, S)}{\sum_{F'} P(F')P(A)P(S)P(G \mid F')P(J \mid F', A, S)}$$

$$= \frac{P(F)P(G \mid F)P(J \mid F, A, S)}{\sum_{F'} P(F')P(G \mid F')P(J \mid F', A, S)}$$

例如，注意到某人使用信用卡进行了一次珠宝交易但没有进行汽油交易，据此推断此人是否在进行欺诈，假设 *sex* = male，*age* < 30。由上式知：

$$P(F = \text{yes} \mid J = \text{yes}, G = \text{no}, A < 30, S = \text{male})$$

$$= \frac{P(J = \text{yes} \mid F = \text{yes}, A < 30, S = \text{male}) \times P(G = \text{no} \mid F = \text{yes}) \times P(F = \text{yes})}{\sum_{F' \in \{\text{yes}, \text{no}\}} P(J = \text{yes} \mid F', A < 30, S = \text{male}) \times P(G = \text{no} \mid F') \times P(F')}$$

$$= \frac{0.05 \times 0.8 \times 0.000\ 01}{0.05 \times 0.8 \times 0.000\ 01 + 0.000\ 1 \times 0.99 \times 0.999\ 99} = 0.004\ 02$$

在给定上述条件时，*fraud* 的后验概率由 0.000 01 变为 0.004 02，发生欺诈事件的概率大大增加了。

总的说来，贝叶斯网络的推理形式包括：

① 因果推理，即原因推知结论——自顶向下的推理。在已知原因（证据）的情况下，推导出结果发生的概率。该推理常用于预测。如图 6.22 中，在 A、B 已知的情况下推导 C 的后验概率。

② 诊断推理，即结论推知原因——由底向上的推理。已知结果时，找到产生该结果的原因。该推理常用于病理诊断、故障诊断。如图 6.22 中，在 C 已知的情况下，推导 A、B 的后验概率。

③ 支持推理，即提供解释以支持所发生的现象，目的是对原因之间的相互影响进行分析。如图 6.22 中，在 A、C 已知的情况下，推导 B 的后验概率。

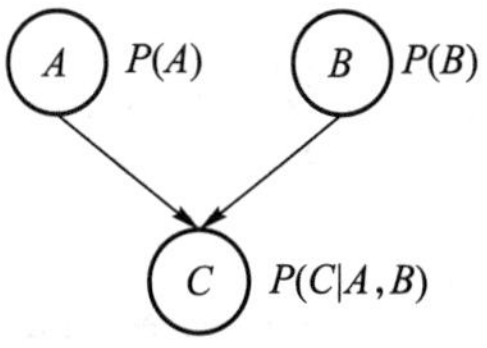

图 6.22　贝叶斯网的
推理形式

3. 贝叶斯网络的学习

从以上的描述中可以看出，贝叶斯网络有强大的概率推理能力。但是应用贝叶斯网络的前提是，必须针对问题建立正确的网络模型。贝叶斯网络的建立，是一项耗时耗力的工作，如果有了一定的样本数据，则可以采用机器学习的方法从数据中自动学习出贝叶斯网络的结构和节点的概率分布。下面简单介绍网络结构的学习方法，详细内容请参阅贝叶斯网络的相关书籍。

网络结构学习的目标是找到和样本数据匹配程度最高的贝叶斯网络。大量已提出的算法可以分为两类：基于约束的方法和基于评分函数的方法。基于约束的方法通过发现变量之间是否相关或者独立，建立一个能够最大程度上反映这些关系的贝叶斯网络。基于评分函数的方法是设定一个评分函数，计算所有可能的网络结构评分，分值最高的结构为最优。这类方法的关键在于评分函数的选定，目前主要有两类评分标准：① 贝叶斯评分函数（Bayesian score）；② 最小描述长度（minimum description length，MDL）。我们以贝叶斯评分函数为例进行下面的介绍。

如图 6.23 所示的贝叶斯网络学习系统，有两个输入端，分别输入样本数据和先验知识，然后通过评分函数计算评分，分值反映了当前的网络结构和输入数据的匹配程度。搜索引擎提供搜索的方法，在所有可能的网络结构内搜索分值最高的结构，作为输出的结果。

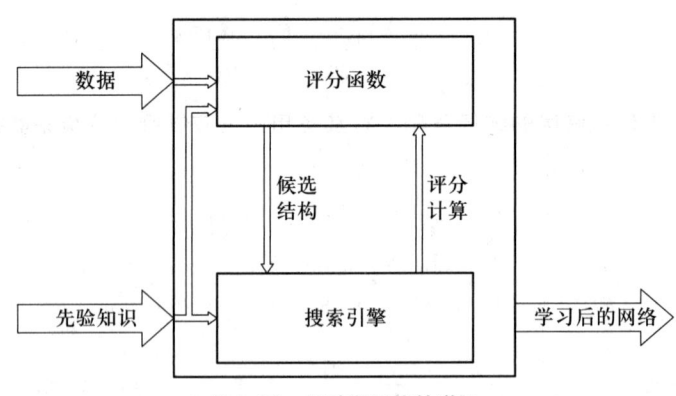

图 6.23　贝叶斯网络的学习

设给定网络结构 S^h，包含 n 个变量（节点）$X = \{x_1, \cdots, x_n\}$，每个变量 x_i 具有 r_i 个不同的取值，$Par(x_i)$ 表示 x_i 的父节点，$Par(x_i)$ 共有 q_i 个不同的取值，样本数据集为 D，先验知识为 ξ。

评分函数实际上就是后验概率 $P(S^h \mid D)$，即：

$$Score(S^h, D) = P(S^h \mid D)$$

由贝叶斯定理可知：

$$Score(S^h, D) = P(S^h \mid D) = \frac{P(D \mid S^h) P(S^h)}{P(D)}$$

为了使评分函数最大化，就是要令分子最大化。假定对所有的网络结构而言，$P(S^h)$ 是相同的，那么就是要令 $P(D \mid S^h)$ 最大。

Cooper 和 Herskovits 提出，在满足四个约束条件下：

① 变量的取值是离散的，如果有连续变量，可将其离散化；

② 每一条数据之间是相互独立的；

③ 数据集完备，没有缺失数据；

④ $P(S^h)$ 是统一的。

则 $P(D \mid S^h)$ 可以用如下方法计算：

$$P(D \mid S^h) = \prod_{i=1}^{n} \prod_{j=1}^{q_i} \frac{(r_i - 1)!}{(N_{ij} + r_i - 1)!} \prod_{k=1}^{r_i} N_{ijk}!$$

其中 N_{ijk} 指 D 中满足 x_i 取第 k 个值并且 $Par(x_i)$ 取第 j 个值的样本数量，$N_{ij} = \sum_{k=1}^{r_i} N_{ijk}$。

同时，他们还提出一个称为 K2 的启发式搜索算法。用 K2 算法学习 Alarm 网络（37 个节点，46 条有向边）的实验表明，它具有极高的学习正确率。

在实际应用中，随着网络节点的增多，网络结构的数量呈指数倍上升，会导致学习算法的运行效率降低。解决的方法有两种：一是使用智能优化搜索算法如遗传算法、蚁群进化算法等来达到快速收敛的目的；二是使用先验知识事先去除大量不可能的网络结构，只计算剩下的部分结构的评分。

贝叶斯网络是以概率理论为基础的一种图形模式。它能够清晰地展示决策中各种变量错综的相互关系，具有直观易理解的优点，同时其使用条件独立断言使得概率推理相对简单。目前贝叶斯网络已成功地应用于很多领域，如将其应用于设备故障诊断系统，能够根据症状快速推断故障发生的位置，帮助我们确定最优的维修策略；将其应用于供应链风险分析，能够识别生产和配送环节中的风险因素，维护供应链的稳定性。

基于贝叶斯网络的决策实际上是一种基于信息的决策过程，其流程如图 6.24 所示。用户（决策者）首先要明确待决策的问题，识别与决策相关的各种变量，收集数据；建立贝叶斯网络模型，设定目标节点；收集已知条件，将其作为证据输入贝叶斯网络，进行概率推理，求得目标节点中的各个状态的后验概率；根据后验概率大小进行决策。

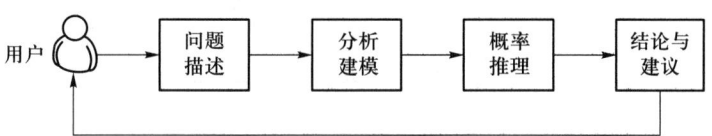

图 6.24 应用贝叶斯网络的决策过程

下面以一个汉堡零售商的需求预测问题为例展示贝叶斯网络的应用过程。

例 6.2 假设一个汉堡零售商每日汉堡销售数量在 0~90 个波动，每天下午都要向食品供应商订货，第二天早上接收供应商的配送货品，然后进行当天的销售。假定没卖掉的汉堡不允许退，损失由零售商自己承担，那么最佳的订货方案是订货数量等于销售数量，才会实现利润的最大化。但在实际中，每日的订货数量与销售数量不可避免有一些偏差。为了提高订货的准确率，零售商仔细地查看了销售数据，注意到，销售数量受到以下几个变量的影响：

星期几（day）。星期一到星期五的销量大致相同，但与星期六、星期日的销量不同。

天气状况（weather）。晴天销售情况最好，阴天次之，雨天最差。但天气状况自己是无法提前预测的，只能依靠天气预报（forecast）。大部分情况下，天气预报与真实的气象状况相符，但偶尔也有不符的时候。

季节（season）。季节会影响气候，过热和过冷的天气情况下，汉堡的销量会减少，气候适中时销量会上升。

如果能掌握这些因素和需求（demand）之间的内在关系，就能够较准确地预测销量。零售商平时积累了很多数据，根据这些数据，并结合自身的知识和经验，以贝叶斯网络建立了一个预测模型，如图 6.25 所示。模型中的有向边反映了变量之间的相关关系。例如季节和天气状况是相关的，所以它们之间有一条边，天气状况和天气预报之间肯定也是相关的，所以也有一条边相连。

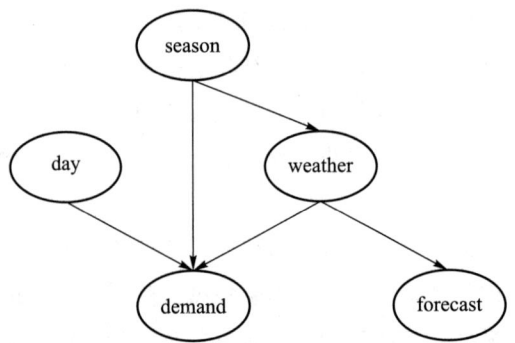

图 6.25　需求预测问题的贝叶斯网络模型

确定上述变量的状态空间：season{1—3 月，4—6 月，7—9 月，10—12 月}，day{星期六，星期天，其他}，weather{晴天，雨天，阴天}，forecast{晴天，雨天，阴天}，demand{0~30，31~60，61~90}。各节点的条件概率分布如表 6.27 至表 6.33 所示。

表 6.27　day 节点的条件概率表

day	星期六	星期天	其他
P	0.143	0.143	0.714

表 6.28　season 节点的条件概率表

season	1—3 月	4—6 月	7—9 月	10—12 月
P	0.25	0.25	0.25	0.25

表 6.29　weather 节点的条件概率表

weather ＼ season	1—3 月	4—6 月	7—9 月	10—12 月
晴天	0.192	0.107	0.158	0.380
阴天	0.419	0.435	0.391	0.326
雨天	0.389	0.458	0.451	0.294

表 6.30 forecast 节点的条件概率表

forecast \ weather	晴天	阴天	雨天
晴天	0.90	0.05	0.02
阴天	0.07	0.80	0.13
雨天	0.03	0.15	0.85

表 6.31 demand 节点的条件概率表（部分）

weather	晴天					
season	1—3 月			4—6 月		
demand \ day	星期六	星期日	其他	星期六	星期日	其他
0~30	0.10	0.20	0.40	0.10	0.15	0.25
31~60	0.35	0.30	0.40	0.30	0.30	0.45
61~90	0.55	0.50	0.20	0.60	0.55	0.30

如果当前的已知条件是：4—6 月，气象局预报是晴天，把它们作为证据输入贝叶斯网络，进行概率推理，得到 demand 节点的后验概率，如表 6.32 所示。

表 6.32 demand 节点的后验概率（1）

demand	0~30	31~60	61~90
后验概率	0.18	0.51	0.31

如果已知条件是：10—12 月，星期日，无气象局预报信息，则得到 demand 节点的后验概率，如表 6.33 所示。

表 6.33 demand 节点的后验概率（2）

demand	0~30	31~60	61~90
后验概率	0.15	0.28	0.57

根据 demand 节点的后验概率，零售商容易制定出最佳的订货策略。

思考题

1. 什么叫信息处理？信息处理一般包含哪几个阶段？

2. 表 6.34 是一给定信息表，试应用等距离法、等信息量法、统计试验方法及基于信息熵的方法对 c_1，c_2，c_3 进行离散化，并根据 d 分析离散化效果。

表 6.34 某个给定的信息表

c_1	c_2	c_3	d	c_1	c_2	c_3	d
19	119	22.6	1	5.5	199	10.9	2
26	120	31.2	1	11	120	13.2	2
16.1	93	15	1	18.8	121	22.7	1
28.7	186	53.4	1	23.2	266	52.5	1
17.1	101	17.2	2	13.5	141	19.1	1
13.6	150	20.4	1	23.3	214	49.8	1
14.8	58	8.6	1	34.5	270	93.1	2
20.4	65	13.3	1	38.7	202	78.2	1
40.4	172	69.6	1				

3. 试分析表 6.34 中 c_1，c_2，c_3 的相关矩阵 R。

4. 根据绝对距离聚类法将表 6.34 描述的对象分成两类，并与 d 值所确定的类别进行比较。

5. 利用线性回归判断 c_3 与 c_1，c_2 线性关系。

6. 应用粗糙集理论分析表 6.35 中的规则，其中 fly 是决策属性，其余为条件属性。

表 6.35 题 6 数据表

bird	penguin	airplane	concorde	fly
yes	yes	no	no	no
yes	no	no	no	yes
yes	yes	no	no	no
yes	no	no	no	yes
yes	no	no	no	yes
no	no	yes	yes	yes
no	no	yes	yes	yes
no	no	yes	no	no
no	no	yes	no	yes
no	no	yes	no	yes

7. 搁浅在一个荒岛上。岛上长满了蘑菇，但是找不到其他食物。有些蘑菇已被确定有毒，而其他无毒（通过先前同伴的试验和错误而确定）。你是唯一在荒岛上的人。你有如表 6.36 所示的

数据。

表 6.36　题 7 数据表

实例	厚实否	有味否	有斑点否	光滑否	有毒否
A	0	0	0	0	0
B	0	0	1	0	0
C	1	1	0	1	0
D	1	0	0	1	1
E	0	1	1	0	1
F	0	0	1	1	1
G	0	0	0	1	1
H	1	1	0	0	1
U	1	1	1	1	?
V	0	1	0	1	?
W	1	1	0	0	?

你知道蘑菇 A~H 是否有毒，但不知道 U~W 是否有毒。请问（对于前两个问题，只考虑 A~H）：

（1）"有毒否"的熵是多少？

（2）你应当选择哪个属性作为决策树根节点？

（3）使用 ID3 算法构造一棵决策树，并预测实例 U、V 和 W。

8. 如表 6.37 所示的数据。分别计算它们的欧氏距离、绝对距离、Minkowski 距离。

表 6.37　题 8 的数据表

变量 对象	X_1	X_2	X_3	X_4
Q_1	6	9	4	9
Q_2	8	6	7	5
Q_3	4	4	5	3

9. 对如图 6.26 所示的 BP 神经网络，学习系数 $\eta = 1$，各点的阈值 $\theta = 0$。作用函数为：

$$f(x) = \begin{cases} x & x \geqslant 1 \\ 1 & x < 1 \end{cases}$$

输入样本 $x_1 = 1$，$x_2 = 0$，输出节点 z 的期望输出为 1，对于第 k 次学习得到的权值分别为 $w_{11}(k) = 0$，$w_{12}(k) = 2$，$w_{21}(k) = 2$，$w_{22}(k) = 1$，$T_1(k) = 1$，$T_2(k) = 1$，求第 k 次和 $k+1$ 次学习得到的输出节点值 $z(k)$ 和 $z(k+1)$（写出计算公式和计算过程）。

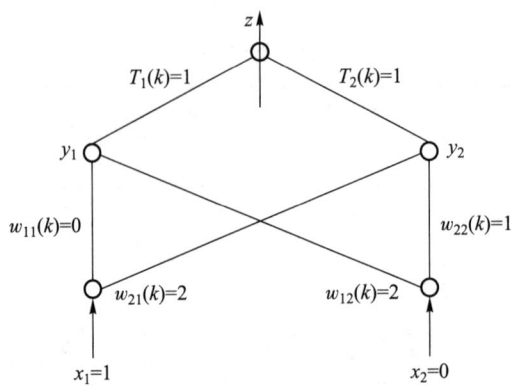

图 6.26　神经网络结构图

10. 假设有两个二元总体 G_1 和 G_2，从中分别抽取样本计算得到

$$\overline{X}^{(1)} = \begin{pmatrix} 5 \\ 1 \end{pmatrix}, \quad \overline{X}^{(2)} = \begin{pmatrix} 3 \\ -2 \end{pmatrix}, \quad \hat{\sum}_P = \begin{pmatrix} 5.8 & 2.1 \\ 2.1 & 7.6 \end{pmatrix},$$ 假设 $\sum_1 = \sum_2$，试用距离判别法建立判别函数和规则，判断样品 $X = (6, 0)'$ 应属于哪个总体。

即测即评

参考文献

［1］BRAMER M A. Knowledge discovery and data mining ［M］. London：the Institution of Electrical Engineers，1999.

［2］COVER T M, THOMAS J A. Elements of information theory ［M］. New York：Wiley，1991.

［3］FAYYAD U M. Data mining and knowledge discovery：making sense out of data ［J］. IEEE Expert and Intelligent Applications，1996，11（5）：20-25.

［4］刘业政，杨善林. 基于粗集理论的 Null 值估算方法研究 ［J］. 计算机工程，2001，27（10）.

［5］刘业政，杨善林，刘心报. 基于 Rough Set 理论的判断矩阵构造方法 ［J］. 系统工程学报，2002，17（2）.

［6］任明仑，杨善林，朱卫东．智能决策支持系统：研究现状与挑战［J］．系统工程学报，2002，17（5）．

［7］朱卫东，杨善林，任明仑．基于学习与证据理论的专家群体预测系统研究［J］．预测，2003（1）．

［8］任明仑，杨善林．最优决策的极大值方法［J］．合肥工业大学学报（自然科学版），2001，24（4）．

［9］周志华．机器学习［M］．北京：清华大学出版社，2016.

［10］阿斯顿·张，李沐，扎卡里·C. 立顿等．动手学深度学习［M］．北京：人民邮电出版社，2019.

［11］蒋盛益，李霞，郑琪．数据挖掘原理与实践［M］．北京：电子工业出版社，2013.

［12］张宪超．深度学习［M］．北京：科学出版社，2019.

［13］HE Y，XU Q，WAN J，et al. Electrical load forecasting based on self-adaptive chaotic neural network using Chebyshev map［J］．Neural Computing and Applications，2018，29（7）：603-612.

［14］李航．统计学习方法［M］．2 版．北京：清华大学出版社，2019.

［15］VAPNIK V N. The nature of statistical learning theory［M］．Berlin：Springer-Verlag，1995.

［16］张宪超．数据聚类［M］．北京：科学出版社，2017.

第7章 | 云计算技术及其应用

云计算（cloud computing）作为一种组织计算机软硬件资源的机制，可以对利用网络连接的异构计算机资源进行集中管理和调度，为用户提供可无限扩展的计算能力、存储空间、在线软件等服务，是一种高度灵活、弹性、可伸缩、高可用、按需付费和自动化的计算资源管理方式。中国信息通信研究院在 2022 年发布的《云计算白皮书》中提出，云计算将在未来数年内持续蓬勃发展，并为数字经济的发展提供坚实的基础支持。本章介绍云计算的概念、基本架构、关键技术、主要服务模式以及典型应用场景等内容。

7.1 | 云计算概述

7.1.1 理解云计算

1. 云计算的起源

云计算的起源可以追溯到 20 世纪 90 年代。在这个时期，互联网技术和网络基础设施建设取得了突破性进展，许多企业都开始使用互联网和网络基础设施来进行业务运营和数据存储。然而，在早期，每家企业都有自己的私有网络和数据中心，相互之间缺乏资源共享，IT 资源利用率低下，且存在大量闲置资源。同时，这些海量的服务器对企业的运维管理能力提出了严峻的挑战。随着用户数量的增加，企业所需服务器的数量也在激增，然而运维人员的数量并不能成比例增加，难以应对成千上万台服务器的管理。例如，谷歌公司在 2007 年服务器数量已经超过了 50 万台，谷歌前技术总监周杰表示，截至 2020 年，谷歌拥有的服务器数量已经突破了 2 000 万台。此外，互联网公司还面临着海量数据存储的挑战，特别是移动终端的普及，用户数量、平均在线时间以及用户网络行为特征的多样化，都导致数据量急剧增加，大量的用户数据是宝贵的信息资源，但同时也是一项沉重的负担。

2006 年 8 月，谷歌的施密特（Eric Schmidt）提出了"云计算"这个概念。同年，亚马逊推出了一种基于云的存储和计算服务（Amazon Web Services，AWS）。谷歌和微软等公司也紧随其后推出了自己的云计算服务，推动了云计算技术的发展和应用。云计算是一种基于网络的模型，它可以将计算资源（包括硬件、软件和服务）提供给用户，从而提高 IT 资源的利用率和效率。

2. 云计算的定义

不同的人对云计算有不同的理解。

谷歌认为云计算将计算和数据分布在大量的分布式计算机上，使计算力和存储具备强大的可扩展性，并使用户可以通过多种接入方式方便地接入网络获取应用和服务。

亚马逊认为云计算是一种将 IT 资源作为服务交付的方式，即通过互联网将计算能力、存储空间、数据库、应用程序等提供给用户。亚马逊的云计算服务 AWS 是一种弹性、可靠、安全的云计算平台，用户可以根据需要灵活使用各种计算资源和服务，无须投资建设自己的数据中心和基础设施。AWS 还提供了广泛的云计算解决方案，包括基础设施即服务（IaaS）、平台即服务（PaaS）和软件即服务（SaaS），并提供各种工具和服务，帮助企业快速构建和管理自己的应用程序、存储和分析处理数据。亚马逊认为云计算是一种能够提高企业效率、降低成本、提升创新能力的重要技术。

美国国家标准与技术研究院（NIST）认为云计算是一种广泛的、便利的、网络访问的资源共享方式，它可以按需提供可用的计算资源（例如网络、服务器、存储、应用程序和服务），并且这些资源可以快速配置和释放，最小化管理工作和与服务提供商的互动。

新一代的云计算体系化创新，给软件架构、智能技术、计算服务、管理模式和安全体系等方面都带来了深刻的变革。通过云端融合，推动了计算、存储和交互在冯·诺依曼架构中的再分布，VDI、IDV、DaaS 等新型云端融合架构相继出现，并逐步得到了规模化的应用。

7.1.2 云计算发展历程

计算机从单机到联网，从大型机到个人计算机，从传统软件到互联网应用，经历了不断的变革和进化，云计算正是在这一过程中应运而生的，它的出现，是商业需求和技术可行性共同推动的结果。云计算是一种弹性、高效、安全的计算资源分配模式。下面通过简要介绍计算机的发展历程引出云计算的出现过程。

1. 主机计算

云计算并非一种全新的计算模式，而是在过去几十年计算机技术不断发展和演进的过程中逐步形成的。早在大型机时代，计算资源分配模式中就已经存在云计算的影子。1964 年，IBM 公司推出了面向企业用户的第一台大型主机 System/360，企业用户需要使用不同的业务系统，而虚拟化技术的出现解决了这个问题。对物理服务器进行分区，每个分区上运行一套操作或业务系统，可以通过部署一套主机系统来满足所有业务系统的需要，而无须维护大量的服务器。

但主机计算与云计算的差异也很明显。首先，主机计算通常是面向特定的应用程序和业务需求，需要进行定制和部署。而云计算则是基于标准化的云服务平台，提供了一系列的通用的计算、存储和网络服务，可以为不同的应用程序和业务需求提供支持。其次，主机计算通常是由企业自行购买计算机硬件和软件，并自己管理和维护，因此需要投入大量的成本和人力资源。而云计算则是通过云服务提供商提供的共享资源池进行计算，用户只需要按需使用，并按照使用量支付费用。再次，主机计算通常具有较低的可扩展性和弹性，即使增加硬件和软件也需要一定的时间和成本。而云计算具有更高的可扩展性和弹性，可以根据实际需求快速增加或减少计算资源，以适应业务需求的变化。同时，云计算通常提供高可用性和容错性等功能。最后，在主机计算模型下，用户需要投入资金购买和维护物理硬件设备和软件，而在云计算模型下，用户可以根据需要选择按量付费或预付费模式来使用云服务，因此费用更为灵活和可控。

总体来说，相较于主机计算，云计算提供了更高效、更灵活和更可控的计算和存储解决方案，使用户可以更好地满足其业务需求，同时减少了基础设施投资和管理成本。

2. 分布式计算

计算机的一个主要功能是处理复杂的科学计算，而超级计算机是该领域的主力军，例如我国的"天河"系列和"神威·太湖之光"等。然而，超级计算机虽然处理能力强大但造价极高，通常只有一些大型机构才有能力购买。随着对计算资源需求的不断提高，人们开始寻找一种相对便宜且数据处理能力强的计算模式，即分布式计算。

分布式计算是一种利用多台计算机协同工作完成单个任务的计算模式。在分布式计算中，任务通常被分成许多小的子任务，并分配给不同的计算机节点进行处理。这些节点之间通过网络进行通信和协作，最终将各自的处理结果合并成为最终结果。

分布式计算通常被用于需要大量计算资源和大量数据处理的任务，例如大规模数据分析、模拟和仿真、图像处理、机器学习等。分布式计算的优点包括更高的计算效率、更高的可扩展性和更高的可靠性，同时还可以提供更好的容错性和故障恢复能力。

分布式计算的实现通常需要一些特殊的软件工具和算法，例如分布式文件系统、分布式数据处理框架、任务分配和调度算法等。常见的分布式计算平台包括 Hadoop、Spark、Storm、MPI 等。

虽然分布式计算和云计算都涉及多个计算资源的协同工作，通过将计算任务分配给多个计算节点来完成复杂的计算任务，都依赖于网络技术来协调和管理计算资源，能够通过网络连接在不同的计算节点上完成任务，都可以通过动态配置计算资源来应对不同的计算需求，实现资源的高效利用。但它们也存在一些不同之处。

首先，分布式计算通常是指一个特定的计算系统，其目标是将任务分配给多个计算节点来实现计算加速，而云计算是一个更广泛的概念，是指通过网络访问计算资源和服务，包括存储、网络和应用程序等，通常是由云服务提供商提供的。其次，分布式计算通常侧重于任务执行的速度和效率，而云计算更侧重于资源的共享和利用率，可以满足各种规模的计算需求。最后，分布式计算通常需要专业知识和技能才能设计和实现，而云计算通常是由第三方云服务提供商管理，用户只需要购买所需的服务即可使用。

总的来说，分布式计算和云计算都是现代计算领域中非常重要的概念，它们各有优势，可以满足不同的计算需求。

3. 网格计算

20 世纪 90 年代，出现了一种针对复杂科学计算的新型计算模式，称为网格计算。网格计算是一种分布式计算模式，它利用计算机网络中分布在不同位置的计算资源，通过协同工作实现大规模计算和数据处理。在网格计算中，用户可以通过互联网等连接到分布在不同地理位置和计算机系统的计算资源，从而实现计算资源共享，充分利用系统资源。

网格计算更强调在不同位置的计算机系统之间进行协同工作，实现计算资源的共享和利用，需要使用诸如 Web 服务、远程过程调用等技术实现计算资源的调用和数据传输，分布式计算则更强调在同一计算机网络内部实现计算任务的分配和协同工作，而云计算则更加强调灵活性、可扩展性和按需服务。

4. 云计算

云计算是一种通过网络提供可扩展计算资源和服务的计算模型。它包括计算能力、存储、应用程序和开发平台等服务，用户可以通过云服务提供商按需购买和使用这些服务。云计算基于虚拟化技术将计算资源和服务虚拟化为可按需使用的服务，并通过互联网提供给用户。云计算的三种服务模型是基础设施即服务（IaaS）、平台即服务（PaaS）和软件即服务（SaaS）。云计算提供了高效、灵活、可扩展和经济实惠的计算资源和服务，以支持各种应用程序和业务需求。

云计算发展迅速，谷歌、亚马逊、微软，以及阿里巴巴和华为等公司是云计算的先驱。此外，许多著名的互联网公司也深耕云计算领域，例如 VMware、Salesforce、Facebook、YouTube、MySpace 等。

亚马逊公司推出了弹性计算云 EC2 和简单存储服务 S3，这些服务根据存储空间、带宽、CPU 资源等因素进行收费。截至 2021 年，亚马逊云已占据全球市场份额的 38.92%，领先于第二至第四名的总和，具有明显的优势。在亚太地区，亚马逊云也占据了 15.8% 的市场份额，排名第二。

谷歌建立了全球范围的数据中心网络，它的云计算平台 Google Cloud Platform 提供了丰富的服务，包括基础设施即服务（IaaS）、平台即服务（PaaS）、软件即服务（SaaS）和数据分析等。谷歌的一系列应用程序，例如谷歌搜索引擎、谷歌地球、地图、Gmail、Docs 等，都使用了这些基础设施。此外，谷歌云还提供了人工智能和机器学习服务，如 TensorFlow 等，以帮助用户构建和训练智能应用程序。谷歌还通过将自己的技术和创新应用于云计算，为客户提供高效、安全、可靠、可扩展和经济实惠的云计算服务。

微软则在 2008 年 10 月推出了 Windows Azure，用户可以在其上安装软件、存储数据。同时，微软公司还有 Office 365、Dynamics 365（基于云的企业资源计划（ERP）和客户关系管理（CRM）软件）以及 GitHub（在线代码托管平台，收购于 2018 年）等云计算产品。

在中国，云计算的发展历程可以追溯到 2008 年，当时中国提出了有关信息化工程计划，其中包括建设云计算基础设施。自此之后，中国的云计算行业得到了迅速发展。2009 年，阿里巴巴集团推出了中国第一个公共云计算平台——阿里云。2010 年，中国电信、中国移动和中国联通三大电信运营商开始进入云计算市场。2011 年，国内云计算市场开始迅速扩张，百度、腾讯等公司纷纷推出自己的云计算产品和服务。2015 年，中国政府正式提出制定"互联网+"行动计划，推动以云计算、大数据、物联网等技术为支撑的新一代信息技术产业发展。自 2014 年起，中国铁路

12306 网站将访问量最大的查询业务分担到"云端"，2018 年，其查询能力可以达到每秒 40 万次。2015 年国务院强调云计算将成为我国信息化重要形态和建设网络强国的重要支撑。2018 年，我国有超过 65% 的省市建立了政务云平台，构建了政务云、城市大脑等智能化社会治理的新模式。2020 年，中共中央政治局常务委员会会议强调，加快 5G 网络、数据中心等新型基础设施建设进度。

当前，国内市场对云计算服务的认知度和认可度不断提高，这使得云计算开始广泛应用。云计算正在支持产业互联网、大数据、人工智能和物联网等数字经济领域的发展。同时，云计算应用也逐渐向政务、金融、工业、交通、物流和医疗保健等传统行业延伸。

7.1.3　云计算的特点

云计算是一种混合演进的计算机技术，具有以下特点：

① 可扩展性。云计算可以根据需求快速调整资源，提供弹性的扩展和收缩，以适应变化的工作负载。

② 可靠性。云计算提供高可用性和容错机制，可以确保应用程序和数据的连续性和稳定性，减少因硬件故障、自然灾害或人为错误等而造成的中断。

③ 高效性。云计算通过共享资源和自动化管理来提高资源利用率和效率，减少了维护和管理的工作量。

④ 灵活性。云计算提供多种部署模式和服务模式，可以根据需要选择最适合的方案，同时也提供了多种应用程序和开发工具。

⑤ 安全性。云计算采用多种安全措施来保护数据和应用程序的安全，包括加密、身份验证、访问控制和数据备份等。

⑥ 节约成本。云计算提供按需付费的计费模式，使用户只需支付实际使用的资源和服务，降低了资本投入和运营成本。

云计算的主要特点是灵活、高效、可靠、安全、可扩展和节约成本。这些特点使得云计算成为现代企业和组织的重要工具，帮助它们实现数字化转型、提高业务效率和创新能力。

7.2 ｜ 云计算基本架构

云计算基本架构可以被分为四个层次，分别是虚拟化层、Web 服务层、服务总线层和用户界面层。

虚拟化层的主要目标是将所有硬件资源转换为一致的 IT 资源，以便于云管理软件进行各种资源的细致管理。虚拟化的操作主要在虚拟机抽象层进行，它的结果是提供各种规格和配置的虚拟机，供架构上一层使用。

Web 服务层是将云资源提供给用户使用的关键层。通过这一层，云平台将虚拟机资源通过一个界面呈现出来，以方便用户访问。该层的优势是支持面广，对用户端的要求低，只需要浏览器即可访问。Web 服务层提供的服务可以通过 REST API 进行访问。

服务总线层也被称为中间件层，用于对计算服务、数据仓库和消息传递进行封装，以将用户和虚拟化层进行分离，并将 Web 服务层与用户进行连接。不同的云计算平台在对外部服务的集成支持方面可能有所不同。

最后，用户界面层的目标是将云计算应用程序呈现给用户，以便于用户对该应用程序进行操作、查询等。该层通常是一个 Web 门户，将各种应用程序集成在一个 Web 浏览器里。该层可以下载并安装在用户的机器上，使用功能更完善的组件模型，例如 JavaBeans/Applets 或者 Silverlight. NET。

7.3 | 云计算关键技术

云计算技术是通过网络将多个计算实体整合为一个强大的系统，为用户提供数据存储、安全、网络连接、软件应用和商业智能等服务。在这一过程中涉及了虚拟化、分布式数据存储、分布式数据处理等一系列关键技术。本小节对其进行逐一介绍。

7.3.1 虚拟化技术

虚拟化技术是云计算技术中最基础的技术之一，其主要目标是将物理设备虚拟化，每个虚拟机都可以独立运行单独的操作系统，以提高硬件利用率，降低硬件成本，并实现更高的可扩展性和灵活性。

在同一台物理机器上运行不同用户和程序时，需要为每个用户和程序配置不同的运行环境和计算资源。这涉及很多问题，例如，不同程序可能需要不同的操作系统，例如 Linux 和 Windows。此外，如果多个用户共享同一台物理机器，需要确保每个用户的数据得到保护，以防止用户之间的数据泄露。为了解决这些问题，虚拟化技术应运而生。虚拟化技术可以提供资源隔离功能，允许在物理主机上生成多个操作系统，并为每个用户分配适当的硬件资源。

虚拟化技术可以追溯到 20 世纪 60 年代初期，当时 IBM 公司的科学家们开始探索如何在一台 IBM 主机上运行多个操作系统。1967 年，IBM 公司发布了 CP-40 操作系统，该操作系统可以运行在 IBM System/360 计算机上，并允许多个用户共享计算机资源。此后，IBM 又相继推出了 CP-67 和 VM/370 等操作系统，这些操作系统都采用了虚拟化技术，成为当时计算机界的一项重要技术突破。虚拟化技术随着计算机技术的发展而不断演进，成为现代云计算架构中不可或缺的一部分。随着硬件技术不断发展，Intel 和 AMD 相继将虚拟化技术的支持加入 x86 架构处理器中，例如 Intel 的 VT 技术或者 AMD 的 AMD-V 技术，从而使原来只能通过软件实现的各种功能现在可以通过硬件实现。

虚拟化技术主要分为以下几个大类。

1. 硬件虚拟化

硬件虚拟化是一种计算机虚拟化技术，它可以将物理计算机的硬件资源（如 CPU、内存、磁盘和网络）虚拟化成多个虚拟机，每个虚拟机都可以拥有自己的操作系统、应用程序和资源。硬件虚拟化技术通过虚拟化软件（如虚拟机监控器）来实现，可以让多个虚拟机在同一台物理计算机上并行运行，就像它们是独立的物理计算机一样。

硬件虚拟化可以大大提高计算机资源的利用率，并且降低了部署和管理多个应用程序和操作系统的复杂度。它是云计算和虚拟化技术的基础，可以让云计算提供商为用户提供虚拟机实例，以便用户能够快速启动和运行他们的应用程序，而不必担心基础架构的管理和维护。

2. 服务器虚拟化

服务器虚拟化是指将一台物理服务器划分成多个虚拟服务器，每个虚拟服务器运行一个独立的操作系统和应用程序，就像是多个独立的物理服务器一样。这样可以充分利用服务器资源，提高硬件利用率，同时也能够简化服务器的管理和维护工作。常见的虚拟化软件有 VMware、Microsoft Hyper-V、Xen 和 KVM 等。

服务器虚拟化可以最大化利用物理服务器资源，减少空闲资源浪费，方便进行资源管理和监控，同时降低成本和管理复杂性，可以轻松地进行备份、恢复和迁移虚拟服务器。它还可以提高服务器的可用性和弹性，因为在某些情况下，虚拟机可以自动地迁移到其他物理服务器上，从而避免了单点故障，减少服务器宕机时间。虚拟化还可以提高安全性，因为虚拟机之间是隔离的，其中一个虚拟机的故障不会影响其他虚拟机。

3. 网络虚拟化

网络虚拟化是一种将物理网络资源（例如路由器、交换机和防火墙等）进行抽象和汇总，然后以逻辑方式划分为多个虚拟网络的技术。在网络虚拟化中，一个物理网络资源可以被划分为多个虚拟网络，每个虚拟网络可以拥有自己的网络拓扑、IP 地址和安全策略等。虚拟网络之间可以通过虚拟网络设备（例如虚拟路由器和虚拟交换机）进行通信，这些设备在物理网络中是不可见的。

网络虚拟化可以提高网络资源的利用率，降低网络部署和运维成本，增加网络灵活性和可扩展性，便于应对业务变化和流量增长，简化网络部署和管理过程，减少人力成本，提供更高的安全性，隔离虚拟网络可以避免攻击和安全漏洞对其他网络的影响。随着网络功能虚拟化（NFV）的出现，网络虚拟化的应用场景也在不断扩大。

4. 桌面虚拟化

桌面虚拟化将一个物理计算机的操作系统和应用程序隔离出来，以创建多个虚拟桌面环境，每个虚拟桌面环境都可以独立地运行不同的操作系统和应用程序，并与用户交互，就像它们在不同的物理计算机上运行一样。通常，桌面虚拟化是通过一台服务器来实现的，该服务器允许多个用户同时连接，并在虚拟机上运行他们自己的桌面环境。用户可以通过网络连接到这些虚拟机，并使用自己的计算机、便携式计算机或移动设备访问它们。

桌面虚拟化技术可以提供更好的安全性和管理性，因为它允许 IT 管理员集中管理虚拟桌面环境，包括软件更新、安全策略、数据备份和恢复等。此外，桌面虚拟化还可以提供更好的可靠性和灵活性，因为它可以在不同的设备上运行相同的桌面环境，用户可以在任何地方访问他们的桌面，而不需要担心设备和软件兼容性问题。

5. 容器

容器技术是一种操作系统级的虚拟化技术，允许在同一台物理机上运行多个独立的容器，每个容器都拥有自己的文件系统、进程空间、网络接口和系统资源，可以像虚拟机一样运行不同的应用程序和服务，但相比于虚拟机更加轻量级、高效和灵活。

容器技术最早由 Docker 公司于 2013 年推出，采用了 Linux 内核的 cgroups 和命名空间等技术，成为目前最流行的容器引擎之一。后来，Kubernetes、Mesos、OpenShift 等开源平台也推出了自己的容器编排和管理系统，使得容器技术在企业和云计算领域得到了广泛应用。

容器和虚拟机是两种不同的虚拟化技术，它们在以下方面存在异同：

相同点：

容器技术和虚拟机技术都提供资源隔离的功能，可以将应用程序和依赖的组件打包成单独的容器或虚拟机，以保证彼此之间不会互相干扰。

容器技术和虚拟机技术都能够帮助应用程序在不同的环境之间进行迁移和部署，从而增强了应用程序的可移植性和可靠性。

不同点：

容器技术比虚拟机技术更加轻量级，因为容器共享宿主机的操作系统内核和资源，不需要额外的虚拟化管理层，可以更加高效地利用系统资源，减少了资源浪费。而虚拟机则需要额外的虚拟化管理层，需要独立的操作系统内核和资源，相对较为笨重。

由于容器不需要启动和运行整个操作系统内核，相对于虚拟机而言，容器的启动和运行速度更快，因此更适合快速部署和自动化管理。

容器技术是基于宿主机的操作系统进行隔离，而虚拟机则是通过虚拟化底层硬件资源来隔离。这意味着容器只能在相同的操作系统内核上运行，而虚拟机可以在不同的操作系统之间进行迁移和部署。

由于虚拟机在底层硬件上进行隔离，不同虚拟机之间完全独立，因此可以提供更高的安全性和隔离性。而容器则更加依赖宿主机的安全性，如果宿主机受到攻击或破坏，则可能对所有的容器造成影响。

容器与虚拟机的差别可以通过图 7.1 来说明。

总之，虚拟化技术是一种非常重要的技术，它可以提高 IT 资源的利用效率、降低数据中心的总体成本，并增强数据和应用程序的安全性。虚拟化技术已经成为云计算和数据中心架构的重要组成部分，将在未来继续发挥重要作用。

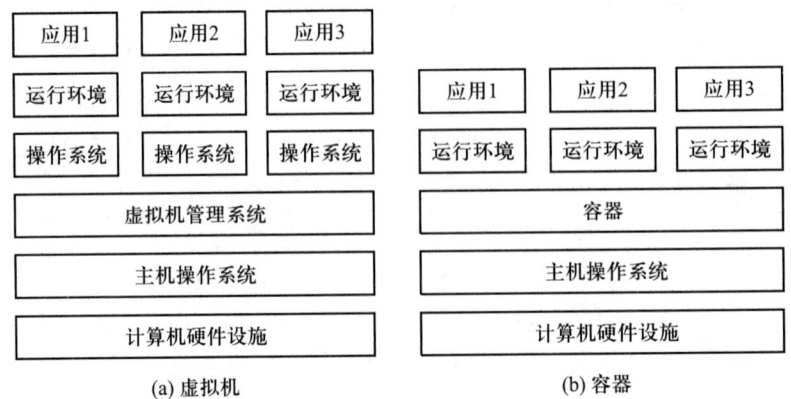

图 7.1　容器与虚拟机差异

7.3.2　分布式数据存储技术

现代互联网公司提供的各种服务所依托的基础设施之一就是高性能、低成本、可扩展、易用的分布式存储系统。在分布式数据存储中，数据被分成多个部分，每个部分被存储在不同的节点上。这种方式可以提高数据的可靠性、可用性和性能，并降低数据存储和管理的成本。目前分布式存储系统广泛应用于各种大规模数据存储场景，如云存储、分布式文件系统、分布式数据库、分布式缓存等，常见的有 Hadoop 分布式文件系统（HDFS）和 Big Table、Cassandra 分布式数据库等。相对于传统的存储系统，新一代的分布式存储系统有两个重要特点：低成本与大规模。

1. 分布式存储系统的特性

① 高可靠性。分布式存储系统通过将数据冗余存储在多个节点上，可以保证系统的高可靠性。即使某个节点出现故障，系统仍能保证数据可用性。

② 可扩展性。分布式存储系统可以方便地扩展存储容量和处理能力，只需要增加节点即可。

③ 高性能。分布式存储系统通常使用并行计算的方式处理数据，可以实现较高的读写性能。

④ 数据一致性。分布式存储系统需要保证数据的一致性，即使在节点或网络发生故障的情况下，系统也能保证数据的一致性。

⑤ 可管理性。分布式存储系统需要提供一定的管理界面和工具，方便管理员进行系统监控、数据备份和恢复等操作。

⑥ 可定制化。分布式存储系统需要提供一定的可定制化功能，以满足不同用户的需求。

⑦ 安全性。分布式存储系统需要提供一定的安全性保障，包括数据加密、权限控制、访问控制等。

2. 分布式存储涉及的技术

① 数据切分和分布。将数据进行切分和分布到多个节点上，以达到数据负载均衡和系统性能优化的目的。常见的切分方式包括按照数据类型、按照用户等进行划分。

② 数据冗余和备份。为了保证数据的可靠性和容错性，需要在多个节点上进行数据冗余和备份。这些冗余数据可以被用来解决因为节点故障或者数据丢失引起的问题。

③ 数据访问协议。分布式存储系统需要支持统一的访问协议，以便各个节点之间进行数据交换和共享。这些协议可以基于文件、对象、块等不同的形式。

④ 分布式数据一致性。在分布式存储系统中，数据可能被多个节点进行访问和修改，因此需要采用一些技术手段来保证数据的一致性，包括分布式事务、数据复制、数据同步等。

⑤ 分布式元数据管理。分布式存储系统需要管理大量的元数据信息，包括文件名、文件大小、文件所在位置等。这些元数据需要分布式存储系统进行统一管理，并且支持高效的元数据访问和查询。

⑥ 存储设备管理。分布式存储系统需要管理大量的存储设备，包括硬盘、SSD 等。这些存储设备需要进行统一管理和优化，以达到最佳的存储性能和可靠性。

⑦ 安全性管理。分布式存储系统需要提供安全性保障，包括数据加密、权限控制、访问控制等。这些安全性措施可以保障分布式存储系统的数据安全性和保密性。

⑧ 压缩与解压缩算法。由于数据量大，要根据数据的特点设计合理的压缩与解压缩算法，并且平衡压缩算法节省的存储空间和消耗的 CPU 计算资源之间的关系。

7.3.3 分布式数据处理技术

云计算需要处理和分析分布式的海量数据，分布式数据处理技术指的是一种将大规模数据分散处理的方法，这些数据可以被分成多个部分并在不同的计算机上进行处理。

以下是一些常见的分布式数据处理技术：

Hadoop。Hadoop 是一个开源的分布式数据处理框架，可以用来处理大量的结构化和非结构化数据。它使用 HDFS（Hadoop 分布式文件系统）来管理数据，并使用 MapReduce 编程模型进行数据处理。

Spark。Spark 是一个快速、通用、可扩展的大数据处理引擎，可以用于批处理、交互式查询、流处理和机器学习等多种任务。Spark 的主要特点是速度快、易于使用、可扩展等。

Flink。Flink 是一个分布式数据处理引擎，它支持批处理和流处理，并提供了类似于 Spark 的 API 和编程模型。Flink 的主要特点是低延迟、高吞吐量，支持事件驱动、状态管理等。

Storm。Storm 是一个实时流处理框架，可以用来处理海量的数据流。它具有支持分布式部署、高可靠性、低延迟等特点。

Cassandra。Cassandra 是一个分布式的 NoSQL 数据库系统，具有高可用性、可扩展性、分布式存储等特点。它通常用于存储海量的非结构化数据。

这些技术可以通过分布式计算、分布式存储、分布式处理等方式，将数据划分为小块并分散在多个节点上进行处理。这些技术可以帮助用户更有效地处理海量数据，并从中发掘出更有价值的信息。

7.3.4　云安全技术

随着云计算技术的迅猛发展和广泛应用，其安全问题也越来越受到关注。为了解决云计算面临的安全问题，信息安全领域顶级会议 CCS（ACM Conference on Computer and Communication Security）自 2009 年起设立了云计算安全研讨会（Cloud Computing Security Workshop，CCSW）。

由于在云服务架构下，用户无法对软件和数据进行物理层面的保护，这也是用户不愿将重要数据和应用部署在云端的主要原因。因此，云安全技术的研究和应用具有重要的现实意义。云安全的研究重点涵盖以下几个方面：

① 可信访问控制。在云计算模式下，如何实施数据对象的访问控制成为研究者关注的焦点。基于密码学方法的访问控制得到了广泛的研究。

② 数据保护和隐私保护。云计算环境中存储和传输的大量数据需要得到保护。研究重点包括数据加密、数据备份与恢复、数据权限控制、数据隐私保护等技术，以保证数据的安全性和隐私性。

③ 身份认证和访问控制。云计算环境中的访问控制和身份认证是保证云计算安全的关键技术。研究重点包括单点登录、多因素认证、基于角色的访问控制等技术，以保证云环境中的访问和使用权限的合理分配和安全控制。

④ 安全监控和事件响应。云计算环境中的安全监控和事件响应是保证云计算安全的重要手段。研究重点包括实时审计、威胁情报共享、安全事件响应等技术，以保证对云环境中的安全事件及时发现、处理和响应。

⑤ 密文检索与处理。由于数据变成密文后失去了许多特性，密文检索成为一个重要的研究方向。基于安全索引和基于密文扫描是两种典型的方法。

⑥ 数据存在与可使用性证明。在云计算模式下，用户需要通过知识证明协议或概率分析手段，以高置信概率判断远端数据是否完整，从而保证数据存在与可用性。

⑦ 可信云计算。将可信计算技术融入云计算环境，以可信赖方式提供云服务已经成为云安全研究的重要方向。

⑧ 新兴技术安全。随着云计算技术不断发展和应用，一些新兴技术如容器、服务器无界面等也需要考虑其安全问题。研究重点包括这些新兴技术的安全特点和安全挑战，以保证这些新技术在云计算环境中的安全使用。

7.3.5　智能运维技术

在早期，运维工作需要手动完成，包括监控产品运行状态、性能指标、上线服务和变更服务等。但随着技术复杂度进一步提高，产品出现异常故障的概率进一步提高，其中大部分是由于配置变更或软件升级导致的异常和故障。传统的基于规则的专家系统也难以解决规模不断扩大、服务类型复杂多样的运维问题。为了解决这些挑战，DevOps 应运而生。它强调开发和运维的一体化，让开发人员参与运维并在代码中设置监控点，以便在部署和运行过程中快速定位和解决异常。这种方法的优势显而易见，它产生有效监控数据，提高后期运维效率，同时还能促进开发和运维之间的协作。谷歌的站点可靠性工程（Site Reliability Engineering，SRE）就是 DevOps 的一个典型实例，它建立了一套完整的流程，包括从需求分析到上线部署再到后期运维，使用自动化工具和流程规范，保证了产品的高可靠性和稳定性。

尽管自动化运维和 DevOps 已经极大地提高了运维效率和配合效率，但随着互联网系统数据规模和服务类型不断扩大，基于规则的专家系统也面临着瓶颈。必须手动总结和制定规则才能完成自动化运维，而这种方式在大规模运维问题上难以奏效。

智能运维是指运维自动化和人工智能技术的结合，旨在提高 IT 运维的效率和质量。它可以帮助企业提高 IT 系统的稳定性和可靠性，减少 IT 系统的故障和停机时间，降低运维成本，提升用户满意度。主要包括以下方面：

① 自动化运维。自动化运维是指使用各种自动化工具和技术，通过编程自动化的方式来完成运维工作。自动化运维可以通过程序自动完成重复性工作，减少人工干预，提高效率和准确性。例如，自动化部署、自动化配置管理、自动化故障排除等。

② 预测性维护。预测性维护是指通过分析 IT 系统的运行数据和状态信息，预测出 IT 系统可能发生的故障和问题，提前采取措施防止故障的发生。例如，通过机器学习算法对服务器运行数据进行分析，可以预测出服务器可能出现的故障，提前进行维护和修复。

③ 智能监控。智能监控是指利用人工智能技术，对 IT 系统进行实时监控和分析，及时发现和诊断 IT 系统的问题。例如，使用机器学习算法对服务器运行数据进行实时分析，可以发现服务器可能出现的故障，并且对故障进行快速诊断和修复。

④ 自愈式系统。自愈式系统是指 IT 系统具有自我修复和自我恢复能力。通过自愈式系统，可以实现系统的自动修复和恢复，提高系统的可靠性和稳定性。例如，当系统出现故障时，自愈式系统可以自动诊断问题，并且自动采取措施进行修复和恢复。

⑤ 智能服务台。智能服务台是指运维人员和用户可以通过智能助手、自然语言处理等技术与 IT 系统进行交互，快速解决问题和提供服务。例如，用户可以通过智能语音助手向 IT 系统提出问题，并且系统可以自动解答问题或者将问题转交给运维人员进行处理。

7.4 | 云服务主要模式

云服务有三种主要模式：基础设施即服务（IaaS）、平台即服务（PaaS）和软件即服务（SaaS）。IaaS 是将 IT 基础设施以虚拟机或其他资源的形式提供给用户，包括服务器、存储、网络等。用户可以根据需要选择使用的资源量，避免了建设和维护自己的 IT 基础设施的成本。PaaS 是在 IaaS 上提供的一层服务，包括操作系统、数据库、服务器程序、中间件等，使开发人员能够更快地创建和部署应用程序。SaaS 是将软件作为服务提供给用户，用户不需要购买软件，只需按照使用量付费。SaaS 提供商负责软件的维护和升级。三类云服务主要差别可由图 7.2 展示。

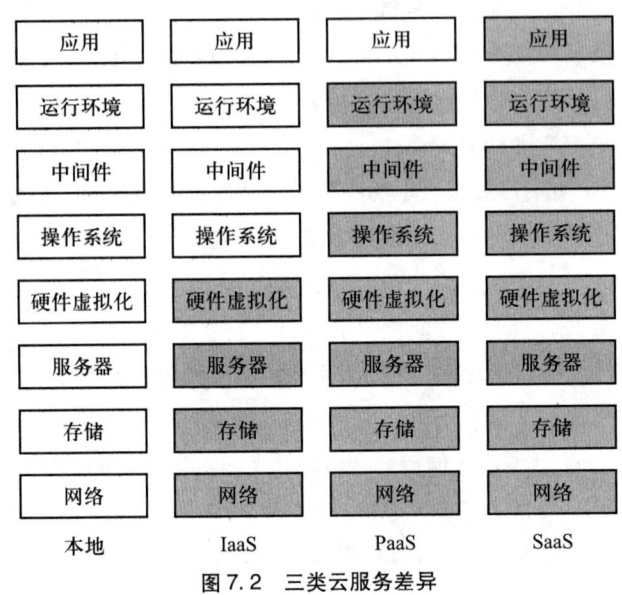

图 7.2　三类云服务差异

7.4.1　IaaS 模式

基础设施即服务（infrastructure as a service，IaaS）是一种云计算服务模式，提供基础计算设施，如服务器、存储和网络资源等，以及虚拟化技术，使用户能够根据需要租用这些资源，无须购买和维护自己的物理基础设施。在 IaaS 模式下，用户可以根据需要创建、部署和管理虚拟机、存储和网络资源，根据实际使用量付费，可以随时弹性扩展或缩减资源，这使得用户能够更加灵活和高效地使用计算资源。

1. IaaS 模式的特点

IaaS 是一种极为灵活的云计算模式，用户可以自动部署服务器、处理能力、存储和网络资源。相对于 PaaS 或 SaaS，IaaS 用户端对计算资源拥有更多的控制权和自由度。IaaS 的主要用途是实现 PaaS、SaaS 和网络规模应用程序的开发和部署；用户可以方便地进行远程维护，实现云主机之间的完全隔离；IaaS 还内置了冗余的共享存储和智能备份；IaaS 采用集中的管理与监控，确保业务稳定可靠。总的来说，IaaS 模式具有以下特点：

① 扩展性高。用户可以根据需要动态增加或减少服务资源，不用考虑资源来源或资源是否足够。

② 自动化部署。用户可以通过 API 或 Web 控制台轻松部署服务器和应用程序，减少了部署的时间和成本。

③ 资源管理灵活。用户可以通过互联网远程管理 IaaS 提供商的基础设施，包括虚拟机、存储和网络资源等。这样，用户就可以更加灵活地管理和维护自己的应用程序。

④ 高可用性。IaaS 提供商会提供高可用性的解决方案，如自动备份和故障转移等，确保用户的应用程序在任何时间都可以正常运行。

⑤ 安全性。IaaS 提供商提供多种安全措施，包括防火墙、VPN 等，确保用户的数据和应用程序的安全。同时，IaaS 提供商还会定期更新软件，修复潜在的漏洞，提升整个系统的安全性。

2. IaaS 模式的应用

IaaS 模式的应用方向主要包括：

① 应用开发和测试。开发人员可以在 IaaS 上创建虚拟机、存储和网络资源，以快速创建开发和测试环境。

② 网站托管。企业可以将其网站部署在 IaaS 上，通过虚拟化技术扩展计算和存储资源，以应对流量峰值。

③ 大数据分析。企业可以将其大数据分析工作负载部署在 IaaS 上，以利用 IaaS 的可扩展性和高可用性特点，快速处理大量数据。

④ 应用程序托管。企业可以将其应用程序部署在 IaaS 上，以便于管理和部署应用程序，并根据需要扩展计算和存储资源。

⑤ 云存储。IaaS 可以提供可扩展的云存储服务，以便于企业存储大量数据，并能够灵活地扩展存储资源。

3. IaaS 模式的提供商

目前主要的 IaaS 提供商包括亚马逊云、微软 Azure、阿里云、谷歌云、腾讯云和华为云。其中，亚马逊云是全球公有云 IaaS 市场的领导者，阿里云则在中国公有云 IaaS 市场中占主导地位。

亚马逊云于 2006 年开始提供云服务，包括弹性云计算 EC2、简单存储服务 S3、简单数据库服务 Simple DB、简单队列服务 SQS、弹性 MapReduce 服务、内容推送服务 CloudFront、电子商务 Dev-Pay 以及灵活支付服务 FPS 等。

阿里云于 2009 年推出，最初是为了解决阿里巴巴电商业务中的计算和存储问题。阿里云的产品线包括云服务器 ECS、对象存储 OSS、关系型数据库 RDS、云数据库 PolarDB、表格存储 Table Store、弹性 MapReduce、容器服务等。阿里云还推出了一系列新产品和技术升级，包括倚天 710 服务器芯片、X-Dragon 架构、磐久云原生服务器系列、阿里 AI+大数据平台、新一代 PolarDB 数据库等。

腾讯云成立于 2013 年，旨在解决大流量和高并发的问题。腾讯云的产品线包括云服务器 CVM、对象存储 COS、弹性 MapReduce（TEM）、数据库 TDSQL 等。2018 年，腾讯云新成立了云与智慧产业事业群（CSIG），将企业级云计算业务作为腾讯未来 20 年的发展战略重心。

华为云于 2010 年发布了"云帆计划"，并于 2015 年发布了面向多个垂直行业的企业云服务解决方案。华为云的产品线包括云服务器 ECS、对象存储 OBS、弹性负载均衡 ELB、云数据库 RDS 等。华为还推出了智能云网络解决方案，服务于多个行业，包括电子政务、智能医疗、智能教育、智能煤矿、智能港口和智能制造等。

总的来说，各大 IaaS 提供商都提供了丰富的计算、存储、网络和安全等基础设施服务，以及一系列的工具和应用程序接口（API）来简化云计算的开发和管理。这些服务提供商的服务定价、可靠性、灵活性和安全性等方面各不相同，用户可以根据自身的需求和预算选择最适合自己的服务供应商。IaaS 模式的应用涵盖了各行各业，包括金融、制造、零售、游戏等。

7.4.2　PaaS 模式

平台即服务（platform as a service，PaaS）提供了一个开发和部署应用程序的平台。PaaS 通常包括操作系统、开发工具、数据库、Web 服务器和应用程序框架等，可以为开发者提供一个完整的开发环境，使得开发者可以专注于应用程序的开发而非底层基础设施的维护。

PaaS 模式的应用场景包括以下几个方面：

① Web 应用程序开发和部署。PaaS 平台可以为开发者提供一个完整的 Web 应用程序开发和部署环境，使得开发者可以使用各种编程语言和框架来创建和部署 Web 应用程序，如 Java、Python、PHP、Node.js 等。

② 移动应用程序开发和部署。PaaS 平台也可以为移动应用程序开发者提供开发工具、SDK 和部署平台，帮助他们快速构建和部署移动应用程序。

③ 大数据分析。PaaS 平台可以提供大数据分析服务，为企业提供数据处理、数据存储、数据分析和可视化等功能，使得企业可以更加高效地处理和分析大数据。

④ 人工智能和机器学习。PaaS 平台也可以为开发人员提供人工智能和机器学习服务，如自然语言处理、图像识别、机器学习等，帮助他们构建智能应用程序。

PaaS 的发展主要经历以下三个阶段：

① 第一代 PaaS。比如 GAE（Google App Engine）、SAE（Sina App Engine）。这是早期的 PaaS，当时并没有 PaaS 这个概念，现在看来是包含在 PaaS 范围内的。

② 第二代 PaaS。Cloud Foundry 和 OpenShift 是 PaaS 模式的代表性云平台，它们在 Amazon AWS 和 OpenStack 等 IaaS 平台流行之后迅速崛起。Cloud Foundry 是业界第一个开源 PaaS 平台，2011 年由 VMware 推出，后来由 Pivotal 公司接管，2014 年成立 Cloud Foundry 基金会进行运作。许多云服务商如华为云、IBM BlueMix、HP Cloud 和 Dell 云服务都以 Cloud Foundry 为基础。然而，随着各种云服务之间界限逐步模糊，一些人认为 PaaS 最终可能消失或成为 IaaS 或 SaaS 的一个功能。

③ 第三代 PaaS。自 Docker 问世以来，众多基于其特性的 PaaS 平台如 Kubernetes 相继推出，逐渐成为 PaaS 的主力。Docker 是一个 Linux 容器工具集，旨在构建、交付和运行分布式应用。作为 dotCloud 公司的开源项目，Docker 在 2013 年 3 月首次发布，很快便受到欢迎，dotCloud 公司也因此将品牌转型为 Docker，并将重心转移到 Docker 上，将原有的 PaaS 业务出售。

Docker 的设计理念源于集装箱。它将操作系统视为货轮，而每个运行在操作系统上的软件则相当于集装箱。通过标准化的方法自由组合运行环境，并自定义集装箱的内容，使用户能够轻松地交付软件。就像搭乐高积木一样，用户只需选择适合自己的积木组合，并在顶端放上自己的名字，最终这个标准化组件就成为用户的应用。在技术实现方面，Docker 利用容器来实现与虚拟机类似的功能，从而节省硬件资源并提供更多的计算资源。与虚拟机不同的是，Docker 容器并非使用硬件虚拟化方法，也不属于全虚拟化、部分虚拟化或半虚拟化，而是一种基于操作系统的虚拟化技术。

Docker 容器技术相较于传统虚拟化技术具有许多优势。首先，Docker 容器化应用可以更快速地部署和启动，因为它们可以在几秒内启动，而传统虚拟机则需要几分钟才能启动。其次，Docker 容器使用的资源更少，因为它们可以共享主机操作系统的内核，从而避免了虚拟机所需的额外操作系统和内存开销。此外，Docker 容器还可以更加灵活地扩展和管理，因为它们可以很容易地在不同的主机和云平台之间迁移和部署。最后，Docker 生态系统已经非常发达，有大量的工具和资源可供使用，可以更轻松地构建和管理容器化应用程序。

Docker 1.0 于 2014 年 6 月发布，其每月的版本更新表明该项目在快速发展，包括增加新特性、解决已知问题等。Docker 的持续热度得到了业界许多知名厂商的支持，如 Amazon、Canonical、CenturyLink、Google、IBM、Microsoft、New Relic、Pivotal、Red Hat 和 VMware，这使得 Docker 几乎在所有拥有 Linux 的地方都能使用。除了这些大厂商，许多初创企业也以 Docker 为中心进行发展，并将其与 Docker 更好地结合。所有这些合作伙伴都推动了 Docker 核心项目和周边生态系统的快速发展。

7.4.3　SaaS 模式

软件即服务（software as a service，SaaS）模式允许用户通过互联网来访问和使用软件应用程序，而无须下载或安装任何软件到本地计算机或服务器上。在 SaaS 模式中，软件应用程序由供应商托管在云服务器上，并由供应商负责维护、升级和保护这些应用程序的安全性。用户只需通过互联网登录到供应商的应用程序，即可使用应用程序的全部功能。

1. SaaS 模式的应用

在 SaaS 模式中，用户可以通过 Web 浏览器访问服务器上运行的软件，将软件的管理和部署任务转移到第三方服务，许多应用程序都以 SaaS 模式提供。以下是一些常见的 SaaS 应用场景：

① 企业办公。如 Google Workspace、Microsoft 365 等办公套件，提供邮箱、日历、文档处理、视频会议等功能。

② 在线销售。如 Shopify、Magento、BigCommerce 等电商平台，提供网站建设、支付、订单管理、物流等功能。

③ 客户关系管理。如 Salesforce、Zoho CRM、HubSpot 等 CRM 系统，帮助企业管理客户及营销、销售等业务流程。

④ 人力资源管理。如 Workday、BambooHR、SAP SuccessFactors 等 HR 管理系统，帮助企业管理招聘、员工档案、薪酬福利、绩效考核等流程。

⑤ 财务管理。如 QuickBooks、Xero、NetSuite 等财务管理系统，帮助企业管理会计、财务、采

购等业务流程。

⑥ 在线教育。如 Coursera、Udemy、edX 等在线教育平台，提供在线课程、学习管理、证书认证等服务。

⑦ 在线协作。如 Slack、Asana、Trello 等在线协作工具，帮助团队协同工作、进行项目管理等。

总的来说，SaaS 模式可以为企业提供更加灵活、可扩展、低成本的解决方案，同时减少了企业 IT 资源的管理和维护成本，更好地满足不同行业和场景的需求。

2. SaaS 模式的分类

按照服务的类型，SaaS 模式可以分为两类，分别是通用 SaaS 和垂直 SaaS。其中，通用 SaaS 提供通用的应用程序，如办公自动化软件、电子邮件服务等。垂直 SaaS 针对特定行业或领域提供应用程序，如医疗健康、金融、零售等。按照应用场景，SaaS 模式可以分为三类，分别是企业应用、个人应用和移动应用。其中，企业应用包括企业资源规划（ERP）、客户关系管理（CRM）、供应链管理等应用程序。个人应用包括个人生产力工具、社交网络、在线购物等应用程序。移动应用提供移动设备上使用的应用程序，如移动办公、移动支付等。按照服务模式，SaaS 模式可以分为两类，分别是单租户模式和多租户模式。其中，单租户 SaaS 是一种传统的 SaaS 模式，每个用户都有独立的实例和数据库，通常需要用户自己管理和维护。多租户 SaaS 是多个用户共享同一实例和数据库，可以降低成本和提高可伸缩性，但也存在数据安全和隔离等问题。

3. SaaS 服务的提供商

SaaS 服务在不同行业都有相应的提供商。比如微软提供的 SaaS 产品包括 Office 365、Dynamics CRM Online、Azure 等；Oracle 提供的 SaaS 产品包括 Oracle HCM、Oracle Sales Cloud、Oracle ERP 等；谷歌提供的 SaaS 产品包括 Google Apps（包括 Gmail、谷歌文档、谷歌日历等）、Google Analytics 等；Adobe 提供的 SaaS 产品包括 Adobe Creative Cloud、Adobe Marketing Cloud、Adobe Document Cloud 等。

国内的 SaaS 市场也在不断发展壮大，比如阿里云提供各种基于云计算的 SaaS 应用程序，如企业邮箱、云会议、数据分析等；腾讯云也提供基于云计算的各种 SaaS 应用程序，如企业微信、云直播、云短信等；用友云提供企业级云计算服务，如用友云 ERP、用友云 CRM 等；金山云提供各种基于云计算的 SaaS 应用程序和云服务，如在线文档、云存储、云直播；网易云也提供各种基于云计算的 SaaS 应用程序和云服务，如企业邮箱、云音乐、云相册等；小红书提供基于 SaaS 的社交营销工具和数据分析服务。

7.5 | 云计算的应用

7.5.1　教育云

教育云是指基于云计算技术的教育信息化服务平台，它可以为学校、教师、学生和家长提供各种教育资源、工具和服务。教育云可以提高教育信息化水平，优化教育教学资源配置，提高教学效率和质量。

教育云使教授和学习不受时间、地点以及软硬件条件的限制，可以通过互联网组织教学、教学管理，拓展了教育工作的广度和深度。基于教育云平台，优质的教学资源随时可以被获取，这对于平衡师资力量、实现教育公平具有重大意义。基于教育云平台，可以充分满足用户的个性化教学要求，给予多样化的教育服务。同时，基于大数据和人工智能技术可以精确了解用户个性化的学习需求，定制学习方案。终身学习、大众学习等个性化需求不断增强，为教育云的进一步发展提供了广阔的前景。随着《中国教育现代化 2035》等政策的实施，在以网络化、智能化为核心的智慧校园建设中，教育资源云平台正在发挥越来越重要的作用。

早期的教育云服务并不完善，主要是一些简单的在线课程和教学资源。随着云计算和移动技术的发展，教育云服务开始逐渐成熟和普及，包括各种在线课程、学习管理系统、电子书和其他教育资源，一些新型的在线学习平台和社交学习平台开始出现，如 Coursera、edX、Udacity 等。同时，一些大型互联网公司如谷歌、微软、亚马逊等也开始进入教育领域，推出各种教育云服务。许多国家和地区开始加快推进教育信息化的进程，教育云服务得到了更广泛的应用和推广。各个国家和地区之间的教育云服务也开始相互合作和交流，促进了教育全球化的发展。

在国内，教育云同样发展迅速。除了中国大学 MOOC、学堂在线等在线学习平台，一些大型互联网公司如阿里云、腾讯云、华为云等也开始涉足教育领域，推出各种教育云服务。各地还积极探索布局在线教育新模式，围绕职业培训、高等教育、终身教育等细分领域进行。例如，内容服务型的学而思网校、华图教育，平台服务型的腾讯课堂、智慧树，工具服务型的小猿搜题、扇贝等线上教育培训企业不断涌现，市场上催生了诸如 VIPKID、作业帮、沪江网校等一大批企业。

近年来，教育部陆续发布了《中国教育现代化 2035》等相关领域重点支持政策。以信息化为重点，这些政策推动教育教学变革创新，为教育云发展提供了良好的发展机遇。

7.5.2 桌面云

桌面云（desktop cloud）是一种基于云计算技术的桌面虚拟化解决方案，也称为虚拟桌面或远程桌面。桌面云可以将用户的桌面环境，包括操作系统、应用程序和个人数据等，全部部署在云端服务器上，用户可以通过互联网连接到这些服务器，实现远程访问和使用。

相对于传统本地桌面环境，桌面云的优势首先在于其可靠性和安全性，因为用户可以通过互联网连接到云端服务器上，无须担心数据丢失、设备故障和软件更新等问题。其次，云端服务器可以提供更强的安全保障。再次，桌面云还具备可扩展性和灵活性，因为它可以根据用户需求进行动态扩展和分配资源，而且用户可以随时随地使用自己的桌面环境，不受地点和设备的限制。简化管理和降低成本也是桌面云的优势之一，因为用户可以通过桌面云实现集中管理和统一部署，从而降低了维护成本并提高了工作效率。最后，桌面云的用户体验也很好，因为用户可以在不同的设备上使用自己的桌面环境，无须重复安装和配置软件，从而提升了使用体验和工作效率。

　　然而，桌面云也存在明显的劣势。首先，它对网络带宽和延迟的要求较高，因此用户需要稳定的网络连接和较高的带宽，否则会影响使用效果和体验。其次，桌面云依赖于云服务提供商的稳定性和可靠性，因此用户需要选择可靠的云服务提供商，并关注其运营和服务质量，否则会影响使用效果和安全性。再次，桌面云需要考虑数据隐私和安全问题，因此用户需要选择可靠的云服务提供商，并加强数据安全和隐私保护措施，否则可能面临数据泄露和安全问题。最后，桌面云可能存在运营成本较高的问题，因为部署和维护桌面云需要一定的技术和资源投入，可能导致一定的运营成本。

　　常见的桌面云服务提供商包括谷歌云、微软 Office 365、阿里云、腾讯云、华为云等。这些服务提供商提供的办公云服务不仅可以满足个人和小型企业的需求，还可以通过定制化服务和企业版方案满足中大型企业的需求。

7.5.3　游戏云

　　近年来，由于游戏的画质不断提升，对硬件的配置要求也越来越高，高配置的硬件给游戏玩家增加了成本。游戏云（cloud gaming）是指利用云计算和流媒体技术，将游戏内容运行在云端服务器上，并将处理好的游戏画面通过网络实时传输到用户设备上，用户通过设备上的输入设备（如手柄、键盘等）发送指令，云端服务器即时响应并返回处理后的画面，实现游戏的远程运行和实时互动。与传统游戏需要用户在本地设备上安装游戏并使用本地硬件进行运算的方式不同，云游戏可以让用户在各种终端设备上随时随地玩游戏，无须下载、安装或升级游戏软件，也不需要拥有高性能的硬件设备。

　　云游戏可以提供更高品质的游戏体验，因为它可以让用户在没有高端硬件的情况下，享受到高质量的游戏画面和更流畅的游戏体验。另外，云游戏也能够解决游戏存储、备份、维护和升级等问题，让用户享受更便捷、更低成本的游戏体验。然而，云游戏也存在一些劣势，比如需要更高的网络带宽和更低的网络延迟，否则会出现画面卡顿、游戏延迟等问题。同时，云游戏对服务器的硬件配置和运算能力要求较高，需要投入大量的资金和资源，因此云游戏的服务费用可能较高。

　　云游戏的实现需要应用多项关键技术，其中包括：带宽优化技术，以保证高速互联网传输，同时优化数据传输协议，减少延迟和抖动，确保游戏体验流畅；视频编码技术，将游戏画面实时编码成视频流传输到用户设备，需要高效的视频编码技术，如 H. 264、H. 265 等；流媒体技术，将实时视频流传输到用户设备，需要应用流媒体技术，如 RTMP、HLS 等；游戏引擎优化技术，服务器上运行游戏引擎并将渲染结果传输到用户设备，需要对游戏引擎进行优化，以降低计算资源占用和延迟；前端技术，需要在用户设备上使用特定的前端技术，如 WebGL、WebRTC 等，以实现实时视频流的渲染和交互。

　　云游戏吸引了业界的极大兴趣，许多公司早已涉足云游戏行业，例如谷歌的云游戏平台 Google Stadia、英伟达的 NVIDIA GeForce Now、微软的 Microsoft xCloud、索尼的 PlayStation Now。在国内，腾讯在 2019 年也发布了腾讯即玩、START 等云游戏平台。阿里、网易、小米、中国移动等互联网巨头也在进军云游戏市场。

7.5.4　开发云

云开发是指利用云计算的技术和资源，将应用程序的开发、部署和运维过程全部或部分转移到云端进行的一种开发方式。与传统的本地开发相比，云开发可以提供更高效、更可靠、更灵活、更经济的开发环境和服务。云开发可以分为两种模式：一种是基于 Serverless 的无服务器模式，另一种是基于容器的云原生模式。

在无服务器模式下，开发人员只需要编写应用程序的代码，无须考虑服务器的管理和部署。云服务提供商会根据应用程序的需求自动分配资源，同时根据应用程序的流量和负载自动扩容和缩容，从而实现高可靠性和高弹性的应用程序部署和运行。无服务器模式的优势在于降低了开发和运维的复杂度，提升了开发效率和用户体验，同时可以大幅度降低开发成本和运维成本。

在云原生模式下，开发人员可以使用容器技术将应用程序打包成可移植的容器，并将容器部署到云端的容器集群中。容器集群可以根据应用程序的需求进行自动化的资源调度和管理，从而实现高可靠性、高可扩展性和高安全性的应用程序部署和运行。云原生模式的优势在于提高了应用程序的可移植性、可伸缩性和安全性，同时也降低了开发和运维的复杂度，提升了开发效率和用户体验。

2008 年，谷歌公司推出了 GAE（Google App Engine）来支持 Web 应用程序的开发和托管。用户可以免费使用主机、数据库和带宽等资源，支持的编程语言包括 PHP、Java、Python 和 Go 等。用户只需上传所开发的应用程序，GAE 会自动部署项目，并返回链接供用户访问应用程序。亚马逊、微软也大力投入云服务领域，它们均提供了云端函数计算、事件驱动、自动扩缩容等功能。此外，还有一些第三方服务如 Twilio、SendGrid、Stripe 等提供了云端函数和 API，供开发者构建在线应用和服务。

在国内，云开发已经成为互联网企业快速迭代和创新的重要手段。国内云计算市场主要由阿里、腾讯、华为和百度等厂商主导，这些厂商均提供了自己的云开发平台和相关工具，如阿里云的函数计算、云函数、云端托管等，腾讯云的云函数、Serverless Framework 等，华为云的云函数、DevCloud 等，百度云的云函数、云开发等。此外，还有一些创业公司如云凤蝶、快应用等提供了云开发平台，供开发者快速构建 Web 应用、小程序等。

7.5.5　智能云

智能云是指集成了人工智能技术的云计算平台，它能够提供更加智能、高效的云服务。智能云的发展受益于云计算和人工智能技术的迅速发展，它将云计算和人工智能技术融合起来，可以让企业和个人更加方便地使用和享受到这些技术的优势。

智能云可以通过人工智能技术提供更加智能的云服务。例如，在数据处理方面，智能云可以提供更高效、更准确的数据分析和预测能力，帮助企业更好地了解客户需求和市场趋势，更好地制定决策。在安全方面，智能云可以利用人工智能技术进行风险评估和威胁检测，提高云安全性能。在应用开发方面，智能云可以集成更加智能的 API 和工具，帮助开发者更加快速地开发和部署应用程序。

目前，世界各大互联网巨头和云计算服务提供商都在积极布局智能云领域。例如，亚马逊的 AWS AI，提供从图像、语音到自然语言处理等多个方面的人工智能应用服务。其中，Rekognition、Polly、Lex 等服务可以对图像、声音、文本等进行智能化处理和分析，让用户可以在自己的应用中无缝集成智能化服务。微软的 Microsoft Azure AI，包括机器学习、认知服务、文本分析等多个方面的服务，可以为用户提供智能化的数据处理和分析服务。Azure 的机器学习服务支持多种框架，包括 TensorFlow、Keras、PyTorch 等，可以满足用户不同的需求。谷歌的 Google Cloud AI，包括视觉、语音、自然语言处理等多个方面的服务，可以为用户提供丰富的智能化应用。Google Cloud AI 支持用户使用自己的数据进行模型训练和部署，同时也提供了 AutoML 等服务，让非专业人员也可以轻松构建和部署自己的机器学习模型。

国内的智能云同样发展迅速，其中阿里云 AI 是阿里云平台提供的智能化服务，包括视觉、语音、自然语言处理等多个方面的服务。阿里云的机器学习平台 PAI 可以为用户提供完整的机器学习服务，包括数据处理、模型训练、部署等一系列服务，同时也支持多种框架，如 TensorFlow、Caffe、MXNet 等。腾讯云 AI 是腾讯云平台提供的人工智能服务，包括图像、语音、自然语言处理等多个方面的服务。其中，腾讯云的 AI Lab 提供了多种机器学习工具和框架，如 TensorFlow、PyTorch、MXNet 等，可以帮助用户进行机器学习模型的训练和部署。此外，腾讯云的 AI 产品也支持多种行业应用，如智慧城市、医疗、金融等。

智能云是未来云计算发展的重要方向之一，具有广阔的发展前景。随着人工智能技术不断发展和成熟，智能云平台将不断壮大，并为各行各业带来更多的机遇和变革。智能云平台将提供更加智能化的服务，可以自动感知用户需求，为用户提供更加个性化、智能化的服务体验；支持多种形式的输入和输出，例如语音、图像、视频等多模态计算；提供更加安全、可靠的数据存储和处理方案，并保障用户数据的隐私安全。同时，智能云将广泛应用于各行各业，例如医疗、金融、交通等领域，为这些行业提供更加智能、高效的解决方案。

思 考 题

1. 相较于传统计算机，云计算有哪些优点？
2. 云计算中弹性与可扩展性的区别是什么？
3. 虚拟化技术是如何提高计算资源的利用率的？
4. 相对于传统云应用，云原生应用的优势是什么？
5. 在云端开展软件研发的全流程是未来的趋势吗？

即测即评

参考文献

［1］王伟．云计算原理与实践［M］．北京：人民邮电出版社，2018．

［2］ERL T, MAHMOOD Z, PUTTINI R. 云计算：概念、技术与架构［M］．龚奕利，贺莲，胡创，译．北京：机械工业出版社，2014．

［3］王培麟，姚幼敏，梁同乐，等．云计算虚拟化技术与应用［M］．北京：人民邮电出版社，2017．

［4］GHEMAWAT S, GOBIOFF H, LEUNG S T. The Google file system ［C］//Proceedings of the nineteenth ACM symposium on operating systems principles，2003：29-43．

［5］顾炯炯．云计算架构技术与实践［M］.2 版．北京：清华大学出版社，2016．

［6］柳伟卫．分布式系统常用技术及案例分析［M］．北京：电子工业出版社，2017．

［7］VERBITSKI A, GUPTA A, SAHA D, et al. Amazon aurora：design considerations for high throughput cloud-native relational databases ［C］//Proceedings of the 2017 ACM International Conference on Management of Data，2017：1041-1052．

［8］托马斯·厄尔，罗伯特·科普，阿敏·奈瑟鲍尔．云计算设计模式［M］．姚军，等，译．北京：机械工业出版社，2016．

［9］网易云基础服务架构团队．云原生应用架构实践［M］．北京：电子工业出版社，2017．

［10］叶毓睿，雷迎春，李炫辉，等．软件定义存储：原理、实践与生态［M］．北京：机械工业出版社，2016．

［11］浙江大学 SEL 实验室．Docker：容器与容器云［M］.2 版．北京：人民邮电出版社，2016．

［12］朱民，涂碧波，孟丹．虚拟化软件栈安全研究［J］．计算机学报，2017，40（2）：481-504．

第 8 章 | 大数据技术及其应用

近年来，大数据技术的发展对管理模式和决策模式产生了深刻的影响。从管理的视角，大数据已经被看作一类资源，其存储模式和计算模式均需发挥这种资源的潜在价值。诸多领域的大数据应用技术对不同产业的发展以及人们的生活方式都产生了深刻影响。

8.1 | 大数据的概念

随着信息爆炸、网络普及，大数据这一字眼越来越多地出现在人们的视野中。在校园中随处可见的刷脸认证、在网购时的精准营销，无一不体现了大数据的作用。但对于大多数人而言，大数据是一个既新奇又陌生的词语。那么，大数据究竟是什么？本节将详细介绍其概念及特征。

8.1.1 从数据到大数据

数据是原始事实，是对客观事物的逻辑归纳，例如字符、数字、声音、图片、动画和视频多媒体等。要保证数据的真实性和原始性，这样对它的后期加工才具有意义。

随着信息技术、化学生物技术、通信电子等各领域技术的不断发展，数据呈现大幅增长且复杂的趋势。大数据已经渗透到我们生活的方方面面，同时也在潜移默化地影响和改变我们的生活。大数据看不见、摸不着，但我们每一个人都能感知到它的存在。而不同人对大数据的感知不尽相同，所以给出的定义也各有不同。

8.1.2 大数据的多版本定义

麦肯锡（McKinsey & Company）认为：大数据是个大型数据集，其中的数据可以被采集、传递、聚集、存储和分析，类似于固定资产等生产要素。没有数据，很多现代经济活动、创新和增长都不会发生，这种现象日趋普遍。这一定义侧重于把大数据当成一种重要的经济要素，对全球的经济发展具有重要作用。

高德纳咨询公司（Gartner Group）认为：大数据是大容量、高速度和形式多样的信息资产，它需要低成本的、形式创新的信息处理，以增强洞察力和辅助决策。这一定义侧重于把大数据定义为一种信息资产，描述了大数据的特征、处理方式及其作用。

维基百科（Wikipedia）上显示：大数据是指规模庞大且复杂的数据集合，很难用常规的数据库管理工具或传统数据处理应用对其进行处理，其主要挑战包括数据抓取、存储、搜索、共享、转换、分析和可视化。这一定义侧重于大数据的处理和处理工具的选择。

美国国家科学基金会（NSF）提出：大数据是指由科学仪器、传感器、网上交易、电子邮件、视频、点击流和所有其他现在或将来可用的数字源产生的大规模、多样的、复杂的、纵向的和/或分布式的数据集。这一定义侧重于大数据复杂多样的来源以及大数据复杂的特点。

以上四个关于大数据的定义，基于看待的角度不同，各有侧重地描述了大数据的特征、来源、处理方式、作用等。

8.1.3　大数据的基本特征

从上文各种版本的定义可以看出，大数据具有独特的特性，目前总结为五个特点，称为5V。

① 大体量（volume）。传统的数据计量单位，例如 B、KB、MB、GB 已经远远不够，TB、PB、EB、ZB、YB 等一系列超大数据计量单位开始登上舞台。它们按照 1 024 的倍数关系不断递增，现在大数据的计量单位已经达到 ZB 级别。

② 多样性（variety）。大数据不仅仅"大"，而且种类繁多。不仅有结构化、半结构化数据，还有非结构化数据，例如办公文档、图片、音频、视频信息等都属于非结构化数据。

③ 高速性（velocity）。由通常的离线处理转化为在线处理，通过智能软件调动和处理在线的数据，这是区别于传统数据的显著特征。大数据的高速性，使其能够更加快速及时地处理数据，获取有用的信息。

④ 真实准确性（veracity）。所处理的数据本身必须保证是真实有效的，虚假的大数据没有任何价值，且必须保证处理得到的结果也是真实可靠的。

⑤ 低价值密度（value）。在相同的数据量中，大数据能挖掘出的有价值的信息数量远远小于普通数据。但大数据能挖掘出的有用信息却十分珍贵，对企业的价值都是难以衡量的。

8.1.4　管理视角的大数据概念及特征

前文中提到的关于大数据的各版本的定义，都是基于大数据的特征、来源或是处理方式给出的。为了分析大数据在管理领域的价值，给出如下基于管理视角的大数据定义：大数据是一类能够反映物质世界和精神世界运动状态和状态变化的信息资源，它具有复杂性、决策有用性、高速增长性、价值稀疏性、可重复开采性和功能多样性，一般具有多种潜在价值。这一定义更加侧重于把大数据当成一种能够支持管理决策的重要资源。

基于管理视角的大数据的特征如下：

① 复杂性。大数据不仅来源丰富、结构多样、数量庞大，而且状态变化多端。

② 决策有用性。大数据本身的价值有限，需要经过深度的分析和挖掘才能得到有助于决策的知识和信息，这是别的资源难以提供的决策支持，大数据的价值也就通过决策有用性得以体现。

③ 高速增长性。随着不断开采，大数据这一资源不仅不会减少，反而会不断增加，甚至可能出现爆发性态势。

④ 价值稀疏性。大数据量非常之大，但价值密度很低，需要不断分析挖掘才能得到有用的价值信息，这也大大增加了开采大数据资源的难度。

⑤ 可重复开采性。大数据不像别的自然资源不可以重复开采，任何拥有大数据的机构或组织都有权对其进行不断重复的开采和挖掘，从而得到有用的信息。

⑥ 功能多样性。大数据基于不同的开发目的和方式，具有多样化的功能，例如可以用于医疗卫生管理、商业模式创新、市场营销、客户关系管理等方面。

8.2 | 大数据分析的思维和特征

在大数据时代，我们时刻身处数据的海洋之中。然而，庞大的数据量并不一定促进数据价值的提升，反而会导致数据噪声增多，其价值被海量数据掩盖。数据只有经过处理和解释，并赋予一定的意义后才能转变为信息，也就是说经过分析的数据才有价值，因而，大数据分析在大数据领域极为重要。

传统的数据分析是指依据科学的分析理论，并采用适当的统计分析方法对数据资源进行详细研究和概括总结，从而最大化地开发利用数据价值。而大数据分析就是基于海量数据所进行的分析，它以机器学习算法为基础，模拟人的学习行为，并不断改善分析方法，以发掘出隐藏在大量杂乱无章的数据中的有价值信息。

大数据分析是大数据处理流程的核心，是大数据应用最核心的技术之一。大数据分析可以获取很多深层次、有价值的信息，使得以往储存维护成本高的无用 IT 库存转变为高价值的数据资源。因而，大数据分析具有不同于以往的思维和特征。

8.2.1　大数据分析的思维

伴随着大数据时代的来临，我们可以分析更多的数据，有时候甚至可以处理与现象相关的所有数据，庞大的数据量要求更加高效的数据处理，发现信息本身的含义以及信息之间的关系，以应对瞬息万变的数据。大数据分析要有以下思维：

1. "基于数据"思维

传统分析方法是"基于知识"的，从数据中凝练出知识，用以解决面临的问题，即"数据→

知识→问题"的思维模式；大数据分析的思维是"基于数据"的，直接使用数据解决问题，而并不涉及从数据到知识的转换。

2. 近似相关性思维

在日常生活当中，我们习惯于使用因果性思维，因果联系明确而又浅显易懂。但是在大数据时代，大数据分析通常需要面对海量的数据集，由于其中存在着大量的数据噪声，难以十分精确地进行数据分析以确定因果关系。大数据分析旨在寻找大量数据之间的近似相关性而非准确的因果性，告诉我们"是什么"而非"为什么"。实际上，以大量可信数据为基础的相关关系不仅比通过快速思维构想出的因果关系更具有效率性，还更具有说服力。

3. 系统性思维

大数据分析的系统性思维涉及两个方面，即研究对象的总体性以及领域知识同分析方法的相互结合性。在进行大数据分析时，必须从研究对象的整体出发，基于收集整理出的综合数据资料，纵观全局进行系统性分析，逻辑再现客观事物的全貌；大数据分析的过程中常常涉及某些特定领域，因而在进行大数据分析的过程中，不可避免地涉及分析方法与领域知识的结合，这就需要有适用于不同领域的大数据分析方法，且领域知识的内容和表示应当适用于大数据分析过程。

4. 归纳性思维

归纳性思维是由个别推及一般的推理思维，是进行大数据分析必备的一种思维。分析者依据部分的具体事例推导出普适性的原理与原则，即从一定程度的关于个别事物的观点发展到更大范围的观点。在研究大体量的事物时，需要运用归纳性思维来总结概括出一般性的原理以了解现状与过往，并预测未来的趋势。

5. 假说演绎性思维

假说演绎推理是指在观察分析的基础上提出问题，通过推理想象来提出假设并进行推理演绎，以实验来检验演绎的结论。大数据分析时需要针对数据提出假设，并以推理演绎验证假设的正确性。

6. 目标性思维

进行数据分析之前，必须有明确的问题或目标，没有目标的数据分析往往会使人迷失于数据的海洋中，单纯为了数据分析而盲目分析，难以得到优秀的分析成果。数据分析应当是在明确问题或目标之后，采取适合的分析思路与方法，有目的性地分析利用现有数据，得出有实际价值的成果。

8.2.2　大数据分析的特征

大数据分析需要海量的动态增量数据和静态存量数据，随着数据量的增加，对数据分析算法的要求会相应降低。大数据的 5V 特征对大数据分析思维提出了新的要求，带来了数据分析思维的变革，也必然导致其独有的特征：

1. 大数据分析的对象是全体数据

以往我们依赖于随机采样的数据进行分析，但是在大数据时代，数据具有体量大、多样性的特征，我们可以分析更多的数据，甚至可以对全体数据进行分析。我们能掌控所有数据，便可以削弱某些异常点对全局分析的不利影响，从而摆脱样本数量给数据分析带来的局限性。

2. 大数据分析方法的多样性

大数据分析的对象十分广泛，从个体的日常衣、食、住、行到一个国家和地区的资源、人口等自然性或社会性数据资料，均处于大数据分析的范畴之中。对象本身的纷繁复杂决定了对它的分析方法的多样性，针对不同现象，应当根据问题的性质选择适用于它的数据分析方法。

3. 大数据分析的时效性

在瞬息万变的时代，大数据会动态更新，并非一成不变的数据集，因而大数据分析对时效性的要求越来越高。面对持续更新的数据、不断增加的数据量，为了更好地学习新数据中的信息与知识，数据分析算法必须能够支持大规模的动态数据，在要求的时间内进行有效分析并得出结论，为特定目标服务。

4. 大数据分析研究趋势而非因果

海量的数据研究对象会导致工作量的巨幅提升，若是过度追求算法的准确率，会消耗大量时间。然而大数据具有时效性的特点，这便要求我们在精确度与效率之间做出权衡。在以往的"小数据"时代，人们常常会追求精确性。但在大数据背景下，对精确性的要求将会削弱，对效率的追求得以提升。我们只需要针对现有数据进行分析预测，掌握事物发展的大致方向，以对相关关系的探索取代对因果关系的追寻。数据分析的目的就是要说明某一现象有什么规律、存在什么发展趋势。

5. 大数据分析结果的鲜明性

大数据分析是为了解释和解决特定问题而服务的，数据分析的结果需要提供给各部门的决策者，以便于他们做出合理的决策。因此，数据分析的结果应当清晰而鲜明，帮助决策者快速了解现状、明确问题，做出关于未来的决策。

8.3 | 大数据的存储模式

数据在经过处理之后需要进行保存，以便高效地进行后续操作，大数据自然也不例外。但众所周知的是，其数据量的规模体积之大，是普通数据无法比拟的。所以如何有效地存储大数据便是一个重要问题，本节将重点介绍存储的相关技术。

8.3.1 传统存储模式及其利弊

传统的数据由于体量有限，一般以磁盘为物理介质进行集中式存储，简单地说，就是通过建立一个集中的大型数据库来实现数据的存储。通常来说，传统模式主要分为三种：DAS、NAS和 SAN。

1. DAS（direct-attached storage，直连式存储）

DAS 是最简单的存储方式，将硬盘等存储设备直接与主机系统连接，依赖系统主机读写和存储数据。其主机资源的 1/5 都是备份数据，通常在整个系统闲置的时间段进行备份。优点是整体结构简单，无须专业人员维护，成本不高，可以实现数据与系统的分离，所以适用于地理位置分散的小型网络。缺点是很多性能取决于连接的硬盘，例如存储设备接口有限就导致了这种方式不易拓展，设备的容量也直接影响能储存的信息量，并且数据与系统分离可能导致数据的共享性较差，不利于之后信息的交流。

2. NAS（network-attached storage，网络式存储）

顾名思义，NAS 就是将存储设备与网络相连，以数据为中心，一般由硬件、操作系统和文件系统组成，支持多种共享协议，基于现有的局域网（LAN）设备进行传输。优点是支持多种操作系统，易于管理，方便数据交换。缺点同 DAS 类似，性能受限于硬件设备，适用于针对文件服务的数据系统。

3. SAN（storage area network，存储区域网络）

SAN 是将存储设备阵列通过光纤交换机与服务器相连，可拓展性比 DAS 和 NAS 都要强，SAN 将数据集中在清晰的逻辑环境中，更加有利于数据挖掘和相关信息的利用，而且由于使用光纤通道，可以大幅度地提高传输的速率，减少冗余度。缺点是因为不同设备厂商的要求及可操作性不同，所以高效地连接设备便是最困难的任务，需要耗费大量的人力、物力来完成。

8.3.2 大数据存储的相关技术

1. 分布式存储

由于传统的集中式存储方式已经满足不了日益增长的数据量的需求，所以分布式存储和分布式文件系统应运而生。第一代系统聚焦的问题是用网络形态的磁盘代替固体硬盘，扩大容量，其代表是 1984 年的 NFS（network file system）；第二代系统关注的是将广域网技术融入第一代系统，XFS（extended file system）便是代表；第三代系统则注重刚刚兴起的互联网技术，如分布式锁、缓存管理技术、文件级的负载平衡等，以 GPFS（general parallel file system）为代表；随着 SAN 和 NAS 逐步成熟，第四代系统解决的问题就是如何将这两种技术结合起来，增大节点拓展性，减少数据冗余度，例如 GFS（Google file system）、Luster（Oracle）、HDFS（AFS）等，但这并不代表分布式系统就是十全十美的。根据 Eric Brewer 的 CAP 理论，分布式系统无法保证分区容忍性（partition）、可用性（availability）、一致性（consistency）这三个指标同时达到要求，只能根据实际需求适当取舍指标。分布式存储未来的发展前景会聚焦在去中心化的方向上，并且可能与区块链技术相结合。

2. 云存储

云计算是一种基于互联网的，能够便捷、按需访问共享资源（包括网络、服务器、存储、应用和服务等）的计算模式。云存储便是云计算与现代存储技术结合的成果，继承了云计算"按需分配，计量付费"的优点，用户只需根据业务的实际需求动态地改变存储容量，不需要关心存储设备的性能等技术问题。

云存储一般分为块存储、文件存储和对象存储。块存储就是计算机上的磁盘分区，将主机上的裸磁盘空间按照一定的逻辑方式划分成一个个的磁盘，但简单来说这种方式无异于将物理磁盘悬挂于计算机主机上。文件存储提供 NAS（network-attached storage，网络式存储）架构，实现了在局域网中的文件共享功能。而对象存储则是基于 OSD（object-based storage device）系统，用一个扁平化的方式管理封装文件，用户只需要根据容器（bucket）和对象（object）的 ID 便可访问对象的相关数据，实现了将数据读写和数据元分离的目的，并且有效地结合了 NAS 可拓展性强和 SAN 可高速访问的优势，适用于存储云环境中的非结构化数据。

3. 数据去重

在大数据时代下，数据的爆炸式增长会导致有用信息成倍增加，但更需关注的是无用数据也呈指数级增长，储存这些重复无效的数据必然会浪费大量的空间，所以数据去重技术就显得尤为重要。

查询和索引技术是数据处理的基础，分布式索引和分布式查询便是通过水平切分数据，再存储到不同的节点上，解决了建立单个节点无法有效拓展索引的关键问题。

去重技术中最重要的环节是切分数据，其结果有两种：定长数据和变长数据。定长是按照一定的数据流或者文件大小切割，每一部分都有特定的"指纹"，虽然易于操作和管理，但由于每部分都有固定的偏差，一旦一开始的文件发生了变化，后面所有部分的"指纹"都会受到影响，最终甚至导致去重率为零。而变长切分技术便可以解决这个问题，它的"指纹"并不是依据固定的大小或者长度来确定，而是根据一个特定的标准（anchor）来切分数据，由于 anchor 唯一，所以细微的数据偏移并不会影响后面的去重结果。

8.3.3　未来存储技术展望

1. 基于新型介质下的数据存储

相变存储器（phase change memory，PCM）。PCM 利用硫族化合物在不同状态下导电性的差异来存储数据，集 NOR、NAND、EEPROM 的优良特性于一身，有非易失性、一位可变、数据读写和存储速度快的特点。

3D-XPoint。3D-XPoint 是 2015 年由英特尔和美光联合开发的，一经发布便引发巨大轰动。其结构简单，只由选择器与内存单元共同构成，并且运行速度、耐久度和使用寿命都远超 NAND 闪存，同时研发价格只有闪存的一半，但因相关技术还未成型，开发公司还未透露具体的研发技术和参数，唯一知晓的是它可能通过改变电阻来标记数据状态。

然而由于新型介质的相关技术还不够成熟，预计在未来较长时间内，PCM、3D-XPoint 等新型介质与传统介质会在市场上并存，所以基于混合介质的分层存储技术必然是未来的研究重点，学者们将聚焦于不同介质的组合方式、如何有效地实现数据分配和迁移等问题。

2. 一体化架构中的数据存储

随着大数据时代的到来，传统的以 CPU 为核心的计算体系结构已经无法满足实际的需求，所以一种以数据为核心，采用三维堆叠、嵌入式 NVM（non-volatile memory）等技术的新型一体化架构应运而生，为了使计算尽可能地靠近数据，有两种角度可供选择，分别是硬件和软件。

从硬件角度出发，利用三维堆叠技术或者 3D 封装技术可以连接不同的 DRAM（dynamic random access memory）和计算单元，封装体内的单位互相直接相连，从而大幅提升数据传输速率，降低访问延迟，增大存储内存。

从软件角度出发，为了优化存储中数据访问带来的性能低下的问题，在数据操作频繁的系统中，存储顺序使用 LSM-tree（the log-structured merge-tree）可以提高吞吐量；在处理关系表时，可以遵循先水平划分，再垂直划分的原则来进行，这样有利于节约存储资源。

然而，这种数据处理和存储一体化架构还并未真正实现，因为例如存储介质的选择、新型文件存储系统的设计和新型数据系统生态圈建设等问题都有待解决。

8.4 | 大数据的计算模式与计算平台

众所周知，大数据的"大"就体现在大量、多样、高速、价值四个特点中。既然是大量且多样的数据，那么单一的计算模式就肯定是无法满足不同类型的计算需求的。本节首先讨论大数据计算面临的挑战，再针对不同的数据类型来讨论大数据的计算模式，最后基于当前迅速发展的社会来展望一下未来的计算模式。

8.4.1 大数据计算面临的挑战

数据的计算能力是大数据处理的核心部分，所以我们都想建立一个完整、标准的大数据计算模式。因为一个标准的流程也能够更好地推动大数据和其他应用的融合和发展。但是在大数据模式下，数据量巨幅提高，对大数据处理平台的计算能力提出了极高的要求，即使是解决平时一个简单的计算问题，在大数据背景下也会变得异常困难。同时，现实世界中的很多情况都是不可预测的，那么现实世界中的大数据处理问题的多样性也就会增加，因此很难使用单一的计算模式来满足不同的大数据计算需求。

面对数据量巨大的问题，一般会采取并行计算的方法。简单来讲，并行计算就是同时使用很多计算资源来解决一个计算问题。它主要包括以下几个特征：① 一个任务可以分解成几个可以并发执行的子任务。② 每个子任务可以进一步分解成子任务。③ 每个子任务可以在不同的处理器上同时被执行。④ 需要一个总体的控制机制对每个部分进行协调。如图 8.1 所示。

并行计算可以有效地解决大数据模式下的计算能力问题，但是这种方法还是过于底层，它主要从结构层面和编程语言层面定义了一些计算的框架和模型，没办法应对大数据中的数据特征、

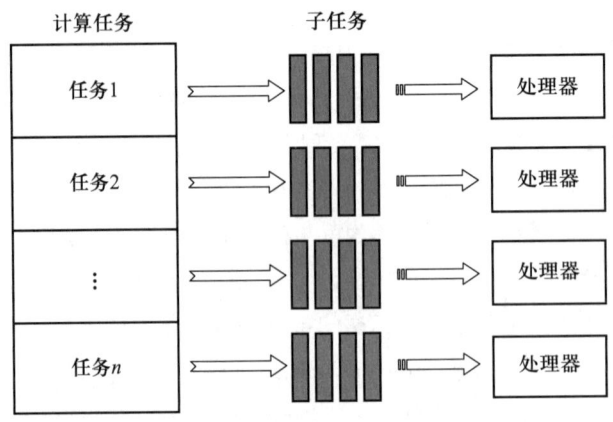

图 8.1　并行计算示意图

计算特征、计算需求都十分复杂的情况。因此，想要处理好大数据问题必须结合这些特征来实现更高级的并行计算模式。

首先是要同数据结构特征相结合。大数据的数据结构一般分为结构化、半结构化和非结构化。结构化数据可以通过固有键值获取相应信息，且数据的格式固定，如 RDBMS data；半结构化数据可以通过灵活的键值调整获取相应信息，且数据的格式不固定，如 json，同一键值下存储的信息可能是数值型的，可能是文本型的，也可能是字典或者列表；非结构化数据不可以通过键值获取相应信息。

其次是要和大数据存储模式的特征相结合。大数据通常使用基于集群的分布式存储，那么大数据的计算方式必须采用与之相呼应的并行计算体系结构。例如大家比较熟知的以 Hadoop 的 MapReduce 等分布式文件系统为基础的并行计算模式。

大数据的上述两种特征以及它的复杂性决定了大数据的不同计算模式，主要计算模式见表 8.1。

表 8.1　大数据计算模式及其代表产品

大数据计算模式	针对类型	代表产品
批处理计算	针对大数据的批处理	MapReduce、Spark 等
图计算	针对图结构数据的计算	Graph、Trinity、Pregel 等
查询分析计算	针对大数据的存储和查询分析	Dremel、Cassandra、Impala 等
流计算	针对数据流的实时计算	Scribe、Flume、Storm 等

8.4.2　大数据的计算模式

1. 批处理计算

大数据的批处理计算是最常见的一种大数据计算模式，它的计算需求量十分庞大，而最适合完成它也是最具代表性的计算模式便是 MapReduce。众所周知，大数据问题都是十分复杂的而且几乎都是通过并行计算来完成的，而 MapReduce 就是去复杂化的一种模式。它将复杂的、运行于大规模集群上的并行计算过程高度地抽象到了两个函数：Map 和 Reduce，采用"分而治之"策略，一个存储在分布式文件系统中的大规模数据集，会被切分成许多独立的分片，这些分片可以被多个 Map 任务并行处理。

2. 图计算

我们现在所处的是自媒体时代，每天都能接收到各式各样的信息，而且随着网络以及通信技术不断发展，从前的那种堆砌文字的信息推送方式已经落后，取代它的正是图信息。所以我们在平时生活中获得的很多数据都是以图的形式呈现的，例如社交网络、Web 链接关系图等。图数据的规模十分庞大，能达到数十亿的顶点和数十亿的边数。对于这种大规模图数据的存储，一般也采取分布式存储方式。采取这样的存储方式之后，大规模图数据得以分布存储在不同节点上，对每一个节点上的子图便可以采用并行计算的思想。目前出现了很多关于图数据计算的产品，例如 Google 公司的 Pregel、Facebook 的 Graph，以及 GraphX 等。

3. 查询分析计算

大数据的特点之一便是数据规模巨大。面对规模巨大的数据，想要从中经查询分析得出自己想要的结果就越发困难。因此，针对大数据，出现了查询分析计算的计算需求。大数据查询分析计算技术就是要解决数据量极大的情况下如何及时准确地提供数据查询分析功能。目前，谷歌公司开发的 Dremel 是一种交互式的实时查询系统，可以在 2~3 秒内迅速完成 1 000 TB 级别的数据的查询功能。还有 Facebook 开发的 Cassandra，以及 Cloudera 公司开发的 Impala 等。

4. 流计算

流数据指的是一种动态数据，是在时间分布和数量上无限的一种数据集。流数据对计算的要求是很高的，因为对于动态数据集的处理，我们必须要达到高实时性，否则会造成数据堆积和损失，产生不可估量的后果。例如电力、道路监控等行业，它们都具备流数据的特点。流计算可以实时处理来自不同数据源的、连续到达的流数据。目前，具备流计算模式的系统有 Facebook 的 Scribe，以及 Storm 和 Spark Steaming 等。

8.4.3 大数据的计算平台

前面我们介绍了大数据的 4 种计算模式，也知道了大数据计算都是分布式的并行计算方式，但是计算模式脱离不了计算框架和平台，而计算平台中 Hadoop 的可靠性以及应用的广泛性是最好的。下面我们将着重介绍 Hadoop。

1. Hadoop 介绍

Hadoop 是一个分布式的框架，可以对大数据进行处理、存储以及分析，而且是一个由 Java 语言开发的开源的平台，应用十分广泛。Hadoop 不仅仅是采取 MapReduce 分布式计算框架的大数据计算的一个平台，还根据 GFS 原理开发了 HDFS（分布式文件系统），并且根据 BigTable 原理开发了 HBase 数据存储系统，是一套十分整体且标准的系统。

Hadoop 是一个基础框架，可拓展性非常高，可以用一些十分简单的编程模型对大型数据集进行分布式处理。这是 Hadoop 能够成为最流行的大数据分析系统的原因之一。同时它的框架本身提供的是计算机集群可用的服务，不需要依赖硬件来提升可用性，用户可以在不了解底层原理的基础上轻松使用 Hadoop 运行处理数据。这种高可靠性、高容错性、更贴近用户的特点也是它可以一直盛行的原因。

2. Hadoop 的组件

Hadoop 是一个大规模的并行处理框架，又是一个开源的社区，为很多用户解决大数据的相关问题。Hadoop 是一个十分标准且广受欢迎的工具，有各式各样的组件，这些组件分别掌管着数据的存储、数据的处理和数据的分析等功能。具体组件见图 8.2。

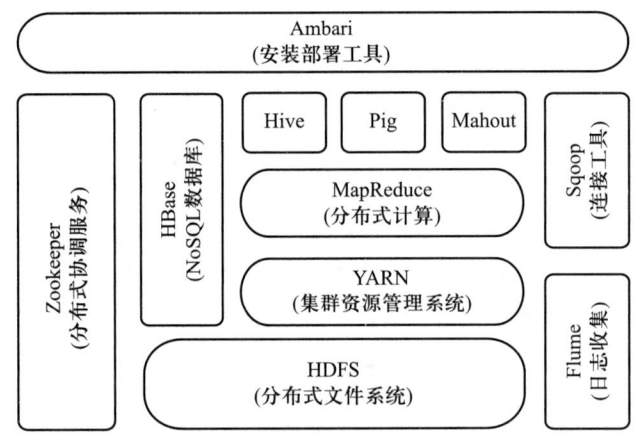

图 8.2　Hadoop 的生态系统图

MapReduce：一种编程模型，主要应用并行计算思想，将大数据问题切割成很多"小数据"问题，再对各个小数据同时并行处理，然后整合各个小块的结果并得到最终结果。

HDFS：一种分布式文件系统。这是谷歌公司为解决当时廉价的大型服务器没法处理大数据问题而设计的。它可以保证部分硬件在出现问题时文件系统照样可靠和可用，是 Hadoop 的项目核心之一。

HBase：对应于上文提到的 HDFS，这是在它的基础上设计的一个可以拓展的分布式数据库。

Hive：Hadoop 中的数据仓库工具。和众多数据仓库的功能一样，它可以对 Hadoop 中的文件数据集进行整理、存储以及查询分析。它定义了一个类似于 SQL 查询语言的 HQL 语言，让用户可以编写查询语句，甚至不熟悉 MapReduce 的人也能进行数据查询。

Pig：一个适用于 Hadoop 的数据流语言和执行框架。由于编写 MapReduce 应用程序过于复杂，所以 Pig 提供了一个可以分析 Hadoop 数据集的脚本语言，让不熟悉 MapReduce 的人也可以通过这种脚本语言在集群中自动并行处理与分发。

Mahout：一个可拓展的机器学习和数据挖掘库，让很多相关算法能在 Hadoop 中实现，如聚类算法、回归算法、分类算法等。

Ambari：一种基于 Web 的工具，支持 Hadoop 集群的安装、部署、配置、管理、监测。

Zookeeper：Hadoop 整体就是一个分布式的框架，那么就必须有一个协调控制的组件，Zookeeper 就是一个高性能的协调服务器。例如，统一命名服务、集群管理、分布式应用配置等。

Sqoop：一个连接工具，用于 Hadoop 和其他关系数据库之间交换数据。

Flume：一个分布式的对数据进行收集、汇总、聚合、传输的系统，它具有很高的可用性和可靠性。在企业中，可以利用 Flume 系统，将很多台计算机的数据转移到 Hadoop 上。

8.4.4 未来计算模式的展望

在过去，Hadoop 的 MapReduce 计算模型在大数据处理中大放异彩、独树一帜，靠的就是它的简洁易用、可拓展性等优点。但是随着时代的进一步发展，大数据的种类越来越复杂，大数据的计算需求越来越多样，MapReduce 所承担的计算任务早已超越了当初设计的批处理计算模式。所以，有必要对未来的大数据计算模式进行展望。

未来的大数据计算模式将具有高可靠性。可靠性是计算模式最本质的要求，而目前的大数据计算模式的可靠性需要进一步加强。

未来的大数据计算模式将具有更好的可拓展性。可拓展性是计算模式得以推广的关键因素。

未来的大数据计算模式将平滑演进。未来的大数据计算模式肯定是在现有的基础上升级而成，那么平滑演进可以让用户自主选择升级的组件，让用户更能接受。

8.5 | 大数据的应用

随着技术的飞速发展，社会生产和生活的方方面面都在跟大数据相结合，数据的价值日益得到显现。在互联网行业，大数据可以用于内容推荐、智能调度、降本增效、影视制作等；在城市管理中，大数据技术能够优化城市交通、保障城市安全运行、提高垃圾分类效率等；在新能源汽车中，大数据能够助力无人驾驶，实现故障预警，帮助进行性能评估和碳排放的精确计算；在电力行业，大数据能够应用于电力负荷预测和电力智能调度等；在水利行业中，大数据能用于洪水预报、水利工程建设、水资源监测等；在医疗领域，可以借助大数据更好地诊断癌症、加快药物的研制；在农业领域，大数据让农民知道种什么、何时种、怎么卖，在提高农民收益的同时，促进农业大力发展。

8.5.1 大数据在互联网行业的应用

1. 内容推荐

抖音是中国甚至全球最火爆的视频平台之一。抖音之所以能成功，离不开它将大数据技术应用到内容推荐中，其中的核心是基于人工智能的用户倾向选择+基于大数据挖掘的信息处理。借助大数据技术，抖音在确定用户的偏好后，可以从百万级的视频库中整理出数十个视频推荐结果推送到用户的首页中，做到每个人的抖音首页都不一样，从传统视频首页的"千人一面"发展到如今的"千人千面"。而相比于传统的推荐系统，个性化推荐机制能够解决信息过载的问题。信息过载是信息爆炸时代下互联网最严重的问题之一。对于每天都要接收并推送大量原创内容的视频平台来说，如果不能有效快捷地分发内容，这些滞留的信息会占用大量的服务器资源，而在基于大数据的个性化推荐机制中，视频信息的分发效率得到大幅提高，每一个不同的视频内容都有自己专属的通道，连接着对其最有可能感兴趣的用户。

2. 智能调度

在出行方面，大数据正给人们带来诸多便利。打车是人们出行时最容易考虑到的一种方式，如今网约车的兴起，让人们不必再像以前一样招手拦车，只需点点手机就可以轻松约到车。但想要实现乘客和司机双赢局面，就必须解决车辆调度、司乘匹配的问题。不同于网上搜索时商品、资讯等信息的静态停留，车辆的位置信息永远在不停变化，可能在极短的时间内，司机就会通过一个路口，或完成一次转弯。这对智能调度提出了更高的要求，不仅需要对未来情况进行预测，还要快速地对司机和乘客进行动态、实时的匹配，其考虑的维度、复杂性和实时性都远远超过其他行业。为此，众多网约车平台，如滴滴出行、高德打车等，正在借助机器学习和大数据，解决智能调度和供需预测等难题。滴滴通过对平台中海量用户的行驶数据进行挖掘和学习，围绕最低的价格、最高司机效率和最佳交通系统运行效率，设计出了全新的智能路径规划算法，能够对未来路况做出准确预测，整体考虑司机未来所有可能的走法，毫秒级算出从 A 点到 B 点的最优路径，让人们的出行更便捷，体验更好。

3. 降本增效

货车帮是中国最大的公路物流互联网信息平台，它建立了中国第一张覆盖全国的货源信息网，为平台货车提供综合服务。与滴滴出行基于传统出租车行业的发展模式不同，货车帮旗下的 App 创立了车货匹配及一系列相关服务的新型经营模式。该平台基于大数据技术，为货车车主和货主提供匹配信息，极大地提升了车货匹配效率，大幅度减少了货车等待的时间成本、司机的食宿成本、货主的时间成本和仓储费用。对于货车司机而言，过路费是其成本中最大的一部分，该平台货车 ETC 业务以大数据为基础，依托司机信用评价体系与个人信息系统，为货车司机提供货车 ETC 卡办理服务，帮助货车司机节省在过路费上的开销。除此之外，货车帮与阿里云大数据团队联手开发了一款大数据产品——全国公路物流指数，依托阿里云的大数据平台，对国内公路物流、货物运输流向、货物分布情况、车辆分布情况进行全面分析，提出高效绿色的行程模式，对绿色环保具有重要意义。

4. 影视制作

《纸牌屋》（*House of Cards*）是 2013 年美国奈飞公司（Netflix）制作的一部网剧，该剧一经播出就马上得到了市场的热烈反应，曾一度在全球 40 多个国家热播。作为出品商的 Netflix，从成立之初就十分重视对于数据的应用，而这部剧也是它将大数据用于电视节目创作的一大成功案例。

通过推荐引擎、数据算法等方式，Netflix 可以提前了解到观众喜欢的内容。在制作《纸牌屋》之前，为了了解观众喜好，Netflix 基于每天产生的 3 000 多万个用户观看行为，包括用户对视频的暂停、回放、快进、停止等数据，以及 400 万个评分、300 万次搜索，结合用户的收藏、推荐等行为，通过数据分析发现：那些喜欢观看 1990 年英国广播公司（British Broadcasting Corporation，BBC）版《纸牌屋》的观众，大部分也是好莱坞著名导演大卫·芬奇和奥斯卡影帝凯文·史派西的粉丝。于是，Netflix 最终决定投资 1 亿美元翻拍《纸牌屋》，让大卫·芬奇执导，凯文·史派西主演，并最终收获了市场和口碑的双丰收。这部网剧不仅在观众中引起热潮，也在影视制作行业内部掀起一场关于"大数据如何让艺术变得可预测"的讨论。

8.5.2　大数据在城市管理中的应用

1. 城市交通

随着人们收入和生活水平的不断提高，中国私人汽车拥有量逐渐增加，汽车在一定程度上方便了人们的出行，但随着汽车总量的增加，交通拥堵、停车难等问题也在急剧加重。为了更好地缓解交通拥堵问题，滴滴出行和交通部门合作，依据大数据推出了"智慧信号灯"。结合滴滴出行平台上网约车的行驶数据，以及来自政府的传统交通数据，通过人工智能算法，智慧信号灯能够动态调整红绿灯的时长，对早高峰、白天平峰、晚高峰、晚平峰、夜间低峰等时段进行合理划分，同时设置不同时段的过渡时段，避免空旷路口红绿灯无效运转，进而发挥调节道路资源和优化通行速度的作用，提高出行效率。智慧信号灯还配有显示大屏幕，屏幕上可以显示出实时交通路况，为司机提供交通引导，减轻交通拥堵。除此之外，滴滴出行基于区域内交通流量，确定潮汐车道，例如在路段单向各三车道的区域，当一侧车辆过多时，道路隔离墩位置会自行改变，调整路段车道设置，将原先可能拥堵的三车道变为四车道，而压力较小的另一侧变为两车道，从而大大提高了道路通行效率。

2. 垃圾分类

我国是城市垃圾治理压力最大的国家之一。随着城市化进程不断推进，"垃圾围城"的形势愈发严峻。2020 年我国陆续出台相关法律法规，要求垃圾分类，北京、重庆、厦门等 46 个城市都被纳入垃圾分类试点城市。以往很多城市都缺乏一个整体的监督管理平台，在进行垃圾分类时缺乏一个直观的图示，同时无法对垃圾的运输和收集进行有效的追踪和监督，导致各个区域收集的数据缺乏统一的标准，上报途径单一。浙江省绍兴市上虞区依托阿里巴巴、千寻位置等专业公司，在整合现有信息化平台的基础上，建立起区级城乡生活垃圾分类的大数据监管平台，实现城乡生活垃圾全周期、全过程、可视化和精细化管理。该地区为每家每户的垃圾桶贴上芯片，每户垃圾的重量、种类、分类是否合格，以及垃圾收集车的运行轨迹等数据都会实时出现在大数据监管平台上。通过对这些数据的分析，政府相关部门能够了解每个小区垃圾分类的投放习惯，方便对其统筹管理。

8.5.3　大数据在新能源汽车中的应用

1. 无人驾驶

在智能化的趋势下，汽车将不再只是人类的代步工具。为了让人彻底解放出来，越来越多的新能源汽车加入了无人驾驶功能。而实现无人驾驶的关键之一就是大数据。为了让车辆能够自动规划行车路线，无人驾驶汽车需要通过车载传感系统感知自身位置信息，包括车辆自身的速度、加速度、倾角，以及外在道路环境、障碍物信息、周围交通参与者运动状态信息等，通过算法计算得到车辆的下一步动作。利用大数据技术，能够为无人驾驶的计算机提供充足的数据基础，计算机可以根据海量数据来推算最佳路径，并且能够降低发生交通事故的概率。

2. 故障预警

国家政策的支持，加上电池技术的不断突破，让中国新能源汽车保有量持续增加，但伴随而来的安全事故也在不断发生，其中电池的燃烧事故发生较多。对于事故而言，早发现、早预防很重要，因此新能源汽车厂商正构建基于大数据的风险预警体系，预警服务器通过识别异常数据点的微小变化，运行算法模型实时解析数据项中的各项参数，定位电池故障，实现早期预警。

3. 性能评估

在评价传统车辆的性能时，往往以实验室、实验厂测试结果为依据，或者是抽样，以样本的测试指标来评价车辆性能。而新能源汽车天生就有着"物联网"的特性，在行驶过程中所有传感器得到的数据最终都会上传到云端，通过大数据分析系统，能够了解到每一辆车在能耗、故障率、电池衰减等各个不同维度的性能评估，进而建立起一个大数据指数，用车辆使用指数来反映这个车型的性能水平，以此反映不同企业技术水平，也可以从中看出全社会整体技术水平的变化状态。

4. 碳排放计算

为了应对全球气候变化，推动绿色低碳发展，中国正在积极控制碳排放，与之相关的政策法规应运而生，同时碳排放交易也在如火如荼地进行。为了明确各个部门或生产活动产生的温室气体排放量，帮助企业制定针对性的节能减排措施，碳排放的精确计算非常重要。传统车辆的碳排放计算是采用静态数据，而如今新能源汽车公司可以按车辆运行的大数据，精准计算每辆新能源汽车运行 1 千米的能耗，以及对应的发电量，这为核算某个企业的碳配额提供了新思路。通过基于实时大数据的碳排放核算方法，相关政府部门可以根据不同车企实际生产车辆的碳排放情况来制定其碳配额。企业为了获得足够的碳配额支持其经营，就会尽量生产低排放的车辆。

8.5.4　大数据在电力行业的应用

随着智能电网的全面建设，电力数据资源迅速增长，对电力大数据的研究和应用能够帮助我们创造更多的价值。电力大数据具有覆盖范围广、价值密度相对较高、实时准确性强三个鲜明特点，这决定了其具有多重价值。

1. 电力负荷预测

电力负荷预测是电力资源高效利用的前提，这直接关系到电力系统运行计划和生产调度计划的制定。为了提升电力系统的安全性、稳定性和经济性，帮助电网整体规划，减少发电成本，需要不断提升电力负荷预测的精度和速度。但是随着近几年经济的迅速发展，用电量也在急剧增加，给电力负荷预测带来了新的挑战。同时，集信息采集、存储功能于一身的智能电表在 2018 年时就已安装超过 4.5 亿只，这让用户用电信息采集频率更高，电力数据的规模呈指数级增长，而传统的负荷预测方法在面对如此庞大而混乱的数据时，往往不能发挥出应有的作用。为了把握用户级负荷变化规律，需要基于大数据技术来完成电力系统负荷预测，实现多种来源、形式的数据的集中管理。通过对电力大数据的分析，还能够加强对电力系统各种负荷类型的识别，将众多相关因素对负荷特性变化的影响精细化，进而把握每一地区、每一局部区域的负荷变化规律，大幅度提高负荷预测在短期内的精度。

2. 企业复工电力指数

国家电网浙江电力公司（下文简称"国网浙江电力"）基于电力大数据最先提出了"企业复工电力指数"。该指数从复工的企业数和其用电量两个维度来评估社会复工复产情况，其评估效果得到了浙江省政府的点名夸奖。之所以该指数能够很好地体现企业复工情况，依靠的是国网浙江电力的大数据采集和分析系统。通过浙江省 370 万个采集终端，国网浙江电力每天能够收集数据7.8 亿条，庞大的数据量能够纵向覆盖全省各地区、县，横向覆盖制造业、零售业、住宿和餐饮业等各个行业的复工复产情况。并且，通过国家电网的用电信息采集系统来采集数据，这个过程本身具有不可侵入性，保证了所采集数据的权威性和准确性。

通过基于电力大数据的企业复工电力指数，政府部门能够对信息传输软件业、公共服务业、工业等基础行业，以及口罩、防护品等防疫保障行业的复工情况进行分析，为制定复工复产计划提供辅助。同时，因为所有数据都是通过电力大数据系统进行收集，没有增加基层和企业报送相关数据的负担。供电公司通过复工指数的检测，可以观察到地区复工企业的变化趋势，为即将复工的企业提前做好电力保障。

8.5.5 大数据在水利行业的应用

1. 洪水预报

对于暴雨频发的地区，一旦形成洪涝灾害，会直接影响沿江居民的生命财产安全和企事业单位的生产活动。因此为了可以及时采取防洪抢险措施，合理调度防御工程，应尽早地预判一场洪水过境的时间和峰值，将洪灾损失降到最低程度。为了提高洪水预报精度，目前我国已经建设报汛站超过 12 万个，通过借助水情信息交换系统，只需 10 ~ 15 分钟就可以集齐全国报汛站的信息。基于大量的汛情数据，研究人员可以建立洪水预报系统，模拟降雨从落到地面，经过蒸发、填洼、土壤下渗等，最终形成地表径流的过程，进而对洪水的发展趋势进行预测预报。并且，随着基于大数据的计算和存储平台的发展，以往计算能力等方面的限制被大大削弱，结合分布式洪水预报技术，可以构建全国分布式洪水预报系统，实现对全国大江大河干流、一级支流、重要二级支流的断面进行洪水快速滚动预报，全面提升全国洪水预报预警服务能力。

2. 水利工程建设

大数据在水利工程的建设方面也有诸多应用。一个水利工程的建设项目往往包括闸门、管道、水库、隧道、盾构等内容，并且在建设过程中会涉及资金、环境、质量、安全、稳定、水质、调度、运营等要素，每一个环节都会形成并积累大量的数据。在水利工程实际施工建设中，可以利用大数据技术，记录施工进度计划，监控资源利用、作业实施情况，通过工程进度数据识别可能存在的窝工区域，辅助管理人员处理各种风险，提高施工效率；利用工程资金大数据评价模型，融合工程总投资、工程变更、工程支付等信息，结合工程进度情况，对项目投资的完成比例进行分析，动态展现工程预付及实际支付的执行情况，实现对工程投资的全过程控制，辅助管理人员把控项目成本。

3. 水资源监测

在水资源监测方面，我国作为农业大国，做好灌区用水量的动态监测对节约用水意义重大。基于遥感影像及地面观测的数据构建灌区种植结构、耗水量、作物需水量、作物产量、土壤含水量、实际灌溉面积等灌区基本特征信息，在此基础上结合灌区基本监测信息、用电、人口、城市与农村水厂、企业等数据，采用大数据关联分析算法构建用水分析模型，对灌区的需水、取水、配水、耗水等进行分析，并进一步计算灌区渠系水、灌溉水的利用系数，平均用水量、产量，以及水分生产率等用水效率和效益指标，从而实现对灌区用水量的动态监测。对全社会的用水效率进行动态监测，有利于水资源的节约利用。目前以水利行业监控取水量数据为基础，综合企业用水户生产经营、农作物播种与长势、水文气象监测、灌溉机井用电、城镇人口位置等数据，进行用水行为标签管理并开展动态分析，能够生成基于大数据的重点用水户用水量及效率，以及区域用水总量及效率，便于政府相关部门加强用水管理。

8.5.6　大数据在医疗中的应用

癌症一直是全球发病和死亡最主要的原因之一。世界卫生组织国际癌症研究机构（IARC）的统计资料显示，2020 年全球新发癌症病例 1 929 万例，癌症死亡病例 995 万例，其中中国的新发癌症病例和癌症死亡病例分别达到 457 万例和 300 万例。

2013 年 3 月，学术期刊《细胞》（cell）的文章 "*Lessons from the Cancer Genome*" 指出，许多肿瘤的发病概率类似长尾分布（long tail distributions），尽管部分癌症是由某些特定基因高频突变所致，但其他更多的癌症其发生原因是一些概率极小的基因突变。为了观察到长尾分布中概率极小的基因突变，需要收集大量的样本，但考虑到对数据隐私的保护以及数据的商业利益，很多医疗机构关于癌症的数据无法互通，这样的信息壁垒让治疗癌症变得更加困难。为此，英特尔公司主导开发了一项数据共享技术——数据咖啡馆，在这个项目中，参与的研究机构共享癌症诊断数据，但这种共享是在不破坏数据属主的基础上进行的，也就是说，这种共享的癌症数据"可用但不可见"，在保护隐私的同时完成了数据共享。

除此之外，还有许多机构正不断尝试使用大数据治疗癌症。IBM 研制的超级机器人沃特森（Watson），通过人工智能算法从海量的癌症病例数据库中学习如何正确诊断疾病，医生结合沃特森的病理和药理分析，能够给出最有可能治疗特定患者的抗癌药物；美国临床肿瘤学协会（ASCO）创建大数据癌症治疗项目——CancerLinQ，这既是一个庞大的数据库，用于收集成千上万癌症患者的诊疗数据，也是一个快速学习系统，CancerLinQ 通过机器学习技术，从数据库中发现有价值的模式，帮助医生进行诊疗决策，同时有针对性地进行靶向药物的研制。

8.5.7 大数据在农业领域的应用

我国是农业大国，尽管我们的粮食产量连续数十年全球第一，但与农业强国还有着一定的差距。我国农业在发展过程中仍存在以下问题：① 因为人口基数庞大，我国的粮食供给一直处于"紧平衡"状态；② 优质农产品不足，农业总体效益较低，农民收益增长缓慢；③ 农业结构不合理，部分农产品依赖进口；④ 增长方式以资源消耗型为主；⑤ 生产方式落后，现代化程度不高。

为此，国家高度重视农业大数据的应用，先后出台了《促进大数据发展行动纲要》《农业部关于推进农业农村大数据发展的实施意见》《农业农村大数据试点方案》等文件和政策。为了响应国家政策，各地纷纷搭建大数据平台，助力农业发展。贵州的农产品大数据平台，将本省农业基地生产、保鲜、物流、销售，以及省内市场交易信息、全国农产品价格等信息汇聚到一个大数据平台上，打通产销壁垒，构建农产品流通生态圈，形成完整的产业供应链。同时实时分析全国各农产品产区环境、产量、价格等数据，对可能滞销的单品迅速发出预警。根据全国价格行情数据，抓住贵州季节性农产品集中上市、批量供给的机会，指导农产品生产、经营主体拓展价格高、空间大的主销区市场，更准确地把握贵州农产品市场销售主方向，乃至为贵州农产品供给侧与需求侧结构调整提供理论依据。

大数据在农业领域的应用能为农业带来创新和改变，通过建立重要农产品和特色优势农产品数据库，实现对国家或者区域重点农产品的品种监测、总量调控。充分利用遥感监测、统计上报及渠道采集数据，构建农业产业大数据库，实现共建共享。在此基础上，加强数据整理、分析建模、预测预警、数据脱敏等信息处理，以消费需求为导向建立完善的重要农产品和特色优势农产品市场监测指标体系和预警预测分析系统，研判国内外农产品市场供求形势，及时对市场运行风险进行预警。定期发布重要农产品价格信息，增强价格信息更新的及时性和这些信息对农民的可及性，从而更好地为农业生产决策和市场调控服务。

不仅是中国，许多发达国家也都早早地将大数据应用于农业当中。例如，美国硅谷的气候公司利用 30 年的气候变化和 60 年的农作物收成变化、14TB 的土壤历史数据、250 万个地点的气候预测数据和 1 500 亿例土壤观察数据，生成 10 万亿个模拟气候据点，可以预测下一年的农产品产量以及天气、作物、病虫害和灾害、肥料、收获、市场价格等的变化，基于这些信息农民的生产和销售能够获得决策支持。

思考题

1. 什么是大数据？大数据的基本特征有哪些？
2. 大数据的分布式存储与云存储有什么区别？
3. 大数据的计算模式主要有哪些？

即测即评

参考文献

［1］杨善林，周开乐. 大数据中的管理问题：基于大数据的资源观［J］. 管理科学学报，2015，18（5）：1-8.

［2］杨善林. 企业管理学［M］. 4 版. 北京：高等教育出版社，2020.

［3］周苏，王文. 大数据导论［M］. 北京：清华大学出版社，2016.

［4］罗福强，李瑶，等. 大数据技术基础：基于 Hadoop 与 Spark［M］. 北京：人民邮电出版社，2017.

［5］孟小峰. 大数据管理概论［M］. 北京：机械工业出版社，2017.

［6］林子雨. 大数据技术原理与应用：概念、存储、处理、分析与应用［M］. 2 版. 北京：人民邮电出版社，2017.

［7］GINSBERG J, MOHEBBI M H, PATEL R S, et al. Detecting influenza epidemics using search engine query data［J］. Nature, 2009, 457（7232）：1012-1014.

［8］李秀婷，刘凡，董纪昌，等. 基于互联网搜索数据的中国流感监测［J］. 系统工程理论与实践，2013，33（12）：3028-3034.

［9］KURIAN S J, BHATTI A U R, ALVI M A, et al. Correlations between COVID-19 cases and

Google trends data in the United States：a state-by-state analysis ［J］．Mayo Clinic Proceedings，2020，95（11）：2370-2381.

［10］李少亭，王雪瑞．XGBoost 模型在新冠疫情预测中的研究应用［J］．小型微型计算机系统，2021，42（12）：2465-2472.

［11］纪煜东．对采用个性化推荐的移动端视频平台的优化策略［D］．无锡：江南大学，2019.

［12］许宪春，任雪，常子豪．大数据与绿色发展［J］．中国工业经济，2019（4）：5-22.

［13］王朋进．算法创作：大数据时代电视节目创作的新模式——以《纸牌屋》为例［J］．中国电视，2017（2）：31-34.

第 9 章 | 物联网技术及其应用

物联网（Internet of things，IoT）作为新一代信息技术的典型代表，是新一代信息技术的高度集成和综合应用，在全球范围内呈现出爆发式增长态势，其应用领域遍及智慧医疗、智慧交通、智慧农业、智慧环保、智能家居、智慧校园、智慧社区、工业 4.0 和智慧地球等各行各业，广泛的物联网应用开启了万物互联时代。中国物联网产业发展正处于跨界融合、集成创新和规模化发展的新阶段，物联网已成为深化供给侧结构性改革与产业转型升级的关键推动力量和重要方向之一。党的二十大报告明确提出：加快发展物联网，建设高效顺畅的流通体系，降低物流成本。本章将详细介绍物联网的源起、概念、特征、系统架构、关键技术及典型应用等。

9.1 | 物联网的源起

"物联网"一词由麻省理工学院 Auto-ID 研究中心创始人之一凯文·艾什顿（Kevin J. Ashton）于 1999 年在研究射频识别技术（radio frequency identification，RFID）时提出。艾什顿认为"物"是与人类生活最相关的东西，物联网的意义在于借助互联网和各类数据采集手段收集各种"物"的信息，服务于人类。

2004 年，日本提出 U-Japan 计划，以实现人与人、物与物、人与物之间的连接，建成一个随时、随地、任何物体、任何人均可连接的泛在网络社会。

2005 年，国际电信联盟（ITU）发布了《ITU 互联网报告 2005：物联网》，对物联网的内涵进行了扩展，开始注重人与物之间的信息沟通，提出了任何时刻、任何地点、任意物体之间互联，无所不在的泛在网和无所不在的普适计算的发展愿景。

2009 年，IBM 提出"智慧地球"构想，认为信息技术产业下一阶段的任务是将新一代信息技术充分运用到各行各业。具体来说，就是把传感器嵌入电网、铁路、桥梁、隧道、公路、建筑、供水系统、大坝和油气管道等各种物体并进行连接，形成新一代的智慧型基础设施——物联网。美国对"智慧地球"构想做出了积极回应，并将其提升为国家层级的发展战略。同年，韩国通信委员会出台"物联网基础设施构建基本规划"，确定了构建物联网基础设施、发展物联网服务、研发物联网技术、营造物联网扩散环境等研究领域和详细课题；中国也提出"感知中国"的理念，并于 2010 年年初成立传感（物联）网技术产业联盟，同时在 2010 年政府工作报告中强调加快物联网的研发和应用，表明物联网的发展进入国家层面的视野。

2015 年后，物联网行业应用进一步拓展，叠加 5G 成为主流信息技术，未来物联网技术和 AI 技术配合将成为重要的生活参与技术。

尽管物联网的概念近几年才为人们所熟知，但实现物物相连所采用的却并非都是新技术。业内人士普遍认为物联网起源于 RFID 技术和传感器网络。

物联网的概念源自 RFID 领域，利用 RFID 技术标识客观物体，这种物联网主要由 RFID 电子标签、RFID 读写器和互联网组成。RFID 电子标签附着在物体上，标签内存储着与物品相关的编码数据（电子产品编码，electronic product code，EPC）；RFID 读写器采用无接触的射频信号对电子标签内的信息加以识别，并将识别的信息传输至互联网；互联网提供对物品信息的全方位服务。物联网的初衷是应用于生产和流通领域，在供应链中实现对物品的实时监控，从根本上提高对物品生产、配送、仓储、销售等环节的管理水平。

此后，物联网的发展突破了 EPC 系统这个狭窄的物联网定义，席卷了包括传感网在内的 IT 领域，物联网的内涵更加丰富，人们对物联网的认识更加深刻。将传感器技术融入 RFID 技术，不仅可以获取物理层面的翔实信息，而且可以实现人与物之间的联系、沟通和互动。例如，在厢式冷藏货车内安装温度和湿度传感器，采集温度和湿度的信息；通过传感器采集的温度和湿度等环境信息与通过 RFID 采集的车辆和集装箱等商业信息相融合；上述所有信息通过车载终端发送到企业监管中心，可以构建基于 RFID 的"带传感器"的物联网。未来，物联网将与众多智能设备相结合，实现智慧物联网，使人们的生活更加方便。

9.2 | 物联网的概念及特征

9.2.1 物联网的概念

1999 年艾什顿首先提出物联网的概念，他认为物联网是能够将所有物品通过射频识别等信息传感设备与互联网连接起来并实现智能化识别和管理的网络。此时的物联网主要指基于 RFID 技术的"物物互联的网络"。此后，经过几十年的发展，尽管物联网技术发展日趋成熟，但相关的物联网理论体系尚未完全建立。当前，关于物联网存在以下几种代表性定义。

国际电信联盟（ITU）的定义：物联网是通过二维码识读设备、射频识别装置、红外感应器、全球定位系统、激光扫描器等信息传感设备，按约定的协议，把任何物品与互联网相连接，进行信息交换和通信，以实现智能化识别、定位、跟踪、监控和管理的一种网络。

欧盟（EU）的定义：物联网是动态的全球网络基础设施，它具有基于标准和互操作通信协议的自组织能力，其中物理的和虚拟的"物"具有身份标识、物理属性、虚拟的特性和智能的接口，并与信息网络无缝整合。

中国国家标准 GB/T 33745—2025《物联网　术语》的定义：物联网是指基于感知控制设备，

通过通信网络，使物理实体、人、系统和信息资源相连接，响应和处理物理和虚拟世界信息的基础设施。

《中国物联网产业发展年度蓝皮书》的定义：物联网是一个通过信息技术将各种物体与网络相连，能够帮助人们获取所需物体相关信息的网络。物联网通过下一代信息技术和传感设备对信息进行采集，通过无线传感网、无线通信网络把物体与互联网连接起来，实现物与物、人与物之间实时的信息交换和通信，以实现智能化识别、定位、跟踪、监控和管理。

综上，物联网是一种广泛存在于人们生活中的通信网络，是按照约定的协议，将具有"感知、通信、计算"功能的智能物体、系统、信息资源互联起来，实现对物理世界"泛在感知、可靠传输、智能处理"的智能服务系统。物联网是包含智能、传感器功能的物理对象以及与其交互的网络、服务器和服务的集合，物联网的应用和服务遍布各个行业、各个角落。

9.2.2　物联网的特征

物联网的本质特征主要表现在全面感知、可靠传输和智能处理三个方面，如图 9.1 所示。

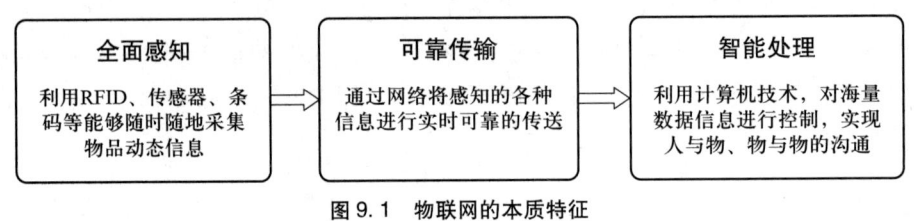

图 9.1　物联网的本质特征

1. 全面感知

物联网是各种感知技术的广泛应用，利用 RFID、传感器、条码等感知、捕获和测量技术手段，随时随地采集各种动态对象，实现物与人、物与物的通信。物品的信息有两种：一种是物品本身的属性，另一种是物品周围环境的属性。通常使用无线传感器网络技术采集物品周围环境信息，使用传感器直接采集现实世界的信息。例如，在生活中，采用摄像头、门禁卡、指纹机等信息采集设备收集图像、射频信号、身份等各种感知信息，是物联网全面感知特征的典型实例。

2. 可靠传输

可靠传输是指基于各种通信网和互联网，将物体的信息接入网络，实时进行信息的可靠传递和共享。物联网广泛采用互联网协议、技术和服务，是一种建立在互联网和通信网上的泛在网络。物联网技术的重要基础和核心仍是传统的互联网和通信网，通过有线和无线网络与互联网和通信网融合，将物品信息接入网络并实时准确地进行传递，以随时随地进行可靠的信息交互和共享。例如，物联网采用数据网络、移动网络、传输设备、蓝牙等传输方式，实现信息的双向传递，保证信息传输安全，具备防干扰及防病毒能力。

3. 智能处理

物联网不仅为物品信息的交互和处理提供基础设施，其本身也具有智能处理的能力，能够对物品实现智能控制，具有自动识别、自动处理与自我反馈的特点。智能处理是指利用数据管理、数据处理、模糊识别和云计算等各种智能计算技术，对跨地区、跨行业、跨部门的海量复杂数据和信息进行分析、处理和整合，实现智能决策与控制以及系统地解决问题的过程。例如，物联网从传感器采集的海量信息中提取、分析和处理出有意义的数据，以满足用户的个性化需求，发掘出新的应用模式和应用领域。

9.3 物联网与互联网、传感网和泛在网

1. 物联网与互联网

互联网是网络与网络之间基于一组通用的协议形成的全球通信网络，以实现人与人之间的信息交流与传递，典型应用如网页检索、微博、电子邮件和实时通信等。物联网是互联网的延伸和拓展，其信息交互不再局限于人与人之间，而是开创了人与物、物与物等领域的信息沟通。例如，手机支付、高速公路收费、智能家居等，都是物联网应用的初级阶段。

物联网区别于互联网最显著的特征在于数据获取方式不同。互联网通过人工方式获取数据，这些内容翔实的数据为人们打造了一个虚拟的信息世界，实现了人与人之间的信息共享。物联网通过自动感知方式获取数据，这些海量的数据是根据物品本身或周围环境的情况产生的，人们获取的是真实世界的信息。在这个现实世界的信息空间中，实现了人与人、人与物、物与物的信息共享。

2. 物联网与传感网

传感网一般是指无线传感器网络（wireless sensor network，WSN），是指一组在空间上分散且专用的传感器，用于监视和记录环境的物理状况并在中央位置组织收集的数据，实现所采集信息的协调处理。若将智能传感器的范围扩展到 RFID 等其他数据采集技术，从技术构成的应用领域来看，传感器网络就等同于物联网。因此，传感器网络是物联网的重要组成部分。

3. 物联网与泛在网

泛在网（ubiquitous network，UN）就是无所不在的网络。泛在网的概念提出较早，其最初目的为开发一套理想的计算机结构和网络，满足全社会的需要。从泛在网的角度来看，物联网是泛在网的初级阶段（泛在物联阶段），实现的是物与物、物与人的通信；泛在网实现的是物与物、物与人、人与人的通信，是物联网的理想形态。因此泛在网比物联网的范围大，同时二者的研究重点也不同，物联网强调的是感知和识别，泛在网强调的是网络和智能。

总的来说，无论是传感网、互联网、泛在网，还是物联网，都是万事万物互联在不同方向上的发展阶段。几种网络的关系如图 9.2 所示。互联网从计算机到计算机的互联发展到人与人的互联，进一步把物接入互联网，就进入物联网阶段。传感网强调的是物与物的互联，进一步考虑人与物的互联，就进入物联网阶段。泛在网则是提出理想目标，从机器到机器的通信等外围入手，逐步纳入其他技术，进入物联网发展阶段。

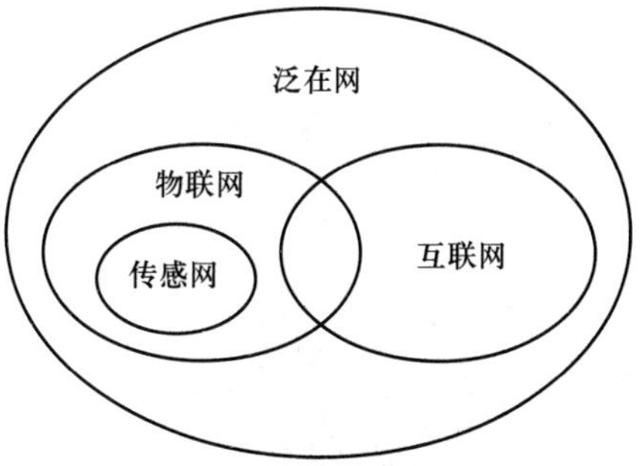

图 9.2 几种网络概念之间的关系

9.4 物联网的系统架构

物联网是以感知为目的的物物互联系统，涉及众多技术领域和应用领域。目前，主流的物联网系统架构可以分为三层：感知层、网络层和应用层，如图 9.3 所示。底层的感知层用于感知数据，中间层的网络层负责数据传输，顶层的应用层则是面向客户需求。

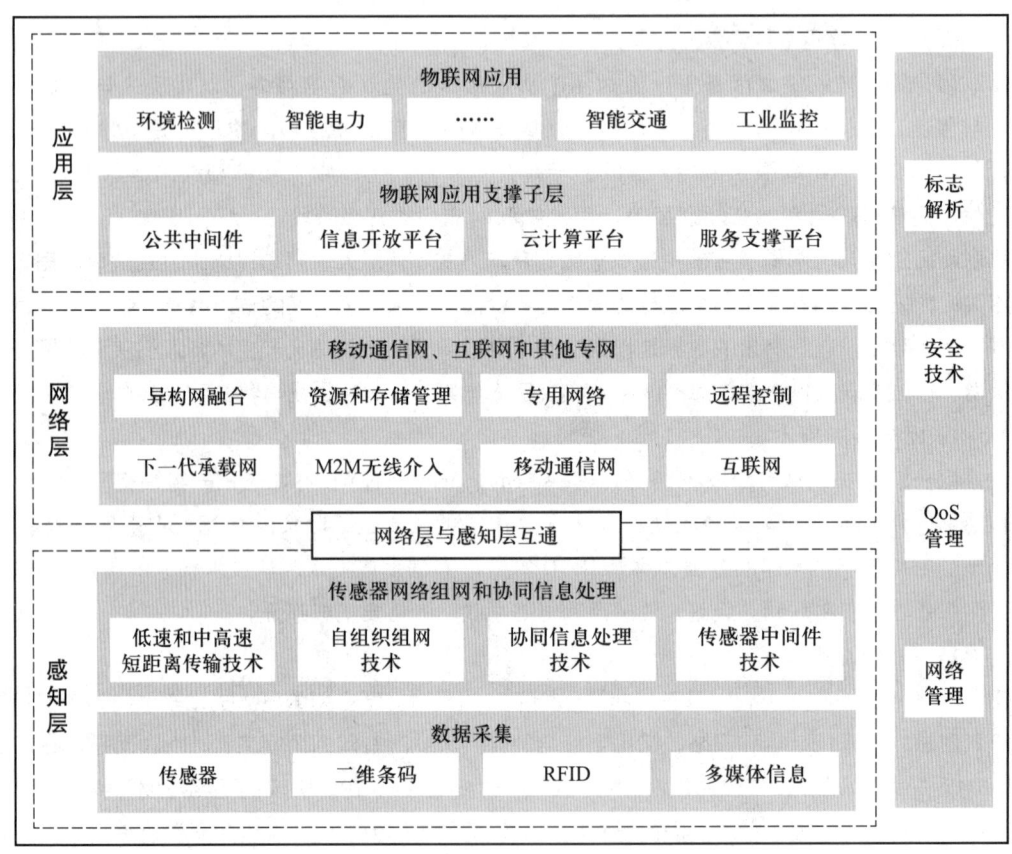

图 9.3　物联网系统架构

9.4.1 感知层

感知层是物联网三层体系架构中最基础的一层，也是最为核心的一层，由传感网及各种传感器构成，主要用于采集物理世界中发生的物理事件和信息，包括各类物理量、标识、音频、视频等。感知层在物联网中的作用如同人的感觉器官对人体系统的作用，主要是用来感知外界环境的温度、湿度、压强、光照度、气压、受力情况等信息，通过传感器等数据采集工具，识别物体和感知物体的相关信息。作为物联网应用和发展的基础，感知层涉及的技术主要包括短距离传输技术、自组织组网技术、协同信息处理技术、传感器中间件技术等。随着数字技术不断发展，传统的传感器正逐步实现微型化、智能化、信息化、网络化，不断向智能传感器、嵌入式 Web 传感器、传感器网络演化。

9.4.2　网络层

网络层作为整个体系架构的中枢起承上启下的作用，解决感知层在一定范围、一定时间内所获得数据的传输问题，通常以解决长距离传输问题为主。网络层是在现有的通信网和互联网的基础上建立起来的，其关键技术包括现有的通信技术和终端技术，为各类行业终端提供通信能力的通信模块等。网络层不仅能够实现用户随时随地获得服务，更重要的是，通过有线与无线的结合，基于移动通信技术和各种网络技术的协同，为用户提供智能选择接入网络的模式。网络层用于实现更加广泛的互联功能，相当于人的神经系统，能够无障碍、高可靠性、高安全性地传送感知到的信息，需要传感器网络与移动通信技术、互联网技术相互融合。随着技术的不断发展，这些功能将会更加完善。目前，5G 技术已成为物联网技术的一大核心。

9.4.3　应用层

应用层位于三层架构的顶层，包括各种不同业务或者服务所需要的应用处理系统。这些系统利用感知的信息进行处理、分析和执行不同的业务，并对处理的信息进行反馈更新，为终端使用者提供服务，使得整个物联网的每个环节更加连续和智能。

以使用手机 NFC（near field communication）功能支付地铁车票为例，物联网体系结构的三层模型为：① 感知层。负责自动识别经过验票口的对象。这就要求人们的手机必须具备 NFC 电子标签，NFC 阅读器读取电子标签中的用户信息，将用户信息送到本地计算机。② 网络层。负责多个服务器之间的数据传输。计算机将用户信息传送到相应的服务器，如涉及客流量统计的地铁公司的服务器、涉及话费的电信公司的服务器和涉及转账的银行的服务器等，这些服务器之间依靠各种通信网络进行信息传输。③ 应用层。数据在各个服务器之间流动，最终被交付给服务器上的应用程序。这些应用程序最终目的只有一个，即将购票金额从用户银行账户或话费账户转到地铁公司的账户上。

9.5 │ 物联网的关键技术

9.5.1　感知技术

物联网感知技术中，最为关键的是识别技术和传感器技术。其中，识别技术是指负责感知和获取物体的各种特征数据并对物体进行标识的前端技术，传感器是指能感受规定的被测量并按一定规律将其转换为有用信号的器件或装置。

常见的自动识别技术包括 IC 卡、条形码、射频识别、NFC 等。IC 卡，又称集成电路卡或智能卡，如电话 IC 卡、购电卡、手机 SIM 卡、牡丹交通卡等。IC 卡芯片具有写入数据和存储数据的功能，可根据需求将其存储的数据供外部读取，供内部数据处理之用。与传统一般性的磁卡相比较，IC 卡技术在国际标准化、智能化、安全性方面具有显著优势，即 IC 卡已在全球范围内得到应用，其本身更为灵巧、智能化，所用芯片在结构与读取方式上存在加密电路，安全性较高。

条形码是由一组规则排列的条、空以及对应的字符组成的标记，主要包括一维条形码和二维条形码。一维条形码只在一维方向（一般是水平方向）表达信息，优点是编码规则简单，条形码识别装置造价较低，但缺点是数据容量较小，一般只能包含字母和数字。常见的一维码有 EPC 码和 EAN 码，如图 9.4（a）所示。二维条形码是在水平和垂直方向上存储信息的条形码，其主要优点是信息容量大、译码可靠性高、纠错能力强、制作成本低、保密性与防伪性能好，如 Code49 码和 Code16K 码，如图 9.4（b）所示。二维条形码能够在较小面积内表达文字、图像等大量的信息，拓展了条形码的应用领域，被众多行业采用。

EPC码   EAN码   Code49码   Code16K码

(a)   (b)

图 9.4　常见的一维条形码（a）和二维条形码（b）

RFID 技术是一种利用射频通信实现的非接触式自动识别技术。RFID 技术可通过射频信号自动识别目标对象并获取相关数据，支持只读工作模式和读写工作模式，识别过程无须人工干预，可应用在各种环境。例如，短距离射频产品可用于油渍、灰尘污染等恶劣的环境中，也可用在工厂的流水线上跟踪物体，替代条形码；长距离射频产品识别距离可达几十米，多用于交通领域，如自动收费或识别车辆身份等。

NFC 是在无线射频识别技术和互联网技术二者整合基础上发展而来，任意两个设备靠近而无须线缆接插，便可实现相互间的通信。NFC 是一种提供轻松、安全、迅速通信的无线连接技术，其传输范围比无线射频识别技术小，采用独特的信号衰减技术，具有距离近、带宽大、能耗低等特点。与其他无线通信方式相比，NFC 是一种近距离的私密通信方式。

9.5.2　网络技术

物联网网络层包含接入网和传输网，分别实现接入功能和传输功能。每种网络都有自己的特点和应用场景。实际应用中，常见的物联网网络技术包括短距离无线通信技术、互联网技术、移动通信技术等。

1. 短距离无线通信技术

一般地，通信收发双方通过无线电波等无线介质传输信息，且传输距离限制在几十米（居多）或数百米之内，即为短距离无线通信。短距离无线通信自由地连接各种个人便携式电子设备、计算机外部设备和家用电器设备，实现信息共享和多业务无线传输，具有低成本、低功耗和对等通信的重要特征和优势。物联网中，常用的短距离无线通信技术包括蓝牙、ZigBee、Wi-Fi 等。

蓝牙技术是一种典型的低功耗、低成本、近距离范围的无线连接技术，其实质是在固定设备或移动设备之间进行无线信息交换。截止到目前，蓝牙技术经历了 1.0、2.0、3.0、4.0 到 5.0 的五代技术更新，是无线通信技术领域中最为重要的技术标准之一。生活中，常见的蓝牙产品包括蓝牙耳机、蓝牙鼠标、蓝牙音箱、蓝牙遥控器等，为人们提供更为便利的操控体验。然而，蓝牙技术的通信速率相对较低，且传输距离受限，在当今这个数据爆炸的时代，其发展可能受到限制。

ZigBee 技术是基于蜜蜂间联系方式而研发的一项新型无线通信技术，与蓝牙类似，适用于传输距离短、数据传输速率低的一系列电子元器件设备之间的通信。ZigBee 的显著特征是低功耗，呈现出低速率和近距离的传输特点。此外，ZigBee 可采用星形、树形和网状网络结构，提供多级安全模式，能够传输大容量信息，且安全性较高。

Wi-Fi 是一种基于 IEEE802.11 标准的无线局域网技术，能够将个人计算机、手持设备（如平板电脑、手机）、打印机等终端以无线方式互相连接，其目的是改善无线网络产品之间的互通性。Wi-Fi 通过无线电波实现联网。生活中，常见的 Wi-Fi 应用是无线路由器，其无线电波的覆盖半径可达 100m 左右。相较于蓝牙技术，Wi-Fi 技术的传输质量和数据安全性较低，但传输速率较快，符合个人和社会信息化的需求，且不受布线条件限制，能够满足移动办公需求。表 9.1 为蓝牙、ZigBee、Wi-Fi 三种典型短距离无线通信技术之间的比较。

表 9.1 典型短距离无线通信技术

通信技术	蓝牙	ZigBee	Wi-Fi
协议标准	IEEE802.15.1 IEEE802.15.1a	IEEE802.15.4	IEEE802.11b/g/n/ax IEEE 802.11a/n/ac/ax
传输距离	10 cm~10 m	低速率时传输范围可达 134 m	电波覆盖半径 100 m
应用领域	无线办公环境、汽车工业、信息家电、医疗设备以及学校教育和工厂自动控制等领域	PC 外设、消费类电子设备、家庭内智能控制、玩具、医护、工业控制等领域	家庭无线网络以及不便安装电缆的建筑物或场所内
优点	具有较强移植性，应用范围广泛，使用全球统一的频率设定	成本低、功耗小，网络容量大，频段灵活，保密性高，不需要申请频段	可大幅度减少企业的成本，传输速率非常快
缺点	成本高昂，安全性不高	传输速率低，有效范围小	设计复杂，设置烦琐

2. 互联网技术

互联网是由多个计算机网络按照一定的协议组成的国际计算机网络。计算机网络结构主要包括两部分: 一是负责数据处理的主计算机与终端; 二是负责数据通信处理的通信控制处理设备与通信线路。基于结构组成视角, 逻辑上, 计算机网络包括资源子网和通信子网, 基本结构如图 9.5 所示。其中, 资源子网由主计算机系统、终端、联网外部设备、各种信息资源等组成, 负责全网的数据处理业务, 向网络用户提供各种网络资源和网络服务。通信子网则是由专用的通信控制处理机和连接它们的通信线路组成, 完成网络数据传输、转发等通信处理的任务。

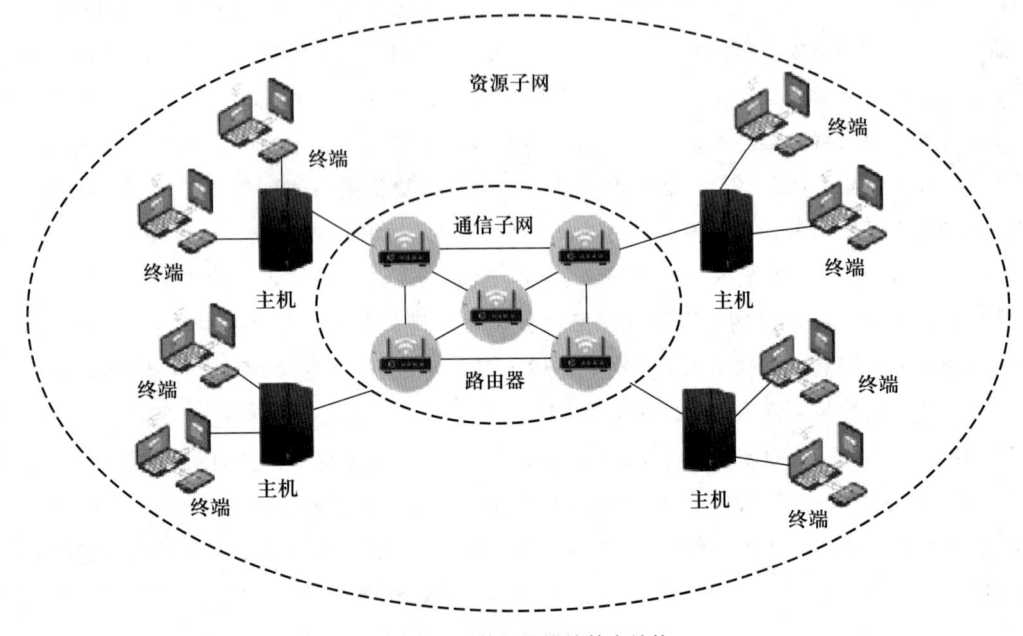

图 9.5 计算机网络的基本结构

互联网的功能主要表现为数据通信、资源共享和分布处理。数据通信是计算机最基本的功能, 能够实现快速传送计算机与终端、计算机与计算机之间的各种信息, 如文字信息、图片资料、报纸版面等, 将分散在各地的计算机或终端用网络联系起来, 进行统一调配、控制和管理。计算机互联网络的目的是实现网络资源共享、硬件资源共享、软件资源共享、数据资源共享和通信信道资源共享。互联网还具有极强的分布式处理能力。当某台计算机负担过重, 或该计算机正在处理某个进程又接收到用户新的进程申请时, 网络可将新的进程任务交给网络中空闲的计算机, 均衡各计算机的负担, 提高网络处理问题的实时性。

3. 移动通信技术

移动通信是移动体之间的通信, 是实现移动用户和固定点用户之间或移动用户相互之间的通信, 其基本概念是 "动中通", 即通信双方至少有一方在移动中进行信息传输和交换。例如运动中的车辆和飞机或者行走中的人与固定点之间进行信息交换, 或者移动物体之间的通信都属于移动通信。

相较于其他通信方式, 移动通信呈现出传播环境复杂、噪声干扰大、通道容量有限、通信系统复杂等特征。蜂窝移动通信系统经历了以下发展阶段: 第一代移动通信系统 (1G)、第二代移动通信系统（2G）、第三代移动通信系统（3G）、第四代移动通信系统（4G）、第五代移动通信系统（5G），如图 9.6 所示。

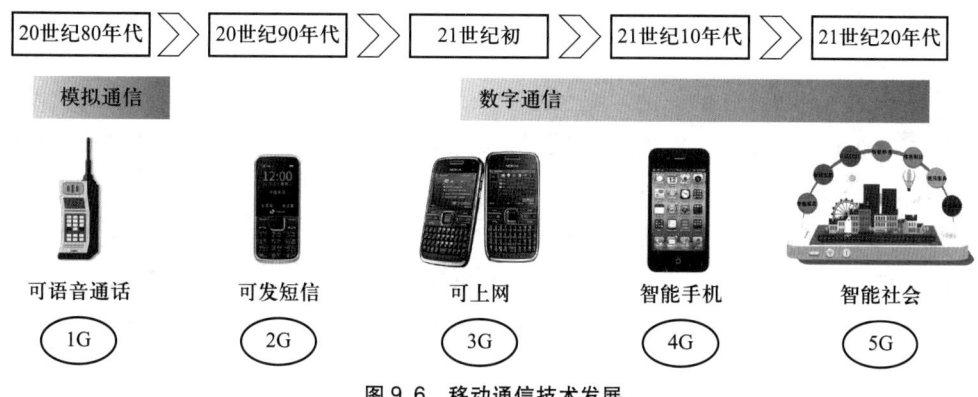

图 9.6　移动通信技术发展

1G 技术是指最初的模拟、仅限语音的蜂窝电话标准，是一种区域性的移动通信系统。中国第一代移动通信系统主要采用英国 TACS 制式，由于受到传输带宽的限制，不能进行移动通信的长途漫游。

2G 主要采用数字时分多址（TDMA）技术和码分多址（CDMA）技术，主要业务是语音，提供数字化的话音业务及低速数据业务。由于 2G 采用不同的制式，移动通信标准不统一，用户只能在同一制式覆盖的范围内进行漫游，无法进行全球漫游。此外，2G 带宽有限，限制了数据业务的应用，也无法实现高速率的业务（如移动的多媒体业务）。

3G 是基于 2G 技术、以宽带 CDMA 技术为主，并能同时提供话音和数据业务的移动通信系统，可以处理图像、声音、视频等多种媒体形式，提供包括网页浏览、电话会议、电子商务等多种信息服务，支持不同数据传输速率，是彻底解决 1G 和 2G 主要弊端的先进移动通信系统。

4G 是集 3G 与 WLAN 于一体，能够传输高质量的视频图像，下载速率达 100 Mbit/s，上传速率可达 20 Mbit/s，能够满足所有用户对无线服务的要求。相比 2G、3G 通信，4G 通信实现了真正的沟通自由，通信速度更快、网络频谱更宽、通信更加灵活、智能度更高、兼容性能更平滑、提供各种增值服务、实现更高质量的多媒体通信、频率使用效率更高以及通信费用更加便宜，彻底改变了人们的生活方式甚至社会形态。

5G 是为了满足智能终端的快速普及和移动互联网的高速发展而开发的新一代通信技术，为社会提供全方位的信息生态系统。用户体验速率、连接数密度、端到端时延、峰值速率和移动性等成为 5G 的关键性能指标，移动互联网和物联网业务成为移动通信发展的主要驱动力。5G 能够满足人们在居住、工作、休闲和交通等各种领域的多样化业务需求，并渗透到物联网及各行各业，实现真正的"万物互联"。

9.5.3　应用技术

应用层核心功能围绕两个方面：一是"数据"，即通过云计算平台进行数据信息处理；二是

"应用"，对感知层采集的数据进行计算、处理和知识挖掘，将数据与各行业的应用相结合，实现对物理世界的实时控制、精确管理和科学决策。物联网应用技术众多。本节主要介绍云计算技术、大数据技术以及物联网中间件。

1. 云计算技术

云计算是分布式计算技术的一种，通过这种方式，共享的软硬件资源或信息资源可以按需提供给计算机或其他设备。基于这项技术，网络服务提供者可在数秒内处理数以千万计甚至亿计的信息，完成和"超级计算机"同样强大效能的网络服务。

建设物联网的三大基石包括：传感器等电子元器件，可靠的数据传输通道，大规模的、可扩展的数据处理能力。其中，第三项可以通过云计算来实现。运用云计算模式，可以实现物联网中数以兆计的各类物品的实时动态管理和智能分析。物联网通过将射频识别（RFID）技术、传感器技术、纳米技术等新技术广泛应用于各行各业之中，实现各种物体充分连接，并通过移动、无线网络和 Internet 将采集到的各种实时动态信息传送至计算处理中心，进行汇总、分析和处理。

2. 大数据技术

大数据是指无法在一定时间范围内运用常规软件工具进行捕捉、管理和处理的数据集合，是海量、高增长率和多样化的信息资产。大数据的意义不在于掌握庞大的数据信息，而在于对这些庞大的数据信息进行专业化处理，获取有价值的数据信息。大数据的规模范围大、数据类型繁多、处理速度快、时效性要求高、数据价值密度相对较低。

物联网与大数据紧密相关，表现为以下几个方面。第一，物联网产生大数据。物联网在物体对外界进行感知并做出反应的过程中，无论是感知外界还是做出反应，都涉及数据的产生和处理。第二，物联网对大数据处理的管理平台、技术支持和安全保护等提出了新的挑战。例如，由于物联网架构的复杂性以及应用跨领域等特性，建设大数据的统一管理平台的难度较大。第三，大数据能够提升物联网价值。通过对物联网的大数据进行分析，可充分挖掘物联网大数据的深层价值，推动数据的规模化采集以及物联网应用的规模化发展，为科学决策提供支撑，产生新的价值空间。

3. 物联网中间件

中间件是位于不同平台系统和不同应用系统之间的通用服务，是一种独立的系统软件或服务程序，这些服务具有标准的程序接口和协议，可实现在不同的应用系统之间共享资源。图 9.7 为中间件示意图。

物联网中间件起到一个中介的作用，它屏蔽了前端硬件的复杂性，并将采集到的数据发送到后端的网络，中间件不仅能够保证不同设备之间较好地配合协调，按照一定的规则筛选并过滤冗余数据，而且能够提供一组通用应用程序接口，使不同应用程序终端连接到自动识别系统，完成可靠通信。中间件采用分布式架构，基于数据通信进行分布式系统的集成，支持多种通信协议、语言、应用程序、硬件和软件平台，包括读写器接口、处理模块、应用接口，如图 9.8 所示。

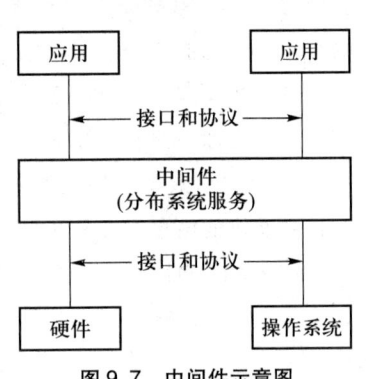

图 9.7　中间件示意图

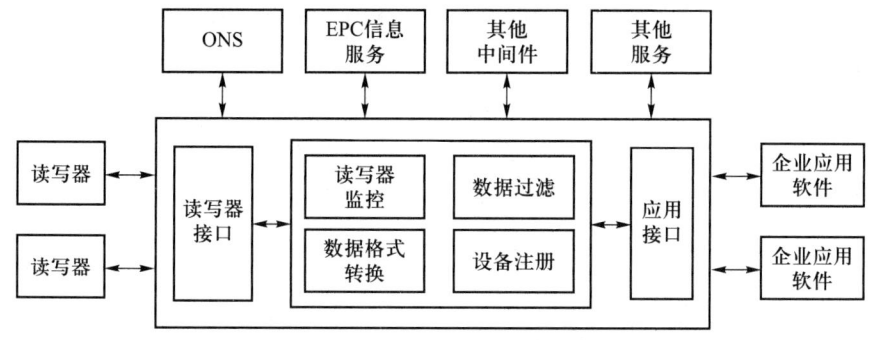

图 9.8　中间件分布式架构

9.6 | 物联网的典型应用

物联网在各个行业的应用非常广泛，遍及各行各业，包括智慧医疗、智能交通、智慧农业、智慧环保、智能家居、智慧校园等。

9.6.1　智慧医疗

智慧医疗是利用物联网，实现病人、医务人员、医疗机构、医疗设备之间的交互，实时获取医疗信息，准确快速地进行处理，使整个医疗过程更加高效、便捷和人性化。

物联网技术已被广泛地应用于智慧医疗领域。例如，医疗数据方面，可构建包括患者基本信息、就诊履历、检验检查报告、住院相关病例、处方记录、手术记录等全景式患者临床数据库，便于实现数据共享。就医流程方面，可提供在线预约、缴费、诊疗、报告打印、发票打印、健康档案查询等服务；医院可在就诊前通过人机交互技术快速收集患者病情信息并提供智能问答服务，减轻患者恐慌，实现智能分诊与导诊。手术室资源方面，通过对手术室空间、患者、设备的位置、状态的实时监测与展示，实现手术室资源的优化调度。

此外，基于现实需求，一些医疗机构开发了智慧医疗的其他应用场景技术，较为典型的包括视频探视和远程会诊。其中，视频探视既可以保护患者免遭外部感染或交叉传染，又可以实现患者与家人之间随时、远距离的"面对面"亲情交流，满足了病患需要家人陪同安慰的心理以及家属随时探视病人的愿望；远程会诊系统通过对医学资料和远程视频、音频信息的传输、储存、查询、显示及共享，实现了专家与病人、专家与医务人员之间异地"面对面"的会诊，实现了先进医疗资源的远程共享，扩大了先进医疗资源的患者服务范围。

9.6.2　智慧交通

智慧交通系统是一套利用物联网技术将车辆、驾驶员、道路设施和管理部门有机结合起来的实时、准确、高效的交通运输控制和管理系统。通过交通流背后的信息流，实现对交通信息的采集、传输、处理和发布。

智慧交通目前主要应用领域为车联网和自动驾驶。车联网是利用无线通信技术实现车与车之间、车与人之间，以及车与其他基础设施之间的信息交换，实现对车、人、路和物的实时监控、科学调度和有效管理，进而改善道路运输状况、提高交通管理效率的综合性智能决策信息系统。车联网的应用广泛，如图 9.9 所示，特种车辆监控、出租车监控、公交车智能监控调度等都是典型的车联网应用场景。

图 9.9　车联网的应用场景

自动驾驶是指利用计算机系统实现无人驾驶，依靠人工智能、视觉计算、雷达、监控设备和定位系统协同合作，使得计算机在无人操作情况下，自动、安全地驾驶车辆。自动驾驶系统由感知系统、控制系统和执行系统三部分组成，通过感知系统获取车辆自身及外界环境信息，通过控制系统对信息进行分析和决策，由执行系统对车辆进行加速、减速或者转向等操作，从而完成自动行驶。

9.6.3　智慧农业

作为当今世界农业发展的新潮流，智慧农业是一种以信息技术为支持的根据空间变异，定位、定时、定量地实施一整套现代化农事操作技术与管理的系统。其核心是全球定位系统（GPS）、遥感系统（RS）和农田地理信息系统（GIS），即所谓的"3S"。通过全球定位系统为农业机械提供精确定位，指导精细作业；利用遥感系统采集农业生产资料，包括土壤和作物水分监测、作物营养状况及农作物病虫害监测等；农田地理信息系统对土壤和作物的信息进行整理和分析，作为属性数据与矢量化地图数据结合，制成实用、可操作的农田管理信息系统。智慧农业提高了农作物的播种、施肥、除草、收获效益，降低了相关的农业成本。

以变量施肥技术为例。变量施肥技术是智慧农业的重要组成部分，它是以综合分析各空间单元的产量、土壤理化性质、病虫草害、气候等数据为依据，以作物生长模型、作物营养专家系统为支撑，以高产、优质、环保为目标的施肥技术，实现按各作业单元需求施肥，有效控制物质循环中营养的输入和输出，避免农作物质量恶化和化肥污染，提高了肥料的利用率，减少了过量肥料对环境的负面影响，降低生产成本，增加农民收入。

9.6.4 智慧环保

智慧环保是指通过在水体、陆地和空气中布设传感设施，对水体、大气、噪声、污染源、放射源、废弃物等重点环保监测对象进行状态、参数、位置等多元化监测感知，并结合网络和软件技术，传输、存储、挖掘海量数据，实现远程控制和智能管理。

智慧环保目前主要应用场景包括水体污染监测、城市污染源监测等。通过建立不同的监测系统，直接、便捷地调动和分析数据，对环境变化进行监控，制定优化的环境治理方案，提升工作效率。图9.10以水体污染监测为例，展示了智能环保中物联网技术的深入应用。

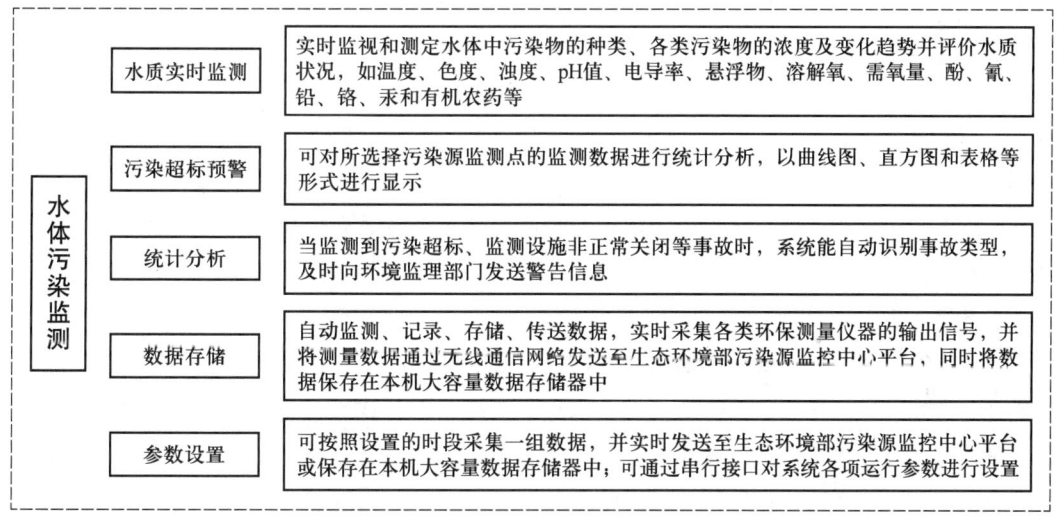

图9.10 水体污染监测中的物联网技术

9.6.5 智能家居

智能家居为人们提供舒适、安全、节能环保的服务，改变了人们的生活方式。智能家居物联网有着广泛的应用，如智能家电、智能照明控制系统和家庭安防系统等。

智能家电。智能家电是将微处理器和计算机技术引入家用电器设备后产生的新型产品，可以自动检测故障、自动控制、自动调节并与控制中心通信。以智能冰箱为例，它的系统组成包括RFID监控、食品管理系统和无线通信三大模块。其中，RFID监控模块通过RFID标签对食品属性进行识别，如生产日期、保质期等；食品管理系统模块作为冰箱的核心，能够显示家庭食品库存，并与网络相连，获取营养信息，为搭配健康食谱等功能提供依据，还能够连接食品供应商的智能物流系统，按用户的指令订购食品；无线通信模块负责向手机用户通报冰箱内的食品状况及冰箱的运行情况。

智能照明控制系统。智能照明控制系统是指将传统的电源开关换成智能开关面板，通过多种智能控制手段实现对室内灯光设备的开关、亮度调节、定时控制，并通过组合控制，实现会客、就餐和影院模式的不同灯光情景效果，达到节能、环保、舒适、方便的效果。

家庭安防系统。家庭安防系统是一套由安防探头、报警主机、摄像机、读卡器、门禁控制器、接警中心及其他安全设施组成的防盗报警综合系统，主要包括闭路电视监控、门禁和防盗报警三大子系统。其中，闭路电视监控子系统利用模拟摄像机或网络摄像机，构成家庭安防的第一道防线。门禁子系统由身份认证模块、家庭网络、家庭控制中心和自动门锁四个部分组成，身份认证模块负责对访客进行身份识别，家庭网络将认证信息传送至家庭控制中心，家庭控制中心通过认证身份识别信息控制自动门锁的开关。防盗报警子系统包括安防探头、报警主机和接警中心，其中接警中心是智能家居与家庭安防系统的关键；广义的接警中心是指智能化系统的控制中心，狭义的接警中心则是指防盗报警系统的报警中心。

9.6.6　智慧校园

智慧校园系统是通过信息化手段，实现对校园内各类资源的有效集成整合和优化，实现资源的有效配置和充分利用，实现校务管理过程的优化协调。智慧校园的典型应用场景包括校园一卡通、数字教学、平安校园等。

校园一卡通。通过将学生个人信息数据与众多后勤管理工作数据有机连接，实现对学生的快速、便捷、有效管理。学生仅凭一张代表个人身份的校园卡片或脸部识别，即可实现进出考勤管理、门禁进出管理、食堂订餐就餐管理、超市消费管理、停车出入管理、水电节能管理、宿舍管理、安全巡检等，给学生提供便利的校园生活。

数字教学。利用多媒体、新技术和智能设备，实现同步授课、远程控制，增进师生间、学生间的立体化沟通交流，利用平板工具及高效的传播和视频编码技术实现虚实融合的教学模式，课堂协同互动，有利于开展协作、探究学习，实现学习者知识意义的建构。

平安校园。通过部署师生刷脸进出校园、访客预约邀请等应用，配合身份识别终端，快速实现对人员进出权限的管控，保障校园安全；安全防范系统、摄像头、电子围栏都与学校大数据进行联通，一旦发现特殊情况，App 就会及时作出响应。

思考题

1. 什么是物联网？物联网的基本特征有哪些？

2. 如何理解"互联网是一个虚拟的世界，物联网是一个真实的世界"？

3. 举出一些具体的物联网应用实例。

即测即评

参考文献

［1］刘军，阎芳，杨玺．物联网技术［M］．2 版．北京：机械工业出版社，2017.

［2］赵庶旭，马宏锋，王婷，等．物联网技术［M］．成都：西南交通大学出版社，2012.

［3］黄永明，潘晓东．物联网技术基础［M］．北京：航空工业出版社，2019.

［4］兰楚文，高泽华．物联网技术与创意［M］．北京：北京邮电大学出版社，2020.

［5］杨鹏，张普宁，吴大鹏，等．物联网：感知、传输与应用［M］．北京：电子工业出版社，2020.

［6］韩毅刚，冯飞，杨仁宇，等．物联网概论［M］．2 版．北京：机械工业出版社，2018.

［7］李昌春，张薇薇．物联网概论［M］．重庆：重庆大学出版社，2020.

［8］黄玉兰．物联网概论［M］．2 版．北京：人民邮电出版社，2018.

第 10 章 | 区块链技术及其应用

区块链（blockchain）起源于比特币，是一种新的分布式基础架构与计算范式，具有去中心化、公开透明、数据可追溯等特性，目前已在世界范围内引起广泛的重视。除金融领域之外，区块链的应用已延伸到能源、供应链管理、物联网、医疗等多个领域，将在新的技术革新和产业变革中发挥独特而重要的作用，成为核心技术自主创新的重要突破口。

10.1 | 区块链的概念

10.1.1 什么是区块链

区块链技术起源于化名为"中本聪"（Satoshi Nakamoto）的学者在 2008 年发表的学术论文《比特币：一种点对点的电子现金系统》。从狭义上来说，区块链是一种按照时间顺序将数据区块以顺序相连的方式组合成的链式数据结构，并且是以密码学方式保证的不可篡改和不可伪造的分布式账本。从广义上来说，区块链是利用块链式数据结构来验证与存储数据、利用分布式节点共识算法来生成和更新数据、利用密码学的技术保证数据传输和访问的安全、利用由自动化脚本代码组成的智能合约来编程和操作数据的一种新的分布式基础架构与计算范式。

区块链不是一种单一的技术，而是多种技术整合的结果，包括数学、经济学、密码学、网络科学等。这些技术以特定方式组合在一起，形成了一种新的去中心化数据记录与存储体系。通俗来讲，区块链是一个分布式共享的账本系统，这个账本有以下三个特点：

① 可以无限增加。每个区块都可以被视作这个账本中的一页，每新增一个区块，账本就增加一页，并且这一页中可能包含一条或多条数据记录。

② 加密且有顺序。每隔一定的时间，数据会被打包进一个区块并加密，各区块按产生的时间顺序依次连接形成一个总账本。

③ 去中心化。不是由某个中心化的权威机构对账本内的数据进行维护，而是由全网节点共同

参与记账。

综合来看，区块链就是基于点对点网络通信技术、现代密码学、分布式共识算法和智能合约技术等形成的公共数据库（或称公共账本），这种数据库支持数据的交换、处理和存储。目前，区块链技术仍处在不断发展和演化中。

10.1.2 区块链的分类

根据应用场景和设计体系不同，区块链可分为公有链（public blockchain）、联盟链（consortium blockchain）和私有链（private blockchain）。公有链是完全开放的非授权网络，节点可以自由地加入和退出网络。联盟链和私有链的网络是授权网络，节点加入网络时需要注册并验证身份，并且其在链上的权限受系统管理机构控制，节点退出网络时也需要系统管理机构的同意。

1. 公有链

公有链中所有节点均可自由加入和退出网络，并参与链上数据的读写，运行时以扁平的拓扑结构互联互通，网络中不存在任何中心化的服务端节点。公有链上的所有数据公开透明，任何用户都可以自由访问并发出交易请求，且通过数字签名、哈希函数等技术来保证链上数据的安全、透明和不可篡改性。典型的公有链应用包括比特币、以太坊等。

公有链中数据公开透明，用户参与程度高，目前被广泛应用于金融、防伪溯源、数字身份、内容版权、物联网等领域。

2. 联盟链

联盟链是半开放的网络，只有经过认证许可的可信节点才能加入和退出网络；且联盟链具有受控制的读写权限，只有拥有特定权限的节点才能在链上查看、发布交易或参与该联盟链的共识和记账。联盟链没有通过激励机制实现系统自治的强烈需求，各联盟链根据自身需求自主选择增加激励机制。

联盟链的分布式程度和信息公开程度不及公有链，但也因此可以更好地保护用户和交易隐私。同时由于交易只需部分被授权的受信任高算力节点进行验证共识，因此其性能较公有链更好，成本较公有链更低。

3. 私有链

私有链服务于特定组织或个人，是由该组织或个人进行管理的区块链。私有链具有相对封闭的网络，只对指定的实体或个人开放，只有得到许可认证的节点才能加入和退出网络。与联盟链不同的是，私有链中所有节点均属于同一组织，节点的受信任程度更高，并且私有链共识范围更加狭窄，甚至可以仅由单个高性能节点进行记账。

私有链在三类区块链中分布式程度和信息公开程度最低，但其性能最好，隐私性最强且交易成本最低。由于私有链较为集中的权限控制与管理并非真正的分布式系统，其一般只用于组织内部，主要应用于数据管理、审计等金融业务。

10.1.3　区块链的特征

区块链通过密码学、共识算法等技术，实现了去中心化/弱中心化、数据公开透明、集体维护、数据不可篡改、可追溯等众多特点。

1. 去中心化/弱中心化

去中心化是区块链最基本的特征。区块链网络中不存在第三方信息服务中心，全网节点的权利和义务均等，系统所有决策都由网络节点共同决定。系统中每个全节点既可以作为服务器为需要服务的客户端服务，又可以作为客户端向其他节点提出请求。任何一个节点失效或者宕机都不会影响整个系统的运行。

2. 数据公开透明

在传统数据库中，用户往往需要相应的权限才能进入并访问数据。区块链中所有数据公开透明，任何节点都可以自由访问。以比特币系统为例，任何用户通过运行比特币的全节点客户端都能下载完整的账本数据并查看账户和交易信息。不过，有时在一些场景中也需要让数据仅对部分用户公开透明，而对其他用户保密。此时，可以借助联盟链或私有链技术对用户设置数据访问权限，以满足不同场景的应用需求。

3. 集体维护

区块链的集体维护是指区块链系统在共识算法的作用下，激励新节点不断加入系统，并集体参与系统的维护和运作。每一个区块链都有一套"共识算法"，用来使系统中的节点达成对数据一致性的共识。具体来说，共识算法激励系统中的节点在参与系统运作时，遵循这套算法机制的节点获得最大化利益，不遵循甚至作恶的节点则会付出较大代价而得不偿失。因此，区块链系统在没有单一机构的运作和管理下，依靠共识算法就能让系统自我运作起来，具备集体维护的特征。

4. 数据不可篡改

区块链系统基于哈希函数和默克尔（Merkle）树的技术原理，如果系统中某一个区块中的数据被篡改，会引发此区块之后的所有区块中的数据都发生变化。因此一个区块链系统的规模越大，所包含的区块越多，对任一区块篡改所引发的对整个区块链的篡改工作量也就越大。区块链系统中的每个全节点都存储着一份一模一样的账本数据，因此如果要对区块链数据进行篡改，仅仅篡改一个全节点所存储的区块链账本数据是不够的，需要同时篡改全网至少 51% 的全节点所储存的账本数据。区块链系统规模越大，包含的全节点数量越多，所要篡改的节点数也就越多，难度也就越大。因此，从区块链自身的技术原理和存储区块链数据的节点数量两方面来看，要对区块链系统的数据进行有效篡改难度相当大，这也是区块链数据难以篡改的根本原因。

5. 可追溯性

区块链中数据的可追溯性来源于区块链数据结构的特殊性。在区块链中，其链式数据结构是从创世区块开始的，创世区块是整个链式区块结构中的第一个区块，其后系统产生的每一个区块都通过上一个区块的区块头中存储的哈希值顺序相连，并最终都能追溯到创世区块。由于每个区块中都包含着一段时间以来系统中进行的所有交易数据，因此完整的区块链中就包含了自创世区块以来，系统内所有的交易以及交易前后的关联信息，当追溯一笔交易时，能够顺着该交易所在的区块往前追溯到所有有关这笔交易的历史信息。同时，因为区块链的不可篡改性，记录在区块中的历史数据是真实可靠的，这也使得这种追溯性真实可靠。因此，能够认为区块链中的数据是可以追溯的。

10.1.4 区块链技术的发展

区块链技术的发展经历了 1.0、2.0、3.0 三个阶段。以比特币为代表的区块链 1.0 应用，构建了一种全新的、去中心化的数字货币系统，使互不信任的双方在没有权威可信机构介入的情况下，可以直接使用比特币进行支付。

智能合约的应用使区块链技术的发展进入 2.0 阶段。广义上区块链 2.0 包括比特币 2.0、智能合约、智能资产、分布式自治应用（decentralized applications，Dapps）、分布式自治组织（decentralized autonomous organizations，DAOs）和分布式自治公司（decentralized autonomous corporations，DACs）。在这一阶段，区块链技术的应用从最初的代币体系，拓展到证券交易、供应链金融、银行工具、支付清算、防伪、保险等金融相关领域。区块链 2.0 的最大贡献就是将智能合约技术应用到区块链中去。近年来，区块链与智能合约技术的集成已成为该领域的一个热门研究课题，而相继出现的以太坊、Hyperledger 项目，则为各种去中心化系统编写智能合约提供了便利平台。

随着区块链技术的进一步发展，其去中心化及数据防伪的特点开始在其他领域受到重视，区块链的发展也由此逐步进入 3.0 阶段，不再局限于金融领域的应用，而是扩展到社会生活中的各个领域，如医疗健康、物联网、能源、供应链等。区块链 3.0 设想了一种更高级的智能合约形式：分布式组织自己制定并遵守规则，且其运行具有高度的自治性。

10.2 | 区块链的技术架构

2013 年，Buterin 提出了以太坊技术，提供了图灵完备的智能合约编程语言；2015 年，Linux 基金会发布了 Hyperledger Fabric 开源区块链项目。虽然不同区块链平台的具体设计细节有一些差异，但它们的整体架构基本一致，可划分为数据层、网络层、共识层、智能合约层和应用层五个层次。

10.2.1 数据层

数据层主要实现区块链数据的安全存储和验证。数据以 Merkle 树的形式存储在区块中，各区块依据产生的时间顺序通过链式结构依次顺序相连。通过非对称加密、哈希函数等密码学原理实现数据的安全存储。

1. 数据结构

从数据结构的角度来看，区块链就是将记录着交易数据的各区块按照其产生的时间顺序依次连接，形成一条链式结构的数据存储。区块可分为区块头（block header）和区块体（block body）两部分，如图 10.1 所示。其中，区块头存储着有关该区块的一些基本信息，如时间戳、nonce 值、Merkle 树树根等，并通过哈希指针连接到前一个区块上；区块体则包含了经过验证的、区块创建过程中系统内产生的所有交易数据。

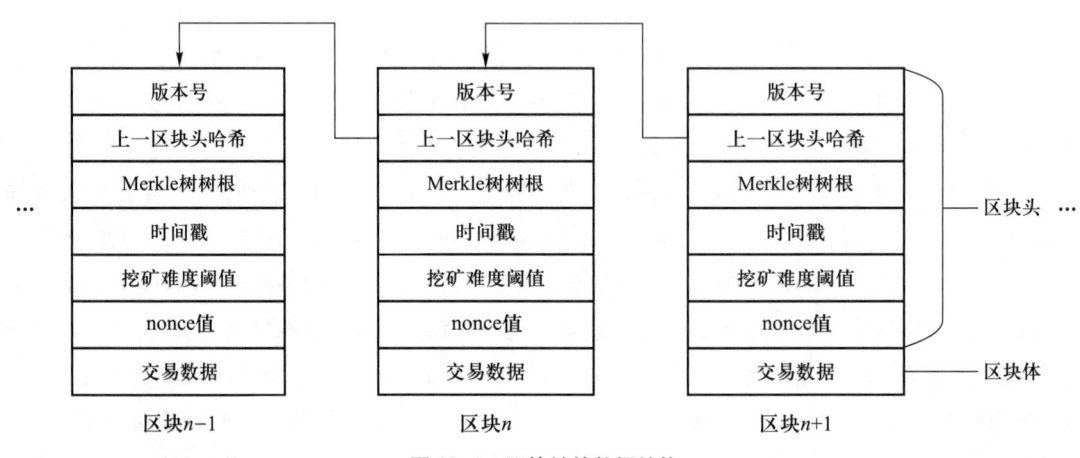

图 10.1　区块链的数据结构

2. 哈希函数

哈希函数能把输入的任意长度的数据通过计算，生成一个固定长度的字符串，输出的字符串称为该输入的哈希值。哈希函数具有输入敏感、抗碰撞、正向快速、逆向困难等特性。区块链中利用哈希函数来保证数据的不可篡改性。

3. Merkle 树

Merkle 树又叫哈希树，它可以是二叉树也可以是多叉树。其之所以被称为哈希树，是因为树中的每个节点存储的均为哈希值。如图 10.2 所示是一个典型的 Merkle 树结构，叶子节点（无子节点的节点）中存储的是交易信息的哈希值，逐层往上每一个节点均是对其子节点的值进一步哈希所得，由此，最终的根节点的哈希值本质上是由所有交易信息层层哈希所得。

4. 非对称加密算法

在分布式网络中，数据具有高度公开透明性，因此保障数据信息的安全性成为关键。非对称加密算法使用两个不同的加密密钥和解密密钥，分别称为公钥（public key）和私钥（private key）。私钥一般需要通过随机数算法生成，公钥可以根据私钥生成。公钥一般是公开的，他人可获取的；私钥一般是个人持有，他人无法获取。

5. 数字签名

与在纸质合同上签名确认合同内容和证明身份类似，数字签名基于非对称加密算法，用户首

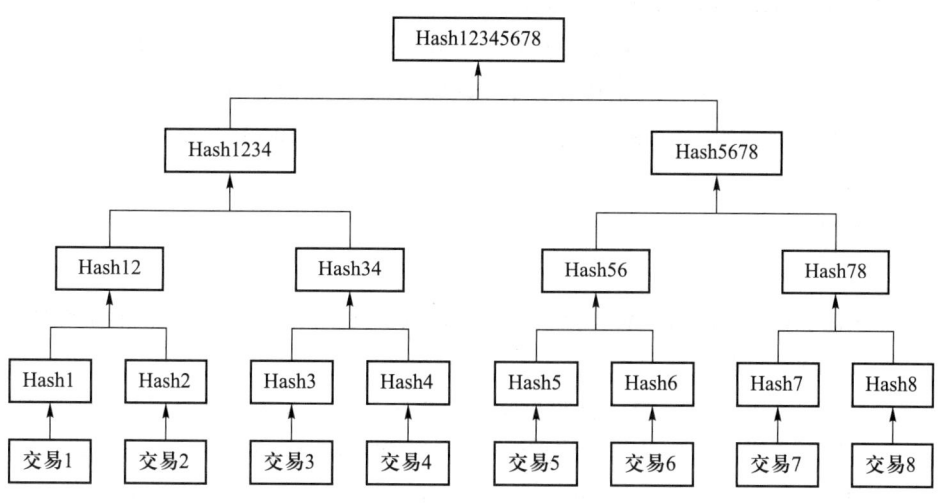

图 10.2　Merkle 树结构

先通过数字签名算法生成一对公私钥对，发送信息时，用户用自己的私钥对信息内容进行签名，当其他人收到信息后必须用发送者的公钥对信息进行解密，从而证明发送方的有效性以及被发送的信息在传输过程中是否被篡改。区块链中使用数字签名来保证交易的合法性。

10. 2. 2　网络层

网络层的主要目的是实现区块链网络中节点之间的信息传输。区块链网络本质上是一个 P2P（点对点）网络。网络中每个节点的地位都是对等的，既可以是资源和服务的提供方，也可以是获取方，网络中各节点以扁平的拓扑结构相互联通，没有"主从"或者"中心化服务器"的概念。在这种架构下，单一或者少量的节点故障不会影响整个系统的运行。同时，网络中的节点数量越多，系统的安全性也就越高。

不同区块链的网络构建过程也有所区别。在公有链中，如比特币系统，用户在最初加入网络时，需要寻找网络中的种子节点或已知的运行节点，当新节点与网络中运行节点建立连接后，需要在网络中传播自身钱包地址消息，才能参与系统运转。而在私有链或联盟链中，如 R3 区块链联盟、超级账本等区块链系统中，参与运行维护的节点身份是已知的，并且用户在加入网络之前需要进行身份验证，验证通过的节点才能参与系统运转。

10. 2. 3　共识层

共识层主要封装各类共识算法。区块链作为一个分布式系统，如何保证所有节点中的数据完全相同，并且能对某个提案达成一致是系统正常运行的前提。在中心化的系统中，所有交易都由"领导者"或"决策者"进行验证，而去中心化系统中不存在这样的"领导者"，就需要通过共识算法来使分散的节点就某一项提案达成共识。

简单来说，共识算法就是为了达成共识需要使用的某种方法，是快速准确地在各个节点实现区块数据一致性的算法。目前区块链中使用较为广泛的有工作量证明（PoW）算法、权益证明（PoS）算法、委托权益证明（DPoS）算法和实用拜占庭容错（PBFT）算法等。

10.2.4 合约层

合约层封装区块链系统的各类脚本代码、算法以及由此生成的更为复杂的智能合约，是实现区块链系统灵活编程和操作数据的基础。

智能合约最早是在 1994 年由美国计算机学家尼克·萨博（Nick Szabo）提出的。当时他将智能合约定义为一组数字形式的承诺，以及各参与方执行承诺所需依据的协议。智能合约旨在没有权威第三方担保的情况下，实现用户间的可信交易。相较于普通的交易合同，智能合约成本更低，且更安全。

智能合约与区块链技术的集成，使得区块链在保留去中心化、安全透明等特性的同时增加了可编程的特点，弥补了比特币脚本功能单一所带来的不足。智能合约可根据实际需求进行编码并部署到区块链中，通过事件的触发自动执行。智能合约的出现使区块链的应用从金融领域迅速拓展到各行各业的各个领域，产生了广阔的应用前景。

10.2.5 应用层

应用层封装区块链的各种应用场景和案例，类似于 PC 端的应用程序，以分布式应用为主要表现形式。这些应用部署在区块链技术平台上，并在现实中落地。

从应用领域来看，区块链技术的应用已从最初的数字货币系统，如比特币，发展到供应链金融、支付清算等金融相关领域，再到如今的任何有需求的领域。目前，区块链的应用领域主要包括金融服务、供应链管理、物联网、医疗健康、能源交易等，应用前景十分广阔。

10.3 区块链的共识算法

在上一节中提到，共识算法是区块链节点就区块信息达成全网一致共识的算法，可以在没有中心机构干预的情况下，快速准确地在区块链节点间达成共识。目前使用较为广泛的有工作量证明（proof of work，PoW）算法、权益证明（proof of stake，PoS）算法、委托权益证明（delegated proof of stake，DPoS）算法和实用拜占庭容错（practical Byzantine fault tolerance，PBFT）算法等。

10.3.1　PoW 算法

在 PoW 算法中，节点通过消耗计算资源，求解一道难计算但易验证的数学难题来获得记账权。比特币系统中使用的正是 PoW 算法，将数学难题设计为对区块头信息的 SHA256 哈希运算，即：

$$H(blockheader \mid nonce) < target$$

式中：H 为 SHA256 哈希运算函数；$target$ 为系统给定的目标阈值；$blockheader$ 为区块头信息，其中包含 $nonce$ 字段，争夺记账权的过程就是求解合适的 $nonce$ 字段，使得对完整 $blockheader$ 的哈希运算结果小于给定的目标阈值，这一过程也被称作挖矿。

共识过程如图 10.3 所示。首先网络中所有节点接收交易信息并验证交易是否合法，将验证通过的交易信息打包进候选区块里，想要争夺记账权的节点基于自己打包的候选区块计算 $nonce$ 值，使其满足目标阈值的要求，率先计算到 $nonce$ 值的节点将自己打包的候选区块广播给网络中其他节点；其他节点接收到候选区块后，验证 $nonce$ 值是否正确以及区块中记录的交易信息是否合法，若正确且合法，则立即放弃计算本地新区块，将接收到的区块添加到本地区块链中。此时，网络中所有节点达成对新区块的共识。

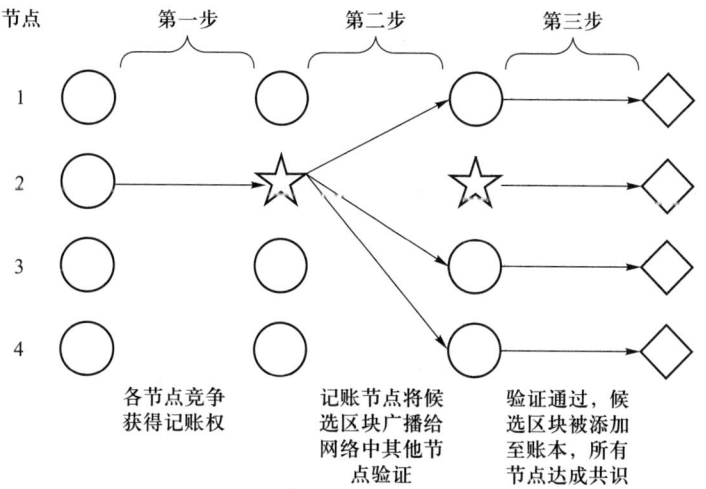

图 10.3　PoW 算法共识过程

哈希函数的不可逆性，使得 PoW 算法难计算、易验证。但同时 PoW 算法也存在一定的问题，其中最明显的一个缺点就是耗费大量电力资源，并且随着系统中用户的增加，总算力也在不断增强，挖矿设备也越来越专业化，普通计算机用户难以参与进去，使个人"挖矿"必须发展到大矿池、矿场，进而引发系统越来越中心化的隐患，与最初"去中心化"的设计理念相违背。

10.3.2　PoS 算法

针对 PoW 算法执行过程中需耗费大量计算资源的问题，点点币的创始人 Sunny King 提出了可以根据用户持有货币的币龄代替工作量证明成为一种证明维度。币龄即个人所拥有的货币数量和拥有货币时间的乘积，即：币龄＝个人所拥有货币数量×拥有货币天数。在 PoW 系统中，节点的算力越高越容易获得记账权，而在 PoS 系统中，节点拥有的币龄越高越容易获得记账权。PoS 中的数学难题被设计为：

$$H(blockheader\,|\,timestamp) < target \times weight$$

式中：H 为 SHA256 哈希运算函数；$target$ 为系统给定的目标阈值；$blockheader$ 为区块头信息，其中包含 $timestamp$ 字段，取值范围是上一个区块创建时间和当前时间之间的任一值；$weight$ 为用于竞争所消耗的"币龄"权重。

与 PoW 算法相比，PoS 算法在一定程度上减少了挖矿过程中的资源浪费，但是其仍然无法百分之百摆脱挖矿的约束，因为它至少需要一台家用计算机参与计算，仍需少量电费。另一个缺点是币龄越高的节点越容易获得记账权，这会使系统中的权益高度集中，容易产生马太效应。

10.3.3　DPoS 算法

与 PoS 不同，DPoS 严格限制了参与共识的节点数量，只有满足一定要求的节点才能参与共识。系统中的节点被分为普通节点和代表节点，普通节点可以投票选举自己信任的节点成为代表节点或者被投票成为代表节点。节点通过消耗权益获得投票权，根据投票结果选取权益加权值最高的前 N 个节点成为代表节点集合，集合中的每个节点依次成为主节点，并被赋予固定的期限，带领网络中其他节点完成共识。授权时间结束后，集合中其他的节点依次循环成为主节点，循环结束后，重新投票选取代表节点集合，开始新一轮的共识过程。

在 DPoS 算法中，只有代表节点可以参与共识过程。由当下被授权的代表节点创建新区块并将其广播给网络中其他的代表节点，其他代表节点收到区块后对其合法性进行验证，验证通过后将新区块添加到本地，达成对最新区块的共识。

在 DPoS 中，代表节点的可靠性是关键的。普通节点在投票选取代表节点时，能够看到代表节点出块的错误率，以此为依据来进行投票。与 PoW 算法以及 PoS 算法不同的是，DPoS 算法中各节点都可以自由投票选取自己信任的节点成为代表节点，限制了参与共识的节点数量，整个网络的能耗能够在满足网络安全的前提下进一步降低，网络运行成本更低，共识效率更高。

10.3.4　PBFT 共识算法

上面介绍的三种共识算法都属于 PoX 类算法，具有安全性高、容错性好等特点，一般适用于公有链中，而在联盟链或私有链中主要采用 BFT 类算法来实现节点数据的一致性。

作为联盟链中应用最多的一类 BFT 算法，PBFT 算法是在 1999 年由 Miguel Castro 和 Barbara Liskov 提出的，它是一种基于状态机副本的算法，可在网络中失效节点数目不超过节点总数 1/3 的情况下保证共识的一致性和安全性。PBFT 算法的核心思想为随机选取一个主节点作为网络的枢纽并发挥主要作用。主节点需要将一段时间内收到的所有事务请求进行排序，并将其发送给所有的从节点进行共识。PBFT 算法的共识执行过程如图 10.4 所示，可分为请求、预准备、准备、提交和回复 5 个阶段。

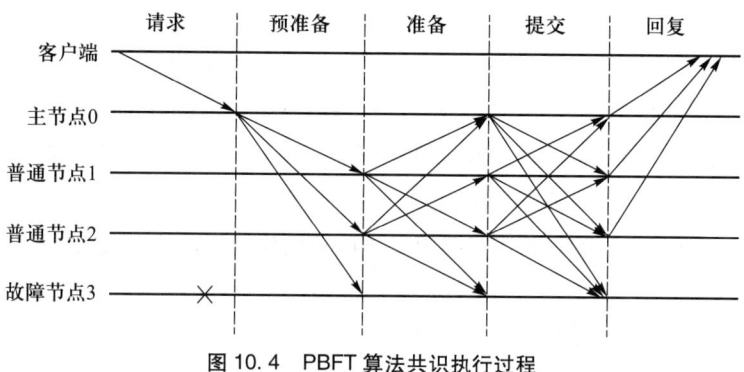

图 10.4 PBFT 算法共识执行过程

① 请求阶段：客户端向主节点发送事务消息。

② 预准备阶段：主节点收到客户端的消息后，首先验证消息的有效性，对于非法消息直接丢弃，对于合法消息，将其打包进候选区块并广播至网络中其他节点。

③ 准备阶段：网络中其他节点在收到主节点发来的候选区块后，会对区块的有效性进行验证，验证通过后向包括主节点在内的其他节点广播一条准备消息。

④ 提交阶段：各节点若收到超过网络中 2/3 节点发来的准备消息，那么该节点向网络中其他节点发送一条提交消息。

⑤ 回复阶段：各节点若收到超过网络中 2/3 节点发来的提交消息，即可将候选区块加入本地区块链成为最新区块，代表共识完成。

PBFT 共识算法允许拜占庭容错，算法的可靠性有严格的数学证明，每轮共识过程中随机选择一个节点作为主节点带领其他节点完成三阶段的节点间通信，允许系统中 1/3 的节点作恶，容错性为 1/3。

10.4 | 智能合约

10.4.1 智能合约的概念

智能合约的概念最早由美国计算机科学家尼克·萨博于 20 世纪 90 年代提出。最初尼克·萨博从公园的自动售货机得到灵感：用户只需投入一定量的硬币，自动售货机就会自动弹出用户需要的商品。可以把它当成一个简单版本的智能合约，即从投币到弹出商品，自动控制程序完成交易。从某种意义上来说，自动售货机是智能合约的一种应用。

尼克·萨博对智能合约做出以下描述："智能合约是一个由计算机处理的、可执行合约条款的交易协议。其总体目标是能够满足普通的合约条件，例如支付、抵押、保密甚至强制执行，并最小化恶意或意外事件发生的可能性，以及最小化对信任中介的需求。智能合约所要达到的相关经济目标包括降低合约欺诈所造成的损失，降低仲裁和强制执行所产生的成本以及其他交易成本等。"

智能合约本质上是一段可执行的协议条款代码，满足触发条件后，代码将自动执行而不需要人工干预。例如，在传统方式中，用户在银行进行存取款时，需要在第三方权威部门的监管下进行。而智能合约可以完全代替第三方权威机构的职能，所有的相关操作都可以以智能合约的方式预先部署。在实际操作时，不需要银行的监管，用户只需调用相应的合约，就可以自动完成存取款操作。也就是说，智能合约的执行不需要第三方监管机构参与，从而大大提高了交易效率。

10.4.2　智能合约与区块链

在智能合约提出之初，尼克·萨博提出了智能合约设计的四个基本目标。

① 可观测性：合约参与方可以随时观测其他参与方的合约执行情况，并且可以向他们证明自己按照合约规定完成协议执行。

② 可验证性：合约参与方能够向仲裁机构证明其协议执行完成或失败，仲裁机构也可基于其他信息验证合约参与方提交结果；对于违反合约协议的参与方，仲裁机构需能够证明其是否为恶意行为。

③ 可执行性：合约能够基于参与方提交结果完成执行过程，并且基于激励机制、系统安全等方面设计，智能合约能够实现自动执行。

④ 私有性：合约执行相关过程与内容仅能由参与方及仲裁机构（或授权中介机构）访问修改，其他无关第三方无法或仅能很低程度地干预合约执行过程，即合约执行降低第三方依赖性。

基于上述目标，智能合约的执行环境需要有公开透明、可追溯、不可篡改、自动执行的特点，并且合约执行过程中对外部数据的依赖程度低。但当时相关技术的发展还不够成熟，缺少这样的执行环境，智能合约并没有被应用到实际产业中。区块链技术被提出后，人们意识到其可以为智能合约的应用提供可信的执行环境。维塔利克·巴特林于 2014 年创新性地提出了以太坊区块链。

以太坊区块链包含了图灵完备的智能合约虚拟机——以太坊虚拟机。基于以太坊虚拟机，开发者能够在有限链上资源消耗的情况下开发任意链上应用，并完成智能合约的自动执行以及应用间交互。以太坊虚拟机不仅加速了以太坊生态系统建设，还推动了链下通道、侧链等技术的发展，对于后续区块链系统的开发具有里程碑式的意义。

基于以太坊虚拟机的设计模式，国内外主流公有链及联盟链相继提出了自己的智能合约解决方案，并在金融、政务、教育、文化娱乐等领域迅速开展了相关应用，区块链技术正式进入新的发展阶段。

10.4.3 智能合约的优点

1. 执行准确

智能合约一经部署到区块链上，任何用户都无法再修改合约中的内容，也不能干预合约的执行。如果发生了恶意毁约事件，相关责任人将会受到一定的处罚，而这种处罚也是早就被编写到合约中去的，在合约生效后无法更改。

2. 运行成本低

智能合约中的各项条款和实施步骤都是事先设定好的，并且在计算机的严格控制下执行，无须人工监督和干预，从而大大降低了合约执行过程中的人力成本。

3. 响应高效

智能合约由计算机自动执行，不需要第三方机构的参与，可以随时对用户的请求进行响应，从而极大地提高了事务执行效率。

4. 可观察和可验证性

智能合约部署在区块链上，具有不可篡改和可追溯的特性，合约参与方可以随时查看合约的执行记录或执行结果，并且合约的执行过程是可验证的。

10.4.4 智能合约的应用

智能合约借助区块链技术去中心化、不可篡改等特性，可以得到更好的应用和实践。智能合约本质上就是一段计算机执行程序，事先将合约的触发条件、执行的事项等详细内容进行编程，再将代码部署和运行到区块链网络中，满足条件即可自动准确执行，不需任何第三方干预，确保合约执行公平、公正、可靠。一旦触发预设的条件合约就会立即执行，自动按照合约规范进行操作，整个过程智能高效，短时间快速完成更是体现了它的准确性和经济性。

智能合约的应用场景非常广泛，例如用于解决金融借贷领域的抵押贷款，用于医疗保险、电子病历等领域的应用，用于物联网环境下供应链溯源和物品真伪查询，用于房屋租赁、身份认证、知识产权保护、市场预测等。目前来讲，金融领域和管理领域是智能合约比较大的应用场景。

10.5 | 区块链的应用

随着相关技术的不断发展，区块链的应用也从最初的数字货币应用延伸到了社会生活中的各个领域。在实际应用中，区块链可以在多个行业的具体场景中发挥重要作用。本节主要以金融、医疗、能源和商品溯源这四种行业的应用场景为代表，以案例形式介绍区块链技术的应用场景，探讨区块链能够发挥的作用与带来的变革。

10.5.1　区块链+金融

金融领域是区块链技术最早也是最典型的应用领域之一。区块链的首个应用——比特币就属于金融范畴。在实际应用过程中，金融包括很多细分领域，如支付、证券、股权交易等。当前，国内外很多机构纷纷开展了区块链技术在金融领域的应用探索。

招商银行于 2016 年年初就开始探索区块链技术与银行业务的结合。2016 年 6 月，招商银行完成了全球现金管理（global cash management）领域的跨境直联清算业务验证性测试（proof of concept，POC）。在模拟环境稳定运行半年后，招商银行于 2017 年 2 月宣布正式将区块链技术应用于全球账户统一视图、跨境资金归集以及跨境直联清算这三种场景。

美国知名证券交易所纳斯达克（NASDAQ）早在 2015 年就推出了基于区块链的股权登记平台 Linq。在此之前，未上市公司若想进行股权融资，需要完成很多基于人工和纸质文件的工作，例如需要由人工处理纸质股票凭证、发放期权和票据等。这样的流程一方面效率低下，难以保存；另一方面可能产生很多人为错误。而通过 NASDAQ Linq 私募股票，不仅发行者能够享有数字化所有权，股权的出售公司也可以在系统中随时查看股权证书的发放情况、证书的有效性以及其他信息，并且股权从登记到执行过程中的所有相关信息都被完整地记录在区块链上，形成不可篡改的数字凭证，保证了信息的真实性和完整性。

10.5.2　区块链+医疗

在医疗领域，基于区块链技术构建电子病历数据库，可将患者的健康状况、就诊记录等信息记录在区块链上，并结合可执行环境、安全多方计算等技术保护患者隐私。通过区块链平台上的数据共享，可以打破不同层级医疗机构间的数据壁垒，医生可以随时查看患者以往就医数据，极大提高患者的就诊效率。此外，利用区块链技术构建药品、医疗器材等医疗用品的溯源记录，有利于医疗行业的监管，促进构建更加透明可信的公共健康生态环境。

2017 年 8 月，阿里健康宣布与常州市合作开展"医联体+区块链"的试点项目，计划利用区块链技术解决医疗行业中长期存在的数据隐私和"信息孤岛"问题。通过引入区块链技术，可以实现医联体内部医疗数据的互联互通，优化患者的就医体验，同时推进双向转诊、分级诊疗制度的落实。通过区块链网络，社区居民可以实现自己的医疗数据在社区医院和上级医院之间的流转。被授权的医联体内医生可以随时查看患者的病史、以往就诊记录等信息，同时节约了患者和医生的时间成本。

贵阳朗玛信息技术股份有限公司实践了基于区块链的慢性病管理技术，通过区块链技术实现患者医疗数据的统一管理与共享。患者、医疗机构、监管部门以及第三方服务提供机构均可以在同一网络中安全地共享敏感信息，协同落实一体化慢性病干预机制，确保疾病得到有效控制。该项目还实施了全新的分级诊疗制度，可以在保护患者隐私的同时，实现慢性病管理的全程共享、全程干预和全程协同，极大程度上优化了患者的就医体验。

10.5.3 区块链+能源

随着能源系统的改革和低碳策略的推行，能源行业也在朝着清洁化、分布式发展，自上而下的分布式能源体系将成为传统能源体系的有力补充。区块链技术有望在能源互联网基础设施建设过程中发挥重要作用。区块链与能源领域的结合，将有助于提高能源交易效率，降低交易成本，同时推进清洁能源的普及。

中国能源区块链实验室于 2016 年推出了绿色 ABS（资产证券化）云平台，通过将电站发电机组、发电瓦数等记录在联盟链上，使得电力生产过程安全透明，收益可预测，不仅可以实现电力的生产监测，还可以保证信息披露透明及时，解决了电站的融资困境，实现了监管部门的穿透式管理，降低了投资人的投资风险。

国网区块链科技有限公司于 2019 年推出了区块链电网服务平台，作为电网系统中首个司法级的可信区块链云平台，以传统电网为枢纽，整合新能源产业全资源，将用户的所有需求记录在区块链中，实现了用户端与能源端的紧密连接。该平台不仅可以协调能源调配，还极大提升了对内业务的质效，将服务、金融、科技等多方应用贯通上链，实现了多环节的协同发展。

10.5.4 区块链+商品溯源

商品溯源指的是从生产、加工、运输、售卖等各个环节对产品进行全程的追踪记录，需要通过产业链上下游的各方参与来实现。商品溯源服务在确保商品质量、维护消费者利益等方面具有重要意义。例如，某个产品出现质量问题时，基于商品溯源体系，监管部门可以快速定位到问题源头，对相关责任方进行及时的监管，督促企业提高产品质量、杜绝假冒伪劣产品。

2019 年，京东数字科技集团正式在云南省玉溪市推出普洱茶区块链防伪溯源平台。该平台基于区块链、物联网和人工智能技术，将普洱茶饼特殊的纹理特征与数字身份进行匹配，实现了普洱茶饼与数字身份信息的精准对应。通过将每块茶饼的唯一"身份证"以二维码的形式印在包装上，并存入区块链，实现了链上 ID 和链下 ID 的一一对应，确保了运输过程中茶饼不会被调包，有效解决了普洱茶流通过程中的痛点问题。

阿里巴巴集团的菜鸟物流与天猫国际利用区块链技术追踪、上传跨境商品的物流全链路信息，涵盖国际运输、海外仓库、通关、报检等商品进口全流程。消费者通过阿里客户端可以随时查看商品从采购到发出再到运输的全流程信息，有效保障了消费者的合法权益。

思考题

1. 简述区块链系统中数据难以篡改的原理。

2. 根据应用场景不同，区块链可以分为几类？

3. 区块链的技术架构包括哪几层？它们的顺序是什么？

4. 在共识层中，节点通过什么方式达成一致性？

5. 合约层的智能合约需要满足哪些特性？

6. PoW、PoS、DPoS 和 PBFT 四类共识算法中，达成一致性过程的区别是什么？

7. 智能合约的基本目标是什么？它的执行系统需要具有什么特点？

8. 区块链如何在保护隐私的同时实现数据共享？

即测即评

参考文献

［1］徐明星，田颖，李霁月．图说区块链［M］．北京：中信出版社，2017.

［2］陈钟，单志广．区块链导论［M］．北京：机械工业出版社，2021.

［3］申屠青春．区块链开发指南［M］．北京：机械工业出版社，2017.

［4］中国区块链技术和产业发展论坛．中国区块链技术和应用发展研究报告（2018）［R/OL］．中国电子技术标准化研究院网站．

［5］工业和信息化部信息中心．2018 中国区块链产业白皮书［R/OL］．工业和信息化部网站．

［6］BUTERIN V. A next-generation smart contract and decentralized application platform［EB/OL］．GitHub 网站．

［7］中国区块链技术和产业发展论坛．中国区块链技术和应用发展白皮书（2016）［R/OL］．360doc 个人图书馆网站．

［8］靳世雄，张潇丹，葛敬国，等．区块链共识算法研究综述［J］.信息安全学报，2021，6（2）：16.

［9］贺海武，延安，陈泽华．基于区块链的智能合约技术与应用综述［J］.计算机研究与发展，2018，55（11）：112-126.

［10］付保川，徐小舒，赵升，等．区块链技术及其应用综述［J］.苏州科技大学学报（自然科学版），2020，37（3）：8.

教学支持说明

  建设立体化精品教材，向高校师生提供整体教学解决方案和教学资源，是高等教育出版社"服务教育"的重要方式。为支持相应课程教学，我们专门为本书研发了配套教学课件及相关教学资源，并向采用本书作为教材的教师免费提供。

  为保证该课件及相关教学资源仅为教师获得，烦请授课教师清晰填写如下开课证明并拍照后，发送至邮箱：yangshj@hep.com.cn，也可加入QQ群：184315320索取。

  编辑电话：010-58556042。

证　　明

  兹证明 _____ 大学 _____ 学院/系
_____专业第_____学年开设的_____课程，采用高等教育出版社出版的《　　　　　　　　》（　　　主编）作为本课程教材，授课教师为_____，学生_____个班，共_____人。授课教师需要与本书配套的课件及相关资源用于教学使用。

  授课教师联系电话：_____　　E-mail：_____

学院/系主任：_____（签字）

（学院/系办公室盖章）

20____年____月____日